HEALING SERIES

일본어회화에 지친 당신을 위한 위로

토닥토닥

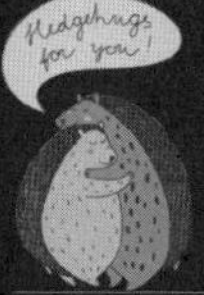

일본어 회화

모리시타 요시유키 · 전길량 공저

토닥토닥 일본어 회화

2판 1쇄 인쇄 2018년 2월 12일
2판 1쇄 발행 2018년 2월 22일

지은이 모리시타 요시유키·전길량
펴낸이 서덕일
펴낸곳 문예림

출판등록 1962. 7. 12 (제406-1962-1호)
주소 경기도 파주시 회동길 366 (10881)
전화 (02)499-1281~2 팩스 (02)499-1283
전자우편 info@moonyelim.com
홈페이지 www.moonyelim.com

이 책은 저작권법에 의해 보호를 받는 저작물이므로 무단 복제·전재·발췌할 수 없습니다.
잘못된 책은 구입하신 곳에서 교환해 드립니다.

ISBN 979-89-7482-889-9 (13730)
값 14,000원

日本語の会話，これだけで大丈未!!

PREFACE > > >

외국어의 습득이 국제 교류에 있어서 차지하는 비중이야말로 지대함은 물론이거니와 우리가 세계로 진출함에 있어 중요한 매개 수단으로 작용되고 있기 때문에 외국어의 학습이 절실히 요구되고 있습니다. 특히 일본은 우리와 지리적으로나 문화적, 경제적으로 매우 밀접하게 관련되어 있어 일본어에 대한 언어 습득은 더욱 필요한 실정입니다.

일본어는 우리와 동일한 한자 문화권에 속해 있고, 우리말의 어순과 언어 구조상 유사점이 많기 때문에 다른 외국어에 비해 배우기 쉽다는 전제 하에서 고려해 볼 때 언어 습관의 차이나 문화적 행태상의 차이로 인해 발생되는 어려운 표현들은 자신이 직접 몸으로 체험하거나 꾸준하게 익히는 수밖에 없을 것입니다.

언어란 본디 실제 일상생활 속에서 체득되는 것이므로 지나치게 문법적인 측면에서 의사소통을 해결하려고 한다면 일본어를 정복하기는 결코 쉽지는 않을 것입니다. 그러므로 언어 구조의 틀 속에 이미 문법적 개념이 내재하고 있다고 보면, 일상적인 표현 위주의 일본어를 먼저 접하여 일본어에 대한 벽을 허물고 난 다음 문법적인 체계를 바탕으로 접근한다면 보다 쉽고, 빠르게 학습 효과를 발휘할 수 있다고 봅니다. 특히 이러한 접근 방법은 일본어를 처음 접하고자 하는 독자들에게는 좋은 방편이 될 것입니다.

일본어를 배우려고 하는 독자 대부분은 먼저 문법에 대한 두려움을 갖고 출발하게 되는데, 이러한 사고는 오히려 일본어 학습의 저해 요인이 될 것입니다. 만약 문법적으로 어느 정도 자신감이 있어 일본어를 응용하거나 활용하는 능력이 있다면 이러한 분들은 이미 일본어를 유창하게 구사할 수 있는 능력을 구비하고 있을 것입니다.

따라서 본서에서는 일본어를 실용 회화에 근거하여 최대한 쉽고 빠르게 익힐 수 있는 차원에서 표현 위주로 구성하여 체계적인 학습이 이루어 질 수 있도록 배려하였습니다. 그리고 일본어의 정복을 위해서는 그들의 언어적인 행태를 염두에 두고 항상 메모하는 습관을 길러 부족한 부분을 보충해 나가시길 기대합니다.

끝으로 이 책이 출간되기까지 기획에서 편집에 열의를 보여준 여러 분들께 감사의 뜻을 전하고자 합니다. 아무쪼록 어려운 시기에 즈음하여 일본어를 통하여 새로운 전기와 돌파구로써 본 교재가 일익이 되었으면 하는 바람입니다.

2002년 10월 10일
저 자

▶ 이 책의 활용법

일본어는 영어와는 달리 어순이 우리말과 동일하여 단어만 알고 있으면 의사소통이 다 되는 줄로 믿고 회화 표현에 그다지 신경을 쓰지 않는 경우가 많습니다. 하지만 막상 일본인과 직접 대화를 나누게 되면 쉬운 표현도 엄두가 나지 않을뿐더러 말문이 트이지 않아 답답함을 느끼게 될 것입니다.

그것은 일본어 회화는 단어와 문법만 알고 있다고 해서 말문이 쉽게 터지는 것이 아니라 일정한 <회화 실전 훈련>과 <일본어다운 표현>을 길러야만 자연스런 회화가 가능하게 되는 것입니다. 특히 독자 여러분이 일본어 회화를 공부할 때 유의해야 할 점은 우리말 사고에서 벗어나 일본어적인 사고에서 접근해야 비로소 자연스런 회화를 할 수 있는 능력이 갖추어지게 되는 법입니다. 또한 일본어 발음은 다른 문화권의 외국어에 비해 수월하다고는 하지만, 그래도 일본인의 귀에 이상하게 들리는 발음이 다소 있으므로 네이티브(Native)의 정확한 발음을 통해 익혀야 합니다.

이 책의 특징

이 책은 일본어 초급 수준을 마친 학습자가 일본어 회화를 자연스럽게 익힐 수 있도록 꾸몄습니다. 독자 여러분께서는 다음과 같은 본서의 특징을 최대한 살려 일본어 회화에 열중한다면 효과적인 학습의 능률을 꾀할 수 있을 것입니다.

1. 모든 상황에 대처할 수 있는 회화 표현
주제별로 인사 · 질문 · 응답 · 감정 · 사교 · 화제 · 일상 · 식사 · 쇼핑 · 통신 · 건강 · 오락 · 교통 · 여행 14개의 PART와 상황별로 84개의 UNIT로 구분한 일본어 회화 사전.

2. 일본어다운 자연스런 표현
일본 현지에서 활용되는 구어적인 표현을 일본어 전문가와 현지인과의 공동 집필로 사용 빈도의 우선순위를 적용한 일본어 회화 사전.

3. 알기 쉬운 간단명료한 해설
각 회화 표현에서 이해가 필요한 곳에 어법과 문형, 그리고 활용 단어를 간략하게 소개함으로써 보다 빠르고, 쉽게 이해될 수 있도록 해설한 일본어 회화 사전.

4. 활용 가치를 고려한 미려한 편집 체제
우리나라에서 일본어는 영어 다음으로 많이 공부하는 외국어로 평생을 두고 배워야 하는 언어이기 때문에 결코 소홀하게 다룰 수 없을뿐더러 오래도록 소장 가치를 간직할 일본어 회화 사전.

5. 어떤 상황에든 적용할 수 있는 사전식 구성
각종 질의 · 응답의 유형에 따라 어디에서든, 누구라도 쉽고, 빠르게 찾을 수 있도록 구성하였으며, 단문 위로로 구성한 일본어 회화 사전.

CONTENTS >>>

PART 1　인사　挨拶・あいさつ　｜ 25

UNIT 1　일상적인 만남의 인사 표현　26
- 하루의 인사　26
- 근황을 물을 때　26
- 근황에 대한 인사의 응답　28
- 신변에 대한 인사　29
- 신변에 대한 인사의 응답　30
- 오랜만에 만났을 때　31

UNIT 2　작별의 인사 표현　33
- 헤어질 때　33
- 방문을 마치고 돌아갈 때　33
- 밤에 헤어질 때　34
- 상황에 따른 작별 인사　35
- 전언을 부탁할 때　36
- 전송할 때　36
- 잠시 만날 수 없을 때　37

UNIT 3　초면 인사와 자기소개 표현　38
- 처음 만났을 때의 인사　38
- 다른 사람에게 소개할 때　39
- 처음 만난 사람과 헤어질 때　41
- 자신을 소개할 때　41
- 상내의 이름을 물을 때　42
- 상대와 친해지기 위한 질문　44

UNIT 4　감사의 인사 표현　46
- 고마움을 피력할 때　46
- 선물을 주고받을 때　48
- 친절이나 배려에 감사를 드릴 때　48
- 의례적인 감사를 피력할 때　49
- 감사에 대한 응답　50

UNIT 5 사과·사죄의 관련 표현   51
    _ 실례를 요청할 때   51
    _ 송구함을 피력할 때   52
    _ 그밖의 사죄 표현   54
    _ 사죄에 대한 응답 표현   56

UNIT 6 축하와 칭찬의 관련 표현   58
    _ 축하할 때   58
    _ 축하의 인사말   59
    _ 축복을 빌어 줄 때   59
    _ 축하에 대한 응답   60
    _ 칭찬할 때   60
    _ 능력을 칭찬할 때   61
    _ 겉모양과 성격을 칭찬할 때   62
    _ 칭찬에 대해 감사할 때   65

PART 2   질 문 質問·しつもん | 67

UNIT 1 호출·호칭에 관한 표현   68
    _ 모르는 사람을 부를 때   68
    _ 상대의 이름을 부를 때   69

UNIT 2 화제를 꺼낼 때의 관련 표현   71
    _ 대화 도중에 말을 꺼낼 때   71
    _ 모르는 사람에게 말을 걸 때   72
    _ 상황에 따라 말을 걸 때   73

UNIT 3 대화를 유도할 때의 관련 표현   75
    _ 말을 주저하며 다음 말을 이을 때   75
    _ 말하면서 생각할 때   75
    _ 적당한 표현이 생각나지 않을 때   76

CONTENTS >>>

UNIT 4 대화의 진행에 관한 표현   78
   _ 본론으로 들어갈 때   78
   _ 화제를 진행시킬 때   79
   _ 뭔가 생각이 났을 때   79
   _ 화제를 바꿀 때   80
   _ 이야기를 마무리 지을 때   81

UNIT 5 의견을 제시할 때의 관련 표현   83
   _ 의견을 말할 때   83
   _ 조건이나 전제를 나타낼 때   85
   _ 관심사에 대해 이야기할 때   86

UNIT 6 의문·질문의 관련 표현   89
   _ 이유·무엇을 물을 때   89
   _ 모르는 사람을 물을 때   90
   _ 방법·수단을 물을 때   91
   _ 가격·수량·정도를 물을 때   93
   _ 때·방향·장소를 물을 때   93

PART 3 응답 応答·おうとう | 95

UNIT 1 되묻기의 관련 표현   96
   _ 잘 알아듣지 못했을 때   96
   _ 다시 한번 말해달라고 할 때   96
   _ 상대의 말이 너무 빠르거나 목소리가 작을 때   97
   _ 특정의 말을 알지 못할 때   98
   _ 이해 여부를 확인할 때   99

UNIT 2 설명의 요청할 때와 응답 표현   100
   _ 구체적으로 설명을 요청할 때   100
   _ 아는지 모르는지 확인할 때   101

  _ 상대의 말을 알았을 때   101
  _ 모른다고 응답할 때   102
  _ 일본어를 아느냐고 물어볼 때   104

UNIT 3 긍정과 부정의 응답 표현   105
  _ 긍정할 때   105
  _ 부정할 때   106
  _ 부정적인 질문에 긍정할 때   108
  _ 권유나 허락을 요구할 때의 응답   109

UNIT 4 맞장구에 관한 표현   110
  _ 긍정도 부정도 하지 않을 때   110
  _ 상대의 말에 의문을 갖고 맞장구칠 때   111
  _ 그밖에 자연스런 맞장구   111
  _ 상대의 말에 동감을 표시할 때   112

UNIT 5 적극적인 긍정·부정의 표현   114
  _ 긍정의 의지 표시   114
  _ 동의나 찬성을 할 때   115
  _ 강하게 부정할 때   116
  _ 동의나 찬성을 하지 않을 때   117
  _ 그밖의 여러 가지 부정 표현   118

UNIT 6 확답을 회피하는 응답 표현   120
  _ 불확실한 응답   120
  _ 다소 애매한 대답을 할 때   121
  _ 상대의 말에 자신의 견해를 말할 때   122
  _ 강한 확신을 나타낼 때   123
  _ 대답을 보류할 때   124
  _ 확답을 피하는 여러 가지 표현   125

UNIT 7 의견·이유의 관련 표현   127
  _ 의견을 말하고 들을 때   127

CONTENTS >>>

_ 이유를 말하고 들을 때   132
_ 잘못을 지적하고자 할 때   134

PART 4   감 정   感情・かんじょう | 135

UNIT 1   감탄・놀람의 관련 표현   136
_ 감탄의 기분을 나타낼 때   136
_ 놀랐을 때   137
_ 미심쩍을 때   138
_ 놀랐을 때 내는 소리   139

UNIT 2   희로애락의 관련 표현   141
_ 기쁠 때   141
_ 화를 낼 때   143
_ 슬플 때   147
_ 즐거울 때   148

UNIT 3   불평・불만의 관련 표현   149
_ 불평・불만을 털어놓을 때   149
_ 짜증이 날 때   151
_ 진절머리가 날 때   153

UNIT 4   비난・험담의 관련 표현   154
_ 비난할 때   154
_ 험담할 때   156
_ 말을 막을 때   157

UNIT 5   진정・화해의 관련 표현   160
_ 진정시킬 때   160
_ 화해할 때   161
_ 후회할 때   162

| _ 안심할 때 | 163 |

UNIT 6 좋고 싫음의 관련 표현   164
    _ 좋을 때   164
    _ 싫을 때   166

UNIT 7 실망·체념의 관련 표현   167
    _ 실망할 때   167
    _ 체념할 때   168
    _ 우울할 때   171

UNIT 8 동정·위로의 관련 표현   172
    _ 동정할 때   172
    _ 깊은 동정을 나타낼 때   173
    _ 위로할 때   174
    _ 격려할 때   176

PART 5 사교 付合·つきあい 179

UNIT 1 의뢰·요구의 관련 표현   180
    _ 부탁할 때   180
    _ 의뢰할 때   182
    _ 의뢰를 승낙할 때   185
    _ 조건을 붙여 승낙할 때   185
    _ 거절할 때   186

UNIT 2 허가·허락의 관련 표현   188
    _ 허가를 요구할 때   188
    _ 그밖에 허가를 구할 때   190
    _ 승낙할 때   191
    _ 거절할 때   192

CONTENTS >>>

UNIT 3 제안·권유의 관련 표현　　194
- 제안할 때　　194
- 권유할 때　　196
- 친근한 사이에 권유할 때　　197
- 정중하게 권유할 때　　198
- 제안·권유를 수락할 때　　198
- 제안·권유를 거절할 때　　200

UNIT 4 주의·충고의 관련 표현　　202
- 타이를 때　　202
- 주의를 줄 때　　204
- 꾸짖을 때　　208

UNIT 5 제지·경고의 관련 표현　　210
- 제지할 때　　210
- 경고할 때　　212

UNIT 6 예정·의지의 관련 표현　　215
- 확정된 예정을 말할 때　　215
- 미확정된 예정을 말할 때　　216
- 의지를 말할 때　　217
- 의지·무의지 결정의 표현　　217

UNIT 7 희망·바램의 관련 표현　　219
- 희망의 표현　　219
- 필요의 표현　　220
- 바램의 표현　　221

PART 6　화 제　話題·わだい　　223

UNIT 1 시간·월일의 관련 표현　　224

	_ 시각을 물을 때	224
	_ 시계에 관해 말할 때	228
	_ 요일과 월일을 말할 때	228
UNIT 2	**약속의 관련 표현**	230
	_ 면회를 신청할 때	230
	_ 상대의 사정을 물을 때	231
	_ 만날 장소를 정할 때	232
	_ 모임의 신청을 승낙할 때	233
	_ 사정이 좋지 않을 때	233
	_ 예정이 확실하지 않을 때	235
UNIT 3	**날씨·기후의 관련 표현**	236
	_ 날씨에 대한 인사말	236
	_ 날씨를 물을 때와 일기예보	238
	_ 맑음·비·바람의 표현	239
UNIT 4	**계절의 관련 표현**	243
	_ 봄에 관한 화제	243
	_ 여름에 관한 화제	244
	_ 가을에 관한 화제	246
	_ 겨울에 관한 화제	246
UNIT 5	**가족·친척의 관련 표현**	248
	_ 형제자매에 대해 말할 때	248
	_ 가족에 대해 말할 때	249
	_ 부모·조부모·친척에 대해 말할 때	251
UNIT 6	**신체의 관련 표현**	252
	_ 키·몸무게를 말할 때	252
	_ 얼굴과 용모에 대해 말할 때	254
	_ 몸의 특징에 대해 말할 때	256

CONTENTS >>>

UNIT 7 성격의 관련 표현   257
- 자신의 성격에 대해서 말할 때   257
- 사람의 성품을 말할 때   258
- 바람직한 성격에 대해 말할 때   259
- 바람직하지 못한 성격에 대해 말할 때   260

UNIT 8 인품의 관련 표현   262
- 사람을 평가할 때   262
- 사람을 헐뜯을 때   264
- 자신을 평가할 때   266

UNIT 9 교제·연애의 관련 표현   268
- 지인·친구와의 교제   268
- 이성과의 데이트·교제   269
- 연애에 대해 말할 때   270
- 좋아할 때   271
- 데이트를 권유할 때   272
- 사랑을 고백할 때   274

UNIT 10 결혼·이혼의 관련 표현   279
- 좋아하는 사람의 타입을 물을 때   279
- 결혼에 대해 말할 때   280
- 청혼에서 결혼생활까지   281
- 중매결혼과 일본의 관습   283
- 출산에 대해 말할 때   284
- 이혼에 대해 말할 때   285

PART 7 일 상 日常·にちじょう   287

UNIT 1 집안에서의 관련 표현   288
- 일어나서 밖에 나갈 때까지   288

_ 귀가해서 잠자리에 들 때까지　　　　　　　292
　_ 집에서 쉬는 날　　　　　　　　　　　　　296
　_ 생활 습관　　　　　　　　　　　　　　　298
　_ 금전 관리　　　　　　　　　　　　　　　299

UNIT 2　여가의 관련 표현　　　　　　　　　　　301
　_ 친한 사람을 꼬드길 때　　　　　　　　　301
　_ 예정을 짤 때　　　　　　　　　　　　　302
　_ 외출 준비　　　　　　　　　　　　　　　305
　_ 영화 감상　　　　　　　　　　　　　　　305
　_ 콘서트　　　　　　　　　　　　　　　　307
　_ 가라오케　　　　　　　　　　　　　　　308

UNIT 3　학교의 관련 표현　　　　　　　　　　　310
　_ 출신 학교에 대해 말할 때　　　　　　　310
　_ 전공에 대해 말할 때　　　　　　　　　311
　_ 동아리·아르바이트에 대해 말할 때　　312
　_ 학교에 대해 말할 때　　　　　　　　　313
　_ 시험과 성적에 대해 말할 때　　　　　　315
　_ 교실에서 쓰이는 간단한 말　　　　　　317

UNIT 4　직장의 관련 표현　　　　　　　　　　　319
　_ 직장에 대해서 말할 때　　　　　　　　319
　_ 사무실에서　　　　　　　　　　　　　　321
　_ 퇴근할 때　　　　　　　　　　　　　　327
　_ 직장의 인간 관계　　　　　　　　　　　327

UNIT 5　사건·사고의 관련 표현　　　　　　　　330
　_ 사고·재해　　　　　　　　　　　　　　330
　_ 사건·사고를 당했을 때　　　　　　　　333

CONTENTS >>>

PART 8 　식사 　食事・しょくじ 　| 337

UNIT 1　식사 권유의 관련 표현 　　　　　　　　　　　338
　_ 식사를 권유할 때 　　　　　　　　　　　　　　　338
　_ 자신이 사겠다고 할 때 　　　　　　　　　　　　339
　_ 식당을 결정할 때 　　　　　　　　　　　　　　340

UNIT 2　식당 예약의 관련 표현 　　　　　　　　　　　341
　_ 식당을 예약할 때 　　　　　　　　　　　　　　341
　_ 식당 예약을 취소할 때 　　　　　　　　　　　　342
　_ 식당에 들어서서 　　　　　　　　　　　　　　　343

UNIT 3　음식 주문의 관련 표현 　　　　　　　　　　　345
　_ 메뉴를 보면서 　　　　　　　　　　　　　　　　345
　_ 음식을 주문할 때 　　　　　　　　　　　　　　346
　_ 주문한 음식이 나올 때 　　　　　　　　　　　　348
　_ 주문한 음식에 문제가 있을 때 　　　　　　　　　349
　_ 필요한 것을 부탁할 때 　　　　　　　　　　　　350
　_ 식대를 지불할 때 　　　　　　　　　　　　　　351
　_ 패스트푸드 점에서 　　　　　　　　　　　　　　352

UNIT 4　음식의 맛과 식사의 표현 　　　　　　　　　　354
　_ 음식의 맛과 취향에 대해 말할 때 　　　　　　　354
　_ 음식을 권할 때 　　　　　　　　　　　　　　　355
　_ 음식을 먹고 나서 　　　　　　　　　　　　　　356
　_ 아침·낮·저녁식사 　　　　　　　　　　　　　　357
　_ 가정에서의 여러 가지 식사 표현 　　　　　　　359
　_ 일본 요리를 먹을 때 　　　　　　　　　　　　　363
　_ 간식과 간편한 음식을 먹을 때 　　　　　　　　365
　_ 과일과 음식 재료에 대해 말할 때 　　　　　　366

UNIT 5　음료·술·담배에 관한 표현 　　　　　　　　　369
　_ 커피·홍차를 마실 때 　　　　　　　　　　　　369

_ 술을 마시자고 권할 때	370
_ 술을 마시면서	371
_ 담배에 대해 말할 때	373

PART 9　쇼 핑　買物・かいもの　| 375

UNIT 1 쇼핑에 관한 표현 376
- _ 가게를 찾을 때　376
- _ 가게에서 물건을 고를 때　378
- _ 가격 흥정과 대금을 지불할 때　382
- _ 값을 깎을 때　383
- _ 포장·배달을 부탁할 때　384
- _ 교환 및 취소·반품을 원할 때　385

UNIT 2 슈퍼·백화점에서의 표현 387
- _ 슈퍼에서 물건을 살 때　387
- _ 백화점에서 쇼핑할 때　388

UNIT 3 식료품을 구입할 때의 표현 391
- _ 채소가게·과일가게에서　391
- _ 정육점·생선가게에서　393
- _ 제과점에서　394

UNIT 4 의복류를 구입할 때의 표현 396
- _ 양복점에서　396
- _ 양품점에서　397
- _ 모자·구두 등을 살 때　398

UNIT 5 서점·문구·잡화의 구입 표현 401
- _ 서점에서　401
- _ 문방구점에서　402

CONTENTS >>>

    _ 잡화점에서   403
    _ 가방점에서   404
    _ 보석·액세서리를 구입할 때   405
    _ 장품점에서   406

UNIT 6 전자제품을 구입할 때 표현   408
    _ 카메라점에서   408
    _ 전자제품점에서   409
    _ 시계점에서   411

UNIT 7 기념품·면세점에서의 표현   413
    _ 기념품점에서   413
    _ 면세점에서   414

PART 10 통 신 通信·つうしん | 415

UNIT 1 전화를 받을 때의 표현   416
    _ 걸려온 전화를 받을 때   416
    _ 전화를 받을 수 없을 때   418
    _ 잘못 걸려온 전화를 받을 때와 잘못 걸었을 때   420

UNIT 2 전화를 걸 때의 표현   421
    _ 전화를 걸 때   421
    _ 상대가 부재중일 때   422
    _ 국제전화를 걸 때   423
    _ 통화에 대한 불만을 말할 때   424
    _ 전화를 끊을 때   425

UNIT 3 약속 전화의 표현   426
    _ 연락처를 물을 때   426
    _ 전화를 부탁할 때   427

_ 전화 통화에 대해서	427
_ 약속 장소에 대해서	428
_ 약속 시간에 대해서	429
_ 약속의 확인·변경·취소에 대해서	430

UNIT 4 팩스·휴대폰·이메일 관한 표현   431
    _ 팩스를 주고받을 때   431
    _ 이메일에 관한 표현   433
    _ 휴대폰에 관한 표현   433

UNIT 5 우체국·은행에 관한 표현   435
    _ 우체국 창구에서   435
    _ 전보를 칠 때   436
    _ 은행창구에서   437

PART 11 건 강 健康·けんこう   439

UNIT 1 건강에 관한 표현   440
    _ 상대의 건강을 배려할 때   440
    _ 상대의 배려에 대한 응답   442
    _ 운동에 대해 말할 때   444
    _ 흡연·음주에 관한 표현   445

UNIT 2 병원에서의 표현   447
    _ 병원의 접수창구에서   447
    _ 의사에게 증상을 설명할 때   448
    _ 입원·병문안·퇴원   451

UNIT 3 의료 서비스에 관한 표현   454
    _ 내과에서   454
    _ 외과에서   457

CONTENTS >>>

    _ 산부인과에서   458
    _ 소아과에서   459
    _ 피부과에서   460
    _ 비뇨기과에서   461
    _ 치과에서   462
    _ 안과에서   463
    _ 이비인후과에서   464
    _ 정신과에서   466
    _ 신경외과에서   467

UNIT 4 약국에서의 관련 표현   468
    _ 약을 조제할 때   468
    _ 약을 살 때   469
    _ 약에 대해서 말할 때   470

PART 12 오 락 娯楽・ごらく   473

UNIT 1 스포츠에 관한 표현   474
    _ 가벼운 운동에 대해서 말할 때   474
    _ 스포츠를 화제로 할 때   475
    _ 스포츠를 보고 즐길 때   476

UNIT 2 경기・레저에 관한 표현   478
    _ 축구 경기   478
    _ 야구 경기   479
    _ 골프・테니스   480
    _ 수 영   481
    _ 승 마   482
    _ 스 키   483
    _ 낚시・해양 스포츠   484
    _ 등 산   485

_ 야유회		486
_ 해수욕		487
_ 오 락		488

UNIT 3 취미에 관한 표현   490
    _ 취미에 해해 말할 때   490
    _ 독서·신문·잡지 등에 관해 말할 때   491
    _ 텔레비전·라디오·비디오에 관해 말할 때   493
    _ 음악·영화에 관해 말할 때   494
    _ 그림에 관해서 말할 때   496

PART 13 교 통 交通·こうつう   497

UNIT 1 길 안내에 관한 표현   498
    _ 길을 물을 때   498
    _ 길을 가르쳐 줄 때   499
    _ 자신도 길을 모를 때   500
    _ 길을 잃었을 때   501

UNIT 2 교통 이용에 관한 표현   502
    _ 역이나 차내에서의 안내   502
    _ 전철·지하철을 이용할 때   503
    _ 열차를 이용할 때   505
    _ 버스를 이용할 때   508
    _ 관광버스를 이용할 때   510
    _ 택시를 이용할 때   510
    _ 비행기를 이용할 때   512
    _ 배로 여행할 때   513

UNIT 3 드라이브에 관한 표현   514
    _ 드라이브에 대해 말할 때   514

CONTENTS >>>

_ 렌터카를 이용할 때 515
_ 주유·고장에 관한 표현 516
_ 사고·교통위반에 관한 표현 518

PART 14 여 행 旅行·りょこう | 521

UNIT 1 기내·입국에 관한 표현 522
_ 기내·공항로비에서 522
_ 입국심사를 받을 때 523
_ 세관심사를 받을 때 524
_ 짐부탁·안내에 관한 표현 526

UNIT 2 호텔에서의 표현 527
_ 방을 예약할 때 527
_ 호텔에서 체크인할 때 528
_ 호텔 프런트에서 530
_ 룸서비스를 부탁할 때 531
_ 클리닝을 부탁할 때 532
_ 호텔 방에서 전화할 때 533
_ 호텔에서의 트러블 534
_ 체크아웃을 할 때 535

UNIT 3 초대에 관한 표현 537
_ 초대할 때 537
_ 초대에 응할 때 538
_ 초대에 응할 수 없을 때 538

UNIT 4 방문할 때의 표현 540
_ 방문한 곳의 현관이나 접수처에서 540
_ 방문했을 때 541
_ 가정에 머무를 때 542

    _ 방문을 마치고 돌아갈 때   543
    _ 방문을 마치고 귀국할 때   544

UNIT 5 방문을 받을 때의 표현   545
    _ 방문을 받았을 때   545
    _ 방문객을 안내할 때   546
    _ 손님을 접대할 때   547
    _ 손님을 배웅할 때   547

UNIT 6 관광에 관한 표현   549
    _ 관광안내를 받을 때   549
    _ 관광할 때   550
    _ 시내관광을 할 때   551
    _ 사진을 찍을 때   552
    _ 박물관·미술관에서   554
    _ 영화관·극장에서   555

UNIT 7 서비스 이용에 관한 표현   557
    _ 이발을 할 때   557
    _ 미용실을 이용할 때   558

UNIT 8 여행 트러블의 관련 표현   560
    _ 언어가 통하지 않을 때   560
    _ 도난을 당했을 때   561
    _ 물건을 분실했을 때   562

UNIT 9 귀국에 관한 표현   564
    _ 예약을 확인할 때   564
    _ 출국할 때   565
    _ 공항 면세점에서   566

일본어 회화를 잘하는 비결
1. 무조건 외워 두면 언젠가는 쓰일 때가 온다.
2. 기초가 부실하면 실력은 제자리걸음만 한다.
3. 익힌 문장은 무조건 입으로 내뱉어 봐라.

PART

인 사 挨拶・あいさつ

본 사람은 예의를 중시하므로 인사 표현을 익혀두지 않으면 사교가 제대로 이루어지지 않습니다. 일상생활에서 빈번히 쓰이는 인사의 기본 표현을 충실히 몸에 익혀야만 비로소 말문이 트이게 됩니다.

UNIT 1 일상적인 만남의 인사 표현

우리는 아는 사람이든 모르는 사람이든 만나게 되면 어떤 형태로든 서로 인사를 나누게 됩니다. 일본어에서는 영어에서처럼 일상적으로 만났을 때 아침, 낮, 저녁 인사를 구분하여 쓰고 있습니다. おはよう ございます는 일본어를 조금이라도 공부한 사람이라면 누구나 알고 있는 인사표현으로, 이것은 인근 주민에게도 학교 선생님에게도 쓸 수 있으며 친구 사이에는 おはよう라고 줄여서 말하고 남녀 구별 없이 사용할 수 있습니다.

→ 하루의 인사

■ おはようございます。
  안녕하세요.
  ◇ 아침 인사 | 속된 표현으로는 첫글자와 끝자를 따서 おす라고도 한다.

■ おはよう。
  안녕.
  ◇ 친한 사이이거나 아랫사람일 경우에는 ございます를 줄여서 おはよう만으로도 인사를 한다.

■ こんにちは。
  안녕하세요.
  ◇ 낮 인사 | 今日(こんにち) 오늘

■ こんばんは。
  안녕하세요.
  ◇ 저녁 인사 | 今晩(こんばん) 오늘 밤

■ 今日(きょう)はいいお天気(てんき)ですね。
  오늘은 날씨가 좋네요.
  ◇ 매일 만나는 사람이라면 날씨나 다른 화제로 인사를 대신하면 훨씬 부드럽다.

→ 근황을 물을 때

■ お元気(げんき)ですか。
  잘 지내십니까?
  ◇ 영화를 통해 우리에게 잘 알려진 표현으로 대답은 はい、元気です라고 하면 된다.

■ 元気かい。
　　잘 지내니?
　　◇ ～かい는 문장 끝에 붙어 「～나, ～니, ～냐」의 뜻으로 질문이나 반어의 뜻을 강조한다.

■ お元気でしたか。
　　잘 지내셨습니까?

■ お変わりありませんか。
　　별고 없습니까?

■ 気分はどうですか。
　　기분은 어떠세요?

■ 奥さんはいかがですか。
　　부인은 어떠십니까?
　　◇ 奥さん은 상대의 부인을 높여서 부를 때 쓰이며, 자신의 아내를 상대에게 말할 때는 家内(かない)라고 한다.

■ お父さんはお達者ですか。
　　아버님은 건강하십니까?
　　◇ 達者 능숙함, 발이 빠름, 건강함

■ ご家族の皆さんは元気ですか。
　　가족 분들은 잘 지내십니까?

■ いかがお過しですか。
　　어떻게 지내십니까?
　　◇ お過ごしですか는 過す(지내다)의 중지형에 존경의 의미를 나타내는 お～です가 접속된 형태이다.

■ 調子はどう？
　　몸은 어때?
　　◇ 調子 몸의 상태, 컨디션

■ 何か変わったことは？
　　무슨 별다른 일이라도?

■ お仕事はうまくいっていますか。
　　일은 잘 됩니까?
　　◇ うまくいっている는 어떤 일이나 계획 등이 순조롭게 진행됨을 나타낸다.

인사

→ 근황에 대한 인사의 응답

■ おかげさまで元気です。あなたのほうは？
덕분에 잘 지냅니다. 당신은요?
◇ おかげさまで 덕분에, 덕택에

■ 元気でやっています。
잘 지내고 있습니다.

■ 元気だよ。君のほうはどうだい？
잘 지내. 너는 어떠니?
◇ ~だい의 い는 긍정, 의문, 명령 등의 문미에 붙어서 문세를 강조하는 데 쓰이며, ね보다 막된 말씨로 주로 남성이 같은 또래나 손아래에게 쓴다.

■ つつがなく暮しています。
별 탈 없이 지내고 있습니다.
◇ つつが 병, 탈

■ 年末でかれこれ忙しいですよ。
연말이라서 이것저것 바빠요.
◇ かれこれ 이것저것, 이러쿵저러쿵

■ 忙しいんですよ。
바빠요.

■ 目が回るほど忙しいんです。
눈코 뜰 새 없이 바빠요.
◇ 目が回る 눈이 돌다, 즉 정신없이 몹시 바쁘다

■ いや、別に。
아니, 별로.
◇ いや는 가볍게 상대의 질문에 부정을 할 때 쓰이는 응답 표현이다.

■ まあまあです。
그저 그렇습니다.
◇ まあまあ는 그저 그런 정도로의 뜻으로 불충분하지만 그 정도로서 만족할 수 있음을 나타내기도 한다.

■ どうにかやっています。
그럭저럭 하고 있습니다.
◇ どうにか 겨우, 그럭저럭

■ 相変わらずです。
여전합니다.
◇ ず는 부정을 나타내는 말로 우리말의 「~지 않고」의 뜻이다.

■ 特別に変わったことはありません。
특별히 변한 일은 없습니다.
◇ 変わった는 変わる의 과거형이지만 형용동사처럼 쓰이어 「색다른, 별다른」의 뜻을 나타낸다.

■ 何の変わりもありません。
아무런 변화도 없습니다.

■ 特にこれと言ったことはないよ。
특별히 이렇다 할 것은 없어.

■ 無事に過しています。
무사히 지내고 있습니다.

■ 悪くはないよ。
나쁘지는 않아.
◇ 형용사 ~くはない(~지는 않다) | 형용사 ~くもない(~지도 않다)

■ よく進んでいます。
잘 진척되고 있습니다.

■ あまりうまく行かないよ。
그다지 잘 안 돼.
◇ あまり는 뒤에 부정어가 오면 「그다지, 별로」의 뜻이지만, 긍정어가 오면 「너무, 지나치게」의 뜻으로 쓰인다.

→ **신변에 대한 인사**

■ 今日は元気なさそうですね。
오늘은 기운이 없어 보이는군요.
◇ 양태를 나타내는 そうだ가 두 음절로 된 형용사 ない나 よい(いい)에 접속될 때는 어미 い를 さ로 바꾼다.

■ 何か心配でもありますか。
무슨 걱정이라도 있습니까?
◇ 心配事(しんぱいごと) 걱정거리

■ どうかしましたか。顔色が悪いですね。
　무슨 일 있으세요? 안색이 안 좋군요.
　　◇ どうかしましたか는 병이나 사고 등의 좋지 않은 일을 물을 때 자주 쓰이는 표현이다.

■ どこか具合でも悪いんですか。
　어디 몸이 안 좋으세요?
　　◇ 具合 건강 상태, 몸의 상태

■ 何か困ったことでもありますか。
　무슨 곤란한 일이라도 있습니까?
　　◇ 困る 곤란하다, 난처하다

■ なぜそんなに疲れて見えますか。
　왜 그렇게 피곤해 보이세요?
　　◇ なぜ 왜, 어째서 | 疲れる 피곤하다, 지치다

■ 何を悩んでいるんですか。
　무얼 고민하고 있나요?
　　◇ 悩む 고민하다

→ 신변에 대한 인사의 응답

■ あまり良くありませんね。
　그다지 좋지 않아요.

■ 気分がすぐれません。
　기분이 좋지 않습니다.
　　◇ すぐれる 뛰어나다, 훌륭하다 | 気分がすぐれる 기분이 좋다

■ 体の具合が悪いです。
　몸이 안 좋습니다.
　　◇ 具合が悪い 사정・형편・상태가 좋지 않다

■ そうですね。私もよく分かりませんね。
　글쎄요. 저도 잘 모르겠어요.

■ あまりよく眠れませんでした。
　별로 잘 자지 못했습니다.

■ このごろは心配事(しんぱいごと)がちょっと多(おお)くてね。
요즘 걱정거리가 좀 많아서요.
◇ 원인이나 이유를 가볍게 설명할 때는 활용어의 て형에 종조사 ね를 접속하면 된다.

■ ほうっておいてね。ただ疲(つか)れているだけだよ。
내버려둬요. 그저 피곤할 뿐이에요.
◇ ほうっておく 내버려 두다. 회화체에서는 줄여서 ほっとく라고 한다.

오랜만에 만났을 때

■ やあ、ひさしぶりだね。その後(ご)、元気(げんき)？
야, 오랜만이군. 그동안 잘 지냈어?
◇ 久(ひさ)しぶり 시간이 오래 걸림, 오래간만

■ その後(ご)、どうでしたか。
그동안 어땠습니까?

■ しばらくぶりですね。
오랜만이군요.
◇ しばらく 잠시, 잠깐, 오래간만, 오랫동안

■ おひさしぶりですね。
오랜만이군요.
◇ ぶり는 「~만에」의 뜻으로 상당한 시간이 흘렀음을 나타낸다.

■ またお目(め)にかかれてうれしいです。
다시 만나서 반갑습니다.

■ みんなさびしがっていましたよ。
모두가 적적해 하였습니다.
◇ さびしがる 외로워하다, さびしい(외롭다)의 어간에 동사형 접미어 ~がる(~다고 생각하다, ~다고 느끼다)가 접속된 형태이다.

■ ご無沙汰(ぶさた)しています。
격조했습니다.
◇ ご無沙汰 오랫동안 소식이 없음, 격조

■ お元気(げんき)でしたか。
안녕하셨습니까?

- どうしていたの？
    어떻게 지냈니?
    ◇ ~のは 문미에 접속하면 가벼운 질문이나 의문을 나타낸다.

- 何_{なに}やってたの？
    뭐하고 지냈니?

- どこに行_いってたの？
    어디에 갔었니?

- また会_あえてうれしいよ。
    다시 만나게 되어 기뻐.
    ◇ 会えるは 会うの 가능형. 5단동사의 가능형은 어미를 え단으로 바꾸고 동사형 접미어 る를 접속하면 된다.

- お変_かわりないですね。
    변함이 없군요.

- 君_{きみ}はずいぶん変_かわったね。
    넌 많이 변했구나.

- 大人_{おとな}になったね。
    어른이 되었구나.
    ◇ 명사에 ~になる가 접속하면 우리말의「~이(가) 되다」의 뜻으로, 우리말로 직역하여 ~がなる가 되지 않도록 주의해야 한다.

日本語ノート

◇ こんばんは

해가 진 다음에 주고받는 인사는 こんばんは입니다. 밤 8~9시 이후에 집 주변에서 이야기를 나눈 후에 헤어질 때라든가, 함께 돌아온 후 집 앞에서 헤어질 때는 さようなら보다는 おやすみなさい라고 합니다. 단, 그냥 스쳐지나갈 때라면 こんばんは라고 가볍게 인사하고, 남의 집에 놀러 갔다가 밤에 그 집을 나설 때는 현관에서 おやすみなさい라고 하면 됩니다.
참고로 일본은 국토가 남북으로 길어서 남과 북은 기후가 서로 다르므로 지방에 따라서 기후에 관한 인사는 매우 다양합니다. 평상시에 이웃들과 나누는 기본적인 인사 おはようございます, こんにちは, こんばんは만으로 질리면 날씨에 관한 인사를 다양하게 알아두면 멋진 일본어를 구사할 수 있을 것입니다.

UNIT 2 · 작별의 인사 표현

만난 사람과 헤어질 때 쓰이는 인사말로는 さようなら(안녕히 가십시오, 안녕히 계십시오)가 있습니다. 이것은 본래 문어체의 접속사인 さようなら(그렇다면)에서 온 말로 현대어에서는 관용적인 인사말로 굳어진 형태로 아주 헤어진다는 느낌을 주므로 さようなら는 가까운 사이나 자주 만나는 사이라면 좀처럼 쓰지 않습니다.
대신 じゃ、またね(그럼, 또 만나), 気(き)をつけてね(조심해서 가요) 등이 일상적인 작별 인사로 많이 쓰입니다.

▶ 헤어질 때

■ さようなら。
안녕히 가세요.
❖ さようなら는 오랫동안 작별을 할 때 쓰인다.

■ さようなら。いずれまた。
안녕히 계세요. 그럼 또 나중에 만나요.
❖ いずれ는 대명사로 쓰일 때는「어느 것, 어느 곳, 어느 쪽」을 뜻으로 부정칭의 지시대명사이다.

■ いずれまた近(ちか)いうちに会(あ)いましょう。
언제 가까운 시일에 또 만납시다.
❖ 近いうちに 가까운 시일 내에, 근간, 일간, 얼마 안 있어

■ では、またあした。
그럼, 또 내일 봐요.
❖ では、またあした는 뒤에 会いましょう(만납시다)를 줄인 형태로 매일 만나는 사람끼리 헤어질 때 쓰인다. 더 간단하게 표현할 때는 じゃ、またした。라고 한다.

■ じゃあ、水曜日(すいようび)に会(あ)いましょう。
그럼 수요일에 만납시다.

▶ 방문을 마치고 돌아갈 때

■ そろそろ失礼(しつれい)します。
이만 실례하겠습니다.

■ そろそろ失礼しなくては。
　이제 실례해야겠습니다.
　◇ ~なくては는 뒤에 금지를 나타내는 ならない(いけない) 따위를 줄여서 표현한 형태로「~하지 않으면 안 된다,
　　~해야 한다」의 뜻이다.

■ お先に失礼します。
　먼저 실례하겠습니다.

■ そろそろ行かなければなりません。
　이제 가야겠습니다.
　◇ ~なければなりません ~하지 않으면 안 됩니다, ~해야 합니다

■ もう おいとまいたします。
　이제 가야겠습니다.
　◇ いとま는 본래「여가, 짬, 휴가」를 뜻하는 말이지만 여기서처럼 おいとまする의 형태로 쓰일 때는「작별하다,
　　헤어지다」의 뜻으로 만나고 자리를 뜰 때 쓰인다.

■ もう帰らなければなりません。
　이제 가야겠습니다.

■ だいぶ遅くなりましたね。
　많이 늦었군요.

■ ご迷惑さまでした。
　폐가 많았습니다.
　◇ 迷惑는 남의 일로 귀찮음이나 괴로움을 당하는 일, 즉「폐」를 말한다. ｜ 様(さま)는 인명이나 직명에 접속하여
　　「님」을 뜻하지만, 다른 말에 접속하여 정중함을 나타내기도 한다.

➡ 밤에 헤어질 때

■ お休みなさい。
　안녕히 주무세요.

■ ぐっすりお休みなさい。
　푹 주무세요.
　◇ ぐっすり 깊은 잠에 빠져 있는 모양. 함빡, 흡족히

■ お休み。また明日ね。
　잘 자, 내일 봐.

상황에 따른 작별 인사

■ では、気をつけて。
그럼, 조심해서 가세요.
◇ 気をつける 주의하다, 조심하다

■ 楽しい週末をお過ごしください。
즐거운 주말을 보내십시오.
◇ お~ください는 의뢰나 요구를 나타내는 ~てください보다 더욱 정중한 표현이다.

■ ありがとう。あなたもね。
고마워요. 당신도 잘 보내요.

■ 行ってらっしゃい。
다녀오세요.
◇ 行っていらっしゃい를 줄인 말로 외출하는 사람에게 하는 인사말이다.

■ ごきげんよう。
안녕히 가세요.
◇ 機嫌(きげん) 남의 건강 상태, 안부 | ごきげんよう는 작별 인사로 굳어진 관용표현이다.

■ お会いできてうれしかったです。
만나서 즐거웠습니다.
◇ お~できる는 겸양표현인 お~する의 가능 표현이다.

■ 楽しかったです。
즐거웠습니다.

■ 夕食をごちそうさまでした。
저녁을 잘 먹었습니다.
◇ ごちそうさま는 대접을 잘 받았을 때 하는 인사말이다.

■ 今夜はとても楽しく過ごさせていただきました。
오늘밤을 매우 즐겁게 보냈습니다.
◇ ~させていただく는 직역하면「~시켜서 받다」의 뜻으로, 상대로부터 허락을 받은 듯한 느낌을 주면서 정중함을 나타낸다.

■ ご招待ありがとう。すっかり楽しんでしまいました。
초대해 줘서 고마워요. 정말 즐거웠습니다.
◇ 우리말의「~해줘서 고맙다」의 표현은 ~てくれてありがとう로 표현하나, 이처럼 동작성 명사에는 접두어 ご(お)를 붙여 표현한다.

■ また来てくださいね。
またきてくださいね。
또 오세요.

전언을 부탁할 때

■ お父さんによろしく。
おとう
아버님께 안부 전해 주세요.
◇ よろしく는 よく의 정중한 표현으로 「잘 알맞게 적당히」의 뜻을 가진 부사어로 뒤에 お伝えください나 お願いします를 줄여서 よろしく 만으로도 쓰인다.

■ 木村先生にどうぞよろしくお伝えください。
きむらせんせい   つた
기무라 선생님께 부디 안부 전해 주십시오.
◇ 간단하게 안부를 전할 때는 どうぞよろしく 만으로도 쓰인다.

■ 皆さまによろしく。
みな
여러분께 안부 전해 주세요.

■ ご両親によろしく。
りょうしん
부모님께 안부 전해 주세요.

■ きのう田中さんに偶然会いましたら、あなたによろしくとのことでした。
たなか   ぐうぜんあ
어제 다나카 씨를 우연히 만났는데, 당신에게 안부 전해 달라고 하던데요.
◇ ~とのことだ는 다른 사람에게 전해들은 말을 상대에게 전할 때 쓰인다.

전송할 때

■ 気をつけて行っていらっしゃい。
き   い
조심해서 다녀오세요.

■ 行っていらっしゃい。どうぞごゆっくり。
い
편히 다녀오세요.
◇ ゆっくり 천천히, 느릿느릿, 편히 쉬는 모양, 여유 있는, 넉넉히

■ 元気でね。
げんき
잘 다녀와요.

- 駅までお送りしましょう。
  역까지 바래다 드릴게요.
  ◇ お送りする는 「보내드리다」의 뜻을 가진 送る(보내다)의 겸양 표현이다.

- 楽しんでらっしゃい。
  즐겁게 다녀와요.
  ◇ ~てらっしゃい는 ~ていらっしゃい를 줄임말이다.

- お土産を忘れないでね。
  선물 잊지 마세요.
  ◇ ~ないでね는 회화체에서 ~ないでくださいね를 줄여서 표현한 형태이다.

잠시 만날 수 없을 때

- 君に会えなくなるとさびしくなるよ。
  너를 만날 수 없게 되면 쓸쓸할 거야.
  ◇ 형용사~くなる ~하게 되다, ~해지다

- あなたとご一緒でなくて残念だね。
  너와 함께 하지 못해서 유감이군.

- 帰ってこなくちゃだめだよ。
  안 오면 안돼.
  ◇ ~ちゃだめだ는 ~てはだめだ를 줄인 표현으로, 흔히 회화체에서는 ~ては를 ~ちゃ로 줄여서 표현한다.

- またいつか会おうね。
  언제 다시 만나자.

- 手紙をちょうだい。
  편지 줘요.
  ◇ ちょうだい는 もらう의 겸양어로 물건을 달라고 재촉할 때도 쓰이고 부드럽게 명령하는 뜻을 나타내기도 한다.

- 連絡を取り合おうね。
  서로 연락을 취하자.

- 手紙を書くのを忘れないでね。
  편지 쓰는 걸 잊지 말아요.

UNIT 3 초면 인사와 자기소개 표현

자신을 상대방에게 소개할 때는 우선 자신의 이름을 말하고 どうぞよろしくお願（ねが）いします(잘 부탁드립니다)라고 정중하게 인사를 합니다. 이에 상대방도 마찬가지로 자신의 이름을 말하고 특별히 부탁할 것이 없어도 습관적으로 どうぞよろしく라고 합니다. 남에게 소개할 때는 보통 동성일 경우에는 아랫사람을 윗사람에게, 이성간일 경우에는 남성을 여성에게 소개하는 것이 원칙입니다.

처음 만났을 때의 인사

■ はじめまして。
처음 뵙겠습니다.
◇ はじめましては 뒤에 お目かかります를 줄여서 표현한 것으로 처음 만났을 때 주고받는 인사 표현이다.

■ どうぞよろしく。
잘 부탁합니다.
◇ どうぞ는 남에게 매우 정중하게 부탁할 때나 바랄 때 하는 말로 우리말의 「부디, 아무쪼록」에 해당한다.

■ お目にかかれて、とてもうれしいです。
뵙게 되어 매우 기쁩니다.
◇ お目にかかる는 会(あ)う, 見(み)る의 겸양어이다.

■ お知り合いになれて、うれしく思います。
알게 되어 기쁘게 생각합니다.

■ 木村先生、お目にかかれて光栄です。
기무라 선생님, 뵙게 되어 영광입니다.
◇ 光栄 우리말과는 반대의 형태로 쓰인다.

■ 三浦さん、よろしく。
미우라 씨, 잘 부탁해요.
◇ よろしくお願（ねが）いします를 줄여서 よろしく 만으로 가볍게 표현한다.

■ こちらこそよろしく。
저야말로 잘 부탁합니다.
◇ ～こそ는 다른 것들 중에서 특별히 내세워서 강조하는 말로 「～야말로」의 뜻이다.

■ はじめまして、こちらこそ、どうぞよろしくお願いします。
　처음 뵙겠습니다. 저야말로 잘 부탁드립니다.

■ いつもお近づきになりたいと思っていました。
　늘 가까이서 뵙고 싶었습니다.
　◇ ～になりたい ～이(가) 되고 싶다

■ お目にかかるのを楽しみにしていました。
　뵙기를 고대하고 있었습니다.
　◇ 楽しみにする 기대하다, 고대하다

■ おうわさはかねがねうかがっておりました。
　말씀은 그전부터 많이 들었습니다.
　◇ かねがね 그전부터, 미리 ｜ うかがう 듣다, 방문하다의 겸양어

■ 吉村からうわさを聞いてましたよ。
　요시무라에게 말씀은 들었습니다.

■ お名前だけは知っておりました。
　성함은 알고 있었습니다.
　◇ ～ておる는 상태나 진행을 나타내는 ～ている의 겸양 표현이다.

■ たぶん電話でお話ししたことがあります。
　아마 전화로 통화한 적이 있을 겁니다.
　◇ ～たことがある(～한 적이 있다)는 과거의 경험을 나타낸다.

➡ **다른 사람에게 소개할 때**

■ 田中さんを紹介しましょう。
　다나카 씨를 소개하겠습니다.
　◇ 紹介する 소개하다

■ 友人の木村さんを紹介します。
　친구 기무라 씨를 소개하겠습니다.
　◇ の는 소유나 관계 등을 나타내기도 하고 여기서처럼 동격을 나타내기도 한다.

■ 三浦に会ったことがある？
　미우라를 만난 적 있니?

- 会ったことがなければ、紹介しておきましょう。
  만난 적이 없으면 소개해 드리지요.
  ◇ ~ておく ~해 두다

- 金さん、佐藤さんに会うのは初めてですね。
  김씨, 사토 씨를 만난 것은 처음이지요?
  ◇ ~に会う ~를(을) 만나다

- 李さん、こちらは田中さんです。
  이씨, 이분은 다나카 씨입니다.

- 木村、友人の田坂だ。
  기무라, 친구 다사카야.

- 木村、ぼくの妻だ。
  기무라, 내 아내야.
  ◇ 상대의 부인을 말할 때는 奥(おく)さん이라고 한다.

- こちらは私の行きつけのお医者さんの木村先生です。
  이분은 제 주치의이신 기무라 선생님입니다.
  ◇ 行きつけ 자주 다녀 얼굴이 익음, 단골

- こちらは韓国の友人の金です。日本に着いたばかりです。
  이쪽은 한국에서 온 친구인 김입니다. 일본에 막 도착했습니다.
  ◇ ~たばかりだ「막 ~하다」의 뜻으로 동작이 완료된 지 얼마 시간이 경과되지 않음을 나타낸다.

- 金さん、同僚の藤川君をご紹介します。
  김씨, 동료 후지카와를 소개해 드리겠습니다.
  ◇ ご紹介의 ご는 존경의 의미를 나타내는 접두어이다.

- 真利子と私は小学校からの知り合いです。
  마리코와 저는 초등학교부터 아는 사이입니다.

- 右から左へ、金さん、李さん、朴君です。
  오른쪽부터 왼쪽으로 김씨, 이씨, 박군입니다.

- 皆さん、木村教授をご紹介申し上げます。
  여러분, 기무라 교수님을 소개해 드리겠습니다.
  ◇ 申し上げる 말씀드리다. 言う(말하다)의 겸양어

■ 妹さんを紹介してもらえるかしら。
　동생을 소개해 줄 수 있을까?
　◇ ~かしら는 종조사로 쓰일 때는 의문의 뜻을 나타내기도 하며, ~してくれない 따위의 말 뒤에 붙어서 완곡한 부탁을 나타내기도 한다.

■ 木村と話している女の子を紹介してくれるかい？
　기무라와 이야기하고 있는 여자를 소개해 주겠니?

→ **처음 만난 사람과 헤어질 때**

■ お会いしてうれしかったです。
　만나서 기뻤습니다.
　◇ 형용사의 과거형을 정중하게 표현할 때는 반드시 ~かった의 형태에 단정을 나타내는 です를 접속하여 표현한다. 형용사의 기본형에 です의 과거형인 でした를 접속하여 표현하지 않는다.

■ お目にかかれてうれしかったです。
　만나 뵙게 되어 기뻤습니다.

■ お話、楽しかったです。
　이야기, 즐거웠습니다.

■ また、近いうちにお目にかかりましょう。
　가까운 시일 내에 또 뵙시다.

■ じゃ、また会いましょう。
　그럼, 또 만납시다.

■ また機会があったら、会いましょう。
　기회가 있으면 또 만나지요.
　◇ ~たら는 가정의 조건을 나타낼 때 쓰이는 말로 「~다면」의 뜻이다.

→ **자신을 소개할 때**

■ ちょっと自己紹介させてください。
　잠깐 제 소개를 하겠습니다.
　◇ ~させてください는 허락을 받아서 행한다는 느낌을 주므로 자신의 의지를 정중하게 표현한 형태가 된다.

- 名前は鈴木です。
  이름은 스즈키입니다.

- お目にかかったことはないと思いますが。
  뵌 적이 없는 것 같은데요.

- あなたとは初めてだと思いますが。
  당신과는 처음인 것 같은데요.
  ◇ ~と思う ~라고 생각하다, ~인 것 같다

- どこかでお目にかかりましたね。
  어디서 뵈었지요?

- 失礼、どこかでお会いしたことがありますね。
  실례합니다. 어디서 뵌 적이 있지요?

- こんにちは、私のこと覚えてます？
  안녕하세요, 저를 기억하겠습니까?
  ◇ 회화체에서는 의문이나 질문을 나타내는 종조사 か를 생략하고 끝을 올려 발음하기도 한다.

- すみません、別の人と間違えてしまいました。
  죄송합니다. 다른 사람으로 착각했습니다.
  ◇ 間違える 틀리다, 착각하다 | ~てしまう ~해 버리다

- 加山雄三です。あなたは？
  가야마 유조입니다. 당신은?

- 有吉ですが、縮めてアリーです。
  아리요시입니다만, 줄여서 아리입니다.
  ◇ 縮める 줄이다, 축소하다

- 私は金英主です。ニックネームはネコです。
  저는 김영주입니다. 별명은 고양이입니다.
  ◇ ニックネーム=渾名(あだな) 별명

- 名刺をどうぞ。あなたのもいただけますか。
  제 명함입니다. 당신 것도 주실 수 있을까요?
  ◇ いただける는 いただく의 가능형이며, もらえる(もらう)의 겸양어이다.

■ 私の名前は金… そうそう、名刺をさしあげましょう。
제 이름은 김… 아 그래, 명함을 드릴게요.
  ◇ さしあげる는 あげる의 존경어로「드리다」의 뜻이다.

■ 名前は三浦茂子、東京から来ました。
이름은 미우라 시게코이고, 도쿄에서 왔습니다.

■ 子供は二人います。
아이는 둘 있습니다.

■ ゴルフに興味がありますか。
골프에 흥미가 있습니까?

■ 貿易会社に勤める会社員です。
무역회사에 근무하는 회사원입니다.
  ◇ ～に勤める ～에 근무하다

■ 日本語はまだ下手ですので、これから一生懸命やろうと思っています。
일본어는 아직 서툴러서 이제부터 열심히 하려고 생각하고 있습니다.
  ◇ ～う(よう)と思う ～하려고 생각하다

→ **상대의 이름을 물을 때**

■ お名前をうかがえますか。
성함을 여쭤도 될까요?
  ◇ うかがう는 聞(き)く의 겸양어이다.

■ お名前は？
성함은?

■ 姓は何というのですか。
성은 어떻게 됩니까?

■ すみません、お名前が聞き取れませんでした。
미안합니다. 성함을 알아듣지 못했습니다.

■ 読み方を言ってくれますか。
　(이름) 읽는 법을 말해 주겠어요?
　◇ 일본인의 이름은 같은 한자라도 읽는 방법이 제각각이기 때문에 본인에게 어떻게 읽는지 확인할 필요가 있다.

■ 名前を覚えるのが苦手なんです。
　이름을 잘 기억하지 못합니다.
　◇ 苦手 잘하지 못함, 서투름, 싫음 ↔ 得意(とくい)

■ ずいぶん長いお名前ですね。
　무척 이름이 길군요.

■ 覚えやすいですね。
　기억하기 쉽군요.
　◇ ~やすい는 동사의 중지형에 접속하여 「~하기 쉽다(편하다)」의 뜻을 가진 형용사를 만든다.

■ 日本では一般的な名前でしょうか。
　일본에서는 일반적인 이름입니까?

→ 만난 상대와 친해지기 위한 질문

■ どこのお生まれですか。
　어디 출신입니까?
　◇ 처음 만난 일본인의 출신지를 알고 싶을 때 이러한 표현도 익혀두는 게 좋다.

■ 日本のどこの生まれですか。
　일본 어디 출신입니까?
　◇ 고향을 물을 때는 お国(くに)はどちらですか라고 하면 된다.

■ 同じところで育ったのですか。
　같은 곳에서 자랐습니까?

■ こちらの生活はどうですか。
　이곳 생활은 어떻습니까?
　◇ 의향을 물을 때 どうですか보다는 いかがですか를 쓰면 더욱 겸손한 표현이 된다.

■ こちらへはよくいらっしゃるのですか。
　이곳에는 자주 오십니까?
　◇ いらっしゃる는 경우에 따라 「가시다, 오시다, 계시다」의 뜻으로 쓰이는 존경을 나타내는 동사이다.

- どちらへお勤（つと）めですか。
  어디에 근무하십니까?
  ◇ お〜ですか는 경우에 따라 현재, 미래, 과거를 나타낼 수 있는 존경 표현이다.

- お仕事（しごと）は？
  무슨 일을 하세요?

- 学校（がっこう）はどちらですか。
  어느 학교에 다닙니까?
  ◇ です는 말을 줄이기 위해 동사 대용으로 많이 쓰인다. ｜ 通（かよ）う 다니다

- 大学（だいがく）はどこでしたか。
  어느 대학을 나왔습니까?
  ◇ 出（で）る 나오다 ｜ 卒業（そつぎょう）する 졸업하다

- ご興味（きょうみ）は何（なん）ですか。
  무슨 흥미를 갖고 있습니까?

- これからも連絡（れんらく）を取（と）り合（あ）いましょうね。
  앞으로도 서로 연락을 취합시다.
  ◇ これから는 현재 시점에서 미래를 나타낼 때 쓰인다.

- どうしたら連絡（れんらく）がつきますか。
  어떻게 하면 연락이 됩니까?

인사

 日本語ノート

◇ あなた

우리말에서도 「당신」이라고 할 때에는 특별한 배경이 있는 것과 마찬가지로 일본어에서도 아나타라고 할 때에는 미묘한 어감이 느껴지므로 평상시에는 사용하지 않는 것이 좋습니다. 예컨대 아내가 남편을 부를 때나 혹은 말다툼하는 상대방을 지칭할 때 쓰는 말이기 때문입니다. あなたのお名前（なまえ）は？(당신의 이름은?)라든가, あなたは日本人（にほんじん）ですか。(당신은 일본인입니까?) 등으로 물으면 일본인들은 의아한 표정을 짓게 됩니다. 일본어에서는 가능한 상대방의 호칭을 애매하게 하는 것이 미덕이라고 여기므로 2인칭대명사는 대부분의 경우 사용되지 않습니다. 만약 이름을 묻고 싶을 때는 すみませんが、お名前は何（なん）とおっしゃるのですか。(실례지만, 성함은 어떻게 되시는지요?)라는 식으로 あなた라는 말을 쓰지 않고서 은근히 묻는 게 실례가 되지 않습니다.

UNIT 4 감사의 인사 표현

감사의 뜻을 전할 때 ありがとうございます가 가장 일반적입니다. 신세를 진 사람을 만났을 때는 このあいだありがとうございました。(지난번에는 고마웠습니다)라고 과거형으로 말합니다. 여행 중 일본인 집에 숙박했을 경우 등에는 このあいだたいへんお世話(せわ)になりました。(지난번에는 신세를 많이 졌습니다)라고 합니다. 요즘에는 감사의 뜻을 전할 때 すみません이라고 말하는 사람이 늘고 있는데, 역시 ありがとうございます라고 말하는 것이 좋습니다.

→ 고마움을 피력할 때

■ ありがとう。
고마워요.
◇ ありがとう는 친한 사이이거나 손아랫사람에게 가볍게 고마움을 나타낼 때 쓰인다.

■ はい、どうも。
네, 고마워요.
◇ どうも는 「매우, 무척」이라는 뜻의 부사어이지만, 감사의 표현으로 간편하게 쓰이는 말이다.

■ ありがとうございます。
고맙습니다.
◇ ありがとう는 ありがたい라는 형용사에 ございます가 접속되어 음편이 된 형태이다.

■ 本当(ほんとう)にありがとうございます。
정말로 고맙습니다.

■ どうもご親切(しんせつ)に、ありがとうございます。
친절하게 대해 주셔서 무척 고맙습니다.
◇ 이 표현은 상대방의 호의나 친절에 대해서 고마움을 나타낼 때 쓰인다.

■ いろいろお世話(せわ)になりました。
여러모로 신세를 많이 졌습니다.
◇ お世話になる 신세를 지다

■ ご面倒(めんどう)をおかけしました。
수고를 끼쳐드렸습니다.
◇ 일본인은 어렸을 때부터 타인에게 피해를 주지 말도록 교육을 받는다고 한다.

인사

- 会いに来てくれてありがとう。
  만나러 와 줘서 고마워.
  ◇ <동사의 중지형+に来る> ~하러 오다

- 電話をありがとう。さようなら。
  전화를 줘서 고마워. 잘 가.

- 音楽会の切符、ありがとうございました。
  음악회 티켓, 고마웠습니다.

- 書類をチェックしてくれてありがとう。
  서류를 체크해 줘서 고마워요.

- 誉めていただいて、どうも。
  칭찬해 주셔서 고마워요.
  ◇ ~ていただいて는 직역하면 「~해 받아서」의 뜻이지만 ~てくれて로 해석하는 것이 자연스럽다.

- 何はともあれ、ありがとう。
  아무튼 고마워요.
  ◇ ともあれ 어떻든, 어찌 되었든, 하여간 = ともかく, とにかくも

- でも、ありがとうございます。
  하지만 고맙습니다.

- ご好意、ありがとう。
  호의, 고마워요.

- やあ、どうも。
  야, 고마워.
  ◇ やあ는 사람을 만났을 때나 놀랐을 때 내는 소리이다.

- これは、どうもありがとう。
  이거 무척 고맙군요.

- お手伝い、ありがとう。
  거들어 줘서 고마워요.

- 海外奨学金のこと、知らせてくれてありがとう。
  해외장학금에 관해 알려 줘서 고마워요.

→ 선물을 주고받을 때

■ すてきなプレゼントをありがとう。開(あ)けてもいいですか。
멋진 선물을 줘서 고마워요. 풀어도 될까요?
◇ ~てもいい는 「~해도 좋다(된다)」의 뜻으로 허가나 승낙을 나타낸다.

■ 私(わたし)にくださるのですか。どうもありがとう。
저에게 주시는 겁니까? 너무 고마워요.

■ 思(おも)いがけないことです。どうもありがとう。
생각지도 못했습니다. 너무 고마워요.
◇ 思いがけない 뜻밖이다, 예상 밖이다

■ それはどうもありがとう。
그거 너무 고마워.

■ こういう物(もの)を前(まえ)から欲(ほ)しいと思(おも)っていました。
이런 것을 전부터 갖고 싶었습니다.

■ ありがとう。そんなことなさらなくてもよかったのに。
고마워요. 이런 것을 하시지 않아도 되는데.
◇ ~なくてもよかったのに ~지 않아도 되는데(괜찮은데)

■ うわあ、うれしい！本当(ほんとう)にありがとう。
우와 기뻐요! 정말 고마워요.

→ 친절이나 배려에 감사를 드릴 때

■ ご親切(しんせつ)にどうも。
친절히 대해 줘서 고마워요.

■ ご親切(しんせつ)に、たいへん助(たす)かりました。
친절하게 대해 주셔서 많은 도움이 되었습니다.
◇ 助かる 구조되다, 살아나다

■ なんとご親切(しんせつ)に！
정말 친절하군요!

■ お出迎えいただいて本当にありがとうございます。
마중을 나와 주셔서 정말로 고맙습니다.

> 의례적인 감사를 피력할 때

■ まことに恐縮でございます。
참으로 죄송합니다.

■ そうしていただければ、とてもありがたいのですが。
그렇게 해 주시면 무척 고맙겠습니다만.

■ ご親切に、本当に感謝しております。
친절을 베풀어 주셔서 정말 감사하고 있습니다.
◇ 感謝する 감사하다

■ ご来社くださり、厚くお礼を申し上げます。
저희 회사에 방문해 주셔서 깊은 감사를 드립니다.
◇ お礼を申し上げる 감사의 말씀을 드리다

■ ご招待くださった木村先生に深く感謝したいと思います。
초대해 주신 기무라 선생님께 깊이 감사드리고 싶습니다.
◇ ～たいと思う ～고 싶다고 생각하다, ～고 싶은 마음이다

■ 何と御礼を申したらいいのかわかりません。
뭐라고 감사의 말씀을 드려야 좋을지 모르겠습니다.
◇ ～たらいいのか ～하면 좋을지

■ いくら感謝してもしきれないほどです。
아무리 감사를 드려도 부족할 정도입니다.
◇ いくら ～ても 아무리 ～해도

■ ご清聴を感謝します。
들어 주셔서 감사합니다.
◇ 清聴은 남이 자신의 이야기를 들어줌의 공손한 말씨이다.

■ ありがた迷惑ですよ。
고맙기는 하지만 부담스러워요.
◇ 이 표현은 고마운 일이나 상대에게 폐가 될 것 같을 때 쓰이는 표현이다.

감사에 대한 응답

- どういたしまして。
  천만에요.
  ◇ どういたしましては 상대가 고마움을 피력할 때 가장 많이 쓰이는 응답 표현이다.

- どういたしまして。お安いご用ですよ。
  천만에요. 쉬운 일이에요.
  ◇ お安いご用だ 쉬운 일이다

- どういたしまして。お役に立ててうれしいです。
  천만에요. 도움이 되어서 기쁩니다.
  ◇ 役に立つ 도움이 되다, 줄여서 役立(やくだ)つ라고도 한다.

- どういたしまして。礼にはおよびません。
  천만에요. 감사할 것까지는 없습니다.
  ◇ ～には及ばない ～할 것(필요)은 없다

- どういたしまして。喜んでお手伝いしますよ。
  천만에요. 기꺼이 도와 드릴게요.

- どういたしまして。ご用があれば遠慮なく言ってください。
  천만에요. 용무가 있으면 염려 말고 말하세요.

- どういたしまして。おしゃべりができてよかったですよ。
  천만에요. 말이 통해서 좋았습니다.
  ◇ しゃべる 지껄이다, 수다를 떨다

- 私も楽しかったですよ。
  저도 즐거웠습니다.

- いいえ、こちらこそ。
  아니오, 저야말로.

- こちらこそうれしいです。
  저야말로 기쁩니다.

- こちらこそどうもありがとう。
  저야말로 감사합니다.

UNIT 5 사과·사죄의 관련 표현

사죄의 말로써 すみません이 쓰입니다만, 이밖에 ごめんなさい도 일본인의 일상회화에서 쓰입니다. 이것을 닮은 형태의 ごめんください는 남의 집을 방문하거나 물러나거나 할 때에 관례적으로 쓰입니다. ごめんください는 주로 여성이 많이 쓰고, 남성은 짧은 형태의 ごめん의 형태를 많이 씁니다. 친구끼리라든가 친한 사이에서의 사죄 표현으로서도 쓰기 때문에 대부분의 경우에는 すみません을 쓰는 것이 무난합니다.

→ 실례를 요청할 때

■ 失礼。
실례해요.

■ 失礼ですが、日本の方ですか。
실례합니다만, 일본 분입니까?
◇ すみません보다 失礼します가 더 격식을 차린 표현이다.

■ 失礼ですが、お名前をうかがってよろしいですか。
실례합니다만, 성함을 여쭤도 되겠습니까?
◇ ~て(も)よろしい는 ~て(も)いい의 겸양 표현으로 「~해도 좋다(된다)」의 뜻이다.

■ ちょっとすみません。通り抜けてもいいでしょうか。
잠깐 실례하겠습니다. 지나가도 될까요?

■ お話の途中ですが、…。
말씀 도중입니다만, ….
◇ 話の途中는 話し中(はなしちゅう) 라고도 한다.

■ すみません、英語で言います。日本語の単語が思いつきませんので。
미안합니다. 영어로 말하겠습니다. 일본어 단어가 생각이 나질 않아서요.

■ すみませんが、そのことは全然知らないのです。
미안합니다만, 그것은 전혀 모릅니다.

■ 遅くなってすみません。
　늦어서 미안합니다.
　　◇ ~てすみません ~해서 미안합니다

■ できれば、あしたの会議は失礼させていただきたいのですが。
　가능하면 내일 회의는 실례하고 싶습니다만.
　　◇ ~(さ)せていただきたい는 직역하면「~시켜서 받고 싶다」의 뜻이지만 말하는 사람의 행동이나 동작을 상대로부터 허락을 받아서 하겠다는 정중한 희망을 나타낸다.

■ ちょっと失礼します。すぐ戻ります。
　잠깐 실례하겠습니다. 곧 돌아오겠습니다.

■ あしたの先生の授業を休ませてもらえますか。
　내일 선생님 수업을 빠져도 되겠습니까?

→ 송구함을 피력할 때

■ ごめんなさい。
　미안해요.
　　◇ ごめんなさい를 더욱 정중하게 말할 때는 ごめんください라고 하며, 가볍게 말할 때는 ごめん이라고 한다.

■ どうもすみませんでした。
　너무 죄송했습니다.

■ こんなに遅くなってごめん。ずいぶん待った?
　이렇게 늦어서 미안해. 많이 기다렸지?
　　◇ ~てごめん ~해서 미안해

■ 昨日は留守にして、すみませんでした。
　어제는 부재중이어서 죄송했습니다.

■ 失礼、度忘れしちゃって。
　미안해. 갑자기 생각이 안 나서.
　　◇ 度忘れ 잘 알고 있던 것을 갑자기 생각해 내지 못함

■ ご迷惑をおかけして、申し訳ありません。
　폐를 끼쳐 드려서 죄송합니다.

■ こんなことになってしまって、ごめんなさい。
　이렇게 되어 죄송합니다.

■ ご面倒をおかけしますが…。
　수고를 끼쳐 드리게 되었습니다만….
　　◇ 面倒をかける 수고를 끼치다

■ お話し中、すみません。
　말씀 도중에 죄송합니다.

■ お待たせして、すみませんでした。
　기다리게 해서 죄송했습니다.

■ 約束を守らないで、すみません。
　약속을 지키지 못해서 죄송합니다.
　　◇ 約束を破(やぶ)る 약속을 어기다(깨다)

■ カーペットを汚しちゃって、本当に申し訳ありません。
　카펫을 더럽혀서 정말로 죄송합니다.
　　◇ ~てしまう는 완료를 나타낼 때 쓰이는 표현으로 회화체에서는 줄여서 ~ちゃう라고 한다.

■ あなたがもっと韓国に滞在できないのが残念です。
　당신이 한국에 더 머무를 수 없는 점이 아쉽습니다.

■ 残念ながら、あの娘さんは婚約しています。
　유감스럽지만, 저 아가씨는 약혼했습니다.

■ 私がいけなかったんです。
　제가 잘못했습니다.

■ 足を踏んでごめんね。わたしが悪かった。痛くないかい。
　발을 밟아서 미안. 내가 잘못했어. 아프지 않니?

■ すみません。不注意でした。
　미안해요. 부주의였습니다.

■ 本当にすみません。うっかりしました。
　정말로 미안합니다. 깜빡했습니다.

■ そんなつもりじゃなかったんです。
그럴 생각이 아니었습니다.
◇ つもり 생각, 의도, 작정, 예정

■ どうもすみません。そんなつもりじゃなかったんです。
너무 죄송해요. 그럴 생각이 아니었어요.
◇ ~つもりじゃない ~할 생각이 아니다

■ ご迷惑をおかけするつもりはなかったのです。
폐를 끼쳐 드릴 생각은 없었습니다.

■ 本当に申し訳ございません。ついうっかりしてました。
정말로 죄송합니다. 그만 깜빡 잊고 있었습니다.

■ 仕方がなかったんです。
어쩔 수 없었습니다.
◇ 仕方がない 방법이 없다, 어쩔 수 없다

■ 今後は気をつけます。
앞으로는 주의를 하겠습니다.
◇ 気をつける 주의를 하다, 조심하다

→ 그밖의 사죄 표현

■ すみません。
미안합니다.
◇ 悪い → すまない → ごめん → 申し訳ない 순으로 사죄의 정도가 높아진다.

■ どうか許してください。
제발 용서해 주세요.
◇ どうか 부디, 제발 | 許す 용서하다

■ 私のしたことをお許しください。
제가 한 짓을 용서해 주십시오.

■ ばかなことをして、申し訳ありません。
엉뚱한 짓을 해서 죄송합니다.
◇ ばかな 바보스런, 엉뚱한

■ お気にさわったら、ごめんなさい。
　비위에 거슬렸다면 미안해요.
　◇ 気にさわる 신경에 거슬리다 ｜ ~たら、ごめんなさい ~했다면 미안해요

■ お電話もかけずに、申し訳ありませんでした。
　전화도 못 드리고 죄송했습니다.
　◇ ~ずに는 ~ないで와 같은 뜻으로 쓰인다.

■ 行き過ぎてたら、ごめんなさい。
　지나쳤다면 죄송해요.

■ 何とお詫びしてよいかわかりません。
　뭐라고 사죄를 드려야 좋을지 모르겠습니다.
　◇ ~てよいかわからない ~해야 좋을지 모르겠다

■ 許していただけますか。
　용서해 주시겠습니까?

■ この度の失敗でご迷惑をかけ、心からお詫び申し上げます。
　이번 실패로 폐를 끼쳐 진심으로 사죄를 드립니다.
　◇ 心から 진심으로, 마음으로부터

■ 謹んで謝罪申し上げます。一切の責任はこちらにございます。
　삼가 사죄를 올립니다. 모든 책임은 저에게 있습니다.

■ お邪魔にならなければ、よろしいんですが。
　폐가 되지 않으시다면 좋겠습니다만.

■ ぶしつけじゃなければ、いいんですが。
　무례가 되지 않는다면 좋겠습니다만.
　◇ ぶしつけ 버릇없음, 무례함

■ 気にしないでくれると、いいんですが。
　마음 두지 않았으면 좋겠습니다만.
　◇ 気にする 마음에 두다, 걱정하다

사죄에 대한 응답 표현

■ 大丈夫。何でもありませんよ。
괜찮아요. 아무것도 아닙니다.
◇ 大丈夫를 정중하게 말할 때는 大丈夫ですよ라고 하면 된다.

■ いいんですよ。
괜찮아요.
◇ 기분 나쁜 투로 말을 하면 상대의 호의를 거절하는 의미가 되어버린다.

■ 何でもないですよ。
아무것도 아닙니다.

■ いや、何でもありませんよ。
아뇨, 아무 것도 아닙니다.

■ たいしたことはありませんよ。
대수로운 것은 아닙니다.
◇ たいした는 뒤에 부정어가 오면 「이렇다 할, 별, 대단한」의 뜻으로 쓰인다.

■ かまいませんよ。
괜찮아요.

■ ご心配なく。
걱정 말아요.

■ いいんですよ。気にしないでください。
괜찮아요. 신경쓰지 마세요.
◇ ~ないでください ~지 마세요, 줄여서 -ないでね라고도 표현한다.

■ 何でもないですよ。ご心配なく。
아무것도 아니에요. 걱정하지 말아요.

■ いえ、こちらこそ。
아니오, 저야말로.

■ 私のほうこそごめんなさい。
저야말로 죄송합니다.
◇ ほう(方) 방향, 방면, 측, 쪽

■ 私がいけませんでした。
　제가 잘못했습니다.
　◇ いけない 좋지 않다, 바람직하지 않다

■ 私こそ悪かったんです。
　저야말로 잘못했습니다.
　◇ 悪い는「나쁘다」의 뜻을 가진 형용사이지만「미안하다」라는 뜻으로도 많이 쓰인다.

■ いいんですよ。誰だって間違えますよ。
　괜찮아요. 누구라도 틀려요.
　◇ ～だって는「～라도, ~일지라도」의 뜻으로 강조의 뜻을 나타낸다.

■ いや、大丈夫。仕方ありませんよ。
　아니, 괜찮아요. 어쩔 수 없어요.

日本語ノート

◇ すみません

일본어의 すみません은 영어의 I'm sorry, Excuse me에 해당하며 사죄를 할 때 씁니다. 일본인은 일상의 대화 속에서 빈번히 이것을 사용합니다. 혼잡한 전차 안에서 타인의 발을 밟았을 때에는 すみません이라고 말하며 사죄합니다. 또, 책 등 물건을 자신에게 돌려주도록 타인에게 부탁할 때도 すみません이라고 하며, 그것을 돌려받으면 ありがとう(고마워요) 대신에 재차 すみません이라고 합니다.
すみません은 거리에서 남에게 길을 묻거나 말을 걸 때도 씁니다. 남에게 폐를 끼쳐 사죄하거나 고마움을 나타낼 때 すみません을 쓸 경우에는 どうも를 덧붙이는 경우가 있습니다. ちょっと가 덧붙인 경우는 통상 남에게 이제부터 무언가 부탁을 하려고 하는 의미가 있습니다. 그래서 러시아워의 혼잡한 전철 안에서 남의 발을 밟지 않도록 하려면, 먼저「ちょっとすみません」이라고 말해보세요. 그렇게 하면 나중에 사죄하지 않아도 될 것입니다.

축하와 칭찬의 관련 표현

UNIT 6

상대방에게 축하를 할 때 쓰이는 표현으로는 おめでとうございます(축하합니다)가 있습니다. 물론 친근한 사이라면 おめでとう라고 해도 무방합니다. 축하를 할 때는 おめでとうございます 앞에 구체적으로 축하의 내용을 언급하는 것이 좋습니다.
우리는 남에게 칭찬하는 데 인색하지만, 일본인은 아주 조그만 일에도 칭찬을 아끼지 않습니다. 독자 여러분도 여기에 나오는 다양한 칭찬의 표현을 익혀 상황에 따라 적절하게 골라 쓰면 한층 대화가 부드러워질 것입니다.

→ **축하할 때**

■ おめでとう。
축하해요.
◇ おめでとう는 ございます를 줄여서 표현한 형태로 친근한 사이나 손아랫사람에 쓴다.

■ ご卒業、おめでとう。
졸업, 축하해.

■ ご昇進、おめでとうございます。
승진을 축하드립니다.
◇ おめでとう는 めでたい(경사스럽다)에 ございます가 접속되어 음편이 된 형태이다.

■ 合格、おめでとう。
합격을 축하해요.

■ ご誕生を心からお祝い致します。
생신을 진심으로 축하드립니다.
◇ お祝い致す 축하를 드리다

■ ご結婚、おめでとうございます。
결혼을 축하드립니다.

■ おめでとう。良かったですね。
축하해요. 다행이네요.
◇ よかった는 よい(いい)의 과거형이지만 우리말의 「다행이다」의 뜻으로도 쓰인다.

- おめでとう。プレゼントです。
  축하해요. 선물입니다.
  ◇ プレゼント= 贈り物 선물

- よかったですね。しあわせを祈ります。
  다행이군요. 행복을 빌게요.

- どうぞお幸せに。
  부디 행복하세요.

→ 축하의 인사말

- 乾杯！
  건배!

- 新年、おめでとう。
  새해 복 많이 받아요.
  ◇ 새해를 맞이하여 하는 축하인사로 정중하게 말할 때는 ございます를 접속하면 된다.

- 明けまして、おめでとうございます。
  새해 복 많이 받으십시오.

- 誕生日、おめでとう。
  생일 축하해.

- ありがとう。あなたもおめでとう。
  고마워. 너도 축하해.

- メリー・クリスマス！
  메리 크리스마스!

→ 축복을 빌어 줄 때

- お幸せを祈ります。
  행복을 빌겠습니다.
  ◇ 祈る 빌다, 기원하다

인사

- ご成功をお祈りします。
  성공을 기원하겠습니다.

- 心からご健康をお祈り申し上げます。
  진심으로 건강을 기원하겠습니다.

- ご健闘をお祈り申し上げます。
  건투를 빌어드리겠습니다.

- すべてうまくいきますようにお祈りします。
  모든 일이 잘 되시기를 빌겠습니다.
  ◇ ～ように ～하도록

→ 축하에 대한 응답

- ありがとうございます。
  고맙습니다.

- とってもうれしいです。ありがとう。
  무척 기쁩니다. 고마워요.
  ◇ とってもは とても(매우; 무척)를 힘준 말이다.

- 感謝しています。
  감사드립니다.

- 運が良かっただけだと思います。
  운이 좋았을 뿐입니다.

→ 칭찬할 때

- すごいですね。
  대단하군요.

- 素敵ですね。
  멋지군요.

■ 素晴(すば)らしいですね。
근사하군요.

■ よくやった。
잘 했어.

■ えらいぞ！
대단하군!
◇ ぞ는 자신의 판단을 강하게 말하거나 주장을 할 때 쓰이며, 자기와 동등하거나 아랫사람에 대해 쓴다.

■ 立派(りっぱ)なことですね。
훌륭하군요.

■ 申(もう)し分(ぶん)ありませんね。
나무랄 데가 없네요.
◇ 申し分(ぶん)ない 매우 좋다, 나무랄 데가 없다, 더 이상 바랄 게 없다, 완벽하다

■ さすがですね。
과연 다르군요.
◇ さすが(과연, 역시)와 やはり는 예상했던 대로라는 점에서 같으나 さすか는 그 결과에 대한 탄복 또는 낙담의 기분이 강하게 작용한다.

→ 능력을 칭찬할 때

■ まったく君(きみ)の手柄(てがら)だよ。
완전히 네 공훈이야.
◇ 手柄 공(적), 공훈, 공로, ~立(た)てる 공을 세우다

■ 君(きみ)の努力(どりょく)は高(たか)く買(か)うよ。
네 노력은 높이 살게.
◇ 高い 높다, (값이) 비싸다, (키가) 크다

■ 彼(かれ)は君(きみ)を高(たか)く評価(ひょうか)しているよ。
그는 너를 높이 평가하고 있어.

■ 彼(かれ)って勇気(ゆうき)があるねえ。
그 사람 용기가 있네.
◇ ～って ～라고, ～라는 것은, ～라고 하는 것은

■ 賢いですね。
　　현명하군요.

■ 頭がいいですね。
　　머리가 좋군요.
　　◇ 頭がいい 머리가 좋다 ↔ 頭が悪(わる)い 머리가 나쁘다

■ 日本語がお上手ですね。
　　일본어를 잘 하시군요.
　　◇ 上手だ(능숙하다, 잘하다) ↔ 下手だ(서툴다, 못하다)

■ 本当に真面目な方ですね。
　　정말로 성실한 분이군요.

■ あなたは生き字引ですね。
　　당신은 박식하군요.
　　◇ 生き字引 살아있는 사전(걸어 다니는 사전), 즉 매우 해박함을 나타낸다.

■ お考えがしっかりしていますね。
　　생각이 확고하시군요.
　　◇ しっかり 견고한 모양, 의지·성격 등이 건실하고 신용을 할 수 있음

■ あなたとはとても気が合います。
　　당신과는 마음이 잘 맞습니다.
　　◇ 気が合う 마음이 맞다

■ お料理がお上手ですね。
　　요리를 잘하시군요.

→ 겉모양과 성격을 칭찬할 때

■ 素敵なドレス！
　　멋진 드레스야!

■ そのシャツはよくお似合いですよ。
　　그 셔츠는 잘 어울리세요.
　　◇ 似合う 어울리다

인사

■ 素敵なネクタイですね。
멋진 넥타이이군요.
◇ ネクタイをしめる 넥타이를 매다

■ いい車をお持ちですね。
좋은 차를 가지고 계시는군요.

■ 似合ってるよ。
어울려요.

■ 若く見えますよ。
젊어 보여요.
◇ 見える 보이다 | 見(み)る 보다 | 見(み)せる 보이다, 보게 하다

■ 可愛いお子さんですね。
귀여운 아드님이군요.

■ そのヘアスタイル、よく似合っていますね。
그 헤어스타일 잘 어울려요.

■ とても魅力的な女性ですね。
매우 매력적인 여성이군요.

■ 格好いいですね。
근사하군요.
◇ 格好(かっこう) 모양, 차림새, 외모 | かっこいい 멋지다, 근사하다, 잘생겼다, 끝내주다

■ きれいですね。
예쁘군요.

■ 美しいですね。
아름답군요.

■ かわいいですね。
귀엽군요.

■ そのしゃれたブラウス、どこで買ったの？
그 멋진 블라우스 어디서 샀니?
◇ しゃれる 세련되고 멋지다, 모양을 내다, 멋을 부리다

63

- 最近、洗練されてきれいになりましたね。
  요즘 세련되고 예뻐졌어요.

- 優しい方ですね。
  상냥한 분이군요.
  ◇ 優しい (성격 따위가) 상냥하다 | 易しい (문제 따위가) 쉽다

- あなたはとてもいい人ですね。
  당신은 매우 좋은 사람이군요.

- ユーモアのセンスがある人ですね。
  유머 센스가 있는 사람이군요.

- 彼は楽天的です。
  그는 낙천적입니다.

- 彼は我慢強い人です。
  그는 참을성이 많은 사람입니다.
  ◇ 我慢強い 참을성이 많다, 인내심이 강하다

- 彼はとても心の暖かい男です。
  그는 매우 마음이 따뜻한 남자입니다.

- 肌が雪のように白くてきれいですね。
  피부가 눈처럼 하얗고 깨끗하군요.
  ◇ 일본어에서는 하얀 피부를 흔히 눈이나 흰떡에 비유하여 말한다. | ～のように ～처럼

- その色はとても似合いますね。
  그 색은 잘 어울려요.

- その洋服を着ると、とてもきれいですよ。
  그 양장을 입으면 무척 예뻐요.
  ◇ 洋服는 和服(わふく/일본전통옷)의 대립어로 남성정장을 말할 때는 背広(せびろ)라고 한다.

- ネクタイが背広とよく似合いますね。
  넥타이가 양복에 잘 어울려요.
  ◇ 일본어에서는 허리 위로 입는 것을 말할 때는 着(き)る라고 말하며, 허리 아래로 입는 것 즉, 바지나 스커트, 양말 따위를 말할 때는 はく로 표현하므로 주의할 것

→ 칭찬에 대해 감사할 때

■ どうもありがとう。
고마워요.

■ お誉めにあずかって、どうも。
칭찬해 주시니 고마워요.
　◇ 誉める 칭찬하다 | ~にあずかる ~해 받다, ~해 주시다

■ 誉められると照れくさいですね。
칭찬을 받으니 쑥스럽네요.
　◇ てれくさい 계면쩍다, 좀 부끄럽다

■ そうおっしゃっていただいて嬉しいですね。
그렇게 말씀해 주시니 기쁩니다.
　◇ おっしゃる(말씀하시다)는 言う(말하다)의 존경 동사이다.

■ いえ、まだまだです。
아뇨, 아직 멀었습니다.
　◇ 상대로부터 칭찬을 받을 때는 주로 まだ를 강조하여 겸손한 마음을 나타낸다.

■ どういたしまして。
천만에요.

■ そう思っていただけて嬉しいですね。
그렇게 생각해 주시니 기쁘군요.

✕ 日本語ノート

◇ 結構(けっこう)です

우리말에서 「됐습니다」의 의미로 사용되는 일본어의 結構です는 사무적으로 쓰이는 경우가 많습니다. 예를 들어 택시를 타고 목적지에 닿아「여기서 됐습니다」라고 할 때 ここで 結構です라고 하면 됩니다. 그러나 結構です라는 말에 거절의 의미를 담을 경우 그 정도가 좀 강하므로 사용법에 신경을 써야 합니다. 화가 난 듯이 結構です라고 하면 상대방에게 불쾌감을 주게 됩니다. 완곡하게 거절할 때는 정중하게 申(もう)し訳(わけ)ありませんか(죄송합니다만)… 라고 말하는 게 좋으며, お食事(しょくじ)は いかがですか。(식사를 하시겠습니까?)라고 권유를 받았을 때는 さきほど 済(す)ませましたので…(아까 먹어서요…)라고 거절하는 것이 좋습니다. いいです라고 말하면 좀 퉁명스런 느낌을 줍니다.

日本語ノート

◇ 일본인의 建前(たてまえ)와 本音(ほんね)

タテマエ(겉마음)와 ホンネ(속마음)는 일본인 저널리스트가 자주 쓰는 말입니다. タテマエ는 「원리원칙으로서」라든가 「공식적으로는」라는 의미로 공적으로 인정받은 입장이나 객관적 입장에서의 견해를 말할 때 쓰입니다. 반대로 ホンネ는 그 사람의 진정한 마음이나 의도를 말할 때 쓰입니다.

예를 들면 저널리스트가 어느 정치가의 발언을 리포트할 때 タテマエ는 그 정치가가 말한 대로의 말이고, ホンネ는 그 발언의 저변에 있다고 생각되어지는 것을 가리킵니다. 이것은 일부러 누군가가 거짓말을 하고 있다는 것을 반드시 의미하지 않습니다. 일에 대해서 자기 자신의 기분 이상의 것을 배려하지 않으면 안 되는 장면에서 タテマエ와 ホンネ 사이에 미묘하면서 중요한 차이가 나는 것입니다.

진정한 자신을 보인다는 의미의 本音を吐く 라는 표현도 자주 쓰입니다. 문자대로 해석하면 진정한 자신을 입으로 내뱉는다는 뜻이지만, 일본인에 있어 タテマエ를 깨뜨리고 통하는 일이 얼마나 어려운지를 적잖이 나타내는 것이라고 말할 수 있을 것입니다.

PART **2**

질 문 質問・しつもん

화는 질문으로 시작해서 질문으로 끝난다고 해도 과언이 아닙니다. 대화를 부드럽게 진행하기 위해서는
확한 질문과 상대방의 입장에서 서로 교감을 할 수 있는 화제로 대화를 이끌어가야 합니다.

UNIT 1 호출·호칭에 관한 표현

「학생!」「아저씨!」「아가씨!」「아주머니!」 등, 우리말에서는 사람을 부를 때 쓰이는 호칭은 아주 다양합니다. 그러나 일본어로 学生(がくせい)!라고 부르는 경우는 결코 없으며, 또한 모르는 사람에게 おじさん(아저씨)!, おばさん(아주머니)! 따위로 부르면 불쾌하게 여기는 사람도 적지 않을 것입니다. 모르는 사람에게 말을 걸 때는 すみません!이라고 하는 것이 가장 무난하며, 다방이나 식당에서 종업원을 부를 때에도 역시 すみません!이라고 하면 됩니다.

▶ 모르는 사람을 부를 때

■ もしもし、失礼ですが…。
여보세요, 실례합니다만….
◇ もしもし는 전화에서 상대를 부르거나, 모르는 사람을 뒤에서 부를 때 하는 말이다.

■ すみません、交番への道を教えてください。
미안합니다. 파출소로 가는 길을 가르쳐 주세요.
◇ 모르는 사람에게 말을 걸 때 가장 일반적인 표현이 すみません이다.

■ ちょっとすみませんが、これは渋谷行きのバスですか。
잠깐 실례합니다만, 이게 시부야 행 버스입니까?

■ 失礼ですが、ちょっとお話ししたいのですが。
실례합니다만, 좀 말씀을 드리고 싶은 게 있는데요.

■ すみません、ここではたばこを遠慮してください。
미안합니다. 여기서는 담배를 삼가주십시오.
◇ 遠慮는 타인에 대한 배려의 뉘앙스가 있다.

■ おい。
어이!
◇ おい는 「여봐, 이봐」의 뜻으로 친한 사이나 아랫사람을 부를 때 쓰인다.

■ あのう。
저—.
◇ あのう는 あの를 길게 뺀 말로 생각이나 말이 막혔을 때 주로 쓰이며, 말을 잠시 주저할 때도 쓰인다.

- あのう、ちょっと…。
  저—, 잠깐 ….

- ウエートレスさん。
  웨이트레스!
  ✧ ウエートレス ↔ ウエーター 웨이터

- お巡りさん。
  순경 아저씨!
  ✧ 警察(けいさつ), 警官(けいかん)

- 守衛さん。
  경비 아저씨!

- 先生。
  선생님!
  ✧ 先生は 그 자체로 존경의 의미를 갖고 있기 때문에 접미어 さん을 붙이지 않는다.

- お嬢さん、ハンカチ落としましたよ。
  아가씨, 손수건이 떨어졌어요.

- すみませんが、席を少しつめてくださいませんか。
  미안하지만, 자리를 좀 당겨 주시겠어요?

- 皆さん、ここは禁煙でございます。
  여러분 여기는 금연입니다.
  ✧ 禁煙 ↔ 喫煙(きつえん) 흡연

- 議長、ならびにご来場の皆さま。
  의장님, 그리고 내객 여러분!
  ✧ さま는 さん의 존경어로 우리말의 「님」에 해당한다.

상대의 이름을 부를 때

- あのう、木村さん。
  저—, 기무라 씨!
  ✧ 일본인은 매우 친근한 사이가 아니면 이름 뒤에 さん을 붙이지 않고 성(姓)이나 직함 뒤에 붙여서 말하다. 또한 さん은 우리말의 「씨, 양」으로 해석되지만 그 쓰임이 훨씬 다양하다.

질문

■ 田中さん、ちょっとすみません。
　다나카 씨, 잠깐 실례해요.
◇
■ 私のこと木村と呼んでください。
　저를 기무라라고 불러 주세요.

■ やあ、吉村。
　야—, 요시무라!
　◇ 君(くん)은 주로 남자 사이에서 친구나 손아랫사람의 성이나 이름 등에 붙여 친근감이나 가벼운 경의를 표하는 뜻으로 쓰인다.

■ おはよう、池田。
　안녕, 이케다.

■ さようなら、佐藤さん。
　잘 가세요. 사토 씨.

日本語ノート

◇ どうも、どうも

일본인이 일상 대화에서 가장 많이 쓰는 말의 하나가 「どうも」입니다. 예를 들면 약속 시간이 훨씬 지나서 그 자리에 온 사람이 오랫동안 시람을 기다리고 있는 사람을 향해 どうも、どうも라고 반복하면 「늦어서 정말로 미안하다」라는 의미입니다.

이 말은 どうもありがとう(무척 고마워요)라든가 どうもすみません(정말 미안해요)라는 형태로 보통 쓰이며, 영어의 very much라든가 so나 too에 해당합니다. 그러나 감사를 나타낼 때는 그 자체로만으로도 쓰입니다.

이 말은 어느 사항을 특정지어서 말하는 게 아니라, 그것이 고마움인지 그렇지 않으면 진사(陳謝)인지의 판단을 상대에게 맡긴다는 일본인의 전형적인 감사 표현입니다.

일본인과 만나기로 미리 약속을 하고 가끔 늦은 경우에는 일본인의 독특한 그 미소를 띠며 どうも どうも라고 해보세요. 그렇게 하면 기다리고 있던 상대도 또 그 미소를 띠며 분명 どういたしまして(천만에요)라고 대답할 것입니다.

UNIT 2 · 화제를 꺼낼 때의 관련 표현

질문

상대와의 대화를 부드럽게 잘 이끌어가는 데 가장 중요한 요소는 상대가 관심을 갖고 있는 분야를 화제로 하되 다양한 화제의 제시와 그것에 대한 풍부한 정보와 지식을 갖추어야만 합니다.
일본인은 상대에게 먼저 말을 걸기 전에 머뭇거리는 뉘앙스로 すみませんが(미안합니다만), ちょっと(저, 좀) 등을 사용합니다. 이것은 상대가 준비할 마음의 여유를 주기 위해서 혹은 상대를 배려하는 마음에서 비롯된 것입니다.

➡ 대화 도중에 말을 꺼낼 때

■ もしもし。
　여보세요.

■ 先生、すみません。質問してもよろしいでしょうか。
　선생님, 실례합니다. 질문해도 되겠습니까?
　◇ ~てもよろしいでしょうか ~해도 되겠습니까?

■ お話の途中ですけど…。
　말씀 도중인데요….

■ お話中失礼ですが、ちょっとお話をしたいのですが。
　말씀 중에 실례합니다만, 잠깐 말씀드리고 싶은 게 있는데요.

■ 話の途中だけど、そろそろ授業に行ったほうがよくない？
　이야기 중인데, 이제 수업을 들으러 가는 게 좋지 않겠니?
　◇ ~たほうがよくない? ~하는 게 좋지 않겠니?

■ 今、お忙しいですか。
　지금 바쁘십니까?
　◇ 접두어 お는 주로 일본어의 문두에서 존경의 의미를 나타내기도 하고 단순히 말의 품위를 높이기도 한다.

■ ちょっとお話ししていいでしょうか。
　잠깐 말씀드려도 되겠어요?
　◇ ~ていいでしょうか ~해도 좋을까요(되겠어요)?

■ ちょっとお時間(じかん)をいただけますか。
　잠깐 시간을 주시겠습니까?
　◇ 時間を出す 시간을 내다 | 時間をさく 시간을 쪼개다

■ お話(はな)ししたいことがあるのですが。
　말씀드리고 싶은 게 있는데요.
　◇ ～たいことがある ～고 싶은 게 있다

■ ちょっとお尋(たず)ねしたいことがあるのですが。
　좀 여쭙고 싶은 게 있는데요.
　◇ 尋ねる 여쭙다, 아뢰다, 묻다

■ お手間(てま)はとらせません。
　번거롭게 하지는 않겠습니다.
　◇ 手間をとらせぬ 수고를 끼치지 않도록 하다, 번거롭게 하지 않도록 하다

■ 二(に)、三分(さんぷん)でよろしいですか。
　2, 3분인데 되겠습니까?

→ 모르는 사람에게 말을 걸 때

■ いい天気(てんき)ですね。
　날씨가 좋군요.

■ 涼(すず)しくて気持(きも)ちがいいですね。
　시원해서 기분이 좋군요.
　◇ 気持ちいい ↔ 気持ち悪(わる)い 기분이 나쁘다

■ いやな天気(てんき)ですね。
　날씨가 우중충하네요.
　◇ いや 싫음, 불쾌함

■ この席(せき)はどなたかおられますか。
　이 자리에는 누가 있습니까?

■ ご遠方(えんぽう)までお出(で)かけですか。
　멀리까지 가십니까?

질문

■ 新聞_{しんぶん}はいかがですか。
신문은 어떠십니까?

■ すばらしい眺_{なが}めですね。
전망이 멋지네요.

■ ちょっと失礼_{しつれい}します。すぐ戻_{もど}ります。
잠깐 실례하겠습니다. 곧 돌아오겠습니다.

■ 日本語_{にほんご}をお話_{はな}しになりますか。
일본어를 하십니까?
◇ お~になる는 존경 표현으로 「~하시다」의 뜻을 나타낸다.

■ 日本語_{にほんご}はどうですか。
일본어는 어때요?
◇ 상대에게 의향을 물을 때 いかがですか를 쓰면 どうですか보다 정중한 표현이 된다.

■ こちらは初_{はじ}めてですか。
여기는 처음입니까?

■ 日本_{にほん}の方_{かた}ですか。
일본 분입니까?
◇ 일본인이냐고 물을 때 우리말식으로 日本人(にほんじん)이라고 하는 경우가 있으나 이것은 상대에게 실례를 범하게 되므로 日本の方라고 해야 한다.

▶ 상황에 따라 말을 걸 때

■ 何_{なに}かお役_{やく}に立_たてますか。
좀 도와 드릴까요?
◇ 役に立てる 도움이 될 수 있다

■ お困_{こま}りのようですが、私_{わたし}にできることがありますか。
곤란하신 것 같은데요. 제가 할 수 있는 게 있습니까?
◇ ~(の)ようですが ~(인)한 것 같은데요

■ もしもし、この紙袋_{かみぶくろ}はあなたのじゃありませんか。
여보세요, 이 종이봉지는 당신 게 아닙니까?
◇ ~じゃありませんか ~이(가) 아니세요?

- 少し顔色が悪いようですね。
  좀 안색이 안 좋은 것 같군요.

- 失礼ですが、以前にお会いしたでしょうか。
  실례합니다만, 이전에 뵈었을까요?

- 失礼ですが、以前どこかでお会いしませんでしたか。
  실례합니다만, 이전에 어디선가 만나지 않았습니까?

- 金さんじゃありませんか。ソウルで会った川村ですよ。
  김씨가 아니세요? 서울에서 만난 가와무라입니다.

- 失礼します。はじめてお目にかかります。木村と申します。
  실례합니다. 처음 뵙겠습니다. 기무라라고 합니다.
  ◇ ～と申す ～라고 하다, ～라고 말씀드리다

- 田中教授のことをお話しになってるのを耳にしましたが、博士をよく知ってます。
  다나카 교수님 이야기를 하고 계시는 것을 들었습니다만, 박사님를 잘 알고 있습니다.
  ◇ 耳にする 듣다

- 失礼ですが、どちらから？
  실례합니다만, 어디에서？

日本語ノート

◇ どう？

どう?는「어떠세요?」라든가「어떻게 생각합니까?」를 의미하는 どうですか?의 축약된 형태입니다. どう?는 대화의 상대방으로부터 이야기 중인 사항에 대한 본인의 마음이라든가 방금 막 일어난 사항에 대해서 본인의 견해를 알아내는 데 쓰입니다.

건강이 회복되고 있는 친구에 대해 쓰이는 どう?는, 그의 건강상태를 묻고 있는 것을 의미하고, 비즈니스의 교섭 중에 쓰는 どう?는 이야기의 결론을 상대에게 다그치는 것을 의미합니다. 퇴근 시각이 되어 동료나 사원을 향해 쓰이는「한 잔, 어때?」는「귀가에 한 잔 마실까?」라는 의미인 것입니다.

UNIT 3 · 대화를 유도할 때의 표현

모든 대화가 생각대로 잘 이어지지는 않는 법입니다. 조심스럽게 상대에게 말을 꺼내야 할 경우와 아니면 대화 도중에 말이 막히거나 잘 기억이 나지 않아 대화가 도중에 중단되는 경우를 종종 느끼게 될 것입니다. 특히 일본인과 대화에서는 단어나 적당한 표현이 생각이 나지 않거나 모르거나 하여 더욱 난처하게 될 것입니다. 이럴 때 끊어진 대화를 다시 이어주는 감초 같은 역할을 하는 표현으로는 ええと, あのう, ちょっと 등이 있습니다.

→ 말을 주저하며 다음 말을 이을 때

■ あのう…。
저어….

■ ちょっと待ってください。…
잠깐 기다려 주세요. …

■ ええと、たしか…。
저어, 분명….
◇ ええと는 말이나 생각이 미처 나지 않아 좀 생각할 때 내는 소리로 우리말의 「저어, 거시기」에 해당한다.

■ ええと、そうですね。
저어, 글쎄요.
◇ ええと는 줄여서 えっと라고도 한다.

■ 待ってよ、辞書をどこへ置いたかな。
기다려요, 사전을 어디에 놓았지.

→ 말하면서 생각할 때

■ 少しお金貸してもらえないかなあ、そうだな、千円。
돈 좀 빌릴 수 없겠나. 그래, 천엔.
◇ ~てもらえないか ~해 줄 수 없나?
◇ かな는 의문이나 반어를 나타내는 조사 か에 감동 또는 강조를 나타내는 な가 접속하여 가벼운 의문을 나타낸다. 또한 길게 빼서 말할 때는 かなあ라고 한다.

- 考えてみなかった。ちょっと考えさせてください。
  생각해 보지 않았어. 생각 좀 할게요.
  ◆ ~てみる ~해 보다 | ~(さ)せてください ~하게(시켜) 해 주세요, ~하겠습니다

- ちょっと待ってくださいよ。予定表を見ないと…。
  잠깐 기다리세요. 예정표를 봐야 하는데….
  ◆ ~ないと ~지 않으면

- それはいいですね。でも予定表を見させてください。
  그거 좋겠군요. 하지만 예정표를 보고요.

- ええと、そうですね。
  저어, 글쎄요.

- はっきりしませんが、五時には来ると思います。
  확실하지 않지만, 5시에는 올 것입니다.

- よくわかりませんが、たぶん…。
  잘 모르겠습니다만, 아마….

- 私の記憶が正しければ…。
  제 기억이 옳다면….
  ◆ 형용사의 가정형은 어미 い를 けれ로 바꾸어 가정의 뜻을 나타내는 ば를 접속한 ~ければ의 형태이다.

- よく覚えてないが…。
  잘 기억이 안 나지만….
  ◆ ~てないが는 ~ていないが를 줄여서 표현한 것이다.

- 強いて言うとしたら…。
  굳이 말하자면….
  ◆ ~としたら ~라고 한다면

→ **적당한 표현이 생각나지 않을 때**

- 昨夜、ええと… 名前は何と言ったか… あの人に出会いましたよ。
  어젯밤, 저어… 이름은 뭐였더라… 그 사람을 만났어요.
  ◆ 出会う 우연히 만나다

■ 何を言いかけていたんだっけ。そうそう…。
　뭐라고 말을 했더라. 그래그래….
　　◇ け는 흔히 だっけ나 たっけ의 형태로 쓰이어 회상하면서 또는 상대의 관심을 호소하듯이 진술하는 기분을 나타낸다. 우리말의 「~었지, ~었던가」에 해당하다.

■ ええと、どこまで話したかな。
　저어, 어디까지 말했더라.

■ どうもうまい言葉が思いつかないのですが…。
　도무지 마땅한 말이 생각이 나질 않아서요….
　　◇ 思いつかない 생각이 나지 않다

■ 日本語では何と言うのかわかりませんが…。
　일본어로는 뭐라고 하는지 모르겠는데요….

■ 何と言ったらよいか…。
　뭐라고 하면 좋을지….
　　◇ ~たらよいか ~하면 좋을까

■ 日本語では何とかと言うんですが…。
　일본어로는 뭐라고 하는데….

■ 私の知る限りでは…。
　제가 알기로는….
　　◇ 限りは 동사의 기본형에 접속하면 범위 내의 전부를 나타낸다.

■ ほら、こうなんですよ。
　자, 이렇습니다.
　　◇ ほら는 주위를 환기시킬 때 내는 소리로 「저 말이야, 이봐, 자」의 뜻이다.

■ ほら、あれみたいな物なんですが…。
　봐, 저런 것 같은 건데요….
　　◇ ~みたいな ~のような의 회화체로 「~것 같은」의 뜻이다.

■ あの、私の言う意味はわかるでしょう？
　저, 내가 말하는 뜻은 알겠어요?

■ つまり、私が言いたいのは…。
　요컨대, 제가 하고 싶은 말은….
　　◇ つまり 결국, 요컨대, 드디어

질문

UNIT 4 대화의 진행에 관한 표현

사람을 만났을 때 가벼운 인사로 대화가 시작됩니다. 그러다가 일상적인 이야기, 내지는 신변에 관한 화제를 필두로 하여 상대와의 거리감을 좁히게 되는 법입니다.
그러나 본래 만난 의도는 이런 것이 아니라 어떤 목적이 있어서 만난 것이라면 본론으로 들어가야 합니다. 일본어에서 그 전에 이야기는 잠시 중단하고 본론을 말하고 싶을 때는 さて(그건 그렇고), ところで(그런데) 따위의 접속사가 많이 쓰입니다.

→ 본론으로 들어갈 때

■ さて、本題に入りましょう。
각설하고 본론으로 들어갑시다.
◇ さては 화제를 바꿔서 말을 계속할 때 쓰이는 말로 우리말의 「그럼, 그건 그렇고, 한편」의 뜻이다.

■ 本題に戻りましょう。
본제로 돌아갑시다.
◇ 戻る (본래의 상태로) 되돌아가다

■ ところで、これはとても味がいいね。誰が作ったの？
그런데, 그건 무척 맛있는데. 누가 만들었지?
◇ ところで (화제를 바꿀 때 쓰는 말) 그것은 그렇고, 그런데

■ それはそうと、紅茶はいかがですか。
그건 그렇고 홍차를 드시겠어요?
◇ それはそうと (화제를 바꿀 때 쓰는 말) 그것은 그렇고

■ さて、それでは次の問題に移りましょう。
그건 그렇고, 그럼 다음 문제로 넘어갑시다.
◇ 移る 옮기다

■ ところで、少し休みましょうか。
그건 그렇고, 좀 쉴까요?

■ ところで、この前の火曜日に木村さんに会いましたよ。
그건 그렇고, 요전 화요일에 기무라 씨를 만났어요.

■ ところで、四時間目は休講ですよ。
그건 그렇고, 4교시는 휴강이에요.
　◇ ~時間目 ~교시

■ それはそうと、木村はどうしているの?
그건 그렇고, 기무라는 어떻게 하고 있니?

화제를 진행시킬 때

■ 話題は変わりますが…。
화제가 다릅니다만…
　◇

■ 話を変えるわけじゃないけど…。
화제를 바꾸는 게 아니지만…
　◇ ~わけじゃない ~하는 게(뜻이) 아니다 ｜ けど는 けれども를 줄여서 표현한 것이다.

■ 話は少しそれますが…。
이야기가 좀 빗나갔습니다만…

■ 話を元に戻しますと…。
처음 이야기로 돌아가면…

■ 話題は変わりますが、何かペットを飼ってますか。
화제가 다릅니다만, 무슨 애완동물을 기르고 있습니까?
　◇

■ そう言えば…。
그렇게 말하면…

뭔가 생각이 났을 때

■ あ、思い出した…。
아, 생각났다…

■ それで思い出しましたが、もう田中さんに会いましたか。
그래서 생각이 났는데, 벌써 다나카 씨를 만났습니까?

- 忘れないうちに聞いておくけど、午後はどこへお出かけ?
  잊기 전에 묻겠는데, 오후에는 어디에 나가니?
  ◇ ~ないうちに ~하기 전에

- 話題が変わらないうちに言いますと…。
  화제가 바뀌기 전에 말하면….

→ 화제를 바꿀 때

- それはさておき…。
  그건 그렇다 치고….
  ◇ さておく 그대로 두다, 방치해 두다

- 冗談はさておき…。
  농담은 그만 하고….
  ◇ 冗談を言う 농담을 하다

- 冗談はさておいて、事態はどうなっていますか。
  농담은 그만 하고, 사태는 어떻게 되었습니까?

- 何はさておき。この仕事を仕上げていただきたい。
  다 제쳐두고. 이 일을 마무리해 주기 바란다.
  ◇ ~ていただきたい ~해 주기 바란다, ~해 주었으면 한다

- 第一に… 次に…。
  먼저… 다음에….

- 実は…。
  실은….

- 実は、わからないんです。
  실은 모릅니다.

- 本当のことを言うと、会社を辞めたいんです。
  사실을 말하면 회사를 그만 두고 싶습니다.
  ◇ 会社を辞める 회사를 그만두다 | 辞表(じひょう)を出(だ)す 사표를 내다

■ 正直(しょうじき)言って…。
　솔직히 말해서….

■ 実(じつ)は私(わたし)もそう思(おも)ってました。
　실은 저도 그렇게 생각하고 있었습니다.

→ 이야기를 마무리 지을 때

■ とにかく…。
　아무튼….
　◇ とにかく 어떻든지, 여하 간에

■ どっちにしろ…。
　어쨌든….
　◇ ～にしろ는 특히 예외로써 그것만을 들 이유가 없음을 나타내며, ～にせよ로도 쓰인다.

■ どっちにしても厄介(やっかい)ですねえ。
　어쨌든 귀찮군요.
　◇ どっちにしても = どっちにしろ

■ とにかく見(み)に行(い)ってみよう。
　아무튼 보러 가보자.
　◇ ～てみよう ～해 보자

■ いずれにしても腹(はら)ごしらえする必要(ひつよう)があるね。
　어쨌든 미리 배를 채워둘 필요가 있군.
　◇ いずれにしても = どっちにしても = どっちにしろ

■ 例(たと)えば…。
　예를 들면….
　◇ 例える 예를 들다

■ 例(たと)えば、酒(さけ)とかタバコはやめなくては。
　예를 들면 술이나 담배를 끊어야 해요.
　◇ ～なくては (ならない、いけない) ～지 않으면 안 된다, ～해야 한다

■ 言(い)い換(か)えると…。
　바꿔 말하면….
　◇ 換言(かんげん)すると 환언하면

- 結局<ruby>けっきょく</ruby>は…。
  결국은….

- 要<ruby>よう</ruby>するに…。
  요컨대….

- いわば…。
  이른바….
  ◇ いわば 말하자면, 예를 들어보면, 비유한다면

- おまけにその上<ruby>うえ</ruby>…。
  더군다나 그 위에….
  ◇ おまけに 그 위에, 덤으로

- その上<ruby>うえ</ruby>いいことには…。
  게다가 좋은 점은….

- さらにひどいことに…。
  더욱 심하게도….
  ◇ さらに 그 위에, 더욱이

日本語ノート

◇ まあ まあ

「요즘 어떠십니까?」라고 인사말을 걸면 일본인은 곧잘 「まあ まあ」라고 대답합니다. 「まあ まあ」는 확실한 말을 하는 것을 주저할 때도 자주 씁니다.
그래서 팔림새가 좋지 않아 찡그린 표정을 하고 있는 세일즈맨이 경쟁상대로부터 성과를 질문 받았을 때나, 골퍼가 라이벌에게 그린에서의 성적을 질문 받았을 때에, 이 표현으로 대답하는 경우가 있습니다.
이런 불명료한 표현을 쓰는 일본인과 이야기를 하고 있으면 분명 초조하겠지만, 인관계에 있어서 협조 관계를 중요시하는 일이 일본사회 특징의 하나라고 하고 있습니다.
그러나 어떤 일에 있어서 당신의 기호의 정도를 듣고, 당신이 「まあ まあ」라는 대답을 했다고 하면, 아무리 애매한 일본인이라고 해도 얼마간 기분을 상하지 않을 수 없습니다.

UNIT 5 의견을 제시할 때의 관련 표현

질문

상대방에게 자신의 의견을 제시할 경우에 우선 조심스럽게 접근해야 합니다. 일본인은 특별히 자신을 의견을 직설적으로 표현하지 않으므로 자칫하면 무례하게 보일지도 모르기 때문입니다.
예를 들면 わたしの考(かんが)えでは…(제 생각으로는..)라고 말을 꺼내며 상대의 기분이나 상황 등을 살피고 자신의 의견을 말하는 게 미덕입니다.

➜ 의견을 말할 때

■ 私(わたし)としては…。
저로서는….
◇ ~としては ~로서는

■ 私(わたし)の方(ほう)では…。
제 쪽에서는….

■ 私(わたし)に関(かん)して言(い)えば…。
저에 관해서 말하면….
◇ ~に関して ~에 관해서, ~에 대해서

■ 私(わたし)の意見(いけん)では、その考(かんが)えはまるっきりばかげていると思(おも)います。
제 의견은, 그 생각은 정말 어처구니없다고 생각합니다.

■ 本当(ほんとう)のことを言(い)うと…。
사실을 말하자면….

■ 私(わたし)の考(かんが)えでは…。
제 생각으로는….

■ 私(わたし)はそうだと思(おも)います。
저는 그렇다고 생각합니다.
◇ ~だと思う ~이라고 생각하다

■ 私の考えを言わせてください。
제 생각을 말하겠습니다.
　◇ ~(さ)せてください ~하게 해 주십시오, ~하겠습니다

■ 私の意見を申し上げます。
제 의견을 말씀드리겠습니다.
　◇ 申し上げる 말씀드리다

■ 二、三意見を申し述べさせていただきます。
두, 세 가지 의견을 말씀드리겠습니다.
　◇ ~させていただきます ~시켜서 받겠습니다, ~해 드리겠습니다

■ この問題に関して考えを述べさせていただきます。
이 문제에 관해서 생각을 말씀드리겠습니다.

■ 要するに私の言いたいのは…。
요컨대 제가 말하고 싶은 것은….

■ まったくおっしゃるとおりだと思います。
정말 말씀하신 대로라고 생각합니다.
　◇ ~とおりだ ~대로이다

■ 皆さんはそう言いますが、私にはそうは思えないのです。
여러분은 그렇게 말하지만, 저는 그렇게 생각할 수 없습니다.

■ その提案には強く反対します。
그 제안에 강력히 반대합니다.

■ まず、反対したい点はこれです。
먼저 반대하고 싶은 점은 이겁니다.

■ そのことについてご意見はありますか。
그 일에 대해서 의견이 있습니까?
　◇ ~について ~에 대해서, ~에 관해서

■ 一言述べさせていただきたいのですが。
한 마디 말씀드리고 싶은데요.
　◇ ~させていただきたい ~시켜서 받고 싶다, ~하고 싶다

■ 忌憚なくご意見を述べていただけますか。率直な考えは？
　기탄없이 의견을 말씀해 주시겠습니까? 솔직한 생각은?
　　◇ ～ていただけますか ～해 주시겠습니까?

■ その件に関してはあまり意見はございません。
　그 건에 관해서는 그다지 의견이 없습니다.
　　◇ ございません은 ありません(없습니다)보다 정중한 말이다.

■ その件にはあまり関心がありません。
　그 건에는 별로 관심이 없습니다.

■ その点については別にはっきりした意見はありません。
　그 점에 대해서는 분명한 의견은 별로 없습니다.

■ その件については発言する立場にありません。
　그 건에 대해서는 발언할 입장이 아닙니다.

→ 조건이나 전제를 나타낼 때

■ 失礼ですが…。
　실례합니다만….

■ 違うかもしれませんが…。
　다를지도 모르겠습니다만….
　　◇ ～かもしれません ～할(일)지도 모릅니다

■ おっしゃるとおりかもしれませんが、お考えちがいのようですね。
　말씀하신 대로일지도 모르겠습니다만, 생각이 틀린 것 같군요.

■ ご意見は尊重しますが、私は別の考えを持っています。
　의견은 존중합니다만, 저는 다른 생각을 갖고 있습니다.

■ おっしゃることは本当でしょうが…。
　말씀하신 것은 사실이겠지만….
　　◇ おっしゃる 말씀하시다

■ おっしゃる意味はよくわかりますが…。
　말씀하신 뜻은 잘 모르겠습니다만….

■ それはいかにも結構なんですが…。
　그건 아무래도 괜찮습니다만….
　◇ いかにも 아무래도, 아무리 생각해도

■ ま、それは認めますが…。
　글쎄, 그건 인정하지만….

■ なるほど、でも問題は…。
　과연, 하지만 문제는….
　◇ なるほど 이야기의 맞장구를 칠 때 하는 말 과연, 정말

■ 誤解しないでいただきたいのですが…。
　오해하지 말아 주셨으면 합니다만….
　◇ ～ないでいただきたい ～지 말아 주었으면 한다

■ 信じられないかもしれませんが…。
　믿지 않을지도 모르겠습니다만….
　◇ 信じる 믿다, 信じられない 믿을 수 없다, 믿기지 않다

■ ちょっと妙だと思うかもしれませんが…。
　좀 이상하다고 생각할지도 모르겠습니다만….

■ 気を悪くしないでいただきたいんですが…。
　기분 나쁘지 않았으면 합니다만….

→ 관심사에 대해 이야기할 때

■ 音楽に興味がありますか。
　음악에 흥미가 있습니까?

■ その雑誌を借りてもいい？ 車にとても興味があるんだ。
　그 잡지를 빌려 주겠니? 차에 무척 흥미가 있어.
　◇ ～てもいい 해도 된다(좋다)

■ 子供の頃から切手の収集に興味がありました。
　어릴 때부터 우표 수집에 흥미가 있었습니다.

■ ずっと以前から山登りが好きなんです。
　훨씬 이전부터 등산을 좋아합니다.
　◇ 山登り는 일반적인 등산을 말하고, 登山(とざん)은 전문적인 등산을 말한다.

■ ギャグが大好きで人を笑わせるのが好きです。
　개그를 무척 좋아해서 사람을 웃기는 것을 좋아합니다.
　◇ 大好きだ 무척 좋아하다 ↔ 大嫌(だいきら)いだ 몹시 싫어하다

■ ご趣味は何ですか。
　취미는 뭡니까?

■ いちばん興味があることは？
　가장 흥미가 있는 것은?

■ 漫画を読むのが好きなんです。
　만화를 읽는 것을 좋아합니다.

■ この種のジャズは大好きです。
　이 종류의 재즈를 무척 좋아합니다.

■ 釣りにこってるんです。
　낚시에 푹 빠졌어요.
　◇ こる (한 가지 일에) 푹 빠지다, ~にこっている ~에 푹 빠져 있다

■ よくスピード狂だと人から言われます。
　스피드 광이라고 남들이 말합니다.
　◇ ~から言われる ~로부터 듣다

■ 自由な時間はたいてい推理小説を読んだりします。
　자유로운 시간은 대개 추리소설을 읽거나 합니다.
　◇ たいてい 어떤 사물의 개략, 대강

■ 好きな映画スターは？
　좋아하는 영화 스타는?
　◇ 俳優(はいゆう) 배우 ｜ 女優(じょゆう) 여우 ｜ 男優(だんゆう) 남우

■ どんなスポーツが好きですか。
　　어떤 스포츠를 좋아합니까?

■ 犬や猫はあんまり好きではありません。
　　개나 고양이는 별로 좋아하지 않습니다.
　　　◇ あんまり는 あまり의 강조된 형태이다.

■ 水泳は得意です。
　　수영은 잘 합니다.
　　　◇ 得意 ↔ 苦手

■ コンピューターには弱いんです。
　　컴퓨터에는 약합니다.
　　　◇ ~に弱い ~에 약하다 ↔ ~に強(つよ)い ~에 강하다

■ すみません、それにはあまり興味がないんです。
　　미안합니다, 그것에는 별로 흥미가 없습니다.

■ このごろ私は音楽に夢中なんです。
　　요즘 저는 음악에 푹 빠졌습니다.
　　　◇ 夢中 꿈 속, 열중하여 자신을 잊어버림

■ 私は運動は苦手なんです。
　　저는 운동은 못 합니다.

日本語ノート

◇ あー、そうですか!

교섭에 익숙하고 통역을 고용하는 데도 경험이 있는 비즈니스맨이라면 일본인 비즈니스맨이 교섭상대로 동의할 때에 あー、そうですか!라는 말을 연발하는 것에 쉽게 신경이 쓰이게 될 것입니다. 영어로 그대로 번역하면 oh! is that so?입니다.
교섭 상대가 느긋하게 머리를 끄덕이면서 あー、そうですか를 연발하고 있으면 당신의 비즈니스 교섭이 만족스럽게 진척되고 있고, 당신의 존재도 환영받고 있다고 이해해도 괜찮을 것입니다. 하지만 상대가 말한 것에 찬동하지 않으면서도 일본인은 あー、そうですか라는 버릇이 있다는 점에도 주의를 해야 합니다. 게다가 상대가 말한 것을 무시할 때도 이 말이 잘 쓰이므로, 이 말로 상대가 말하려고 하는 것을 판단하는 것은 매우 미묘한 일입니다.

의문·질문의 관련 표현

일본어에서 가장 대표적인 의문이나 질문을 나타내는 조사로는 か가 있으며, 그밖에 친분이나 상하, 또는 남녀에 따라 ね, わ, の, い 등 다양한 형태가 쓰이고 있습니다. 의문사로는 사물을 물을 때 쓰이는 なに(무엇), 사람을 물을 때 쓰이는 だれ(누구), 지시를 나타내는 どの(어느), 방향을 물을 때 쓰이는 どちら(어느 쪽), 존재하는 위치를 나타내는 どこ(어디) 등이 있으며, 이유나 방법을 물을 때 쓰이는 どうして, なぜ가 있습니다.

➡ 이유·무엇을 물을 때

■ どうしてこんなに早く来たんだい？
왜 이렇게 빨리 왔지?
◇ ~だい의 い는 긍정, 의문, 명령 등의 문미에 붙어서 문세를 강조하는 데 쓰인다.

■ どうしてそんなこと言うの？
왜 그런 말을 하니?
◇ どうして 왜, 어떤 방법으로, 어떻게 하여

■ どうしてそんな話を信じたの？
왜 그런 말을 믿었지?
◇ 종조사 の는 가벼운 의문이나 질문을 나타낸다.

■ どうしてそんなに落ち込んでるの？
왜 그렇게 빠졌지?

■ どうしてそんなことをしたの？
왜 그런 짓을 했니?

■ その映画は何についてのものですか。
그 영화는 무엇에 대한 것입니까?
◇ 何는 보통 なに로 발음하지만 뒤에 오는 발음의 영향을 받아 なん으로도 발음한다.

■ それは何階にありますか。
그건 몇 층에 있습니까?
◇ 何은 조수사 앞에 쓰이면 우리말의 「몇」에 해당한다.

■ 何から始めましょうか。
무엇부터 시작할까요?

■ 何のご用件でしょうか。
무슨 용건이시죠?

■ 今、何時？
지금 몇 시?
◇ 정중하게 말할 때는 何時ですか로 물으면 된다.

■ 何の話をしているの？
무슨 말을 하고 있는 거야?

■ もしもし、何番へおかけですか。
여보세요, 몇 번 거셨습니까?
◇ 電話(でんわ)をかける 전화를 걸다 ↔ 電話を受(う)ける 전화를 받다

■ そのパックは一体何なの？
그 팩은 도대체 뭐니?
◇ 一体 도대체, 대관절

■ 今、何をしてるんですか。
지금 무얼 하고 있습니까?
◇ 회화에서는 진행이나 상태를 나타내는 ~ている는 い를 생략하고 ~てる로 쓰는 경우가 많다.

■ 何のご用でお出掛けですか。
무슨 용무로 나가십니까?
◇ 出掛ける 나가다, 외출하다

■ 何を買ったんですって？
무얼 샀다고 했지요?
◇ ~って는 남의 말을 되풀이하여 반문(反問)의 뜻을 나타내기도 하며, 남의 이야기를 인용할 때 쓰인다.

→ 모르는 사람을 물을 때

■ どなたさまでしょうか。
누구십니까?
◇ どなたさま는 どなた(누구)에 さま(님)을 붙인 말로 한층 정중한 표현이다.

■ 誰を推薦しましょうか。
　누구를 추천할까요?

■ 誰に聞いたらいいかしら。
　누구에게 물으면 될까?
　◇ ~たらいいか ~하면 좋을까?
　◇ かしらは 의문을 나타내기도 하고, 완곡한 부탁을 나타내기도 한다. 주로 여성이 사용한다.

■ 手紙は誰から来たの?
　편지는 누구한테 왔니?

■ そちらどなたでしょうか。
　그쪽은 누구십니까?

■ 誰からその話を聞いたのですか。
　누구한테 그 이야기를 들었습니까?

■ 誰と飲んでみたい?
　누구와 마시고 싶니?
　◇ ~てみたい ~해 보고 싶다

■ この傘は誰の? あなたの、それとも木村のかな。
　이 우산은 누구 거니? 네 것, 아니면 기무라 것인가?
　◇ のは 관계를 나타내기도 하지만 ~のもの(~의 것)의 뜻으로도 쓰인다.
　◇ それとも 또는, 혹은, 아니면

■ どれにしますか。
　어느 것으로 하겠어요?
　◇ ~にする ~으로 하다, 선택요구를 나타낼 때 주로 쓰인다.

■ どれが正しいのですか。
　어는 것이 맞는 것입니까?

→ | 방법·수단을 물을 때 |

■ 地下鉄の駅はどう行けばいいのでしょうか。
　지하철역은 어떻게 가면 될까요?
　◇ ~ばいいのでしょうか ~면 좋을까요?

- 週末はどう過ごすつもりですか。
  주말은 어떻게 보낼 예정입니까?
  ◇ ~つもりです ~할 생각(작정, 예정)입니다.

- この栓抜きはどう使うの？
  이 병따개는 어떻게 사용하니?

- この電話はどう使えばいいでしょうか。
  이 전화는 어떻게 쓰면 좋을까요?
  ◇ どう ~ばいいでしょうか 어떻게 ~면 좋을까요?

- 今日の天気はどうなんですか。
  오늘 날씨는 어떻습니까?

- 食欲はどんな具合ですか。
  식욕은 어떤 상태입니까?

- コーヒーはどのようにしますか。
  커피는 어떻게 할까요?
  ◇ どのように 어떤 모양으로, 어떤 식으로, 어떻게

- お茶はどのようになさいますか。
  차는 어떻게 드시겠습니까?
  ◇ なさる 하시다, する의 존경어

- ここでの生活はどうですか。
  여기에서의 생활은 어떻습니까?

- 東京の生活は気に入っていますか。
  도쿄 생활은 마음에 듭니까?
  ◇ 気に入る 마음에 들다

- 新しい仕事はどうですか。
  새로운 일은 어때요?

- ハイキングに行くという彼の考えはどう思う？
  하이킹을 간다는 그의 생각을 어떻게 생각해?
  ◇ ~という ~라고 한다 | どう思いますか 어떻게 생각하세요?

가격·수량·정도를 물을 때

■ 全部でいくらですか。
  전부해서 얼마입니까?
  ◇ いくら는 값을 물을 때는 「얼마」라는 뜻으로, 수효나 나이를 물을 때는 「몇」으로 해석한다.

■ このビデオはいくらで買ったのですか。
  이 비디오는 얼마에 샀습니까?
  ◇ いくらで의 で는 범위를 나타내는 용법으로 「얼마에」의 뜻이 된다.

■ 距離はここからどのくらいですか。
  거리는 여기에서 어느 정도입니까?
  ◇ どのくらい 어느 정도

■ 川の向こう岸まで距離はどのくらいでしょうか。
  맞은 편 강가까지 거리는 어느 정도일까요?

■ 時間はどのくらいかかりますか。
  시간은 어느 정도 걸립니까?
  ◇ 時間がかかる 시간이 걸리다 | お金(かね)がかかる 돈이 들다

■ ソウルにはどのくらい滞在されますか。
  서울에는 어느 정도 머무르십니까?
  ◇ 사역의 뜻을 나타내는 (ら)れる 경우에 따라 존경, 가능, 자발의 뜻을 나타낸다.

■ あとどのくらいでこの列車は出るの？
  앞으로 어느 정도면 이 열차가 출발하지?

때·방향·장소를 물을 때

■ 誕生日はいつですか。
  생일은 언제입니까?
  ◇ いつ 언제, 때를 물을 때 쓰이는 의문사이다.

■ いつここへ引越して来たのですか。
  언제 여기로 이사를 왔습니까?
  ◇ 引っ越す 이사하다

■ いつごろ出来上がりますか。
　　언제쯤 완성되겠습니까?

■ このいい天気はいつまで続くかな。
　　이 좋은 날씨가 언제까지 계속될까?

■ いつまでに書類はできる予定ですか。
　　언제까지 서류를 완성할 예정입니까?
　　◇ いつまでに 때를 나타내는 조사 に가 접속하면 한정된(정해진) 때를 말한다.

■ いつまでにそれを致しましょうか。
　　언제까지 그걸 할까요?

■ いつまで私たちのところに滞在できますか。
　　언제까지 여기에 머무를 수 있습니까?

■ お国はどちらですか。
　　고국고향은 어딥니까?
　　◇ お国 고향, 고국

■ どこでお金の両替ができますか。
　　어디서 돈을 환전할 수 있나요?
　　◇ 両替する 환전하다

■ 失礼ですが、男性用のトイレはどこにありますか。
　　실례합니다만, 남성용 화장실은 어디에 있습니까?
　　◇ どこ(어디)는 장소를 나타내는 의문사이다.

■ お父さんはどこへお勤めですか。
　　아버지는 어디에 근무하십니까?
　　◇ お~ですか는 존경의 용법으로 현재, 과거, 미래를 나타낸다.

■ 南口はどちらでしょうか。
　　남쪽 출구는 어디입니까?
　　◇ 일본어 지하철이나 전철역의 출입구는 모두 동서남북으로 표시되어 있다. 東(ひがし), 西(にし), 北(きた)

■ どちらにお住まいですか。
　　어디에 사십니까?
　　◇ お住まい 사는 곳, 거처하는 곳

응답 応答・おうとう

답 표현은 당연히 그때그때의 분위기와 상황에 따라 달라지게 마련인데 응답의 요령만 터득한다면 좀더
련되고 분명한 응답을 함으로써 의사소통에 도움을 주게 될 것입니다.

UNIT 1 되묻기의 관련 표현

상대가 말한 것을 알아들을 수 없을 때나, 이해하지 못했을 때는 되물어 보는 것이 회화의 기본입니다. 만약 상대에게 되물어 보는 것을 주저하게 된다면 일본어 회화의 실력을 늘리는 데 전혀 도움이 되지 못하기 때문입니다.
따라서 여러분은 대화의 상대로부터 모르는 말이 나왔을 때는 何と言いましたか(뭐라고 했습니까?), 상대의 말을 이해하지 못할 때는 よくわかりません(잘 모르겠습니다)라고 되묻는 습관을 기르도록 해야 합니다.

→ 잘 알아듣지 못했을 때

■ 何て言ったの？
뭐라고 했니?
◇ ~の는 명사와 명사 사이에서 관계나 소유 등을 나타내지만, 종조사로 쓰일 때는 가벼운 의문이나 질문을 나타낸다.

■ 何ですって？
뭐라고요?
◇ ~って는 남의 말을 되풀이하여 반문(反問)의 뜻을 나타낸다.

■ 何か言いたいんですか。
무슨 하고 싶은 말이 있나요?
◇ ~たい는 동사의 중지형, 즉 ます가 접속하는 형태에 이어져「~고 싶다」의 뜻으로 말하는 사람의 희망을 나타낸다.

■ えっ、何とおっしゃいましたか。
네? 뭐라고 하셨습니까?

■ それはどういう意味ですか。
그건 무슨 뜻입니까?
◇ どういう 어떠한

→ 다시 한번 말해달라고 할 때

■ すみません、何と言ったのですか。
미안합니다, 뭐라고 하셨습니까?
◇ ~と言う ~라고 하다

■ よくわからないのですが。
잘 모르겠습니다만.

■ よくわかりませんでした。
잘 몰랐습니다.

■ もう一度(いちど)言(い)ってくれますか。
다시 한번 말해 주겠어요?

■ すみません、もう一度(いちど)言(い)ってくださいませんか。
미안합니다. 다시 한번 말씀해 주시지 않겠습니까?
 ◇ ~てくださいませんか ~해 주시지 않겠습니까?

■ もう一度(いちど)説明(せつめい)してくださいませんか。
다시 한번 설명해 주시지 않겠습니까?

■ ゆっくり話(はな)してください。
천천히 말해 주세요.

■ もう少(すこ)しゆっくり話(はな)していただけますか。
좀더 천천히 말씀해 주시겠습니까?
 ◇ ~ていただく ~해 받다, ~해 주다

■ ゆっくりおっしゃっていただけますか。
천천히 말씀해 주시겠습니까?

■ もう少(すこ)し分(わ)かりやすく言(い)っていただけますか。
좀더 알기 쉽게 말해 주시겠어요?
 ◇ ~やすい는 동사의 중형에 접속하여 「~하기 쉽다, ~하기 편하다」의 뜻을 가진 형용사를 만든다.

→ 상대의 말이 너무 빠르거나 목소리가 작을 때

■ お話(はなし)がよく聞(きこ)えないんですが。
말씀이 잘 들리지 않습니다만.

■ お話(はなし)がはっきり聞(き)こえませんが。
말씀이 또렷이 들리지 않습니다만.

■ 聞き取れません。もう一度お願いします。
　못 알아듣겠습니다. 다시 한번 부탁합니다.
　◇ 聞き取る 알아듣다

■ 速すぎてわかりません。ゆっくり話してくれませんか。
　너무 빨라서 모르겠습니다. 천천히 말해 주겠어요?
　◇ 형용사의 어간에 すぎる가 접속하면「너무(지나치게) ~하다」의 뜻을 가진 동사가 된다.

■ もっとはっきり話してくれますか。
　더 확실히 말해 주겠어요?

■ すみませんが、その言葉がよく聞き取れません。
　미안하지만, 그 말을 잘 알아들을 수 없습니다.

■ 聞こえません。もっと大きな声でお願いできますか。
　안 들립니다. 더 큰 소리로 부탁드릴 수 있습니까?

■ もっとゆっくり説明していただけますか。
　더 천천히 설명해 주시겠어요?

➡ 특정한 말을 알지 못할 때

■ 「なかむら」の次は何ですか。
　「나카무라」 다음은 뭡니까?

■ 失礼ですが、何を専攻したのですか。
　실례지만, 뭘 전공했습니까?

■ どういう意味ですか。
　무슨 뜻입니까?

■ この漢字はどう読むんですか。
　이 한자는 어떻게 읽습니까?

■ 「ナウい」って何の意味ですか。
　「나우이」란 무슨 뜻입니까?

→ 이해 여부를 확인할 때

■ 分かりますか。
알겠습니까?

■ 私の言っていることは分かりますか。
제가 말한 것은 알겠습니까?
◇ 「주어 + 술어」로 된 하나의 구(句)가 뒤의 체언을 수식할 때 句 안의 주격이나 대상을 나타내는 조사 が가 の로 바뀌는 것이 보통이다. 두 가지 쓸 수 있지만 の를 쓰는 것이 더 일본어답다.

■ これでいいですか。
이제 됐습니까?

■ 聞き取れましたか。
알아들었습니까?

■ これで答えになっていますか。
이것으로 대답이 되었습니까?

■ もう一度言ってあげましょうか。
다시 한번 말해 드릴까요?
◇ ~てあげる ~해 주다, ~해 드리다

日本語ノート

◇ おつかれさま

우리가 흔히 쓰는 「수고하셨습니다」를 일본어로 お疲(つか)れさま와 ご苦労(くろう)さま로 표현하는데, 일본어에서는 그 사용범위가 좁습니다. 예를 들어 수업이 끝난 뒤에 담당 선생님께 お疲れさま, ご苦労さま를 쓸 수 없습니다. 왜냐하면 이 말은 손윗사람이 손아랫사람에게 쓸 수 있는 표현이기 때문입니다. 따라서 선생님께는 ありがとうございました라고 해야 합니다.
お疲れさま는 회사에서 함께 책상을 마주 대하고 있는 동료간에 일이 끝나 퇴근할 때에 하는 인사 정도로 쓰입니다. 또한 ご苦労さま는 물건을 배달해준 사람 등에게 사용하는 말입니다.

설명을 요청할 때와 응답 표현

설명을 잘 이해하지 못하거나 구체적인 설명이 필요할 때는 상대에게 분명하게 의뢰하여 의사소통에 오해의 소지가 없도록 해야 합니다.

흔히 「알겠습니다」의 표현으로 わかりました를 쓰지만, 상사나 고객에게는 承知(しょうち)しました나 かしこまりました를 쓰는 것이 좋습니다. 또한 그 반대의 표현으로 わかりません보다는 わかりかねます로 하는 게 좋습니다.

➡ 구체적으로 설명을 요청할 때

■ 質問してもいいですか。
질문해도 되겠습니까?

■ 分かりやすく説明してくれますか。
알기 쉽게 설명해 주겠어요?

■ 別の言い方で説明していただけますか。
다른 표현으로 설명해 주시겠어요?
◇ 동사의 중지형에 方가 접속하면 「~하는 방법」이라는 뜻의 명사가 된다.

■ この点を解明していただきたいのですが。
이 점을 해명해 주셨으면 합니다만.
◇ ~ていただきたい ~해 주셨으면 한다

■ 素人にもわかるように言ってくれますか。
초보자도 알 수 있도록 말해 주겠어요?
◇ ~ように가 동사의 가능형에 접속하면 「~할 수 있도록」이라는 뜻이 된다.

■ この文は正確にはどういう意味ですか。
이 글은 정확히 무슨 뜻입니까?
◇ どういう 어떠한, 어떤

■ 日本語では何と言いますか。
일본어로는 뭐라고 합니까?

- よく使う言い方ですか。
  잘 쓰는 표현입니까?

- 変に聞こえますか。
  이상하게 들립니까?

- 具体的に説明していただけますか。
  구체적으로 설명해 주시겠습니까?

→ 아는지 모르는지 확인할 때

- 言っていることがわかりますか。
  말하고 있는 것을 알겠습니까?

- 聞こえてますか。
  들립니까?

- 声を大きくしましょうか。
  목소리를 크게 할까요?
  ◇ 형용사의 어미 い를 く로 바꿔 する를 접속하면 「~하게 하다」의 뜻이 된다.

- 話し方が速すぎますか。
  말투가 너무 빠릅니까?

- これで分かりますか。
  이제 알겠습니까?

- いろいろ話しましたが、分かってもらえましたか。
  여러 가지 이야기했습니다만, 알아들었습니까?
  ◇ ~てもらえる ~해 받을 수 있다, ~해 줄 수 있다

→ 상대의 말을 알았을 때

- なるほど、分かります。
  과연, 알겠습니다.

- なるほど、よく分かりました。
  과연, 잘 알았습니다.

- よくわかったよ。
  잘 알았다.

- わかったと思うよ。
  알겠어.

- おっしゃることがわかりました。
  말씀하시는 것을 알겠습니다.

- そんなことは十分承知している。
  그런 것은 충분히 알고 있어.
  ◇ 承知(しょうち)する 알고 있다, (용서 따위를) 들어 주다, 참다

- 君の言い分はわかる。
  네가 말한 취지는 알겠다.
  言い分 하고 싶은 말, 주장

- なるほど、そうなのか。
  과연 그런가?

- それくらい知っているよ。
  그 정도는 알고 있어.

- ああ、そのことは耳にしたよ。
  아, 그건 들었어.
  ◇ 耳にする 듣다 | 口(くち)にする 먹다

- 理解しています。
  이해하고 있습니다.

→ **모른다고 응답할 때**

- 分かりません。
  모르겠습니다.
  ◇ わかる는 이해 여부를 말할 때 쓰인다.

■ 本当に知らないんです。
　정말로 모르겠어요.
　◇ 知るは 그것에 대한 정보나 사실을 알고 있느냐에 초점이 있다.

■ さっぱり分かりません。
　도무지 모르겠습니다.
　◇ さっぱり 조금도, 전혀, 도무지

■ わたしも知らないんです。
　저도 모르겠습니다.

■ はっきりとはわからないよ。
　확실히는 모르겠어.

■ おっしゃっていることがわかりません。
　말씀하시는 것을 모르겠습니다.

■ 君が言っていることが理解できたかわからないよ。
　네가 말하는 것을 이해할 수 있을지 모르겠어.

■ 何が何だかさっぱりわからない。
　뭐가 뭔지 도무지 모르겠다.

■ 確かなことは誰にもわからないんだ。
　확실한 것은 아무도 몰라.

■ 調べてみないと分かりません。
　조사해 봐야 알겠습니다.

■ 聞いたこともありません。
　들은 적도 없습니다.

■ それは初耳ですね。
　그건 금시초문인데요.
　◇ 初耳 처음 듣는 일, 초문

■ よく分からないのです。
　잘 모르겠어요.

■ ぼんやりとしか分かりません。
　어렴풋이 밖에 모르겠습니다.
　◇ ぼんやり(と) 뚜렷하지 않는 모양, 멍청해 있는 모양

■ それがあまりよく分からないんだ。
　그게 그다지 잘 모르겠어.

→ 일본어를 아느냐고 물어볼 때

■ ちょっとだけ話します。
　조금 말할 뿐입니다.
　◇ ～だけ ～만, ～밖에, ～뿐

■ 話すのに慣れていません。
　말하는 데는 익숙하지 못 합니다.
　◇ ～に慣れる ～에 익숙하다

■ やっと相手に通じる程度です。
　겨우 상대와 통하는 정도입니다.
　◇ ～に通じる ～에 통하다

■ あまり話す機会がありません。
　별로 말할 기회가 없습니다.
　◇ チャンス 찬스, 기회

■ かなり読めますが、会話はあまりやってません。
　곧잘 읽기는 합니다만, 회화는 별로 하지 못 합니다.
　◇ かなり 제법, 어느 정도

■ うまく日本語で言えないことがあります。
　일본어로 잘 말하지 못하는 것도 있습니다.

■ いいえ、まだ下手です。
　아뇨, 아직 서툽니다.

■ まだまだです。
　아직 멀었습니다.

긍정과 부정의 응답 표현

일본인과 대화를 나눌 경우 상대의 표정으로 긍정인지 부정인지 분명하게 알기가 힘듭니다. 따라서 표정만 가지고 대화를 이끌어 나가기가 어려우므로 상대의 말에 관심을 기울여 들어야 합니다. 예를 들면 そうですね는 말하는 사람의 어투에 따라서 긍정이 되기도 하고 부정이 되기도 하기 때문입니다.
만약 상대의 의견에 반대를 하고자 할 때는 残念(ざんねん)ですが(유감스럽지만) 하고 조심스럽게 자신의 의사를 표시해야 합니다.

→ 긍정할 때

■ はい、分(わ)かりました。
네, 알겠습니다.
◇ 일본어에 있어서 정중한 긍정의 대답은 はい가 가장 일반적이다.

■ はい、そうです。
네, 그렇습니다.
◇ 긍정을 나타내는 응답의 하나인 はあ는 주로 남자들이 쓰며 딱딱한 느낌을 준다.

■ そう思(おも)うけど。
그럴 걸.

■ そうですとも。
그렇고말고요.
◇ ~とも 강조하는 뜻을 나타내며 물론의 뜻도 포함한다.

■ 一口(ひとくち)で言(い)って、そうだよ。
한 마디로 말해서, 그래.

■ まったくおっしゃるとおりです。
전적으로 말씀하신 대로입니다.
◇ まったく 모조리, 모두, 전혀, 실로, 참으로

■ うん、そうだ!
응, 그래!
◇ うん은 아주 가볍게 긍정을 할 때 쓰이는 감동사이다.

■ そのとおり。
　맞아.
　◇ 정중하게 말할 때는 そのとおりです라고 하면 된다.

■ 君がそう言うのなら、そうだろう。
　네가 그렇게 말한다면, 그렇겠지.
　◇ なら는 체언 및 형용동사에 접속하여 가정 및 조건을 나타낸다.

■ うん、するよ。
　응, 할게.

■ そうみたい。
　그런 것 같아.

■ はい、行ったことがあります。
　네, 간 적이 있습니다.

■ はい、本当です。
　네, 정말입니다.

■ ええ、自分でもそう思ってるようです。
　네, 제 자신도 그렇게 생각하고 있는 것 같습니다.
　◇ ええ는 친근한 사이에서나 손아랫사람 앞에서 가볍게 쓰는 느낌이다.

■ ええ、向こうへ着きしだい、電話します。
　네, 거기에 도착하는 대로 전화할게요.
　◇ ～しだい는 동사의 중지형에 접속하여 「～되어가는 대로」의 뜻을 나타낸다.

■ うん、そうするよ。
　응, 그렇게 할게.

→ 부정할 때

■ いいえ、まだです。
　아뇨, 아직입니다.
　◇ 일본어에 있어서 정중하게 부정할 때는 いいえ를 쓴다.

■ いいえ、違います。
　아뇨, 다릅니다.

■ いいえ、もう結構です。
　아뇨, 이제 됐습니다.
　◇ 結構だ 됐다, 충분하다, 좋다

■ いいえ、そうじゃありません。
　아뇨, 그렇지 않습니다.
　◇ そうじゃありません은 そうです의 부정 표현으로 구체적으로 지적해서 부정할 때 쓰인다.

■ いや、違うよ。
　아냐, 달라요.
　◇ 違います는 그것과 사실이 단순히 다르다고 말할 때 쓰인다.

■ ううん。
　아니.
　◇ 부정의 응답 표현으로 いいえ → いや → ううん 순으로 그 정도가 약해진다.

■ あなたの考えは根本的に間違っています。
　당신 생각은 근본적으로 틀렸습니다.
　◇ 違う는 다르다(틀리다)의 뜻으로, 間違う는 (완전히) 틀리다의 뜻으로 쓰인다.

■ そうは言ってないよ。
　그렇게는 말하고 있지 않아.

■ とんでもない。
　당치도 않아.
　◇ 정중하게 말할 때는 とんでもありません이라고 하면 된다.

■ ええ、ちっとも。
　예, 조금도.
　◇ ちっとも 조금도, 전혀

■ 絶対に違うよ。
　절대로 아냐.
　◇ 絶対に 절대로

■ 決してそうではない。
　결코 그렇지 않아.
　◇ 決して 결코

■ そんなことあるか。
　그럴 리가 있나?

응답

- 私はそんなことは言っていないんだ。
  나는 그런 말은 하고 있지 않아.

- それじゃだめだよね。
  그렇다면 안 되겠네.
  ◇ だめだ 안 된다, 못쓰다

- それは道理に合わないな。
  그건 도리에 맞지 않아.
  ◇ ~に合わない ~에 맞지 않다, ~에 어울리지 않다

- 私じゃないよ。
  내가 아냐.

- 私は言っておりません。
  저는 말하지 않았습니다.
  ◇ ~ておる는 ~ている의 겸양 표현이다.

- 私は否定します。
  저는 부정합니다.
  ◇ 否定する 부정하다 ↔ 肯定(こうてい)する 긍정하다

→ 부정적인 질문에 대해 긍정할 때

- いいえ、好きです。
  아뇨, 좋아합니다.

- いいえ、いただきます。
  아뇨, 먹겠습니다.
  ◇ いただきます는 본래 「받겠습니다」의 뜻이지만, 식사하기 전에 「잘 먹겠습니다」의 뜻으로 관용적인 인사 표현으로 많이 쓰인다.

- いいえ、行きたいです。
  아뇨, 가고 싶습니다.

- いや、決めました。
  아뇨, 정했어요.
  ◇ 決める 정하다, 결정하다 | 決(き)まる 정해지다, 결정되다

→ **권유나 허락을 요구할 때의 응답**

- ええ、どうぞ。
  예, 그렇게 하세요.
  ◇ どうぞ는 「아무쪼록, 부디, 제발」의 뜻을 가진 말로 해도 좋다는 허락을 나타낼 때도 쓰인다.

- はい、いいですよ。
  네, 좋아요.

- いや、だめです。
  아뇨, 안 됩니다.

- すみません、だめです。
  미안합니다. 안 됩니다.

- すみません、自分で使おうと思ってるんです。
  미안합니다, 제가 쓰려고 합니다.
  ◇ ~(よ)うと思っている ~하려고 생각하고 있다

- そうしないでください。
  그렇게 하지 마세요.

- いいえ、ご遠慮ください。
  아니오, 삼가주세요.
  ◇ <ご+한자어+ください>는 의뢰나 요구를 나타내는 존경 표현이다.

- ええ、かまいません。
  예, 괜찮습니다.

- どうぞ、お使いください。
  자, 쓰십시오.
  ◇ 의뢰나 요구의 표현인 <お+ください>는 ~てください의 존경 표현이다.

UNIT 4 맞장구에 관한 표현

대화를 부드럽게 이끌어가기 위해서는 상대방의 이야기에 적절하게 맞장구를 치는 것도 하나의 방법입니다. 맞장구는 상대의 이야기를 잘 듣고 있으니 계속하라는 신호나 마찬가지이기 때문입니다.

일본어에서 많이 쓰이는 맞장구로는 そうですか(그러세요?), なるほど(과연) 등이 있으며, 여자들이 쓰는 ええ…?라는 말도 깜짝 놀랐다는 반응을 나타내는 표현입니다.

→ 긍정도 부정도 하지 않을 때

■ そうでしたか。
그랬습니까?

■ そうですか。なるほど。
그렇습니까? 과연.
◇ なるほど는 부사로 쓰일 때는「(듣던 바와 같이) 과연, 정말」의 뜻이고, 감동사로 쓰일 때는「그렇고 말고, 아무렴」의 뜻으로 동감의 뜻을 나타낸다.

■ あら、そう?
어머, 그래.
◇ あら는 놀랐을 때에 내는 소리로 주로 여성들이 많이 쓴다.「어머나, 아아」

■ そうですか。
그렇습니까?

■ 本当(ほんとう)ですか。
정말이세요?

■ えっ、そうですか。
어, 그러세요?
◇ えっ은 의외의 일로 놀라거나 의심할 때 내는 소리로「어, 앗, 이키나」등으로 해석된다.

■ そうなの?
그러니?

■ そうなんですか。
그렇습니까?

■ そうですか、それはいけませんね。
　그렇습니까, 그거 안 됐군요.
　◇ いけない 안됐다, 딱하다

■ そうでしょうね。
　그렇겠군요.

→ 상대의 말에 의문을 갖고 맞장구칠 때

■ えっ、本当ですか。
　엣, 정말이세요?

■ そうですか、いけませんね。
　그러세요. 안 됐군요.

■ そう？
　그래?
　◇ 정중하게 말할 때는 끝을 올려 そうですか라고 한다.

■ あら、そう？
　어머, 그래?

■ 本当？
　정말?

■ そうですか、知りませんでした。
　그러세요, 몰랐습니다.

→ 그밖의 자연스런 맞장구

■ わたしもそう思いますね。
　저도 그렇게 생각해요.

■ まあ、そうも言えるでしょうね。
　글쎄, 그렇게도 말할 수 있겠군요.
　◇ まあ 이럭저럭, 어지간한, 여하간, 어쨌든. 놀라움이나 영탄(詠嘆)의 기분을 나타낼 때는 「어머나, 어휴」의 뜻으로 쓰인다. 이 때는 주로 여자들이 쓴다.

■ そう思いますか。
　　그렇게 생각하세요?

■ 知ってましたよ。
　　알고 있었어요.

■ 別にかまわないね。
　　별로 상관없어.

■ やっぱりね。
　　역시.
　　◇ やはり(역시)의 강조하여 표현한 것으로, 거칠게 말할 때는 やっぱし라고도 한다.

■ それで？
　　그래서?

■ そうなんですよね。
　　그렇군요.

→ 상대의 말에 동감을 표시할 때

■ 私も行ってたんです。
　　저도 갔었습니다.

■ 私も好きじゃないんです。
　　저도 좋아하지 않습니다.

■ 私もそうなんです。
　　저도 그렇습니다.
　　◇ 여기서 조사 も는 어떤 것이 다른 것과 같음을 나타낸다.

■ 私も行くのよ。
　　저도 갈게요.

■ 私だって同じです。
　　저도 같습니다.
　　◇ だって(~라도, ~일지라도)는 강조하면서 같은 예를 덧붙이는 뜻을 나타낸다.

■ 私(わたし)にもできません。
　저도 못합니다.

■ そうですか、私(わたし)もです。
　그렇습니까, 저도 그렇습니다.

■ 私(わたし)にもわかりません。
　저도 모르겠습니다.

■ 私(わたし)も暇(ひま)なんです。
　저도 한가합니다.

■ 私(わたし)もそう思(おも)います。
　저도 그렇게 생각합니다.

日本語ノート

❖ ちょっと

ちょっと는 すこし의 구어체로 다양한 형태로 일상생활에 많이 쓰입니다. 예를 들면 「잠깐 기다려 주세요」라든가 「잠깐 쉬 자」가 있습니다. 이 경우의 ちょっと는 「잠시 동안」이라는 의미입니다. 또, 「약간 부족하다」라든가 「좀 주세요」라는 사용법이 있는데, 이것들의 ちょっと는 「소량」의 의미입니다.

ちょっと는 「좀 할 수 없다」, 「좀 어렵다」는 ちょっと가 갖는 의미로 쓰일 경우에는 잠깐의 노력으로는 달성하기 어려운 것을 의미합니다. 또한, 격식을 차리지 않고 남에게 말을 걸 때도 ちょっと가 쓰입니다. 예를 들면 거리에서 다른 사람의 관심을 끌거나 가게의 점원을 부르거나 할 때 ちょっと(이봐요)라고 말하기도 합니다.

「무얼 하고 있나?」라든가 「이 쇠망치를 무슨 용도로 쓰고 있나?」라든가의 질문에 대한 대답으로서도 쓸 수 있습니다. え—, ちょっと라든가 いや, ちょっと라고 말하면 상대의 기분을 상하게 하지 않으며, 이것은 ちょっと가 가리키는 것처럼 대단한 것은 아니기 때문에 가르쳐 줄 필요가 없다는 대답을 전할 수 있습니다.

UNIT 5 적극적인 긍정·부정의 표현

일본인은 자신의 의사를 적극적으로 표현하지는 않지만 필요에 따라서는 정확하게 또는 적극적으로 긍정 내지는 부정의 의사 표시를 해야 합니다.
상대의 의견에 찬성할 때는 분명하게 同感(どうかん)です(동감입니다), 또는 賛成(さんせい)です(찬성입니다)라고 하고, 반대할 때는 だめです(안 됩니다), 또는 反対(はんたい)です(반대입니다)라고 해야 합니다.

→ 긍정의 의지 표시

■ そのとおりですね。
그럴군요.

■ ええ、まったくですね。
예, 정말 그럴군요.
◇ まったく 실로, 참으로, 뒤에 부정어가 오면「모조리, 모두, 전혀」의 뜻을 나타낸다.

■ ええ、確(たし)かに。
예, 확실히.

■ まったくそのとおりですね。
정말 맞아요.

■ ええ、本当(ほんとう)に。
에, 정말로.

■ そうなんです。
그렇습니다.

■ あっ、そうですね。
앗, 그럴군요.
◇ あっ은 위험한 때, 감동했을 때, 놀랐을 때 내는 소리이다.

■ あれっ、そうですね。
아, 그럴군요.
◇ あれっ은 놀라거나 의외로 여길 때 내는 소리이다. 어, 어렵소, 아니, 어머나, 아이고머니

■ 本当(ほんとう)ですね。
정말이군요.

■ なるほど、そうですね。
과연 그렇군요.

■ おっしゃるとおりです。
말씀하신 대로입니다.

■ もちろん。
물론이지.
　◇ もちろん 물론, 말할 것 없이

■ もちろんですとも。
물론이고말고요.
　◇ ~ですとも ~이고말고요

■ 当然(とうぜん)ですよ。
당연하지요.
　◇ 当然だ = 当(あ)たり前(まえ)だ 당연하다

■ そうそう、まさにそれですよ。
그래그래, 바로 그거예요.
　◇ まさに 틀림없이, 바로

■ それそれ。
그래그래.

→ 동의나 찬성을 할 때

■ ええ、私(わたし)もそう思(おも)います。
예, 저도 그렇게 생각합니다.

■ 同感(どうかん)です。
동감입니다.

■ ご提案(ていあん)に賛成(さんせい)します。
제안에 찬성입니다.
　◇ 賛成する 찬성하다 ↔ 反対(はんたい)する 반대하다

■ この点については同感です。
이 점에 대해서는 동감입니다.
  ◇ ~については ~에 대해서는

■ ご意見に賛成ですよ。
의견에 찬성입니다.

■ 計画に大賛成ですよ。
계획에 대찬성입니다.

■ 私の言いたいことはまさにそのとおりです。
제가 말하고 싶은 것은 바로 그것입니다.

■ 私もそう考えていたんですよ。
저도 그렇게 생각하고 있었어요.

■ ちょうどそう思っていました。
마침 그렇게 생각하고 있었습니다.
  ◇ ちょうど 마침, 바로, 꼭 알맞게

■ ちょうどそう言おうと思っていたところです。
마침 그렇게 말하려고 생각하고 있던 참입니다.
  ◇ ~ていたところです ~하고 있던 참입니다

→ 강하게 부정할 때

■ だめです。
안 됩니다.
  ◇ だめだ 안 된다, 못쓰다

■ まったく違います。
전혀 다릅니다.

■ たぶん違うでしょ。
아마 다르겠죠.
  ◇ たぶん은 뒤에 추측을 나타내는 말이 오면 「아마, 대개」의 뜻이 된다.

- **とんでもない。**
  당치도 않아.
  ◇ とんでもない 생각지도 않은, 뜻밖의, 당치도 않은

- **いや、とんでもありません。**
  아니, 당치도 않습니다.

- **まさかそんなことないでしょう。**
  설마 그럴 리야 없겠죠.
  ◇ まさか는 뒤에 부정(否定)의 추량(推量)을 수반하여 「설마, 아무리, 그렇더라도」의 뜻으로 쓰인다.

- **まさか信じられません。**
  설마 믿을 수 없어요.

- **まさか、冗談でしょう？**
  설마, 농담이겠죠?
  ◇ 冗談を言う 농담을 하다

- **そんなばかな。冗談でしょう。**
  그런 엉터리. 농담이겠지요.

- **ばかな、そんなことしてはいけないよ。**
  엉터리, 그런 짓을 해서는 안 돼요.
  ◇ ～てはいけない ～해서는 안 된다

→ **동의나 찬성을 하지 않을 때**

- **いいえ、そうは思いません。**
  아니오, 그렇게는 생각하지 않습니다.

- **本当にそうは思いません。**
  정말로 그렇게는 생각하지 않습니다.

- **そうでなければいいのですが。**
  그렇지 않으면 좋겠습니다만.

- **違うんではないでしょうか。**
  다르지 않을까요?

■ 同意しかねます。
　동의하기 어렵습니다.
　◇ 동사의 중지형에 かねる가 접속하면 「~하기 어렵다, ~하기 힘들다」의 뜻이 된다.

■ あいにく同意しかねますが。
　공교롭게도 동의하기 힘들겠는데요.
　◇ あいにく는 기대나 목적에 대한 형편이 불리한 모양을 말한다. 불행하게도, 공교롭게도, 하필이면

■ お考えには同意できません。
　생각에 동의할 수 없습니다.

■ どうもあなたが間違っていると思います。
　아무래도 당신이 틀린 것 같습니다.
　◇ どうも는 뒤에 부정의 말이 오면 「도무지, 아무래도」의 뜻이 되며, 어떤 사항에 대해 확실히는 모르겠지만 「왠지, 어쩐지, 아무래도」의 뜻으로도 쓰인다.

■ その点では同意できません。
　그 점에서는 동의할 수 없습니다.

■ そうですね、賛成というわけにはいきません。
　글쎄요, 찬성할 수는 없습니다.
　◇ 동사의 기본형에 わけにはいかない가 접속하면 「~할 수는 없다」의 뜻이 된다.

■ それはだめでしょう。
　그거 안 되겠어요.

■ 私の考えとは違います。
　저의 생각과는 다릅니다.
　◇ ~とは ~와(과)는

■ いい考えではないように思いますが。
　좋은 생각이 아닌 것 같은데요.

→ 그밖의 여러 가지 부정 표현

■ まだだめです。
　아직 안 됩니다.
　◇ 마다 때가 되지 않은 상태, 아직

- まったくそのとおりというわけじゃない。
  전적으로 그렇다는 건 아냐.
  ✧ ~わけじゃない ~것이(게) 아니다

- 特にそういうわけではありません。
  특별히 그런 건 아닙니다.

- いつもというわけではありません。
  항상 그런 건 아닙니다.

- 全然。
  전혀.

- ちっとも分かりません。
  전혀 모르겠습니다.
  ✧ ちっとも는 뒤에 부정의 말이 붙어 「조금도, 전혀」의 뜻을 나타낸다.

- 誰にも分かりません。
  아무도 모릅니다.

- 彼に頼んでもしょうがないよ。
  그에게 부탁해도 소용없어.
  ✧ しょうがない 어쩔 수 없다, 방법이 없다

- 誰も信じないよ。
  아무도 안 믿어.
  ✧ 의문을 나타내는 말에 강조를 나타내는 조사 も가 접속하면 그것 전부를 뜻한다.

- おかしいですね。
  이상하군요.

- そんなことできませんよ。
  그런 거 할 수 없어요.

확답을 회피하는 응답 표현

일본인은 자신의 의견이나 생각을 분명하게 말하지 않는 것이 미덕이라고 여길 정도입니다. 그것은 자신의 강한 의지나 생각은 상대에게 마음의 상처를 줄 수도 있다고 여기기 때문입니다. 따라서 일본어에는 직접적인 표현보다는 ～と思(おも)う(～라고 생각하다), ～ようだ(～인(한) 것 같다), ～らしい(～인(한) 듯하다)처럼 단정의 표현보다는 추측, 불확실한 단정 등의 표현이 주로 사용됩니다.

불확실한 응답

■ たぶん。
아마도.
◇ たぶん(아마)는 비슷한 뜻으로 쓰이는 おそらく보다 구어적인 표현이다.

■ ひょっとするとね。
혹시 말이야.
◇ ひょっとすると = ひょっとしたら 어쩌면, 혹시, 만약에

■ どうもそうらしい。
아무래도 그런 것 같아.
◇ どうも ～らしい 아무래도 ～인(한) 것 같다, 아무래도 ～인(한) 듯하다

■ きっとね。
분명.
◇ きっと 반드시, 꼭, 확실히

■ まあ受(う)かるでしょうね。
글쎄, 합격하겠지요.

■ たぶんだめでしょうね。
아마 안 되겠군요.

■ まあ、そうでしょうね。
글쎄, 그렇겠군요.

■ おそらくだめでしょう。
아마 안 되겠죠.

- そうですね。たぶん来ないでしょう。
  글쎄요. 아마 오지 않을 거예요.
  ◇ たぶん ~でしょう 아마 ~일(할) 것입니다

→ 다소 애매한 대답을 할 때

- そうとも言えないけどね。
  그렇다고 말할 수 없지만.
  ◇ けど는 けれども의 준말로 けども, けれど 등으로도 줄여서 쓴다.

- そうみたいだね。
  그런 것 같아.
  ◇ ~みたいだ는 불확실한 단정, 예시, 비유를 나타내는 ~ようだ의 구어적인 표현이다.

- そうじゃないかな。
  그렇지 않겠나.

- そうかもしれない。
  그럴지도 몰라.

- はっきりとはわかりません。
  확실히는 모르겠습니다.

- そうだといいんだけどね。
  그렇다면 좋겠는데.
  ◇ ~だといい ~이라면 좋겠다

- まあ、大きいって言えば大きいね。
  글쎄, 크다면 크지.
  ◇ ~って言えば = ~と言えば ~라고 한다면

- うん、まあそんなところだよ。
  응, 아마 그럴 거야.

- そうかもしれないが、そうでないかもしれない。
  그럴지도 모르겠지만, 그렇지 않을지도 모르겠다.

- そうなるといいね。
  그렇게 되면 좋겠는데.

■ 保証はないけれどね。
　보장은 없지만.

■ そうだと思うよ。
　그렇다고 생각해.

■ 何とも言えませんね。
　뭐라고 말할 수 없군요.

■ 一口には言えませんね。
　한마디로는 말할 수 없군요.

■ まあ、どっちつかずだ。
　글쎄, 애매한데.
　　◇ どっちつかず (기분이) 어느 쪽에도 정해지지 않음, 애매함

■ 努力はしてみるよ。
　노력은 해볼게.
　　◇ ～てみる는「～해 보다」의 뜻으로 이때 みる는 시도하다는 의미를 나타낸다.

■ 返事に困るな。
　대답하기가 곤란한데.

■ むずかしいな。
　어렵겠는데.

→ 상대의 말에 자신의 견해를 말할 때

■ そうでしょうね。
　그렇겠군요.

■ きっとそうでしょう。
　분명 그렇겠죠.

■ そのようですね。
　그런 것 같네요.

■ そうですね。
　그렇군요.

■ そう思っているんですが。
　그렇게 생각하는데요.

■ そうだといいですね。
　그렇다면 좋겠군요.

■ そうじゃないでしょうか。
　그렇지 않을까요?

■ そうじゃないといいですね。
　그렇지 않으면 좋겠군요.

■ そうじゃないと思いますが。
　그렇지 않다고 생각하는데요.

■ ええ、残念ですが。
　예, 유감인데요.
　◇ 残念 마음에 아까움을 느낌, 생각대로 되지 않아 분함

■ 残念ながらだめです。
　유감스럽지만 안 됩니다.
　◇ 残念ながらの ながらは「~면서도、~지만」의 뜻으로 앞의 사실과 모순됨을 나타낸다.

■ まずいと思いますよ。
　형편없는 것 같아요.
　◇ まずい 맛이 없다, 형편없다, 서투르다

■ 大丈夫だと思いますよ。
　괜찮을 것 같아요.

→ 강한 확신을 나타낼 때

■ 彼女はきっと来ると思いますよ。
　그녀는 분명 올 거예요.

■ あれが私たちの乗るバスでしょうね。
　저게 우리들이 탈 버스이겠지요.
　◇ たちは 명사에 접속하여 「들」의 뜻으로 복수를 나타낸다. 더욱 정중한 말로는 がたが 있다.

■ あそこに座っている人は木村さんらしいですね。
　저기에 앉아 있는 사람은 기무라 씨인 것 같군요.
　◇ らしい는 불확실한 추측을 나타내는 조동사로 「~인(한) 것 같다」의 뜻이다.

■ 憶測ですけれど…。
　억측입니다만….

■ 今度の旅行は面白かったでしょう。
　이번 여행은 재미있었겠죠?

■ あまりよい人ではないと思いますよ。
　그다지 좋은 사람은 아닌 것 같아요.

■ ええ、晴れると思いますよ。
　예, 맑을 것입니다.
　◇ 晴れる (날씨가) 맑다(개다) ｜ 曇(くも)る 흐리다

→ **대답을 보류할 때**

■ 考えさせてください。
　생각 좀 하겠습니다.
　◇ 일본인은 확답을 피하는 경향이 있어 이런 표현을 즐겨 사용한다.

■ ちょっと考える時間をください。
　좀 생각할 시간을 주세요.

■ よく考えておきます。
　잘 생각해 두겠습니다.
　◇ ~ておく ~해 두다, 회화에서는 흔히 ~とく로 줄여서 말한다.

■ 考えてみるよ。
　생각해 볼게.
　◇ 일본인과의 협상이나 의뢰에서 생각해 본다는 것은 곧 거절의 의미로 쓰이는 경우가 많다.

■ <ruby>検<rt>けん</rt></ruby><ruby>討<rt>とう</rt></ruby>しましょう。
  검토할게요.

■ <ruby>一晩<rt>ひとばん</rt></ruby>、<ruby>考<rt>かんが</rt></ruby>えさせてくれ。
  하룻밤 생각하게 해 주게나.
   ◇ ~させてくれ ~하게(시켜) 달라, ~해 주게

■ <ruby>検討<rt>けんとう</rt></ruby>してみます。
  검토해 보겠습니다.

→ | 확답을 피하는 여러 가지 표현 |

■ さあ、どうでしょうか。
  글쎄, 어떨까요?
   ◇ さあ는 분명하게 대답할 수 없거나 대답을 주저할 때 쓰이기도 하며, 상대에게 권유하거나 무슨 일을 시킬 때도 쓰인다.

■ そう<ruby>思<rt>おも</rt></ruby>いますか。<ruby>私<rt>わたし</rt></ruby>にはよく<ruby>分<rt>わ</rt></ruby>かりませんが。
  그렇게 생각합니까, 저는 잘 모르겠는데요.

■ そうですね、<ruby>疑<rt>うたが</rt></ruby>わしいな。
  글쎄요, 의심스럽군.
   ◇ 疑わしい는 동사 疑う(의심하다)에서 파생된 형용사이다.

■ <ruby>分<rt>わ</rt></ruby>かりませんね。
  모르겠군요.

■ そのことは<ruby>言<rt>い</rt></ruby>いたくありませんね。
  그것은 말하고 싶지 않군요.
   ◇ ~たくない ~고 싶지 않다

■ まあまあですね。
  그저 그렇군요.
   ◇ まあまあ 그런대로 만족할 만한 정도의 모양, 그럭저럭임

■ <ruby>場合<rt>ばあい</rt></ruby>によりけりでしょうね。
  경우에 따라 다르겠군요.
   ◇ ~によりけりだ ~에 따라 다르다, ~에 달려있다

■ どちらとも言えませんね。
　어느 쪽이라고도 말할 수 없군요.

■ そうですね、実際はそうかもしれませんね。
　글쎄요, 실제로는 그럴지도 모르겠군요.
　◇ ～かもしれません ～일(할)지도 모릅니다

■ ええ、でも疑わしいですね。
　예, 하지만 의심스럽군요.

■ かまいません。
　상관없습니다.

 日本語ノート

◇ がんばって!

거리에서 또는 빌딩의 복도나 다방에서 대화를 끝낸 두 일본인이 헤어지려 할 때에 말 대신에 がんばって라는 격려의 말을 나누는 것을 자주 봅니다.
がんばって는 무언가를 버티다, 지속하다, 내지는 꾸준히 행하는 것을 의미하는 がんばる의 변화형에 의뢰나 요구를 나타내는 ください가 생략된 형태입니다. がんばってください에는 がんばれ(힘내라), がんばって(힘내요), がんばれよ(힘내요), がんばってね(힘내요) 등의 변화형이 있습니다. 예를 들면 자기편의 야구팀을 응원할 때 がんばれ를 씁니다. がんばれよ는 시험 준비로 열심히 공부하고 있는 친구를 격려할 때 쓰는 또 다른 변화형입니다.
がんばって는 다음과 같이도 씁니다.
상당한 시간이 지나도 낚시 성과가 없어서 저쪽에서 낚시를 하고 있는 사람에게 찾아가 「좀 잡았습니까?」라고 묻자, 「별로요.」하고는 말을 머뭇거린다. 호기심에 낚시꾼이 어롱 안을 들여다 보자 작은 물고기 두세 마리 들어있을 뿐 별반 성과가 없는 것을 보고 がんばってください라고 말해 놓고 그 자리를 떠난다.

UNIT 7 의견·이유의 관련 표현

상대방의 의향을 물을 때 가장 많이 쓰이는 표현으로는 どうですか(어때요?)가 있습니다. 좀더 정중하게 말할 때는 いかがですか(어떠십니까?)라고 말합니다.
또한 상대에게 이유를 물을 때는 우리말의 「왜, 어째서」에 해당하는 의문사인 どうして, なぜ가 있습니다. 이에 대한 응답을 할 때는 원인이나 이유를 나타내는 접속조사 から나 ので가 있으며, 그밖에 ~のため가 쓰일 때도 있습니다.

의견을 말하고 들을 때

■ 私は春がいちばん好き。あなたは？
난 봄을 가장 좋아해. 넌?
 ◇ ~がいちばん好きだ ~을(를) 가장 좋아하다

■ どう思う？
어떻게 생각해?

■ 大丈夫だと思います。
괜찮다고 생각합니다.

■ どうですか、あなたの意見は？
어때요? 당신 의견은?

■ そうですね。
글쎄요.

■ あなたの提案は？
당신의 제안은?

■ 別にありません。
별로 없습니다.

■ ほかに何かありますか。
그밖에 다른 게 있습니까?

■ いいえ、何もありません。
　아뇨, 아무 것도 없습니다.

■ 主題の以外のことを質問してもいいですか。
　주제 이외의 것을 질문해도 됩니까?
　　◇ ~てもいいですか ~해도 됩니까?, ~하여도 좋습니까?

■ どんな質問でもいいですよ。
　어떤 질문이라도 좋아요.

■ 今日は何がお勧めですか。
　오늘은 무엇이 최고입니까? (식당 등에서 음식을 추천받을 때)
　　◇ 勧める 권유하다 | 進(すす)める 진행하다 | 薦(すす)める 추천하다

■ そう思わない？
　그렇게 생각하지 않니?

■ うん、私もそう思うよ。
　응, 나도 그렇게 생각해.

■ あしたは何とかなるでしょう。
　내일은 어떻게 되겠지요.
　　◇ 何とかなる 어떻게 되다, 어찌 되다

■ はっきりした返事をください。
　확실한 대답을 주세요.
　　◇ 返事をする 대답(답장)을 하다

■ イエス？ それともノー？
　예스? 아니면 노?
　　◇ それとも(그렇지 않으면, 아니면)는 양자택일을 할 때 쓰이는 접속조사이다.

■ それはぼくの知りたいことではないよ。
　그건 내가 알고 싶은 것이 아니야.
　　◇ 僕(ぼく)는 남성어로 우리말의 「나」에 해당하는 말로 손아랫사람이나 친근한 사이에서 쓰인다.

■ 君はぼくの質問に答えてないよ。
　너는 내 질문에 대답하지 않고 있어.
　　◇ 答える 대답하다

■ 市長を目指して立候補しているんだ。
　시장을 목표로 입후보했어.
　　◇ 目指(めざ)す 목표로 하다, 겨누다

■ 君には勝つ見込みがないよ。
　너는 이길 가망이 없어.
　　◇ ～に勝つ ～을(를) 이기다 ↔ ～に負ける ～에 지다 | 見込み 전망, 장래

■ 遠慮のないところをお聞かせください。
　기탄없이 들려주십시오.
　　◇ 忌憚(きたん)なく 기탄없이

■ そうおっしゃるなら申し上げます。
　그렇게 말씀하시니 말씀드리겠습니다.
　　◇ 言う → 申す → 申し上げる

■ 何かもっと名案があるの？
　무슨 좋은 명안은 있니?

■ 今のところはありません。
　지금으로서는 없습니다.

■ 何か不満があるの？
　무슨 불만 있니?

■ いいえ、全然ありません。
　아니오, 전혀 없습니다.

■ そんな機会はめったにくるものではない。
　그런 기회는 좀처럼 오는 것이 아냐.
　　◇ めったに 좀처럼, 쉽사리

■ 君はどう思うかね。
　자네는 어떻게 생각하나?

■ 私の考えでは、費用を切り詰める必要があると思います。
　제 생각으로는 비용을 줄일 필요가 있다고 생각합니다.
　　◇ 切り詰める 긴 것을 잘라 짧게 하다, 치수를 줄이다, 절약하다

■ いや、私が言ったのはより安い材料を使う必要があるということだ。
아니, 내가 말한 것은 보다 싼 재료를 쓸 필요가 있다는 것이야.

■ あなたはどう思いますか。
당신은 어떻게 생각합니까?

■ 私もそう思います。
저도 그렇게 생각합니다.

■ 君も行くべきだと思う？
자네도 가야한다고 생각하나?
  ◇ ～べきだ 는 동사의 기본형에 접속하여「～해야 한다」의 뜻으로 당연을 나타낸다.

■ いいえ、そうは思いません。
아니오, 그렇게는 생각하지 않습니다.

■ 木村さんの提案は良いと思う。
기무라 씨 제안은 좋다고 생각하니?

■ それは見方によると思う。
그건 견해에 따라 다르다고 생각해.
  ◇ ～によると ～에 의하면

■ みんなの意見をまとめたらどうでしょうか。
모두의 의견을 정리하면 어떨까요?
  ◇ ～たらどうでしょうか ～하면 어떨까요?

■ それはいい考えだね。
그거 좋은 생각이야.

■ 君が遅れたからだよ。
네가 늦었기 때문이야.
  ◇ 접속조사 から는 주로 주관적인 원인이나 이유를 나타낸다.

■ それはそうだよ。
그건 그래.

■ 皆さんも賛成でしょう。
여러분도 찬성이죠?

■ そのとおり！
옳소!

■ あした山登りにでも行こうか。
내일 등산이라도 갈까?
◇ ~でも ~ましょう ~라도 ~합시다

■ そんな余裕はないよ。
그럴 여유는 없어.

■ 木村さんの提案はどう思いますか。
기무라 씨의 제안은 어떻게 생각합니까?

■ それは一見の価値はあるよ。
그건 일견의 가치는 있어.

■ これだけは言っておくが、私が上司なんだ。
이것만은 말해 두겠는데, 내가 상사야.

■ 僕ならそんなことしないな。
나라면 그런 짓은 하지 않아.

■ もう一回だ。
다시 한번이야.

■ 今日は何だか疲れたみたいだ。
오늘은 왠지 피곤한 것 같아.

■ それは気のせいにちがいないよ。
그건 기분 탓임에 틀림없어.
◇ せい 탓 | ~にちがいない ~임에 틀림없다

→ 이유를 말하고 들을 때

- **なぜ？**
  왜?
  ◇ なぜ(왜, 어째서)는 이유를 물을 때 쓰이는 의문사이다.

- **どうして？**
  왜?
  ◇ どうして(왜, 어째서, 어떻게 해서)도 なぜ와 동일하게 이유를 물을 때 쓰이지만, 방법을 물을 때도 쓰인다.

- **どうしてそう思うの？**
  왜 그렇게 생각하니?

- **なぜか言ってくれ。**
  왠지 말해 줘.
  ◇ ～てくれ → ～てください → お～ください

- **理由は何だい?**
  이유가 뭐야?

- **それはどんなふうにして起こったの？**
  그건 어떻게 해서 일어났니?
  ◇ ～ふうに ～식으로, ～풍으로

- **どうしてそうなったの？**
  어쩌다 그렇게 되었니?

- **どうしてこんなことをするのですか。**
  왜 이런 짓을 하는 겁니까?

- **どうしてそんなことをしたの？**
  왜 그런 짓을 했니?

- **なぜそうなるの？**
  왜 그렇게 되는 거니?

- **原因は何ですか。**
  원인은 뭡니까?

- 説明してちょうだい。
    설명해 줘요.
    ◇ ちょうだい는 본래 もらう(받다)의 겸양어이지만, 여기서처럼 물건을 달라고 재촉하는 말로도 쓰이고, 부드럽게 명령하는 뜻을 나타내기도 한다.

- どうしてだめなの？私のいちばん好きなズボンなのに。
    왜 안 돼요? 내가 제일 좋아하는 바지인데.
    ◇ のに는 문미에 쓰이어 「～는데」의 뜻으로 섭섭한 뜻을 나타내거나 힐책하는 뜻을 나타내기도 한다.

- なぜそんなにうれしいの？
    왜 그렇게 기쁘니?

- 何のために？
    무엇 때문에?
    ◇ ～(の)ために는 원인이나 이유를 나타낼 때 쓰이는 말로, 명사에 접속할 때는 の를 삽입한다.

- 誰のためなの？
    누굴 위해서니?
    ◇ ～のため는 목적을 나타낼 때는 「～을(를) 위해서」의 뜻이 된다.

- 旅行の目的は何ですか。
    여행 목적은 무엇입니까?

- してはいけない理由はないでしょう。
    해서는 안 될 이유는 없잖아요.
    ◇ ～てはいけない ～해서는 안 된다, 금지를 나타냄

- あなたなんでここにいるの？
    너는 왜 여기에 있니?

- その理由を言ってあげるよ。
    그 이유를 말해 줄게.

- いいよ。聞きたくないよ。
    괜찮아. 듣고 싶지 않아.

- 要するにこういう訳なんだよ。
    요컨대 이런 이유야.

응답

■ そのいわれはこうなんだよ。
그 경위는 이래.
　◇ いわれ 이유, 까닭

■ だから私は彼が好きなんだ。
그래서 나는 그를 좋아해.
　◇ だから 그래서, 그렇기 때문에. 정중하게 말할 때는 ですから라고 한다.

→ 잘못을 지적하고자 할 때

■ 君はまちがってると思うよ。
네가 틀렸다고 생각해.

■ 違う。彼は田中さんだよ。
아냐. 그는 다나카 씨야.

■ 悪いのは誰なんだよ。
누가 잘못한 거야?

■ それは負け惜しみだ。
그건 억지야.
　◇ 負け惜しみ 패함을 분하게 여겨 패했음을 억지로 인정하지 않으려는 일, 또 변명함

■ それは君の勝手だよ。
그건 네 마음대로 해.
　◇ かって 마음대로 함, 제멋대로 함

■ それは言っていることが的をはずれているよ。
그건 본질에서 벗어나 있어.
　◇ 的をはずれる 과녁을 벗어나다, 빗나가다

PART 4

감정 感情·かんじょう

보통 인간이 느낄 수 있는 감정을 크게 희로애락(喜怒哀樂)으로 구분합니다. 기쁠 때는 같이 기뻐해 주고 슬플 때는 위로해 줄 수 있는 여러 가지 감정 표현은 대화를 한층 활기차고 생생하게 해 줄 것입니다.

UNIT 1 감탄·놀람의 관련 표현

일본인은 쉽사리 자신의 감정을 드러내지 않는다고 합니다. 그러나 인간의 감정은 숨긴다고 해서 드러나지 않는다고는 말할 수 없습니다.
예쁜 꽃을 보고도 아무런 감정을 표현하지 않는다면 보는 사람으로 하여금 감정이 메마른 사람이라고 여기게 할지도 모르기 때문입니다. 따라서 자신의 솔직한 감정 표현은 대화를 한층 활기차고 생생하게 이끌어 줄 수도 있으므로 여기에 나와 있는 표현들을 잘 익혀두시기 바랍니다.

감탄의 기분을 나타낼 때

■ 素晴らしいですね。
멋지군요.
◇ 종조사 ね는 가벼운 탄복의 기분을 나타낼 때도 쓰인다.

■ 素敵！
멋져!

■ おいしい！
맛있다!
◇ 맛이 좋다고 말할 때는 おいしい도 쓰이지만 특히 남자들은 うまい로도 표현한다.

■ よくやった。
잘 했어.

■ なんと素晴らしい。
정말 멋있어.
◇ なんと는 놀라움과 감탄을 나타낸다.

■ なんて綺麗なんでしょう。
정말 예쁘죠.
◇ なんて는 なんと의 변화형으로 놀라움과 감탄을 나타낸다.

■ とっても素敵！
너무 멋있어!
◇ とっても(매우, 무척)은 とても를 강조한 표현이다.

■ 面白いですね！
　재미있군요!

■ へえ、これはすごい！
　에—, 이거 대단하군!
　◇ すごい 굉장하다, 대단하다, 무섭다, 험상궂다

■ うわあ、素晴らしい。
　우와, 멋지다.

■ 美しいなあ。
　아름답구나.
　◇ 美しい 아름답다 ｜ きれいだ 예쁘다, 깨끗하다 ｜ かわいい 귀엽다

■ なんていい眺めでしょう。
　정말 전망이 멋지죠.

■ いい景色ですね。
　경치가 좋군요.
　◇ 景色(けしき) 경치, 발음에 주의할 것

■ 素晴らしい絵ですね。
　멋진 그림이군요.

■ なんていい天気なんでしょう。
　무척 좋은 날씨이죠.

■ 美しい花ですね。
　아름다운 꽃이군요.

→ 놀랐을 때

■ ああ、びっくりした。
　아, 깜짝 놀랬어.

■ それは驚きましたね。
　그거 놀랍군요.

- やあ、木村、君に会うとは驚いたね。
  야, 기무라 너를 만나다니 놀랍군.
  ◇ 驚く 놀라다

- いやあ、その知らせにはびっくりしました。
  이야, 그 통지에 놀랐습니다.
  ◇ びっくりする 깜짝 놀라다

- びっくりさせないでよ。
  놀래게 하지 말아요.

미심쩍을 때

- まさか、そんなことないでしょう。
  설마, 그런 일은 없겠죠.
  ◇ まさか (뒤에 부정의 추량(推量)을 수반하여) 설마, 아무리

- まさか、信じられません。
  설마, 믿을 수 없어요.
  ◇ 信じる 믿다

- 本当ですか。
  정말입니까?

- えっ、本当に？
  엣, 정말로?

- まさか！ご冗談でしょう。
  설마, 농담이겠죠.

- 本気？
  정말?
  ◇ 本気 진실, 본정신 | 本気にする 곧이듣다 | 本気になる 정색하다

- そうなるはずがないよ！
  그렇게 될 리가 없어!
  ◇ 〜はずがない 〜(할) 리가 없다

■ そんなことはありえないよ！
그런 일은 있을 수 없어!
✧ ありえない 있을 수 없다 ｜ ある 가능형은 ありうる(있을 수 있다)이다.

■ それは初耳だ。
그건 처음 듣는데.

■ 信じがたいよなあ。
믿어지지가 않아.
✧ ～がたい는 동사의 중지형에 접속하여 「～하기 힘들다, ～하기 어렵다」의 뜻을 나타낸다.

→ 놀랐을 때 내는 소리

■ おや、おや。
어, 어.
✧ おや는 뜻밖의 일에 놀라서 내는 말로 우리말의 「어, 어마」에 해당한다.

■ あら、まあ。
어머, 어머.
✧ あら 놀랐을 때에 내는 소리로 주로 여성들이 많이 쓴다. 어머나, 아아

■ おや、どうして分かるの。
어, 어떻게 아니?

■ おや、信じられないね。来ているとは知らなかった。
어, 믿을 수 없어. 와 있는지는 몰랐어.
✧ ～とは知らない ～라(하)고는 모르다

■ これはこれは、驚きましたね。
이거 참 놀랬어요.
✧ これはこれは 놀라거나 실패함을 깨달았을 때 발하는 소리. 아차, 이크

■ それは変だ。
그거 이상한데.

■ 恐ろしいね。
두렵군.
✧ 恐ろしい 두렵다 ｜ 怖(こわ)い 무섭다

- あきれたね。
  어이없군.
  ◇ あきれる 어이없다, 기가 막히다, 어처구니없다

- あれはいったい何だ。
  저건 도대체 뭐야?
  ◇ いったい 도대체, 대관절

- おや、なんてばかな!
  어, 정말 바보같군!

- まあ、あなたなの。
  어머, 너야?

- びっくりした!
  깜짝 놀랐어!

- それは驚きだ!
  그거 놀라운데!

- あきれた!
  기가 막혀!

- おやおや!
  어머 저런!

- びっくりするじゃないか!
  깜짝 놀랐잖아!

- え、何だって?
  에, 뭐라고?

- しまった!
  아차!, 큰일났다!
  ◇ しまったは 실패하여 몹시 분해할 때 내는 말로, 우리말의 「아차, 아뿔싸, 큰일났다」에 해당한다.

- もう、またなの。
  아니 또야?

희로애락의 관련 표현

UNIT 2

우리 인간이 느낄 수 있는 감정은 크게 喜(き)・怒(ど)・哀(あい)・楽(らく)의 네 가지로 구분합니다. 인간은 기쁘거나 즐거울 때는 같이 기뻐하고 즐거워해야 할 줄 알아야 하고, 노여웠을 때는 감정을 다스릴 줄 알아야 하며, 슬플 때는 위로를 받아야 정신 건강에 도움이 됩니다. 일본어에서 기쁠 때는 うれしい라고 하고, 화가 날 때는 おこる라고 하며, 슬플 때는 かなしい, 즐거울 때는 たのしい라고 표현합니다.

기쁠 때

■ まあ、うれしい。
　어머, 기뻐라.
　◇ まあ는 놀라움이나 영탄(詠嘆)의 기분을 나타내는 말로 주로 여자가 쓴다. 어머나, 아유

■ それは よかったですね。
　그거 다행이군요.

■ お目(め)にかかれてうれしいです。
　만나서 반갑습니다.
　◇ お目にかかる 만나 뵙다, 会う의 겸양어

■ 会(あ)いに来(き)てくれて、うれしかったです。
　만나러 와 줘서 기뻤습니다.
　◇ ~てうれしい ~해서 기쁘다

■ パーティにおいでいただければ、うれしいです。
　파티에 오시면 기쁘겠습니다.
　◇ おいでは でる(나감), ゆく(감), くる(옴), いる(있음)의 높임말이다.

■ これほどうれしいことはありません。
　이만큼 기쁜 일은 없습니다.
　◇ ほど 정도, 만큼

■ ありがたい！
　고맙다!
　◇ ありがたい 고맙다, (가르침 등이) 거룩하다, 황송하다

- ついてる！
  재수가 좋군!
  ◇ ついてる 행운이 붙어 있다, 재수 좋다, 재수가 있다

- ここで君に会えるなんてついてる。
  여기서 너를 만날 수 있다니 운이 좋아.

- やったあ！
  됐다!
  ◇ やった는 やる의 과거형으로 무언가를 성취했을 때 외마디 내뱉는 말로도 쓰인다.

- 感動しました。
  감동했습니다.

- 私は幸せです。
  나는 행복해요.
  ◇ 幸福(こうふく)だ 행복하다

- うれしくてたまらない。
  기뻐 죽겠다.
  ◇ ~てたまらない ~해서 견딜 수 없다, ~해서 참을 수 없다

- 天国だ。
  천국이다.
  ◇ 天国 천국 ↔ 地獄(じごく) 지옥

- わー！ すごいね。
  우와! 대단해.

- それを聞いてうれしいよ。
  그걸 들으니 기뻐.

- ありがとう。最高の気分だぜ。
  고마워. 기분이 최고야.
  ◇ 最高(さいこう) 최고 ↔ 最低(さいてい) 최저, 저질

- それはめでたい話だ。
  그거 경사스런 이야기다.
  ◇ めでたい 경사스럽다, おめでとう로 쓰이면 축하의 인사말이 된다.

→ 화를 낼 때

- **ちくしょう！**
  개자식!
  ◇ 畜生(ちくしょう) 짐승, 사람을 욕할 때나 화가 났을 때, 억울한 때에 나오는 말이다.

- **怒ってるんだ。**
  화났어.
  ◇ 怒る 화나다

- **まあ、ひどい！**
  너무 한데!
  ◇ ひどい 혹독하다, 참혹하다, (정도가) 심하다, 지나치다

- **ばかな！**
  바보같은!
  ◇ ばか 바보, 어리석음 ｜ ばかにする 업신여기다, 깔보다 ｜ ばかにならない 무시할 수 없다

- **ぞっとするよ。**
  소름끼쳐.
  ◇ ぞっと (공포 따위로) 소름이 끼치는 모양, 한기가 드는 모양

- **もう我慢できません。**
  이제 참을 수 없어요.
  ◇ 我慢する 참다, 인내하다

- **よけいなお世話だ。**
  쓸데없는 간섭이야.
  ◇ よけいな 쓸데없는 ｜ お世話 남을 도와주는 일, 남의 편의를 보아 줌

- **言い訳はするな。**
  변명은 하지 마.
  ◇ 종조사 なる 동사의 기본형에 접속하여 「~지 마라」의 뜻으로 금지를 나타낸다.

- **だまれ！**
  닥쳐!
  ◇ 黙(だま)る 말을 안 하다, 침묵하다

- **出て行け！**
  꺼져!
  ◇ 동사의 명령형은 그 어감이 거칠어 화가 났거나 거칠게 말할 때 쓰인다.

- 消え失(き)(う)せろ！
  사라져!

- 恥(はじ)を知(し)れ！
  부끄러운 줄 알아!
  ◇ 恥をかく 창피를 주다

- 恥(は)ずかしくないのか！
  부끄럽지 않냐!
  ◇ 恥ずかしい 부끄럽다

- みっともない！
  꼴도 보기 싫어!
  ◇ みっともない=みたくもない → みたうもない의 음전(音伝)이다. 보기 흉하다, 추하다

- 言(い)い訳(わけ)はするな！
  변명은 하지마!
  ◇ 言い訳をする 변명을 하다

- 言(い)い訳(わけ)はたくさんだよ。
  변명은 충분해.
  ◇ たくさん은 수량이 많음을 나타내기도 하지만, 이 이상 필요 없다, 충분하다의 뜻으로도 쓰인다.

- どんな言(い)い訳(わけ)も聞(き)きたくない。
  어떤 변명도 듣고 싶지 않아.

- そんなのは言(い)い訳(わけ)にもならないよ。
  그런 것은 변명도 안 돼.
  ◇ ~にならない ~이(가) 안 된다

- 君(きみ)はいったい何(なに)を考(かんが)えているんだ！
  너는 도대체 무슨 생각을 하고 있는 거냐?

- 口先(くちさき)だけのことを言(い)うんじゃない！
  입에 발린 말을 하는 게 아냐!
  ◇ ~んじゃない는 ~のではない의 구어적인 표현이다.

- 私(わたし)に命令(めいれい)しないで。私(わたし)のお金(かね)なんだから。
  나에게 명령하지 말아요. 내 돈이니까.
  ◇ ~ないでください ~지 마세요

■ 頭にきた！
   열 받는군!
   ◇ 頭にくる 화가 나다, 부아가 치밀다, 악이 오르다

■ むかつくよ。
   울화가 치밀어.
   ◇ むかつく 기분에 거슬리다, 화나다, 울렁거리다, 메슥거리다

■ 君はぼくの神経にさわるよ。
   너는 나의 신경에 거슬려.
   ◇ 神経にさわる 신경에 거슬리다

■ 君はいらいらさせるなあ。
   너는 짜증나게 하는구나.
   ◇ いらいら 마음이 조급함, 안달이 남

■ ばかにするな！
   깔보지 마!

■ ぼくをからかうな。
   나를 조롱하지 마.
   ◇ からかう 놀려 주다, 조롱하다, 야유하다

■ ぼくを見下ろして言うな。
   나를 깔보고 말하지 마.
   ◇ 見下ろす 밑을 보다, 내려다 보다, 얕보다, 깔보다

■ ぼくをけなすんじゃない。
   나를 헐뜯지 마.
   ◇ けなす 비방하다, 헐뜯다, 창피 주다

■ どうか怒らないでください。
   부디 화내지 마세요.
   ◇ どうか (타인에게 공손히 부탁할 때) 부디, 아무쪼록, 제발

■ もう我慢できないんだ。
   이제 참을 수 없어.

■ よくそんなことが言えるね。
   잘도 그런 말을 하는군.

감정

■ ぬけぬけとよく言うよ。
　뻔뻔스럽게 잘도 말하는군.
　　◇ ぬけぬけと 알면서 모르는 체하는 모양, 뻔뻔스러운 모양

■ なんて厚かましいんだ！
　정말 뻔뻔스럽구나!
　　◇ 厚かましい 몰염치하다, 뻔뻔스럽다

■ 彼の言い分が気にさわるんだ。
　그의 불평이 마음에 걸려.
　　◇ 気にさわる 신경이 쓰이다, 마음에 걸리다

■ 仕返ししてやらなくては。
　복수를 해야 해.
　　◇ ～なくてはならない(いけない) ～지 않으면 안 된다, ～해야 한다

■ そんなことは百も承知だ。
　그런 것은 잘 알고 있다.

■ ぼくの頭は鈍くないんだ！
　난 머리가 둔하지 않아!

■ なめるなよ！
　깔보지마!
　　◇ なめる 혀끝으로 핥다, 멸시하다, 깔보다

■ おまえは僕をばかにしているんだな。
　너는 나를 무시하고 있어.
　　◇ お前(まえ)는 남성들 사이에서 쓰는 2인칭대명사이다.

■ 君はぼくを笑いものにしようとしているのかい？
　너는 나를 웃음거리로 만들려고 하니?

■ それは虫のいい話だ。
　그건 뻔뻔스런 이야기다.
　　◇ 虫がいい 얌체 같다, 뻔뻔스럽다

■ 私に向かってその口のきき方は何だ？
　나에게 그런 말투가 다 뭐야?

■ 君、頭がおかしいんじゃないの？
　너, 머리가 이상한 게 아냐?

■ 後で後悔するぞ。
　나중에 후회할 거야.
　　◇ ぞ는 문미에 쓰이어 자신의 판단을 강하게 말하거나 주장할 때 쓰인다.

■ ぼくを侮辱するなよ。
　나를 모욕하지 마.

■ 彼には仕返しをするぞ。
　그에게 복수를 할 테다.

■ わかった、わかった、勝手にしろ！
　알았어, 알았어, 마음대로 해!
　　◇ 勝手にする 제멋대로 하다

→ 슬플 때

■ 夫がいなくてさびしいわ。
　남편이 없어서 쓸쓸해.
　　◇ さびしい 쓸쓸하다, 적막하다, 허전하다

■ ひとりぼっちは大嫌い。
　외톨이는 너무 싫어.
　　◇ ぼっち는 접미어로 극히 적음을 나타낸다. ~뿐, ~밖에

■ あなたがいなくてさびしいわ。
　당신이 없어서 외로워요.
　　◇ わ는 문미에 쓰이어 가벼운 감동을 나타내거나, 가볍게 다짐하는 뜻이나 가벼운 주장의 뜻을 나타내며 주로 여자들이 부드럽게 사용하는 말씨이다.

■ 息子を亡くしてむなしいよ。
　아들을 잃고 허무해요.
　　◇ むなしい 텅 비다, 허무하다, 덧없다

■ 私の人生はむなしいものだ。
　내 인생은 허무하다.

즐거울 때

■ わあ、楽(たの)しい。
와, 즐거워라.

■ それは愉快(ゆかい)だ。
그거 유쾌하다.
◇ 愉快だ 유쾌하다 ↔ 不愉快(ふゆかい)だ 불쾌하다

■ いい気分(きぶん)だ。
기분이 좋다.

■ 今日(きょう)は上機嫌(じょうきげん)だ。
오늘은 기분이 최고야.
◇ 上機嫌 매우 기분이 좋은 모양

■ 有頂天(うちょうてん)だ。
기뻐서 어찌할 바를 모르겠다.
◇ 有頂天 정신없이 기뻐 날뛰는 모양, 만족의 절정

■ うそみたいだ。
거짓말 같아.

■ これにまさる喜(よろこ)びはありません。
기쁘기 짝이 없습니다.
◇ ~にまさる ~보다 낫다 ~보다 뛰어나다 ↔ ~におとる ~에 뒤떨어지다, ~에 뒤지다

■ 私(わたし)を幸(しあわ)せにしてくれてありがとう。
나를 기쁘게 해 줘서 고마워.

■ それはラッキーだ！
그거 행운이다!

■ 大当(おおあ)たりだ！
대성공이야!
◇ 大当たり 크게 적중하는 일, 대성공

■ ただ運(うん)がよかったのさ。
그저 운이 좋았던 거야.

불평·불만의 관련 표현

UNIT 3

일본 사람들은 겉으로 잘 드러내지 않는 것 중의 하나가 불만입니다. 따라서 일본 사람이 불만을 하는 경우는 마음속으로 상당히 불만이 있다는 증거입니다.
상대가 투덜거리고 있으면 何をぼやいているの?, 또는 どうしてぶつぶつ言うの라는 표현으로 물을 수 있습니다. 특히 아주 못마땅한 표정을 짓고 있을 때는 苦虫(にがむし)をかみつぶす라고 합니다.

→ 불평·불만을 털어놓을 때

■ ちぇっ！ テストに落ちた。
체! 시험에 떨어졌어.
◇ ちぇっ은 기대에 어긋나 마음이 마땅치 않을 때 내는 말이다.

■ ちぇっ！ 家に忘れたよ。
체! 집에 놓고 왔어.

■ くそっ！ 電車に乗り遅れた。
제기랄! 전철을 놓쳤어.
◇ くそっ는 남을 몹시 욕하거나 불끈했을 때 내지르는 말이다. 제기랄, 빌어먹을

■ あっ、しまった。忘れた。
아뿔싸. 잊었다.
◇ しまった는 실패하여 몹시 분해할 때 내는 말이다. 아차, 아뿔싸, 큰일났다

■ 無駄になってしまったよ。
쓸모없게 되어버렸어.
◇ 無駄になる 쓸모없게 되다

■ もう少しで間にあったのに…。
좀더 서둘렀으면 됐을 텐데….
◇ 間に合(あ)う 급할 때 소용이 되다, 시간에 맞게 가다, 족하다, 충분하다

■ この仕事は私には荷が重すぎます。
이 일은 나에게는 너무 버거워요.

■ 私の少ない給料ではやっていけないよ。
　나의 적은 급료로는 해나갈 수 없어.

■ もうこれ以上耐えられないわ。
　이제 더 이상 참을 수 없어.
　◇ 耐える 참다, 인내하다, 견디다

■ 君の言うことは腑に落ちない。
　네가 말한 것은 납득이 안 돼.
　◇ 腑に落ちない 납득이 가지 않다, 이해할 수 없다

■ 彼の答えでは納得できない。
　그의 대답으로는 납득할 수 없어.
　◇ 納得が行かない 납득이 가지 않다

■ 今日の彼は喧嘩腰だね。
　오늘 그는 시비조야.
　◇ 喧嘩腰 당장 싸울 듯이 덤벼드는 태도, 시비조

■ 公平にしろ！
　공평하게 해라!
　◇ するの 명령형은 しろ와 せよ의 두 가지 형태가 있다. せよ는 주로 문장체에서 쓰인다.

■ 今日は忙しすぎるよ。
　오늘은 너무 바빠.

■ なんてお金と時間のむだなんだ。
　이 얼마나 돈과 시간 낭비야.
　◇ むだ 이익이 없음, 보람이 없음, 무익

■ もったいないことをするな。
　쓸데없는 짓을 하지 마라.
　◇ もったいない 아깝다, 황송하다, 무례한 짓을 하다

■ なぜこんなに時間がかかるの？
　왜 이렇게 시간이 걸리니?

■ 十分で間に合わせるのは無理だよ。
　10분에 맞추는 것은 무리야.

- 十分では十分だよ。
  10분이면 부족해.
  ◇ 十分だ = 充分(じゅうぶん)だ 충분하다 | 十分(じゅっぷん・じっぷん) 10분

- 彼はぼくを見下ろすんだ。
  그는 나를 깔봐.

- 君は役立たずだ。
  너는 도움이 안 돼.
  ◇ 役立つ 도움이 되다 | 役立たず = 役立たない 도움이 안 되다

- 頭が変になるよ。
  머리가 돌겠어.
  ◇ 頭が変になる 머리가 이상해지다, 머리가 돌다

- たったそれだけ？
  단지 그것뿐이냐?
  ◇ たった 겨우, 기껏

- 足りないよ。
  부족해.
  ◇ 足りる 족하다, 충분하다

- 彼は私を公平に扱わないんだ。
  그는 나를 공평하게 대하지 않아.

→ 짜증이 날 때

- 退屈だ。
  지루해.
  ◇ 退屈 싫증이 남, 할 일이 없어 심심함

- つまらないよ。
  재미없어.
  ◇ つまらない 재미없다, 보잘것없다, 무가치하다, 사소한

- そうだね。くだらないよ。
  그래. 형편없어.
  ◇ くだらない 가치가 없다, 시시하다, 百済(くだら)의 물건이 아니면 시시하다는 것에서 유래되었다.

■ 取るに足らないよ。
　보잘것없어.
　　◇ 取るに足らない 극히 하잘것없다, 하찮다

■ 私はあなたには興味がないのよ。
　난 너에게 흥미가 없어.

■ たかが知れてるよ。
　뻔한 일이야.
　　◇ たかが知れている 뻔한 일이다, 대수로운 것이 아니다

■ 満足していないの。
　만족하고 있지 않아.

■ ありふれた会合だった。
　흔한 모임이었어.
　　◇ ありふれる 흔히 있어 신기하지 않다

■ 仕事に気がのらないよ。
　일에 마음이 내키지 않아.
　　◇ 気がのらない 마음이 가지 않다, 내키지 않다

■ それは時代遅れの考えだ。
　그거 시대에 뒤떨어진 생각이야.

■ いいかげんにしてくれよ。
　어지간히 하게.
　　◇ いいかげん 딱 적당함, 정도가 알맞음 | いいかげんに 웬만하게 어지간히

■ 私は我慢できないわ。
　난 참을 수 없어.

■ もうたくさん。文句は言わないの！
　이제 됐어. 불평은 하지 않는 거야.
　　◇ 文句を言う 불평을 하다

■ 勘弁してよ、父さん！
　용서해 주세요, 아버지?
　　◇ 勘弁する (죄 또는 잘못을) 용서하다

→ 진절머리가 날 때

■ いやですねえ。
   싫어요.
   ◇ いや 싫은 모양, 바라지 않는 모양, 꺼림칙한 모양

■ いやだなあ。もう我慢できない。
   싫어. 이제 참을 수 없어.

■ もう、うんざりですよ。
   이제 진절머리가 나요.
   ◇ うんざり 몹시 싫증나는 모양

■ この天気にはうんざりしますね。
   이런 날씨는 진절머리가 나는군요.

■ しゃくだな。ノートを忘れちゃったよ。
   속상해. 노트를 잃어버렸어.
   ◇ しゃく 속이 상하는 모양 | しゃくにさわる 울화가 치밀다, 몹시 화가 나다

■ ねえ、後生だから助けてくれ。
   응, 제발 도와 줘.
   ◇ 後生은 본래 죽은 뒤 다시 태어나는 일을 말하지만, 애원할 때 주로 쓰인다.

■ がっかりしましたよ。
   실망했어요.
   ◇ がっかり 실망하는 모양, 피로하여 정신이 빠진 모양

■ 思ったほど面白くなかった。
   생각보다 재미없었어.
   ◇ 思ったほど 생각했던 것보다, 생각보다

■ 失望しました。
   실망했습니다.
   ◇ 失望する = がっかりする 실망하다, 낙심하다

■ 聞けば聞くほどうんざりするよ。
   들으면 들을수록 진절머리가 나요.
   ◇ ~ば ~ほど ~하면 ~할수록, 정도가 점점 더해짐을 나타내는 표현이다.

UNIT 4 비난·험담의 관련 표현

상대의 말에 신뢰를 할 수 없어 비난할 때는 주로 うそつき(거짓말쟁이)가 쓰입니다. 또한 일본어에는 우리말에서처럼 상대를 험담할 때 쓰이는 욕설이 많지가 않습니다. 텔레비전 드라마나 영화에서 가끔 나오는 ばかやろ나 このやろ 등이 고작이며, 심하게 말할 때는 ちくしょう(짐승) 정도입니다.

비난이나 험담 등을 제지할 때는 강한 금지를 나타내는 종조사 な가 동사의 기본형에 접속하여 쓰인다는 것을 익혀둡시다.

➡ 비난할 때

■ 嘘つき！
거짓말쟁이!
◇ 嘘を吐(つ)く 거짓말을 하다

■ ぼくを嘘つきとは呼ぶな！
나를 거짓말쟁이라고 부르지 마!
◇ な는 동사의 기본형에 접속하여 강한 금지를 나타낸다.

■ 嘘をつくな。
거짓말을 하지 마.

■ 冗談はやめてくれ！
농담은 그만둬!
◇ 冗談を言う 농담을 하다

■ 冗談もいい加減にしろ！
농담 좀 작작 해라!
◇ いい加減に 적당히, 어지간히

■ からかうのは やめて。
그만 놀려라.
◇ からかう 놀려 주다, 조롱하다, 야유하다

■ ばかなことはやめろ！
바보 같은 소리 집어치워!
◇ 止(や)める 그만두다

- ばかを言うな！
  바보 같은 소리 하지 마!

- ばかなことを！
  바보 같은 소릴!

- ふざけるな！
  뻥치지 마!
  ◇ ふざける 장난치다, 농담하다, 바보로 취급하다

- 自分の言ったことを取り消しなさい。
  네가 한 말을 취소해라.
  ◇ なさい는 なさる(하시다)의 명령형으로 동사의 중지형에 접속하여 의뢰나 요구를 나타낸다.

- うそはもう聞きたくない。
  거짓말은 이제 듣고 싶지 않아.

- 君は話をでっちあげたのか。
  너는 이야기를 꾸며냈니?
  ◇ でっちあげる 날조하다

- いんちきだ。
  속임수다.
  ◇ いんちき 도박 등에서 상대의 눈을 속여 부정을 행하는 일 부정, 속임

- とぼけるな！
  시치미 떼지 마!
  ◇ とぼける 모르는 체하다, 시치미를 떼다, 멍청해지다, 둔해지다, 우습고 멍청한 짓을 하다, 농담하다

- 君はぼくをかついだだろう。
  너는 나를 속였어.
  ◇ かつぐ 속이다, 어깨에 메다, 미신에 사로잡히다, 치켜세우다

- だまそうったって、その手には乗らないよ。
  속이려고 해도 넘어가지 않겠어.
  ◇ だます 속이다 | 手に乗る 남의 꾀에 속다

- 私は簡単にだまされないの。
  난 쉽게 속진 않겠어.

→ 험담할 때

■ 臆病(おくびょう)もの!
겁쟁이!
◇ 臆病 겁이 많은 모양, 겁쟁이 ↔ 剛毅(ごうき)

■ 完全無欠(かんぜんむけつ)な人(ひと)などいないよ!
완전무결한 사람 따윈 없어!

■ けち!
비열한 놈!
◇ けち 비열하고 천함, 비겁함, 덮어놓고 물건을 아낌, 인색, 또 그런 사람

■ この野郎(やろう)!
이 녀석!
◇ 野郎 남자를 욕할 때 하는 말, 자식, 놈

■ このばか!
이 바보!

■ こんちくしょう!
이 개자식!
◇ こん은 この를 줄여서 말한 것이다.

■ このけだものめ!
이 짐승아!
◇ 獣(けだもの) 네발짐승, 짐승, 사람을 비웃고 욕하는 말

■ このおてんば娘(むすめ)め!
이 더러운 계집아!
◇ おてんば 말괄량이, 어사납시 못한 여자

■ ずるいやつめ!
교활한 녀석아!
◇ ずるい 교활하다 | やつ 사람이나 물건을 욕하거나 친하게 이르는 말, 놈, 자식

■ このぶす!
이 못난이!
◇ ぶす 미워하고 싫어하는 것, 주로 보기 싫은 얼굴을 말함.

■ でぶ!
뚱보!
◇ でぶ 살이 찜, 또 그런 사람

- **ちび！**
　꼬맹이!
　◇ ちび 몸집이 작음, 또 그런 사람, 꼬마

- **何て恩知らずな奴だ！**
　정말 은혜도 모르는 놈이다!
　◇ 恩知らず 은혜를 갚을 줄 모름, 또 그런 사람, 배은망덕

- **この最低のやつめ！**
　이 저질 녀석아!
　◇ ~めは 체언에 접속하여 한층 낮추어 보는 뜻을 나타낸다. 또, 자신에 대한 겸양의 뜻을 나타낸다.

- **突っ張ってるんじゃないよ。**
　우기는 게 아냐.
　◇ つっぱる 완강히 대항하다, 고집 피우다, 뻣뻣하게 당기다, 지탱하다, 버티다

말을 막을 때

- **黙れ！聞きたくないよ！**
　닥쳐! 듣고 싶지 않아!
　◇ 黙る 말을 안 하다

- **ごちゃごちゃ口出ししないでよ。**
　너저분하게 말참견하지 말아요.
　◇ ごちゃごちゃ 매우 혼잡한 모양, 너저분한 모양 ｜ 口を出す (남의 이야기에 중뿔나게) 말참견을 하다

- **大声を出すな！**
　큰소리 지르지 마!

- **怒鳴らないで！**
　고함치지 말아요!
　◇ どなる 큰 소리로 부르다, 소리치다, 아우성치다, 큰 소리로 꾸짖다

- **声を下げて！**
　소리를 낮춰요!
　◇ 声는 목소리를 말하고, 音(おと)는 일반적인 소리를 말한다.

- **ぶつぶつ言うな！**
　투덜거리지 마!

- 少しおとなしくしなさい。
  좀 얌전하게 해라.
  ◇ おとなしい 점잖다, 온순하다

- がみがみ言わないで！するよ。
  시끄럽게 하지 말아요! 할게요.
  ◇ がみがみ 떠들면서 심하게 꾸짖는 모양

- うるさく言うな！
  귀찮게 말하지 마!
  ◇ うるさい 시끄럽다, 번거롭다, 귀찮다, 성가시다

- 口答えはしないで！
  말대꾸하지 말아요!
  ◇ 口答え 말대답, 말대꾸 = 口返答(くちへんとう)

- 黙っていろよ。あんたはおしゃべりだな！
  잠자코 있어요. 당신 말이 많아요!
  ◇ おしゃべり 잘 지껄임, 잘 지껄이는 사람, 수다쟁이

- ほっといてよ！
  내버려둬요!
  ◇ ほっとく 그 상태대로 내버려두다

- 君には関係ないよ。
  너와는 관계없어.

- おせっかいは止してくれ。
  쓸데없이 참견하지 말아줘!
  ◇ おせっかい 쓸데없이 참견을 함, 또는 참견하는 사람

- 自分のことだけ気にしてろ！
  네 일에나 신경 써!
  ◇ 気にする 마음에 두다, 걱정하다

- 君は干渉しないでくれ！
  너는 간섭하지 마!

- 私的なことなんだ！
  사적인 일이야!

■ 誰が君に聞いたかよ。
　누가 너에게 물었니?

■ 今は話せないんだ。
　지금은 말할 수 없어.

■ 君の親切はありがためいわくだ。
　너의 친절은 고맙기는 하지만 됐어.
　◇ ありがためいわく 고맙기는 하지만 오히려 곤란한 모양

■ 出て行け！
　나가!

■ 私を放っておいて！
　나를 내버려둬요!

■ 邪魔しないで！
　방해하지 말아요!
　◇ 邪魔する 방해하다

■ 私を追い払うつもり？
　나를 내쫓을 생각이야?

日本語ノート

◇ やっぱりだめ

やっぱりと だめは 각기 쓰임이 넓어서 매우 많이 쓰이는 말입니다. やっぱり는 일은 예상했던 대로 내지는 걱정하고 있던 대로의 결과가 나왔을 경우에 쓰입니다. だめ는 대개 부정형이 필요한 경우에 쓰입니다. 바빠서 골프 권유를 거절하고 싶을 때나, 또는 자신은 골프를 할 수 없다고 말하고 싶을 때에는 だめ라고 하면 됩니다. 또 사람이나 일을 가리켜 だめ라고 하면 그 사람이나 일이 모두가 좋지 않다는 것을 의미합니다.
やっぱり는 일이 좋지 않은 쪽으로 결과가 나오는 경우에 자주 쓰이기 때문에 やっぱり와 だめ가 종종 함께 결말을 짓게 됩니다.

UNIT 5 진정·화해의 관련 표현

인간은 감정의 동물이므로 경우에 따라서는 화를 내기 마련입니다. 일본어로 화가 나있는 상대를 진정시킬 때는 주로 おちついて(진정해요)라고 합니다.
다투었거나 싸웠을 때, 혹은 서로 좋은 감정을 갖고 있지 않을 때는 빨리 화해를 해서 본래의 인간관계로 돌아가야 합니다. 이럴 때 쓰는 일본어 표현은 仲直(なかなお)りしよう(화해하자)라고 합니다.

→ 진정시킬 때

■ 落ち着いて!
  진정해요!
  ◇ 落ち着く 진정되다, 가라앉다, 안정되다

■ 無理をしないで。やりすぎないでね。
  지나치게 무리하지 말아요.
  ◇ 無理をする 무리를 하다

■ そうむきになるなよ。
  그렇게 정색하고 대들지 말아요.
  ◇ むきになる 농담이 아닌 진담으로 여기다, 정색하다

■ そんなにかたくならないで。
  너무 딱딱하게 굴지 말아요.
  ◇ かたい 매섭다, 엄격하다, 단단하다, 굳다

■ のんびりとやっていて。
  편히 하세요.
  ◇ のんびり 몸과 마음을 편히 쉬는 모양, 유유히, 태평스럽게, 여유있게, 한가로이

■ 楽にして、くつろいでください。
  편히 하세요.
  ◇ 楽にする 편히 하다 | くつろぐ 심신이 편해지다, 유유히 행동하고 편하다

■ あわてる必要はないですよ。
  당황할 필요는 없어요.
  ◇ あわてる 뜻밖의 일에 당황하다, 급하여 어쩔 줄 모르다

→ 화해할 때

■ 仲直(なかなお)りしよう。
화해하자.
◇ 仲直り 불화가 풀리고 사이가 좋아짐, 화해, 화목

■ 仲直(なかなお)りした？
화해했니?

■ 喧嘩(けんか)はやめなさい。
싸움은 그만두어라.
◇ 喧嘩をする 싸움을 하다

■ 話(はな)し合(あ)うことができないのかい？
서로 이야기할 수 없니?
◇ 話し合う 서로 이야기하다, 의논하다

■ 話(はな)し合(あ)いで決(き)められない？
의논해서 정할 수는 없니?

■ ふたりで仲良(なかよ)くしなさい。
둘이서 사이좋게 지내라.
◇ 仲よい 사이가 좋다

■ そのことは水(みず)に流(なが)そう。
응, 그 일은 없던 걸로 하자.
◇ 水に流す 물에 흘러버리다, 지나간 일은 없던 걸로 하고 일체 탓하지 않다.

■ まいったよ。
질렸다.
◇ まいる 맥을 못 추다, 질리다

■ 君(きみ)の負(ま)けだ。
네가 졌다.

■ ごめん、悪気(わるぎ)はなかったよ。
미안, 악의는 없었어.
◇ ごめん 방문 또는 용서를 빌 때 쓰이는 사죄 표현이다.

■ 君がいなくて寂しかったよ。
　네가 없어서 적적했어.

■ ぼくは寂しがり屋なんだ。
　나는 외로움을 잘 타.
　◇ 寂しがり屋 유별나게 외로움을 잘 타는 사람

■ 仲直りはできないのかい。
　화해는 할 수 없니?

→ 후회할 때

■ ああ、あんなことしなければよかった。
　아, 저런 짓을 하지 않았으면 좋았을 걸.
　◇ ～なければよかった(のに) ～지 않았으면 좋았을 걸

■ あんなこと言わなければよかった。
　저런 말을 하지 않았으면 좋았을 걸.

■ 私ったらばかなことをしてしまった。
　나도 바보 같은 짓을 하고 말았어.

■ そんなことをするなんて私も軽率だった。
　그런 짓을 하다니 나도 경솔했어.
　◇ なんて는 뜻밖임, 경시함, 어처구니없음 등의 기분을 나타낼 때 쓰인다.

■ 自分のしたことを後悔している。
　내가 한 일을 후회하고 있어.

■ ほかに方法はなかったんだ。
　다른 방법이 없었어.

■ そうするしかなかったんだ。
　그렇게 할 수밖에 없었어.

■ そうね、やりすぎたようね。
　그래, 너무 한 것 같아.

- 緊張しすぎていたんだ。
  너무 긴장했어.
  ◇ 緊張する 긴장하다

- もっと勉強しておけばよかった。
  더 공부해 두었으면 좋았을 걸.

- 後悔してもむだだよ。
  후회해도 소용없어.
  ◇ ～てもむだだ ～해도 소용없다

- 彼に聞いておけばよかった。
  그에게 물어봤으면 좋았을 걸.

- ごめん、うっかり忘れていた。
  미안, 깜빡 잊고 있었어.

→ **안심할 때**

- 合格だ！ああ、ほっとした！
  합격! 아, 안심이야!
  ◇ ほっと 우선 안심하는 모양, 한숨을 쉬는 모양

- 驚いた！
  놀랬잖아!

- やれやれ！
  아이고, 아휴!
  ◇ やれ는 사람을 부를 때 쓰이기도 하고, 당황할 때, 또는 안도할 때 내는 소리로도 쓰인다.

- それを聞いて胸がすっきりした。
  그걸 듣고 가슴이 시원했어.
  ◇ すっきり 상쾌한 모양

- いい厄払いだ。
  액땜 했구나.
  ◇ 厄払い 재액(災厄)을 물리침. 섣달그믐과 입춘·입하·입추·입동의 전날 밤에 재난을 쫓기 위하여 행하는 행사

UNIT 6 좋고 싫음의 관련 표현

사람의 성격에 따라 좋고 싫음이 분명하거나 그렇지 못하는 경우가 있습니다. 사람이나 사물이 좋거나 마음에 들 때는 すきだ(좋아하다) 또는 気(き)にいる(마음에 들다)라고 표현합니다. 반대로 싫거나 마음에 들지 않을 때는 きらいだ(싫어하다), 또는 気に入(い)らない(마음에 들지 않다)로 표현합니다.
좋고 싫음을 표현할 때는 우리말에서는 그 대상물에 조사 「을(를)」을 쓰지만, 일본어에서는 조사 「が」를 쓴다는 점에 유의해야 합니다.

➡ 좋을 때

■ 好きだよ。
좋아해.

■ 気に入っている。
마음에 들어.

■ ピザが大好き。
피자는 무척 좋아해.

■ この服、気に入っているの。
이 옷 마음에 들어.

■ 新しい車は気に入った?
새차는 마음에 들었어?

■ このお茶が好き。
이 차를 좋아해.

■ コーヒーより紅茶が好き。
커피보다 홍차를 좋아해.

■ 私はトマトスープがお気に入りです。
저는 토마토 수프가 마음에 듭니다.

■ 日本料理がすっかり気に入ったよ。
　일본요리가 완전히 마음에 들었어요.
　◇ すっかり 완전히, 죄다, 모두

■ ぼくは好みがうるさいんだ。
　나는 취향이 까다로워.
　◇ 好み 좋아함, 즐김, 취미

■ すしが好きになったよ。
　초밥을 좋아하게 되었어.
　◇ 형용동사의 어간에 ~になる가 접속하면「~하게 되다, ~해지다」의 뜻이 된다.

■ だんだん彼女が好きになってきたよ。
　점점 그녀가 좋아졌어.
　◇ だんだん 순서를 따라서, 차차, 점점, 그 다음에 또다시

■ 大人になるにつれて野球に関心を持つようになったよ。
　어른이 되면서 야구에 관심을 가지게 되었어.
　◇ ~につれて ~함에 따라서 ｜ ~ようになる ~하게 되다

■ これはおもしろそうだ。
　이건 재미있을 것 같아.
　◇ そうだ는 동사의 중지형, 형용사, 형용동사의 어간에 접속하여 그렇게 보인다는 뜻의 양태를 나타낸다.

■ これは本当におもしろいね。
　이건 정말로 재미있어.

■ わくわくする。私たちもうすぐ親になるのよ。
　두근거려. 우리들도 이제 곧 어른이 돼.
　◇ わくわく 흥분하여 마음이 가라앉지 않는 모양

■ うん、興味ある。
　응, 흥미가 있어.

■ 満足だ。
　만족이야.

■ いや、十分です。
　아뇨, 충분합니다.

■ ぼくも楽しかったよ。
　나도 즐거웠어.

■ 強く心を打たれたよ。
　무척 감동을 했어.
　　◇ 心を打つ 마음에 와 닿다, 감동시키다

→ 싫을 때

■ これ、気に入らないなあ。
　이거 마음에 들지 않아.
　　◇ 気に入らない = 気にくわない 마음에 들지 않다

■ けっこうです。気に入らないので。
　됐습니다. 마음에 들지 않아서요.

■ いや、大嫌い！
　아니, 무척 싫어해.
　　◇ 大嫌い 매우 싫어함 ↔ 大好き 매우 좋아함

■ これ、いやだな。
　이거 싫어.

■ 君の態度が気に入らないんだ。
　너의 태도가 마음에 들지 않아.

■ 私、とことん憎んでいるの。
　나 끝끝내 미워하겠어.
　　◇ とことん 끝의 끝, 최후의 마지막

■ いや、ぼくは好きじゃないな。
　아니, 나는 안 좋아해.

■ 彼なんて見るのもいやだよ。
　그이 따윈 보는 것도 싫어.

실망·체념의 관련 표현

UNIT 7

인간이 살아가는 데 있어서 언제나 좋은 일만 있는 것이 아닙니다. 때로는 실망하거나 실망이 발전하여 체념을 하기도 합니다.
실망스러울 때의 표현으로는 とてもがっかりだよ(무척 실망했어)라든가 もうだめだ(이제 끝장이야) 등이 있습니다. 또한 체념할 때는 주로 しかたがない(도리가 없다), 또는 しようがない(어쩔 수 없다)라는 표현을 주로 씁니다.

→ 실망할 때

■ がっかりだ。
　실망이야.

■ 残念ですね。
　유감이군요.

■ むだな骨折りだった。
　쓸데없이 고생했어.
　◇ 骨折る 열심히 일하다, 고생하다, 힘을 다하다, 전력을 다하다

■ 彼を見つけるなんてむだな試みだった。
　그이를 찾는다는 것은 쓸데없는 시도였어.

■ あんなに頑張ったのに。
　그렇게 분발했는데.
　◇ 頑張る 견디어 나가다, 버티다, 노력 또는 인내하다, 분발하다

■ 君のおかげでがっかりしたよ。
　너 때문에 실망했어.
　◇ おかげで 덕분에, 덕택에, 부정적인 의미로 쓰일 때는 「때문에」로 해석한다.

■ 失敗したよ。あの客を失ってしまった。
　실패했어. 그 손님을 놓쳐버렸어.
　◇ ~てしまう ~해 버리다

■ ほかにどうしようもないんだ。
달리 어쩔 도리가 없어.
⋄ どうしようもない 어쩔 도리가 없다

■ ほかに手の打ちようがありません。
달리 손을 쓸 방법이 없습니다.
⋄ 手を打つ 손을 쓰다, 대책을 강구하다

■ 彼と話すなんて時間のむだだったよ。
그와 이야기하다니 시간낭비였어.

■ なんて無情な!
얼마나 무정한가!

■ 私の心の内は誰にもわからないわ。
내 마음은 아무도 몰라.

■ 胸が張り裂ける思いだった。
가슴이 찢어지는 아픔이었어.
⋄ 張り裂ける 감정이 벅차서 가슴이 찢어질 것 같다, 부풀어 터지다

→ 체념할 때

■ 君はうますぎるよ。あきらめたよ。
너는 너무 잘해. 포기했어.
⋄ 형용사의 어간에 すぎる가 접속하면 「너무(지나치게) ~하다」의 뜻을 가진 동사가 된다.

■ どうしようもないよ。
어쩔 도리가 없어.
⋄ しようもない 방법이 없다, 어쩔 수 없다

■ 見込みなしだ。
전망이 없어.
⋄ 見込み 장래 유망함, 가능성

■ 貸す可能性はないよ!
빌려줄 수 없어.
⋄ 貸す 빌려주다 ↔ 借りる (금품을) 빌다, 꾸다

■ 仕方ないな。
어쩔 수 없지.
　◇ 仕方がない = しょうがない 방법이 없다, 어쩔 수 없다

■ 手がかりがないよ。
단서가 없어.

■ もう降参するんだ。
이제 항복하겠다.
　◇ 降参する 항복하다 | 負(ま)ける 지다, 패하다

■ ぼくは勝てないよ。あきらめるんだ。
나는 이길 수 없어. 포기하겠어.
　◇ あきらめる 단념하다, 체념하다

■ そんなに簡単にあきらめないで。
그렇게 쉽게 포기하지 말아요.

■ 絶望的だ。
절망적이야.

■ でも、ないよりましだよ。
하지만, 없는 것보다 나아.
　◇ ~よりました ~하는 것보다 낫다

■ そういう運命だったんだ。
그럴 운명이었어.

■ もう終わったことだ。
이제 끝난 일이다.

■ 私たち別れたの。もう過去のことよ。
우리들 헤어졌어. 이제 과거의 일이야.

■ 手に負えない。
어쩔 수 없어.
　◇ 手に負えない 어찌할 도리가 없다, 감당할 수가 없다

감정

■ そうする以外にとるべき道はないんだ。
그렇게 하는 것 이외에 달리 취할 길이 없어.
　◇ ～べき ～해야 함, ～하는 것이 마땅함

■ もうこの会社に未練はないんだ。
이제 이 회사에 미련이 없어.
　◇ みれんがましい 어디까지나 단념할 수 없다, 마음이 끌려 체념할 수 없다

■ やっぱりね。
역시야.

■ ぼくの想像したとおりだよ。
내가 상상한 대로야.
　◇ ～たとおりだ ～한 대로이다

■ ね、ぼくが言ったとおりだろう。
봐, 내가 말한 대로지.

■ そうなって当然だよ。
그렇게 되는 게 당연하지.

■ 当然の報いだ。
당연한 결과야.

■ 捕まって当然よ。
잡히는 건 당연해.

■ いい気味だ。
고소하다.
　◇ いい気味 고소함. 미운 사람의 실패나 불행 등을 시원하게 여길 때에 쓴다.

■ 何が起こっても不思議じゃないよ。
무슨 일이 일어나도 이상하지 않아.

■ 無理もないよ。
무리도 아니야.

우울할 때

■ ゆううつだ。仕事をなくした。
   우울해. 일자리를 잃었어.
   ◇ 憂鬱(ゆううつ)だ 우울하다

■ 今日はゆううつだ。
   오늘은 우울해.

■ 誰もぼくのことをわかってくれなくて、気がめいっちゃうよ。
   아무도 나를 알아주지 않아서 속상해요.
   ◇ 気がめいる 기가 죽다, 기운이 빠지다 ｜ ~ちゃう =てしまう

■ 雨の日は気がめいるよ。
   비가 오는 날은 마음이 우울해.

■ 今日は何もやる気がおきないなあ。
   오늘은 아무 것도 할 마음이 생기지 않군.
   ◇ やる気 ~을 할 마음, ~하고 싶은 기분

■ 今日、彼は陰気な感じだ。
   오늘 그는 기분이 우울해 보여.
   ◇ 陰気 음기, 마음이 우울한 일, 기분이 좋지 않음, 분위기가 음울함 ↔ 陽気(ようき)

日本語ノート

◇ よかった!

일본인이 일상회화에서 자주 쓰는 표현에 よかった가 있는데, 이것은 여러 가지 장면에서 쓸 수 있습니다. 예를 들면 물건을 놓고 온 장소에 돌아와서 그 물건을 찾았을 때 ああ、よかった(아아, 다행이야)라고 말할 수 있습니다.
마찬가지로 よかった는 입학시험에 합격했을 때나, 어려운 교섭의 잘 되었을 때에도 쓸 수 있습니다. 전자의 경우는 합격해서 신에게 고맙다는 의미를 나타내고, 후자는 드디어 해냈다는 의미를 나타냅니다.
또 よかったね는 잃은 물건을 되찾은 사람에 대해 함께 기뻐하는 것을 나타내는 데도 쓸 수 있습니다. 이 표현은 よかったね라든가 よかったな라고 하듯이, ね 또는 な가 뒤에 붙어 쓰이는 경우가 많이 있습니다. ね는 상대의 동의를 부드럽게 구하는 데 쓰고, な는 말하는 사람의 기분을 강하게 하는 데에 씁니다.

UNIT 8 동정·위로의 관련 표현

동정이나 위로를 할 때 주로 쓰이는 残念(ざんねん)ですね(유감이군요)는 희망했던 일이 이루어지지 않았거나 예정이나 기대에 어긋났을 때 쓰이며, お気(き)の毒(どく)ですね(안 됐습니다)는 상대방의 불행을 동정할 때 쓰이는 표현으로 갑작스런 사고나 불행한 일을 당한 사람에게 위로를 할 때 주로 쓰이는 표현입니다.
頑張(がんば)ってね(힘내세요)는 실의에 빠졌거나 슬픔에 젖어있는 사람에게 용기를 북돋을 때 쓰이는 위로의 표현입니다.

➡ 동정할 때

■ お気の毒に。
　딱해라.
　◇ 気の毒 타인의 불행을 가엾게 생각함, 타인에게 폐를 끼쳐 미안하다고 생각함

■ それはいけませんね。
　그거 안 됐군요.

■ お気の毒です。
　딱하게 됐습니다.

■ それはお気の毒に。でもあまり悩まないほうがいいよ。
　그거 안 됐군. 하지만 너무 고민하지 않는 게 좋아.
　◇ ~ないほうがいい ~지 않는 것이 좋다

■ いやあ、残念ですね。
　참, 유감이군요.

■ 何てひどいことを。
　너무 심한 일을.

■ 可哀そうに!
　가엾어라!
　◇ かわいそう 가엾은 모양, 불쌍한 모양

- ついてませんでしたね。
  운이 없었군요.

- おやおや。お気の毒に。
  어머, 딱해라.
  ◇ おや 뜻밖의 일에 놀라서 내는 말 어머

- 運が悪かったね。
  운이 나빴구나.
  ◇ 運が悪い 운이 나쁘다 ↔ 運がいい 운이 좋다

- それはよくあることさ。
  그건 자주 있는 일이야.
  ◇ さ는 문장 끝에 붙여서 상대방에게 강하게 주장하는 기분을 나타낸다. ~(말이)야, ~지

- それはよくある間違いだよ。
  그건 자주 있는 실수야.

- つらいでしょう。
  괴롭겠네요.

- まあ、かわいそうに！
  어머, 가엾어라.

- 君の気持ちはわかるよ。
  네 마음은 알겠어.

→ 깊은 동정을 나타낼 때

- 本当にお気の毒です。
  정말로 안 됐습니다.

- お気持ちはよくわかります。
  마음은 잘 알겠습니다.

- なんて悲しいんでしょう。
  정말 슬픈 일이군요.

■ 深くご同情申し上げます。
　깊은 동정의 말씀을 드립니다.

■ ご家族にお見舞いの気持ちをお伝えください。
　가족 여러분께 위로의 마음을 전해 주십시오.

■ 衷心からお悔やみ申し上げます。
　충심으로 위로의 말씀을 드립니다.

→ 위로할 때

■ さあ、元気を出して。
　자, 힘을 내요.
　◇元気を出す 힘을 내다, 기운을 내다

■ くよくよするなよ。
　걱정하지 말아요.
　◇くよくよ 조그마한 일을 늘 걱정하는 모양

■ 残念だったね。でも元気を出して。
　유감이군. 하지만 힘을 내요.

■ お気の毒だけど、どうかくよくよしないでください。
　딱하지만, 이제 걱정하지 마세요.

■ そういうこともよくあります。
　그런 일도 자주 있습니다

■ あなたのやっていることは間違っていませんよ。
　당신이 하고 있는 일은 틀리지 않아요.

■ この世の終りというわけでもないでしょう。
　이 세상이 끝난 것도 아니잖아요.

■ 人生なんてそんなものですよ。
　인생이란 그런 거예요.

■ 気にしないで。
　걱정하지 말아요.
　　◇ 気にする 걱정하다

■ また機会はあるから、がっかりしないでよ。
　또 기회가 있으니까, 실망하지 말아요.

■ 大丈夫だよ。
　괜찮아요.

■ 自分を責めないで。
　자책하지 말아요.
　　◇ 責める 꾸짖다, 비난하다, 힐난하다, 책망하여 괴롭히다, 조르다

■ いや、君が悪いんじゃないよ。
　아냐, 네가 잘못한 게 아냐.

■ 心配しなくてもいいよ。そういうこともあるわけだから。
　걱정하지 않아도 돼요. 그런 일도 있으니까요.
　　◇ ～なくてもいい ～지 않아도 된다

■ 誰にもあることさ。
　누구에게나 있는 일이야.

■ 悩むことはないよ。
　고민할 건 없어.

■ 考えすぎないで。
　너무 생각하지 마세요.

■ 仕方ありませんよ。
　어쩔 수 없어요.

■ 君に迷惑かけたくないんだ。
　너에게 폐를 끼치고 싶지 않아.
　　◇ 迷惑をかける 폐를 끼치다

감정

■ これしきのこと平気さ。
이까짓 것 아무 것도 아냐.
◇ しきは 보통 これ・それ・あれ에 붙여서 대략의 정도를 나타냄. 쯤, 정도

■ これしきのこと何でもないよ。
이건 아무 것도 아냐.

■ たいしたことじゃないよ。
대단한 건 아냐.
◇ たいした 대단한, 굉장한, 놀라운, (뒤에 부정의 말을 수반하여) 그렇게까지 대단한

■ これはまだいいほうだよ。
이것은 그래도 좋은 편이야.

■ そんなにやけを起こさないで。
그렇게 자포자기하지 말아요.
◇ やけ 일이 자기 뜻대로 되지 않아 분별없는 언동을 취함. 자포자기

■ なんて残念なことなんだ。
너무 유감스런 일이다.

■ きっとなんとかなるから大丈夫だよ。
분명 어떻게 될 테니까 괜찮아.

■ 彼女はただ気を悪くしているだけさ。
그녀는 단지 기분이 잡쳤을 뿐이야.
◇ 気を悪くする 기분(감정)을 상하게 하다, 기분을 잡치다

→ 격려할 때

■ 泣かないで。
울지 말아요.
◇ 泣く 울다

■ 涙をふいて。
눈물을 닦아요.
◇ 涙をふく 눈물을 닦다 | 涙を流(ながりす 눈물을 흘리다

■ 元気(げんき)を出(だ)して！
　힘을 내요!

■ 最善(さいぜん)を尽(つ)くせ！
　최선을 다해라!

■ がんばって！
　힘내요!
　◇ 시합 등에서 응원할 때는 がんばれ라고도 한다.

■ 応援(おうえん)するわ。
　응원할게.
　◇ わ는 가볍게 다짐하는 뜻이나 가벼운 주장의 뜻을 나타낼 때 쓰이며 주로 여성들이 쓴다.

■ 今度(こんど)はがんばろうね。
　이번에는 분발해야지.

■ ねばれよ！
　버텨!
　◇ ねばる 매끈매끈하여 잘 달라붙다, 끈기 있게 버티다

■ あきらめるな。
　포기하지 마!

■ 希望(きぼう)を持(も)って！
　희망을 가져요!

■ 一生懸命(いっしょうけんめい)にやれ！
　열심히 해!
　◇ 一生懸命 목숨을 걸고 열심히 하는 모양

■ 自分(じぶん)に負(ま)けないで！
　포기하지 말아요!

■ 決(けっ)してあきらめないで！
　결코 포기하지 말아요!

■ 君(きみ)ならできるよ。
　너라면 할 수 있어.

■ もっと楽観的に見てごらん。
　더 낙관적으로 보렴.
　◇ ~てごらん ~해 보거라

■ そんなに深刻にならないで！
　그렇게 심각하게 생각하지 말아요!

■ 弱音を吐かないで！
　못난 소리 하지 말아요!
　◇ 弱音を吐く 약한 소리를 하다, 못난 소리를 하다

■ その気になったら何でもできるんだ。
　그런 마음이라면 무엇이든 할 수 있어.

■ 可能性はあるのよ。
　가능성은 있어.

■ 心配しても解決しないよ。
　걱정해도 해결되지 않아.

■ くよくよしてもしようがないよ。
　걱정해도 어쩔 수 없어.

■ もう一度やってごらんなさい。
　다시 한번 해 보거라.
　◇ ~てごらんなさい ~해 보거라

■ こわがらないで。彼女にデートを申し込んでみろ。
　겁내지 말고. 그녀에게 데이트를 신청해 봐.
　◇ こわがる는 こわい(무섭다)의 어간에 동사형 접미어 がる가 접속된 형태이다.

■ 現実を見つめなさい。
　현실을 직시해라.
　◇ 見つめる 눈을 떼지 않고 바라보다, 뚫어지게 보다, 응시하다

■ 成功を祈っているよ！
　성공을 빌게!

PART 5

사 교 付合·つきあい

인관계에서 상대방에게 무언가 제안이나 의뢰, 충고 등을 할 경우 상대방의 의견을 존중해야 하며 일방적이나 상대에게 부담이 되는 경우에는 원만하게 교제를 진행시킬 수 없습니다.

의뢰·요구의 관련 표현

일반적으로 의뢰나 요구를 할 때 우리가 잘 알고 있는 ~てください라고 표현하기 쉬우나 이것은 상대에게 직접적으로 행동을 할 것을 요구하는 것이므로 경우에 따라서는 불쾌감을 줄 수 있는 표현입니다. 따라서 일본어를 웬만큼 하면 상대의 기분을 거슬리지 않는 완곡한 의뢰나 요구 표현을 쓰는 것이 좋습니다. 예를 들면 ~てくださいませんか, ~てほしいです, ~ていただけませんか, ~(さ)せてください 등이 있습니다.

➜ 부탁할 때

■ お願いがあるのですが。
부탁이 있는데요.
◇ 願う 바라다, 원하다

■ お願いしたいことがあります。
부탁드리고 싶은 것이 있습니다.
◇ ~たいことがある ~고 싶은 것이 있다

■ ちょっとお願いしていい？
좀 부탁해도 되니?

■ これ、手伝ってくれませんか。
이걸 거들어 주지 않겠어요?
◇ ~てくれませんか ~어 주지 않겠어요?

■ この荷物を頼みますよ。
이 짐을 부탁해요.
◇ 頼む 부탁하다

■ お願いしてもいいですか？
부탁해도 괜찮습니까?
◇ ~てもいいですか ~해도 괜찮습니까?

■ ちょっと手伝ってくれない？
좀 거들어 주지 않겠니?

■ 申し訳ないのですが、ちょっと助けていただけますか。
죄송하지만, 좀 도와주시겠어요?
♢ ~ていただけますか ~주시겠어요?

■ お手洗いを使わせていただけるでしょうか。
화장실을 쓸 수 있을까요?

■ もしよかったら、今、行ってもいいですか。
만약 괜찮다면, 지금 가도 됩니까?

■ お砂糖を取っていただけますか。
설탕을 집어 주시겠어요?

■ 新聞を取っていただけませんか。
신문을 집어 주시지 않겠어요?

■ 私に何をしてほしいんですか。
제가 무엇을 해 드릴까요?
♢ ~てほしい ~해 주었으면 한다, ~해 주기 바란다

■ その店まで車で送ってくれない？
그 가게까지 차로 보내 주지 않겠니?

■ この用紙の記入を手伝っていただけますか。
이 용지에 기입하는 것을 거들어 주시겠어요?

■ ペンを貸していただけませんか。
펜을 빌려 주시지 않겠어요?

■ 一万円、貸していただけますか。
1만엔 빌려 주시겠어요?

■ 電話をいただけますか。
전화를 주실 수 있습니까?

■ 今晩、電話してもらえるとありがたいのですが。
오늘밤 전화해 주시면 고맙겠습니다만.

사교

■ 音を小さくしてください。
　소리를 줄여 주세요.

■ 私が帰るまでここで待ちなさい。
　내가 돌아올 때까지 여기서 기다려라.

■ ちょっといいですか。
　잠깐 괜찮겠어요?

■ お願いしたいのですが。
　부탁드리고 싶은데요.

■ ちょっとお聞きしたいのですが。
　좀 여쭙고 싶은데요.
　◇ お~したい ~해 드리고 싶다

■ お邪魔してすみませんが…。
　방해해서 죄송합니다만….
　◇ ~てすみませんが ~해서 미안하지만

■ お話し中、すみません。
　말씀 중에 죄송합니다.

■ あのね。
　저 말이죠.

■ 電話を使ってもいいでしょうか。
　전화를 써도 될까요?

→ 의뢰할 때

■ こちらへ来てください。
　이쪽으로 오세요.

■ 窓を開けてくださいませんか。
　창문을 열어 주시지 않겠어요?
　◇ ~てくださいませんか ~해 주시지 않겠어요?

■ スイッチを入れてくれない？
　　스위치를 넣어 주지 않겠니?
　　◇ スイッチを入れる 스위치를 넣다

■ 木村、お使いを頼むよ。
　　기무라, 심부름을 부탁해.

■ ときどき手紙を書いてね。
　　가끔 편지를 써요.
　　◇ ときどき(時々) 때때로, 이따금

■ 小銭を忘れちゃった。お金貸してもらえないかな。
　　잔돈을 잊어버렸어. 돈을 꿔 줄 수 없겠니?
　　◇ ~てもらえないか ~해 줄 수 없겠니?

■ 私にも同じものをください。
　　저도 같은 걸 주세요.

■ 駅前で降ろしてもらえます？
　　역전에서 내려 줄 수 있어요?

■ すみません、郵便局を探してますが。
　　여보세요, 역을 찾고 있는데요.

■ お名前をうかがえますか。
　　성함을 여쭤도 되겠어요?

■ 通していただけませんか。
　　지나가게 해 주시겠어요?
　　◇ ~ていただけませんか ~해 주실 수 없습니까?

■ 友人を呼び出してもらいたいのですが。
　　친구를 불러내고 싶은데요.
　　◇ ~てもらいたい ~해 주었으면 싶다

■ スーパーへ行って牛乳を買ってきてくれる？
　　슈퍼에 가서 우유를 사올래?
　　◇ ~てくれる? ~해 줄래?

사교

- 駅まで車で送ってもらえないでしょうか。
  역까지 차로 데려다 줄 수 없을까요?

- 彼と二人だけでお話しさせてもらえますか。
  그와 둘이서만 이야기할 수 없을까요?

- 案内してくださいませんか。
  안내해 주시지 않겠습니까?

- これをご説明いただけませんでしょうか。
  이걸 설명해 주실 수 없을까요?

- この書類をチェックしていただけないでしょうか。
  이 서류를 체크해 주실 수 없을까요?

- 灰皿を取ってくださいませんか。
  재떨이를 집어 주시지 않겠습니까?

- これを手伝っていただけるかしら。
  이걸 거들어 줄 수 있을까?
  ◇ かしらは 문미에 붙어 의문을 나타내기도 하지만, 의뢰나 요구를 나타내는 말에 접속하여 완곡한 부탁을 나타내기도 한다. 이것은 주로 여성들이 쓴다.

- 妹さんを紹介していただけませんでしょうか。
  여동생을 소개해 주실 수 없을까요?
  ◇ ~ていただけませんでしょうか ~해 주실 수 없을까요?

- ステレオの音を少し下げてくださればありがたいのですが。
  스테레오 소리를 조금 낮춰 주시면 고맙겠는데요.
  ◇ ~てくださればありがたい ~해 주시면 고맙다

- それについてご意見を述べてくださいませんでしょうか。
  그것에 대해 의견을 말씀해 주시지 않겠습니까?
  ◇ ~について ~에 대해서

- あしたうちに遊びに来てほしい。
  내일 집에 놀러 와 주었으면 해.
  ◇ ~てほしい ~해 주었으면 한다, ~해 주기 바란다

■ この言葉の意味をちょっと教えてほしいです。
이 말의 뜻을 좀 가르쳐 주었으면 합니다.

■ すみませんが、もう少し待ってほしいんですが。
미안하지만, 좀 더 기다려 주었으면 합니다만.

■ 私の書いた作文を直してほしいんです。
제가 쓴 작문을 고쳐주었으면 합니다.

→ 의뢰를 승낙할 때

■ いいですとも。
좋고말고요.

■ できるだけやってみましょう。
가능한 한 해 봅시다.
◇ できるだけ 할 수 있는 한, 될 수 있는 대로, 가능한 한

■ もちろんですとも。
물론이고말고요.
◇ ともは 종조사로 강조하는 뜻을 나타내기도 하며, 물론의 뜻도 포함한다.

■ いいですよ。はい、どうぞ。
좋아요, 자 말씀하세요.

■ よろこんで。
기꺼이.
◇ 喜(よろこ)ぶ 기쁘게 생각하다, 즐겁게 생각하다

■ いいですよ。お安いご用です。
좋아요. 아주 쉬운 일입니다.
◇ お安いご用だ 쉬운 일이다

→ 조건을 붙여 승낙할 때

■ もちろんいいとも。
물론 좋고말고.

- できることならば
  가능한 일이라면.

- はい。何のご用でしょうか。
  네. 무슨 일이죠?
  ◇ ご用 용건의 높임말로 사용된다.

- 何なりと、できることなら。
  무엇이건 가능한 일이라면.
  ◇ なり 자유로이 하나를 택할 때 하는 말 ~이든

- できることならいたしますが、どうぞ話してください。
  가능한 일이라면 하겠습니다만, 자 말씀하세요.

- 何でしょうか。できることならいたしましょう。
  무슨 일이죠? 가능한 일이라면 하겠어요.

- 急ぎじゃなければいいんですが。
  급한 일이 아니라면 좋겠는데요.
  ◇ ~じゃなければいい ~이(가) 아니면 된다

- あまり長くなければいいですよ。
  너무 길지 않으면 좋겠는데요.
  ◇ ~なければいい ~지 않으면 좋다

→ **거절할 때**

- 残念ですが、できません。
  유감스럽지만, 할 수 없습니다.

- お引き受けしたいんですが、今回はだめです。
  인수해 드리고 싶습니다만, 이번에는 안 됩니다.
  ◇ 引き受ける 책임지고 하다, 어떤 역할을 맡다

- 残念ながら、今手が離せないんです。
  유감스럽지만, 지금 몹시 바쁩니다.
  ◇ 手が離せない 손을 뗄 수 없다, 몹시 바쁘다

■ 時間がないんじゃないかと思います。
　시간이 없을 것 같습니다.

■ ごめんなさい。その気にならないんです。
　미안해요. 그럴 마음이 생기지 않습니다.

■ 実はあまり気がのらないのです。
　실은 그다지 마음이 내키지 않습니다.
　◇ 気が乗る 마음이 내키다

■ またの機会ということで。
　다음 기회로 하죠.

■ いいえ、それはできません。
　아니오, 그건 할 수 없습니다.

■ だめです。それは無理な要求です。
　안 됩니다. 그건 무리한 요구입니다.

사교

日本語ノート

◇ よろしく

일본인에게 소개받아「알게 되어서 기쁘게 생각합니다.」라든가,「처음 뵙겠습니다.」따위의 인사를 일본어로 말하고 싶을 때는 どうぞ、よろしく(잘 부탁합니다)라고 하면 됩니다.
よろしく 라는 말은 일본인의 대화에서 자주 쓰입니다만, 위의 예와 같은 사용법 이외에 여러 가지 상황 속에서 쓰입니다.
예를 들면 당신이 비즈니스로 일본인을 만난다고 합시다. 당신이 그 사람을 만나는 것이 처음이라고 하면 どうぞ、よろしく 라는 것이 올바른 사용법입니다. 이것은 상대에게 좋은 결과를 기대하면서 앞으로의 일을 잘 부탁한다는 의미가 있기 때문입니다. 또, 비즈니스에서 협상을 마치고 테이블을 떠날 때 よろしく는 당신의 최선의 판단이나 재량에 맡기겠다는 의미가 됩니다. 또한 만나지 못하는 사람에게 안부를 전할 때도 よろしく、○○さん이라고 하면 됩니다.

UNIT 2 │ 허가·허락의 관련 표현

허가나 허락을 구하는 표현으로는 ~てもいいですか(~해도 됩니까?) 또는 ~てもかまいませんか(~해도 상관없습니까?) 등이 있습니다. 아울러 상대방의 부탁을 흔쾌히 승낙한다면 ええ、よろこんで(네, 좋아요)라고 대답하고, 상대방이 양해를 구해 올 때는 どうぞ(그렇게 하세요)라고 대답합니다. 그러나 부득이 거절하고 싶을 때는 상대의 기분을 상하지 않도록 考(かんが)えておきます(생각해 보겠습니다) 등과 같은 완곡한 표현을 써서 거절하는 것이 좋습니다.

→ 허가를 요구할 때

■ 入ってもいいですか。
들어가도 됩니까?
　◇ ~てもいい ~해도 좋다

■ たばこを吸ってもいいでしょうか。
담배를 피워도 될까요?
　◇ たばこを吸う 담배를 피우다

■ コンピューターを使ってもいい？
컴퓨터를 써도 되니?
　◇ パソコン 퍼스널컴퓨터 │ ノートブック 노트북

■ ここに座ってもよろしいでしょうか。
여기에 앉아도 되겠습니까?
　◇ ~てもよろしいは ~てもいい보다 겸손한 표현이다

■ 質問してもいいですか。
질문해도 됩니까?

■ ちょっと座をはずしてもいいでしょうか。
잠깐 자리를 일어서도 될까요?
　◇ 座を外(はず)す 자리를 뜨다

■ すみません、同席してもいいでしょうか。
미안합니다. 동석해도 될까요?

■ 日本語について少しお聞きしてもいいでしょうか。
일본어에 대해서 좀 여쭤도 될까요?

■ ちょっとお邪魔してもいい？
잠깐 실례해도 되겠니?
　◇ 邪魔する 방해하다, 폐를 끼치다

■ 書斎の本、借りていいかい？
서재에 있는 책 빌려도 되겠니?

■ 私の考えを申していいでしょうか。
제 생각을 말씀드려도 될까요?

■ もう一杯いただいてよろしいでしょうか。
한 잔 더 받아도 될까요?

■ 今日は早退させていただいてよろしいでしょうか。
오늘은 조퇴해도 괜찮을까요?
　◇ ～(さ)せていただいてよろしい ～시켜 받아도 좋다.「～하고 싶다」의 완곡한 표현

■ 来週の月曜まで延期してもよろしいでしょうか。
다음주 월요일까지 연기해도 될까요?

■ この部屋で喫煙してもいいでしょうか。
이 방에서 담배를 피워도 될까요?

■ このキーを私が預かってもいい？
이 키를 내가 맡아도 돼?

■ 窓を開けてもいいですか。
창문을 열어도 될까요?

■ ここに座ってもいいですか。
여기에 앉아도 됩니까?

■ ここでボール遊びをしてもいいですか。
여기서 공놀이를 해도 됩니까?

사교

■ ここで写真を撮ってもいいですか。
   여기서 사진을 찍어도 됩니까?
   ◇ 写真を撮る 사진을 찍다

■ 電話を借りてもいい？
   전화를 빌려도 되니?

■ トイレを借りてもいいですか。
   화장실을 써도 됩니까?

■ そこに駐車してもいいですか。
   거기에 주차해도 됩니까?

■ ちょっと見てもいいですか。
   좀 봐도 되겠어요?

■ どこでもいいのですか。
   어디라도 괜찮습니까?

■ 差し支えなければ、休みたいのですが。
   지장이 없다면, 쉬고 싶은데요.

→ 그밖의 허가를 구할 때

■ ノートブックを使わせてもらうよ。
   노트북을 쓸게.

■ お手洗いをお借りできますか。
   화장실을 쓸 수 있습니까?
   ◇ お手洗い = トイレ 화장실

■ 傘を拝借できますでしょうか。
   우산을 빌릴 수 있을까요?
   ◇ 拝借する 借(か)りる의 겸양어이다.

■ 私にそれをさせてください。
   저에게 그걸 시켜 주세요. / 제가 그걸 하겠습니다.

■ 今度は私に払わせてください。
이번에는 제가 지불하겠습니다.
◇ ~(さ)せてくださいる 상대에게 허락을 받아서 하겠다는 완곡한 의지를 나타낸다.

■ ぜひ空港まで見送らせてね。
꼭 공항까지 바래다줄게요.

■ あした一日休ませてくれますか。
내일 하루 쉬게 해 주세요.

■ 差し支えなければ、この本をお借りしたいのですが。
지장이 없다면, 이 책을 빌리고 싶은데요.

■ できましたら、水曜日に授業を欠席したいのですが。
가능하면, 수요일에 수업을 빠지고 싶은데요.

■ ここまで読んでいただきたいんですが。
여기까지 읽어 주셨으면 합니다만.
◇ ~ていただきたい ~해 주셨으면 한다(싶다)

→ 승낙할 때

■ いいですよ。
좋아요.

■ いいですとも。
좋고말고요.

■ はい、承知しました。
네, 알았습니다.
◇ 승낙을 할 때 わかりました보다 承知しました라고 하면 더욱 정중한 표현이 된다.

■ ええ、どうぞ。
예, 그렇게 하세요.

■ かまいませんよ。
상관없어요.

■ 少しも気にしません。
전혀 괜찮습니다.

■ 君がかまわなければ。
네가 괜찮다면.

■ うん、もう帰ってもいいよ。
응, 이제 가도 돼.

거절할 때

■ いけません。
안 됩니다.
◇ いけない 안 되다, 못 쓰다, 좋지 않다, 나쁘다, 가망이 없다

■ だめです。
안 됩니다.
◇ だめ 쓸모없게 됨, 헛일, 해서는 안 됨, 불가능함

■ 困ります。
곤란합니다.

■ いや、それは困ります。
아니오, 그건 곤란합니다.

■ だめだと思います。
안 될 것 같습니다.

■ 遠慮してください。
삼가주세요.

■ ご遠慮願いたいのですが。
삼가주었으면 하는데요.

■ 残念ながらだめです。
유감스럽지만 안 됩니다.

- できれば止めてください。
  가능하면 그만두세요.

- できれば来てほしくないのですが。
  될 수 있으면 오지 않았으면 합니다만.
  ◇ ～てほしくない ～해 주지 않았으면 한다

- 絶対にだめだよ！
  절대로 안 돼.

- 今はだめだ。あとでね。
  지금은 안 돼. 나중에.

日本語ノート

◇「さ！」와「さあ？」

일본어의 さ의 사용법은 다음 세 가지가 있습니다.
먼저 첫째로 사람을 재촉할 때나 동작에 옮길 때에 씁니다. 예를 들면 さ(가자)입니다.
두 번째는 기쁨이나 놀람을 나타낼 때에 목소리를 냅니다. 예를 들면 さーあ(됐다)입니다.
세 번째는 대답을 늦추거나 주저하거나 할 때에 씁니다. 이 경우는 さーあ(어떡하지?)처럼 길게 늘어 뺍니다.
세 번째 용법의 예를 들면 다음과 같습니다. 아이들이 어디에 있는지 남편이 묻는데, 아내가 さーあ하고 말하면, 남편은 아내에게 그 이상을 물을 필요도 없이 그녀는 모른다고 대답하고 있는 것이라고 미루어 생각합니다.
사이에 포즈를 둔 さーあ는 대개의 경우는「모른다」라든가「안되겠지」라든가「자신이 없다」따위처럼 뒤에 부정적인 표현이 뒤따릅니다. 이처럼 일본에서는 자신의 질문에 대한 상대로부터의 대답이 さーあ로 시작하면 대개의 경우 바람직하지 않는 대답을 예상할 수 있습니다.

UNIT 3 제안·권유의 관련 표현

제안이나 권유를 할 때 쓰이는 표현으로는 どうですか나 いかがですか 등이 있습니다. 그밖에 권유의 표현으로는 조동사 ~ます의 권유형인 ~ましょう나 동사의 의지형인 ~う(よう)가 있으며, ~ます의 부정형인 ~ませんか 등이 있습니다.
또한 제안이나 권유를 흔쾌히 받아들일 때는 상대방의 배려를 생각해서 どうも(고마워요), おねがいします(부탁합니다)로 표현하며, 거절이나 사양을 할 때는 ありがとうございます. でもよろしいです(감사합니다. 하지만 괜찮습니다)라고 정중하게 표현하면 됩니다.

→ **제안할 때**

■ あとでまた電話しましょうか。
나중에 다시 전화할까요?
◇ あとで 나중에, 후에

■ 何か飲み物をお持ちしましょうか。
무슨 마실 것을 가져다 드릴까요?
◇ 동사의 중지형에 物(もの)를 접속하면 「~하는 것」이라는 뜻의 명사가 된다.

■ 私がご案内しましょうか、それとも地図を書いてあげましょうか。
제가 안내해 드릴까요? 아니면 지도를 그려 드릴까요?

■ お邪魔ですか。どきましょうか。
방해가 됩니까? 비킬까요?

■ それをお送りしましょうか。
그걸 보내 드릴까요?

■ 少なくとも一年に一度は集まりましょう。
적어도 1년에 한 번은 모입시다.
◇ 少なくとも 적어도

■ それじゃ、いつもの所へ行きましょうよ。
그럼, 늘 가던 곳으로 갑시다.

■ その件を話し合うことにしましょう。
그 건을 의논하기로 합시다.
◇ 동사의 기본형에 ことにする가 접속하면「〜하기로 하다」의 뜻으로 의지결정을 나타낸다.

■ 騒がしいですね。外へ出ましょう。
소란스럽군요. 밖으로 나갑시다.

■ お手伝いしましょうか。
거들어 드릴까요?
◇ お〜しましょうか 〜해 드릴까요?

■ お持ちしましょうか。
들어 드릴까요?
◇ 겸양의 표현인 お〜する는 우리말로「〜해 드리다」로 해석한다. 직역하여 〜てあげる 로 하게 되면 직접적이기 때문에 상대에게 자칫 실례를 주기도 한다.

■ 箱根へドライブに行かない？
하코네로 드라이브 안 갈래?

■ 今晩マージャンやるけど、一緒にやらない？
오늘밤 마작을 하는데, 함께 안 할래?

■ 映画を見に行きませんか。
영화를 보러 안 갈래요?
◇ 동사의 중지형이나 동작성 명사에 〜に行く가 접속하면「〜하러 가다」의 뜻으로 목적을 나타낸다.

■ いつか私の家に夕食にいらっしゃいませんか。
언제 우리 집에 저녁 식사하러 오시지 않겠습니까?
◇ 〜にいらっしゃる 〜하러 오시다(가시다)

■ 散歩に行きませんか。
산책하러 안 갈래요?

■ コーヒーを飲みに行きませんか。
커피를 마시러 안 갈래요?

■ 今晩、一杯やりに行きませんか。
오늘밤 한 잔 하러 안 갈래요?

- 気分転換にビールでも飲みに行きませんか。
  기분전환으로 맥주라도 마시러 안 갈래요?

- 今夜は外で食事をしませんか。
  오늘밤은 밖에서 식사를 하지 않겠어요?

→ 권유할 때

- これはどうですか。
  이건 어때요?
  ◇ 상대의 의향을 물을 때의 대표적인 표현으로는 どうですか이다.

- あすは、どうですか。
  내일은 어때요?

- コーヒーはどう？
  커피는 어때?
  ◇ どう는 「어떻게」라는 뜻의 부사어로 더 정중하게 말할 때는 「いかが」라고 한다.

- どこか避暑地へ行って数日過ごすのはどうですか。
  어디 피서지에 가서 며칠 보내는 게 어때요?

- ぼくが君に電話をかけるのはどう？
  내가 너에게 전화를 거는 건 어때?

- 君からぼくに電話をかけるのはどうだい。
  네가 나에게 전화를 거는 게 어때?

- 木村が来るまで待ってみたらどう？
  기무라가 올 때까지 기다려 보면 어때?
  ◇ ～てみたらどう ～해 보면 어때?

- 電話で何か注文したらどうですか。
  전화로 뭐라도 주문하면 어떨까요?

- お茶でも一杯いかがですか。
  차라도 한 잔 마시겠습니까?

■ ご一緒にお食事でもいかがですか。
　함께 식사라도 하시겠습니까?
　　◇ ~でもいかがですか ~라도 어떠십니까?

■ 温泉へ行くのはどうです？
　온천에 가는 게 어때요?

■ テニスでもやったらどうでしょうか。
　테니스라도 하면 어떨까요?
　　◇ ~でも ~たらどうでしょうか ~라도 ~하면 어떨까요?

■ 髪を切ってもらったら？
　머리를 깎으면 어떻겠니?

■ これはどう？今からぼくの家に来たらどうだい？
　이건 어때? 앞으로 우리 집에 오면 어때?

▶ 친근한 사이에 권유할 때

■ じゃ、仕事をやめて早く行こう。
　그럼, 일을 그만두고 빨리 가자.
　　◇ う(よう)는 활용어에 접속하여 권유나 의지를 나타낸다.

■ 会社が終わったらビール一杯飲もう。
　회사가 끝나면 맥주 한 잔 마시자.
　　◇ 권유나 의지, 추측을 나타내는 조동사 う는 5단동사에 접속한다.

■ 時間がないから、ここで止めよう。
　시간이 없으니까, 여기서 그만두자.
　　◇ 5단동사에는 어미가 お단으로 바뀌어 う가 접속되고 상단, 하단동사는 る를 떼고 よう를 접속한다.

■ もっと安売りしたら、そのとき買おう。
　더 싸게 팔면, 그 때 사자.

■ 一緒にテニスでもやろうか。
　함께 테니스라도 할까?
　　◇ ~でもやろう ~라도 하자

정중하게 권유할 때

- みんなで相談しようじゃないか。
  모두 함께 의논하지 않겠나?
  ◇ ~(よ)うじゃないか ~지 않겠나?

- もう一度考えてみようじゃありませんか。
  다시 한번 생각해 보지 않겠어요?
  ◇ ~よ(う)じゃありませんか ~지 않겠어요?

- 一緒に映画でも見ようじゃありませんか。
  함께 영화라도 보지 않겠어요?

- 今日は一緒に帰ろうじゃないか。
  오늘은 함께 돌아가지 않겠나?

- 木村さん、一杯やろうじゃありませんか。
  기무라 씨, 한 잔 하지 않겠어요?

제안·권유를 수락할 때

- はい、いただきます。
  네, 마시(먹)겠습니다.
  ◇ いただきます는 본래 「받겠습니다」의 뜻이지만, 음식을 먹기 전에 하는 인사말로도 쓰인다.

- はい、お願いします。
  네, 부탁드려요.

- それは大変結構です。
  그거 무척 좋습니다.
  ◇ 結構です는 いいです(좋습니다)보다 정중한 표현이다.

- そうしましょう。
  그렇게 합시다.

- それはいいですね。
  그거 좋겠군요.

■ ええ、結構ですよ。
예, 좋아요.

■ 面白そうですね。
재미있을 것 같네요.

■ 考えてみましょう。
생각해 봅시다.

■ ええ、行きたいですけど。でもどこへ行くの？
응, 가고 싶은데, 헌데 어디에 가는데?

■ お先にどうぞ。
먼저 하세요.

■ かしこまりました。
알겠습니다.
◇ かしこまりましたは 상사에게나 손님을 접대하는 곳에서 많이 쓰이는 표현이다.

■ 私に任せてください。
나에게 맡겨 주세요.

■ 私もやらせてください。
저도 하겠습니다.

■ わかった。あとは私に任せて。
알았다. 뒤는 나에게 맡겨.

■ よし、決まりだ。
좋아, 결정했어.
◇ よしは よい의 문어 표현으로 「알았다」는 뜻을 나타내는 말이다.

■ たとえ何があろうとやります。
설령 무슨 일이 있더라도 하겠습니다.

■ そんなの簡単だよ。
그런 거 간단해.

■ そんなことはへのかっぱだ。
그런 것은 아주 쉬워.
　◇ へのかっぱ 아무렇게도 생각하지 않음, 예사롭게 여김, 태연

■ ええ、もしご迷惑でなければ。
예, 혹시 폐가 안 된다면.
　◇ もし 만약, 만일, 혹시, 혹은

■ いつでもまた助けます。
언제든지 또 돕겠습니다.

■ 君の望みどおりにするよ。
네가 바라는 대로 할게.

→ 제안・권유를 거절할 때

■ そうできればいいんだけど…。
그렇게 할 수 있으면 좋겠지만…

■ 僕はいやだ。
난 싫어.

■ いいえ、けっこうです。
아니오, 됐습니다.
　◇ けっこうです가 부정의 의미로 쓰일 때는 거절을 나타낸다.

■ 本当にいらないよ。
정말로 필요 없어요.

■ 彼の提案には私は反対です。
그의 제안에 저는 반대입니다.

■ 今回はお力になれません。
이번에는 도와 드릴 수 없습니다.

■ そんな気分じゃないんだ。
그럴 기분이 아니야.

■ すみません。ご希望にそえません。
　미안합니다. 바라는 대로 해드릴 수 없습니다.
　✧ ~にそう ~에 부합되다 | ~にそえない ~에 부합될 수 없다

■ 残念ながら、急用が入ってしまいました。
　유감스럽게도 급한 일이 들어왔습니다.

■ ほかに用事があるので。
　다른 용무가 있어서.

■ すみません、今急いでいるので。
　미안합니다, 지금 바빠서요.

■ できれば飲みに行きたくないのですが。
　가능하면 마시러 가고 싶지 않습니다만.

■ もう十分いただきました。
　이제 충분히 먹었습니다.

■ 残念ですが、今日は都合が悪いのです。
　유감스럽지만, 오늘은 사정이 좋지 않습니다.

■ すみません。今手放せない用事があるんですが。
　미안합니다. 지금 손을 놓을 수 없는 일이 있어서요.

■ そうだな、また次の機会にしようか。
　글쎄, 다음 기회로 할까?

■ 面白そうだけど、残念ながら今時間がないんだ。
　재미있을 것 같은데, 아쉽게도 지금 시간이 없어.

■ そうしたいんだが、くたびれちゃった。また後で。
　그렇게 하고 싶은데, 녹초가 되었어. 나중에 다시 하자.

UNIT 4 주의·충고의 관련 표현

어려움에 부딪치거나 고민이 있을 때 다른 사람으로부터의 충고는 경우에 따라서는 큰 힘이 될 때가 있습니다. 그러나 충고나 주의는 충고를 받는 사람의 입장에 따라서 언짢게 들릴 수도 있으므로 가능하면 직접적으로 충고하는 것보다 우회적으로 충고하는 것이 좋습니다. 일본어에서 대표적인 충고의 표현 문형으로는 ~たほうがいいです(~하는 게 좋습니다)가 있습니다.

→ **타이를 때**

- 金村、彼女にあやまりなさい。
  가네무라, 그녀에게 사과해라.

- 佐藤、言うことを聞きなさい!
  사토, 말을 들어라!

- 危ない! いたずらはだめだ。
  위험해! 장난은 안 돼.

- 自分でやりなさい。
  스스로 해라.

- 中途半端でやめるな。
  중도에 포기하지 마라.

- それをするのが君の義務だ。
  그것을 하는 것은 너의 의무야.

- それは君の責任だ。
  그건 네 책임이야.

- 人にはよくしなさい。
  남에게 잘 해라.

■ 念には念を入れなさい。
주의에 주의를 거듭해라.
◇ 念を入れる 십분 주의하다, 매우 조심하다

■ よくよく考えて決心しなさい。
잘 생각하고 결심해라.

■ 頭を冷やしてよく考えなさい。
냉정하게 잘 생각해라.
◇ 頭を冷やす 머리를 식히다, 냉정하게 하다

■ それがいちばん肝心な点だ。
그게 가장 중요한 점이야.
◇ 肝心 긴요한, 가장 중요함

■ もう少し努力をするべきだ。
좀더 노력을 해야 해.
◇ ~べきだ ~해야 한다

■ 君にほしいのはもう一歩の努力だ。
너에게 바라는 것은 진일보의 노력이야.

■ もう少し頑張るべきだ。
좀더 분발해야 해.

■ すべてのことにもっと積極的になってもらいたい。
모든 것에 더 적극적으로 하길 바란다.
◇ ~てもらいたい ~해 주기 바란다

■ 私は私の経験をふまえてこう言ってるんだ。
나는 내 경험을 바탕으로 이렇게 말하는 거야.
◇ ふまえる 밟다, 딛다, 어떤 생각이나 사실을 근거로 하다, 거점으로 삼다

■ ほかに考えようはないの？
달리 생각할 수는 없니?
◇ ようは 동사의 중지형에 접속하여 「방법」, 「~(할)수」 등을 나타낸다.

■ よく考えてみなさい。
잘 생각해 보거라.

- 簡単に信用したらだめだ。
  섣불리 믿으면 안 돼.
  ◇ ~たらだめだ ~하면 안 된다

- 慎重にやりなさい。
  신중하게 생각해라.

- 注意深く行動しなさい。
  주의 깊게 행동해라.

- あの男を甘く見てはいけない。
  저 남자를 가볍게 봐서는 안 돼.
  ◇ ~てはいけない ~해서는 안 된다

- 君だけ特別扱いするわけにはいかない。
  너만 특별 취급할 수는 없어.
  ◇ ~わけにはいかない는 동사의 기본형에 접속하여 「~할 수는 없다」의 뜻을 나타낸다.

- 頭を使え！できるから。
  머리를 써! 할 수 있으니까.

- 自業自得だ！
  자업자득이야!

→ **주의를 줄 때**

- ちょっと注意しておきますりど。
  주의 좀 해두겠는데.
  ◇ ~ておく ~해 두다

- 気をつけて！
  조심해요!
  ◇ 気をつける 조심하다, 주의를 하다

- 彼には用心して。
  그를 조심해요.
  ◇ 用心 주의함, 조심함, 정신을 차림

■ これには落とし穴があるんだ。
　여기에는 함정이 있어.
　　◇ 落とし穴 함정, 모함, 흉계

■ よく考えて行動しなさい。
　잘 생각하고 행동해라.

■ そっとやってね。テレビを落とさないで。
　살짝 해라. 텔레비전을 떨어뜨리지 말고.

■ 初めてするんだ。手加減してよ。
　처음 하는 거야. 적당히 해요.
　　◇ 手加減 짐작해서 다룸, 사물을 그 장소의 상황에 따라 너무 심하지 않게 적당히 다룸

■ 行き過ぎないようにしようぜ。
　도에 지나치지 않도록 해.
　　◇ ぜ는 친근한 사람끼리 가볍게 다짐을 하거나 주의를 환기하는 데 쓰인다.

■ もう少しようすをうかがおう。
　좀더 모습을 살피자.

■ 早とちりしないで!
　지레짐작하지 말아요!
　　◇ 早とちり 지레 짐작해서 실패함, 당황함

■ 即断しないで!
　속단하지 말아요!

■ 自分勝手なことを言うな。
　제멋대로 말하지 마.

■ 君の仕事はいつもむらがある。
　너의 일은 항상 변덕이 심해.
　　◇ むら 얼룩, 기분이 변하기 쉬운 일

■ 君はお金を無駄に使うべきではない。
　너는 돈을 함부로 써서는 안 돼.
　　◇ ~べきではない ~해서는 안 된다

사교

- 君は態度が悪いよ。
  너는 태도가 나빠.

- 行儀の悪いことをやめなさい。
  버릇없는 짓을 그만두어라.
  ◇ 行儀 예의범절

- うるさい！静かにしろ！
  시끄러워! 조용히 해!

- ばかな真似はよしなさい。
  바보 같은 흉내는 내지 마라.
  ◇ 真似をする 흉내를 내다

- 場所柄をわきまえなさい。
  장소를 가려서 해라.
  ◇ がら 그곳에 적합한 성질·상태를 나타냄. ｜ わきまえる 바른 판단을 하다, 분별하다

- 年を考えなさい。
  나이를 생각해라.

- 君の考えは甘すぎるよ。
  너의 생각은 너무 낙관적이야.
  ◇ 甘い (맛이) 달다, 엄하지 않다, 무르다, 안이하게 생각하다, 생각이 얕다

- 君の考えは実際的ではない。
  너의 생각은 현실적이지 못해.

- くだらない間違いを繰り返すな。
  하찮은 실수를 반복하지 마라.
  ◇ くだらない 가치가 없다, 시시하다, 쓸모없다

- そんなにうぬぼれるな。
  너무 우쭐대지 마.
  ◇ うぬぼれる 실제보다도 자기가 뛰어났다고 자만하다, 자부하다

- 外見で判断するな。
  겉모양으로 판단하지 마.

■ 口の聞き方に気をつけて。
　말조심해요.

■ きたない言葉をつかわないで。
　더러운 말을 입에 담지 말아요.
　　◇ 汚(きたな)い 불결하다, 더럽다, 추하다

■ ルールを守れよ。
　룰을 지켜라.

■ 真面目にやりなさい！
　착실히 해라.
　　◇ 真面目 (거짓이나 농담이 아닌) 진지함, 정성을 다함, 성실함

■ 大人になりなさい。
　어른이 되어라!

■ いつまで子供でいるつもり！
　언제까지 어린애처럼 굴 거야!

■ 言ったとおりに行動しろ。
　말한 대로 행동해라.

■ 人の悪口を言うな。
　남의 욕을 하지 마.
　　◇ 悪口を言う 욕을 하다 ｜ 悪口を言われる 욕을 먹다

■ 言ったことは守れ！
　말한 것을 지켜라!

■ 無作法なふるまいをするな。
　무례한 행동을 하지 마라.
　　◇ 無作法 예의범절에 벗어남, 실례, 무례 ｜ ふるまい 행동, 동작

■ 君はくびだ！
　너는 끝장이야!
　　◇ 首(くび)にする 해고하다

사교

- 男[おとこ]らしくしなさい。
  남자답게 해라.
  ◇ らしい는 명사에 접속하여 「~답다」라는 뜻의 접미어로도 쓰인다.

- 偉[えら]そうなことを言[い]うんじゃない。
  잘난 체 하는 게 아냐.

- 私[わたし]の期待[きたい]を裏切[うらぎ]らないで。
  나의 기대를 저버리지 말아요.
  ◇ 裏切る 배반하다, 기대나 믿음을 저버리다

- ぐずぐず言[い]わずに言[い]われたとおりにやりなさい。
  우물쭈물 하지 말고 들은 대로 해라.
  ◇ ぐずぐず 우물쭈물하며 결단성이 없는 모양

- さっさとやれ！
  빨랑빨랑 해!
  ◇ さっさと 급하게, 재빨리, 지체하지 않고, 막힘이 없이

→ 꾸짖을 때

- すべては君[きみ]が悪[わる]いんだよ。
  모든 것은 네 잘못이야.

- 私[わたし]のせいにしないで。
  내 탓으로 돌리지 말아요.
  ◇ ~のせいにする ~의 탓으로 하다(돌리다)

- 君[きみ]の責任[せきにん]だよ。
  네 책임이야.

- 私[わたし]の身[み]になって考[かんが]えてください。
  내 입장에서 고려해 주세요.

- 恥[は]ずかしくないのか。
  부끄럽지 않니?

■ ひとつ彼を叱りつけてやらなければならん。
　한번 그를 야단쳐야겠어.
　　◇ ~なければならん(なければならない) ~지 않으면 안 된다, ~해야 한다

■ 私を巻き込まないで!
　나를 끌어들이지 말아요!
　　◇ 巻き込む 말아서 넣다, (패거리나 사건에) 끌어들이다

■ だから言ったじゃないの。嘘はつくべきではないって。
　그래서 말했잖아. 거짓말을 해서는 안 된다고.

■ 知っていたんでしょう?
　알고 있었죠?

■ 私に八つ当たりしないで。
　나에게 화풀이하지 말아요.
　　◇ 八つ当たり 노여움・불만 등으로 아무런 관계가 없는 주위 사람에게까지 덤벼듦

■ そんなこと、言っちゃだめだよ。
　그런 말을 하면 안 돼.
　　◇ ~ちゃだめだ(~てはだめだ) ~해서는 안 된다

■ それは自分のためだよ。
　그건 너 자신을 위해서야.

■ どうして僕のあらさがしをするんだ?
　왜 나를 헐뜯는 거야?
　　◇ あらさがし 남의 결점이나 과실을 들추어내어 욕함

■ 彼っていつも私の仕事にけちをつけるのよ。
　그는 언제나 내 일에 트집을 잡아.
　　◇ けちをつける 결점을 들추어 나쁘게 말하다

사교

UNIT 5 제지·경고의 관련 표현

우리가 알고 있는 일본어 동사의 명령형은 그 어감이 거칠고 직접적이기 때문에 일상생활에서는 그다지 많이 쓰이는 표현은 아닙니다. 그러나 위급한 상황이거나 흥분하여 직접 언급할 때는 표현이 간단하기 때문에 쓰이기도 합니다.
상대의 행동이나 동작을 제지할 때는 やめろ!나 だめ가 쓰이며, 경호할 때는 동사의 가능형 내지는 강한 금지를 나타내는 な를 써서 표현합니다.

→ 제지할 때

■ やめろ！昼休(ひるやす)みだ。
그만둬! 점심시간이야.

■ 待(ま)って！傘(かさ)を忘(わす)れたよ。
기다려! 우산을 놓고 왔어.

■ だめ、だめ！そのケーキに手(て)をつけないで。
안 돼, 안 돼! 그 케이크에 손을 대지 말아요.

■ そんなことはするな！
그런 짓은 하지 마.

■ そんなことをしてはいけない。
그런 짓을 해서는 안 돼.

■ どうしてそんなことをするの。
왜 그런 짓을 하니?

■ 列(れつ)に並(なら)んでください。
줄을 서세요.

■ 割込(わりこ)むな！
끼어들지 마!
　◇ 割込む 끼어들다

■ 押さないで！
　밀지 말아요!

■ 手をどかして！
　손을 치워요!
　　◇ どかす 물건이나 사람을 딴 곳으로 옮기다, 치우다

■ 触らないで！
　만지지 말아요!

■ 私の悪口を言わないで！
　내 욕을 하지 말아요!

■ このことをべらべらしゃべらないで！
　이 일을 떠벌리지 말아요!
　　◇ べらべら 잘 지껄이는 모양 ｜ ぺらぺら (외국어 등을) 유창하게 말하는 모양

■ 何も言わずに黙っていなさい。
　아무 말도 하지 말고 가만히 있어라.
　　◇ ～ずに ＝ ～ないで ~지 않고, ~지 말고

■ それを見えないようにしておいて。
　그것을 보이지 않도록 해둬요.
　　◇ ～ないように ~지 않도록

■ 私に近寄らないでください。
　나에게 다가서지 말아요.

■ 変な真似をするな。
　이상한 흉내를 내지 마.
　　◇ 真似をする 흉내를 내다

■ あなたは中に入らないで！
　당신은 끼어들지 말아요!

■ 喧嘩は止めなさい。
　그만 싸워라.
　　◇ 喧嘩をする 싸움을 하다 ｜ 夫婦喧嘩(ふうふけんか) 부부싸움

사교

경고할 때

■ 動くな！
움직이지 마!
◇ 動く 움직이다

■ 動くと撃つぞ！
움직이면 쏜다!
◇ 銃(じゅう)を打つ 총을 쏘다

■ かがめ！
구부려!
◇ かがめる 굽히다, 구부리다

■ 手を挙げろ！
손들어!
◇ 手を挙げる 손을 들다

■ おれの言うとおりにしろ！
내가 말한 대로 해!
◇ 俺(おれ) 나, 주로 남자들이 쓴다.

■ 伏せろ！
엎드려!
◇ 伏せる 엎드리게 하다, 숙이다, 가로놓다

■ 止まれ！
멈춰!
◇ 止まる 서다, 멈추다

■ その場にいろ！
거기에 있어!

■ 危険だからそこにいろ！
위험하니까 거기에 있어!

■ 前へ進め！
앞으로 가!
◇ 進(すす)める 앞으로 보내다, 나아가게 하다, 진행시키다
◇ 気(き)をつけ! 차렷! ｜ 休(やす)め! 열중쉬어! ｜ 右(みぎ)・左(ひだり)へ向(む)け 우로・좌로 봐!

■ ひざまずけ！
무릎 꿇어!
◇ ひざまずく 꿇어앉다(경의나 굴복의 뜻을 나타냄)

■ 放して！
놔요!
◇ 放す 놓아주다, 풀어 주다

■ 逃げよう！
도망치자!
◇ 逃げる 도망가다, 도망치다

■ あの男をつかまえて！
저 남자를 잡아요!

■ 黙れ！
입 다물어!
◇ 黙る 말을 안 하다

■ さがれ！
물러나!
◇ 下(さ)がる 내려가다, 낮은 곳으로 옮기다

■ よせ！
멈춰!
◇ 止(よ)す 중지하다, 그만두다

■ 止めろ！
관둬!
◇ 止める 중지하다, 그만두다

■ 逮捕する！
체포하겠다!

■ 手足を広げろ！
손발을 펴!
◇ 広げる 펼치다

■ 危ないぞ！
위험해!

- 落とせ！
  떨어뜨려!
  ◇ 落とす 떨어뜨리다, 놓치다

- さわるな！
  만지지 매
  ◇ 触(さわ)る 손에 닿다, 감정을 해치다

- 伏せていろ！
  엎드려 있어!

- 消え失せろ！
  꺼져!

- 出て行け！
  나가!

- どけ！
  비켜!

- 近寄らないで！
  접근하지 매
  ◇ 近寄る 다가가다, 가까이 가다, 접근하다

日本語ノート

◇ いい天気ですね

우리도 사람을 만났을 때 날씨에 관련된 표현으로 인사를 대신하기도 합니다. 마찬가지로 일본인도 일상적인 인사 표현 대신에 날씨로 인사를 대신하는 경우가 많습니다.
여름이 되어 뜨거운 태양이 내리쬐고 습도를 참을 수 없을 정도가 되면, 일본인은 자연히 暑いですね? (덥군요)라고 말을 합니다. 상대도 정말로 그렇다고 수긍하며 本当に暑いですね? (정말로 덥군요)라고 대답합니다.
겨울이 되면 추위로 떨면서 寒いですね? (춥군요)라고 말하거나, 날씨가 좋은 날에는 연중 언제나 いい天気ですね? (날씨가 좋군요)라고 말합니다. 그리고 날씨가 좋지 않으면 いやな天気ですね? (날씨가 우중충하군요)라고 말합니다. 물론 이밖에도 많은 표현이 있지만, 이것만 알고 있어도 날씨에 대한 인사말은 충분합니다.

UNIT 6 예정·의지의 관련 표현

일본어에서는 확정된 예정을 말할 때는 동사의 기본형에 予定(よてい)です를 쓰고, 아직 확정되지 않은 예정이나 작정, 생각 등을 말할 때는 つもりです를 씁니다.
또한 자신의 의지를 말할 때는 조동사 (よ)う로 표현하며, 자신의 의지로 결정된 일을 표현할 때는 동사의 기본형에 ことにする를 접속하여 표현합니다. 반대로 자신의 의지와는 상관없이 결정된 의지를 표현할 때는 동사의 기본형에 ことになる를 접속하여 사용합니다.

확정된 예정을 말할 때

■ 週末は何をする予定ですか。
주말에는 무엇을 할 예정입니까?
  ◇ ~予定だ는 동사의 기본형에 접속하여 확정된 예정을 말할 때 쓰인다.

■ 今日から一週間後に飛行機に乗る予定です。
오늘부터 1주일 후에 비행기를 탈 예정입니다.

■ これが済んだら、何をする予定？
이것이 끝나면 무얼 할 예정이야?

■ 土曜日に会合を開く予定にしています。
토요일에 모임을 열 예정으로 되어 있습니다.

■ 日本へ行って経済学を勉強する予定です。
일본에 가서 경제학을 공부할 예정입니다.

■ 日曜は何をする予定ですか。
일요일에는 무엇을 할 예정입니까?

■ 土曜日に会合を開く予定にしています。
토요일에 모임을 열 예정으로 있습니다.

■ 今度のコンサートはいつの予定？
이번 콘서트는 언제 할 예정이니?

■ 彼女の出産予定日は四月四日よ。
　그녀의 출산 예정일은 4월 4일이야.

미확정된 예정을 말할 때

■ ホンコンを二日間で見て回るつもりです。
　홍콩을 이틀 간 돌아볼 생각입니다.
　◇ ~つもりだ는 동사의 기본형에 접속하여 아직 확정되지 않은 예정을 말한다.

■ 無駄にした時間を取り返すつもりでいます。
　허비한 시간을 만회할 생각을 하고 있습니다.
　◇ ~つもりだ ~할 예정(생각, 작정)이다

■ 誕生日には友人たちを招くつもりです。
　생일에는 친구들을 부를 생각입니다.

■ 今度の休暇には、ハワイへ行くつもりです。
　이번 휴가는 하와이에 갈 생각입니다.

■ そのつもりはなかったんです。
　그럴 생각은 없었습니다.

■ この仕事は明日までに仕上げるつもりです。
　이 일은 내일까지 마무리할 생각입니다.
　◇ 仕上げる 마무리하다, 완성하다

■ いつか韓国へ行ってみるつもりです。
　언제 한국에 가볼 생각입니다.

■ 行くつもりでしたが、だめでした。
　갈 생각이었습니다만, 안 됐습니다.

■ 本当にすみません。びっくりさせるつもりはなかったんです。
　정말로 죄송합니다. 놀라게 할 생각은 없었습니다.

■ いったいどう言うつもりなんですか。
　도대체 어떻게 말할 생각입니까?

→ 의지를 말할 때

■ 駅前で君が来るまで待とう。
역전에서 네가 올 때까지 기다리겠어.
◇ 조동사 う(よう)는 권유의 뜻으로도 쓰이지만 「～겠다」는 뜻으로 의지를 나타내기도 한다.

■ あしたは朝寝坊をしないで朝早く起きよう。
내일은 늦잠을 자지 않고 아침 일찍 일어나겠어.
◇ 朝寝坊 늦잠을 잠, 늦잠꾸러기

■ お前が行けば俺も行こう。
네가 가면 나도 가겠어.
◇ ～ば ～も ～よ(う) ～하면 ～도 ～하겠다

■ これから偏食しないで何でも食べよう。
이제부터 편식하지 않고 무엇이든 먹겠어.

■ 君にこの本をあげよう。
너에게 이 책을 주겠어.

■ 彼には話しておこうと思います。
그에게는 말해 두려고 합니다.
◇ ～(よ)うと思う ～하려고 하다

■ 出かける前にシャワーを浴びて行こうと思います。
외출하기 전에 샤워를 하고 가려고 합니다.

■ 駅までお供しようかと思います。
역까지 함께 갈까 합니다.
◇ お供する 함께 하다, 동반하다, 같이 하다

→ 의지・무의지 결정의 표현

■ あしたは吉村さんに会うことにしました。
내일은 요시무라 씨를 만나기로 했습니다.
◇ 동사의 기본형에 ことにする가 접속하면 「～하기로 하다」의 뜻으로 말하는 사람 자신의 의지에 의한 결정임을 나타낸다.

- 今度の海外旅行は止めることにしました。
  이번 해외여행은 그만두기로 했습니다.

- 四月から授業料を値上げすることにしました。
  4월부터 수업료를 인상하기로 했습니다.

- 今度の夏休みには海外旅行に行くことにしました。
  이번 여름휴가에는 해외여행을 가기로 했습니다.

- 来月から日本語を習うことにしました。
  다음달부터 일본어를 배우기로 했습니다.

- 来年結婚することになりました。
  내년에 결혼하게 되었습니다.
  ◇ 동사의 기본형에 ことになる가 접속하면 「~하게 되다」의 뜻으로 말하는 사람 자신의 의지와는 상관없이 결정되는 의지를 말한다.

- 今度会社を辞めることになりました。
  이번에 회사를 그만두게 되었습니다.
  ◇ 辞める 그만두다, 사직하다

- あなたは何の仕事をすることになりましたか。
  당신은 무슨 일을 하게 되었습니까?

- 今度大阪へ転勤することになりました。
  이번에 오사카로 전근가게 되었습니다.

UNIT 7 희망·바램의 관련 표현

말하는 사람이나 상대방의 희망을 나타낼 때는 동사의 중지형에 ～たい(～고 싶다)를 접속하여 표현하고, 제삼자의 희망을 나타낼 때는 ～たがる(～고 싶어 하다)를 써서 표현합니다. 또한 바램이나 욕구를 나타낼 때는 ほしい(갖고 싶다, 필요하다), 또는 ほしがる(갖고 싶어 하다)를 사용합니다. 단, たい나 ほしい의 대상물에는 조사 が를 쓰고 たがる나 ほしがる의 대상물에는 조사 を를 쓴다는 점에 유의해야 합니다.

➡ 희망의 표현

■ どうして途中で止めたいと思うのですか。
왜 중도에 그만두려고 합니까?
◇ ～たい는 동사의 중지형에 접속하여 말하는 사람의 희망을 나타낸다.

■ そんなことはしたくありません。
그런 건 하고 싶지 않습니다.
◇ ～たい는 형용사의 형태를 취하므로 형용사처럼 활용을 한다.

■ 原宿へ行きたいのですが。
하라주쿠에 가고 싶은데요.

■ もっと日本語ができるようになりたいのですが。
일본어를 더 잘하고 싶은데요.
◇ ～ようになりたい ～하도록 되고 싶다

■ 奥さんにお目にかかりたいのですが。
부인을 뵙고 싶은데요.
◇ 남의 부인을 말할 때는 奥さん이라고 한다.

■ もう一杯コーヒーをいただきたいのですが。
커피를 한 잔 더 주셨으면 하는데요.
◇ いただきたい 주었으면 한다

■ 一度はそこへ行ってみたい気がするんですが。
한번은 거기에 가보고 싶은 마음이 드는데요.

■ ああ、一服(いっぷく)したい。
  아, (담배) 한 대 피우고 싶다.

■ 冷(つめ)たい水(みず)が飲(の)みたいですね。
  차가운 물을 마시고 싶군요.

■ おとうとは新(あたら)しいカメラを買(か)いたがっています。
  동생은 새 카메라를 사고 싶어 합니다.
  ◇ ~たがる는 말하는 사람이 아닌 제 3자의 희망을 나타낸다.

■ 有島(ありしま)さんは韓国語(かんこくご)を習(なら)いたがっています。
  아리시마 씨는 한국어를 배우고 싶어 합니다.
  ◇ ~たがる는 ~たい에 동사형 접미어 がる가 접속된 형태로「~고 싶어 하다」의 뜻을 나타낸다.

■ あなたもあの映画(えいが)を見(み)たがっていたでしょう。
  당신도 그 영화를 보고 싶어 했지요?
  ◇ ~たがる는 5단동사와 동일하게 활용을 한다.

■ 彼女(かのじょ)は東京(とうきょう)へ行(い)きたがっています。
  그녀는 도쿄에 가고 싶어 합니다.
  ◇ ~たがる는 주로 상태형인 ~たがっている의 형태로 쓰인다.

■ 彼(かれ)は韓国(かんこく)のキムチを食(た)べたがっています。
  그는 한국의 김치를 먹고 싶어 합니다.

■ 彼女(かのじょ)も前(まえ)は彼(かれ)に一度(いちど)会(あ)ってみたがっていました。
  그녀도 전에는 그를 한 번 만나고 싶어 했습니다.

→ 필요의 표현

■ あなたは何(なに)がいちばんほしいですか。
  당신은 무엇을 제일 갖고 싶습니까?
  ◇ ほしい 탐나다, 가지고 싶다, 필요하다

■ いちばん欲(ほ)しいのはカメラです。
  가장 갖고 싶은 것은 카메라입니다.
  ◇ ほしい는 형용사와 동일하게 활용을 한다.

■ 友達のノートブックを見て、僕も欲しくなりました。
친구 노트북을 보고 나도 갖고 싶어졌습니다.

■ 時計はあまり欲しくありません。
시계는 별로 갖고 싶지 않습니다.

■ 新車が欲しくて、お金を貯めています。
새차를 갖고 싶어서 돈을 모으고 있습니다.

■ 木村さんはコンピューターを欲しがっています。
기무라 씨는 컴퓨터를 갖고 싶어 합니다.
◇ ほしがる는 ほしい에 동사형 접미어 がる가 접속된 형태로 제 3자의 필요를 나타낸다.

■ 彼女は前から人形を欲しがっていました。
그녀는 전부터 인형을 갖고 싶어 했습니다.
◇ ほしがる는 5단동사처럼 활용을 한다.

■ 妹さんは何を欲しがっていますか。
여동생은 무엇을 갖고 싶어 합니까?

■ 吉田さんが欲しがっている物は何ですか。
요시다 씨가 갖고 싶어 하는 것은 무엇입니까?

→ 바램의 표현

■ お役に立てばさいわいです。
도움이 되면 좋겠습니다.

■ これをどうぞ。気に入っていただけるといいんですが。
이걸 받으십시오. 마음에 드시면 좋겠습니다만.

■ ほんの感謝のしるしです。お使いいただければと思います。
조그만 감사 표시입니다. 사용해 주셨으면 합니다.
◇ ほんの (매우 적은 뜻으로) 겨우, 명색뿐인

■ そうでないといいのですが。
그렇지 않으면 좋겠는데요.

日本語ノート

◇ ニホン과 ニッポン

일본은 영어 민족 사이에서 「Japan」으로 알려져 있지만, 먼 옛날부터 일본인 자신은 자기 나라를 「ニホン」 또는 「ニッポン」이라고 불러왔습니다.
예를 들면, 일본인은 자신의 언어를 「ニホンゴ」 또는 「ニッポンゴ」라고 부르고, 자기 자신을 「ニホンジン」또는 「ニッポンジン」이라고 말하고 있습니다.
모두 올바른 발음입니다. 다르다고 하면 「ニホン」이라고 발음하면 귀에 부드럽게 울리는데 반해, 「ニッポン」은 딱딱하게 울리는 정도입니다.
「ジャパン(Japan)」이라는 명칭은, 13세기 이탈리아 베니스의 여행가 마르코 폴로가 중국인이 일본을 「ジンパン」이라고 부르는 것을 듣고 일본을 「ジパング」로서 소개한 것에서 비롯되었다고 합니다.

PART **6**

화 제 話題・わだい

화를 무리 없이 원만하게 이끌어가는 데 중요한 요소는 다양한 화제의 제시와 그것에 대한 풍부한 지식과
보입니다. 그때그때 상황에 맞는 화젯거리를 적절하게 활용하는 순발력을 기르도록 합시다.

UNIT 1 시간·월일의 관련 표현

시간을 물을 때는 何時(なんじ)ですか(몇 시입니까?)라고 합니다. 구체적으로 분이나 초를 물을 때는 각기 何分(なんぷん), 何秒(なんびょう)라고 합니다. 이에 대한 응답으로는 정각이면 ちょうど를 쓰고 정각을 지났을 때는 すぎ를 써서 표현합니다.
월이나 요일 또는 날짜를 물을 때는 의문의 뜻을 나타내는 조수사 何을 써서 何月(なんがつ), 何曜日(なんようび), 何日(なんにち)라고 묻습니다.

→ 시각을 물을 때

■ 今、何時ですか。
지금 몇 시입니까?
◇ 何時(なんじ) 몇 시 | 何分(なんぷん) 몇 분 | 何秒(なんびょう) 몇 초

■ 8時5分です。
8시 5분입니다.
◇ 分(ふん)은 앞의 발음에 따라 ぷん으로 탁음화된다.
一分(いっぷん) 三分(さんぷん) 六分(ろっぷん) 八分(はっぷん) 十分(じゅっぷん)

■ 9時5分前です。
9시 5분전입니다.
◇ 九時(くじ)는 きゅうじ라고 읽지 않으며, 四時(よじ)도 しじ 또는 よんじ라고 읽지 않는다.

■ 正確な時間は？
정확한 시간은?

■ １１時１５分過ぎです。
11시 15분이 지났습니다.
◇ 過ぎ 지남

■ ちょうど正午です。
정각 정오입니다.

■ もう１２時を過ぎてますよ。
벌써 12시가 지났어요.

■ 2時をちょっとまわりました。
2시가 좀 넘었습니다.
　◇ まわる 넘다

■ 時間は3時半です。
시간은 3시 반입니다.

■ 時計は三時15分を指しています。
시계는 3시 15분을 가리키고 있습니다.

■ 12時5分前です。もうすぐ昼休みの時間です。
12시 5분전입니다. 이제 곧 점심시간입니다.

■ もうすぐ正午です。
이제 곧 정오입니다.

■ 4時頃には戻って来ます。
4시 무렵에는 돌아오겠습니다.

■ 何時に約束がありますか。
몇 시에 약속이 있습니까?

■ 5時近くです。
5시가 다 됐습니다.

■ 15分だけ早退していいでしょうか。
15분만 일찍 가도 되겠어요?
　◇ 早退(조퇴)는 早引(はやびけ)라고도 한다.

■ もう行く時間ですよ。
이제 갈 시간입니다.

■ 門限が10時なんです。
10시까지 들어가야 해요.
　◇ 門限 밤에 문을 잠그는 시각, 폐문시각

■ 時間がありませんよ。
시간이 없어요.

화제

■ そろそろ真夜中になりますよ。
곧 밤이 깊어지네요.
◇ そろそろ 천천히, 슬슬, 곧, 잠시 후

■ 朝は何時ごろ起きますか。
아침에는 몇 시 무렵에 일어납니까?

■ 昨夜は何時に寝ましたか。
어젯밤은 몇 시에 잤습니까?

■ 仕事は9時から始まります。
일은 9시부터 시작됩니다.

■ 通勤にはどのくらいかかりますか。
통근은 어느 정도 걸립니까?
◇ 時間(じかん)がかかる 시간이 걸리다

■ もう9時なの？ そろそろ帰る時間だ。
벌써 9시야? 이제 돌아갈 시간이다.

■ いつごろうちへお帰りですか。
언제쯤 집에 가십니까?

■ 何時ごろ会社へ行きますか。
몇 시에 회사에 갑니까?

■ まだ間に合いますか？
아직 늦지 않았습니까?

■ 時間はどうですか。
시간은 어떻습니까?

■ 急いでよ。時間がないんだ。
서둘러요. 시간이 없어.

■ あともう五日間待たなければならないんだ。
앞으로 5일간 더 기다려야 해.

■ どうしてそんなに時間がかかるの？
　왜 그렇게 시간이 걸리니?

■ 丸一日を棒にふった。
　만 하루를 허비했어.
　　◇ 丸 어떤 수에 완전히 차는 것, 만(満) ｜ 棒にふる (이제까지의 노력 등을) 헛되게 하다, 무로 돌리다

■ この工事は丸五年ぶりにできあがった。
　이 공사는 만 5년만에 완성되었어.
　　◇ ～ぶりに ～만에

■ いよいよ時が来た。
　드디어 때가 왔다.
　　◇ いよいよ 드디어, 결국, 끝내는

■ 待ちに待った時間が来た。
　기다리고 기다렸던 시간이 왔어.

■ 時は金なり。
　시간은 돈이다.
　　◇ なりは 단정이나 설명을 나타낼 때는 「～이다」의 뜻이 된다.

■ テレビを見てひまをつぶしたんだ。
　텔레비전을 보며 시간을 허비했어.
　　◇ 暇(ひま)をつぶす 시간을 허비하다

■ 残り時間はないよ。
　남은 시간이 없어.

■ あき時間はありますか。
　빈 시간은 있습니까?

■ すみません。今日はたいへん忙しくてね。
　미안합니다. 오늘은 무척 바빠서요.

■ コンピューターは時間を省いてくれる。
　컴퓨터는 시간을 덜어 준다.
　　◇ 省(はぶ)く 덜다, 생략하다, 줄이다

화제

227

→ 시계에 관해 말할 때

■ わたしの時計では１１時です。
　내 시계는 11시입니다.

■ わたしの時計は正確です。
　내 시계는 정확합니다.

■ めったに止まることはありません。
　좀처럼 멈추는 일이 없습니다.
　◇ めったに 좀처럼, 쉽사리

■ その時計は五分遅れているよ。
　그 시계는 5분 늦어.
　◇ 時計が遅れている 시계가 늦다

■ あなたのはちょっと進んでいると思います。
　당신 것은 좀 빠른 것 같습니다.
　◇ 時計が進んでいる 시계가 빠르다

■ この時計は数秒しか遅れていません。
　이 시계는 몇 초밖에 늦지 않습니다.

■ 私の時計はどこか調子がおかしいようです。
　내 시계는 어딘가 상태가 이상한 것 같습니다.

■ 目覚ましを７時にセットしたのに、鳴りませんでした。
　자명종을 7시에 맞춰놨는데 울리지 않았습니다.

→ 요일과 월일을 말할 때

■ 今日は何曜日ですか。
　오늘은 무슨 요일입니까?

■ 今日は何月何日ですか。
　오늘은 몇 월 며칠입니까?

■ あなたの誕生日は？
　당신의 생일은?

■ 何年の生まれですか。
　몇 년 생입니까?

■ 明後日には帰ってきます。
　모레는 돌아오겠습니다.

■ 今週までに終えることになってますが、できそうもありません。
　이번 주까지 끝내기로 되어 있습니다만, 할 수 없을 것 같습니다.
　◇ 동사에 접속하여 양태를 나타내는 そうだ의 부정형의 そうにもない로 표현한다.

■ 社長は二、三週間で仕事をすっかり終えてもらいたいらしいよ。
　사장님은 2, 3주일 안에 일을 완전히 마쳤으면 하는 것 같아.

■ 試験はいつからですか。
　시험은 언제부터입니까?

■ 一週間後の木曜日、二十日です。
　1주일 후 목요일, 20일입니다.

■ 締め切りは六月末です。
　마감은 6월말입니다.

■ 模擬テストは何日ですか。
　모의고사는 며칠입니까?

　◇ 日(にち)
　　一日(ついたち)　二日(ふつか)　三日(みっか)　四日(よっか)　五日(いつか)　六日(むいか)　七日(なのか)
　　八日(ようか)　九日(ここのか)　十日(とおか)　十一日(じゅういちにち)　十四日(じゅうよっか)
　　二十日(はつか)　二十四日(にじゅうよっか)

　◇ 曜日(ようび)
　　日曜日(にちようび)　月曜日(げつようび)　火曜日(かようび)　木曜日(もくようび)　金曜日(きんようび)
　　土曜日(どようび)　何曜日(なんようび)

화제

UNIT 2 약속의 관련 표현

약속을 할 때는 우선 상대방의 형편이나 사정을 물어보게 됩니다. 이럴 때 쓰이는 일본어 표현이 ご都合(つごう)はよろしいですか입니다. 약속 장소를 말할 때는 ～で会(あ)う(～에서 만나다)라고 하며, 시간을 말할 때는 ～に会う(～에 만나다)라고 표현을 합니다.
또한 약속을 지키는 것을 約束(やくそく)を守(まも)る라고 하며, 시간을 어기는 것을 約束を破(やぶ)る라고 합니다.

➡ 면회를 신청할 때

■ これからお邪魔(じゃま)してもいいでしょうか。
지금 방문해도 될까요?
◇ 邪魔する 방해하다. 남을 찾아간다는 것은 곧 폐를 끼치는 일이기 때문이다.

■ お話(はな)ししにうかがってもいいですか。
말씀드리러 찾아뵈어도 될까요?
◇ ～にうかがう ～하러 찾아뵙다

■ ちょっとお話(はな)ししたいのですが。
잠깐 말씀드리고 싶습니다만.

■ お話(はな)ししたいことがあります。
말씀드릴 게 있습니다.

■ いくつか話(はな)し合(あ)いたいことがあるんですが、いつ会(あ)えますか。
몇 가지 의논하고 싶은 것이 있는데, 언제 만날 수 있습니까?

■ いつかお時間(じかん)があればお目(め)にかかりたいのですが。
언제 시간이 있으면 뵙고 싶습니다만.
◇ お目にかかる 찾아뵙다, 만나 뵙다

■ 今日(きょう)、のちほどお目(め)にかかれますでしょうか。
오늘, 있다가 뵐 수 있을까요?
◇ のちほど 나중에, 뒤에, 조금 있다가

■ あと30分くらいしたら立ち寄ってもいいですか。
앞으로 30분 있다가 들러도 되겠습니까?

■ 来週のいつかお目にかかれるでしょうか。
다음 주 언제 뵐 수 있을까요?

■ 木村先生とお会いする約束をしたいのですが。
기무라 선생님을 뵙고자 약속을 하고 싶은데요.

→ 상대의 사정을 물을 때

■ いつがいちばん都合がいいですか。
언제가 가장 좋습니까?
  ◇ 都合 사정, 형편

■ これで都合がいいですか。
이제 시간이 됩니까?

■ あなたは都合がつきますか。
당신은 시간이 됩니까?

■ 金曜の夜は都合がいいですか。
금요일 밤은 시간이 됩니까?

■ 土曜の午後3時はどうです？
토요일 오후 3시는 어때요?

■ 土曜の午後、なんとか都合をつけられませんか。
토요일 오후에 어떻게 시간을 낼 수 없습니까?
  ◇ なんとか 어떻게든, 겨우, 그런대로, 그럭저럭

■ 今度の日曜日、何か約束がありますか。
이번 일요일에 무슨 약속이 있습니까?

■ 何時まで時間があいてますか。
몇 시까지 시간이 비어 있습니까?

- 今週末の予定は？
  이번 주말 예정은?

- 来週の月曜日には何時にうかがったらいいでしょうか。
  다음주 월요일에는 몇 시에 찾아뵈면 될까요?

- ふだんは、いつ訪問をお受けになりますか。
  평소에는 언제 방문을 받으십니까?

→ **만날 장소를 정할 때**

- どこで会いましょうか。
  어디서 만날까요?

- どこがいちばん都合がいいですか。
  어디서 만나는 게 가장 좋을까요?

- 仕事が終わったら、5時に事務所の前で会いましょうか。
  일이 끝나면 5시에 사무실 앞에서 만날까요?

- 正門の外はどうですか。
  정문 밖은 어떨까요?

- 交差点の角で会いましょう。
  교차로 모퉁이에서 만납시다.

- 渋谷の「ハチ公」広場でお待ちします。
  시부야 「하치코」 광장에서 기다리겠습니다.

- わかりました。でもどのあたりでしょう？
  알겠습니다. 그런데 어느 부근이죠?
  ◇ 辺(あたり) 부근, 근처

- 新宿駅で3時ごろ待ち合わせましょう。
  신주쿠 역에서 3시 무렵에 만나기로 합시다.

■ 原宿駅で木曜の5時ということにしよう。
하라주쿠 역에서 목요일 5시에 만나기로 하지.

모임의 신청을 승낙할 때

■ いいですよ。じゃ、その時に会いましょう。
좋아요. 그럼 그 때 만납시다.

■ それで好都合です。
그게 좋겠습니다.
◇ 好都合 안성맞춤, 형편이 마침 좋음, 사정이 좋음

■ いつでもお好きな時にどうぞ。
언제든지 좋으실 때 하십시오.

■ 3時以後ならいつでもいいですよ。
3시 이후라면 언제든지 좋아요.
◇ なら는 단정을 나타내는 だ의 가정형으로 「~이라면」의 뜻으로 가정을 나타낸다.

■ 私はどちらでも都合がいいですよ。あなたは？
저는 어디든지 좋아요. 당신은?

■ では、その時間にお待ちします。
그럼, 그 시간에 기다리겠습니다.

■ その時、お目にかかるのを楽しみにしています。
그 때 뵙기를 기대하겠습니다.

사정이 좋지 않을 때

■ 残念ながら今日の午後はだめなんです。
유감스럽지만 오늘 오후는 안 되겠습니다.

■ すみませんが、今日は一日中忙しいのです。
미안하지만, 오늘은 하루 종일 바쁩니다.

■ 本当にすまないけど、今週は時間がないんです。
정말로 미안하지만, 이번 주에는 시간이 없습니다.

■ あいにく約束があります。
아쉽게도 약속이 있습니다.
◇ あいにく 기대나 목적에 대한 형편이 불리한 모양. 불행하게도, 공교롭게도, 하필이면

■ 2時から3時までしかあいていないんです。
2시부터 3시까지밖에 비어있지 않습니다.
◇ ~しかは 뒤에 부정어를 수반하여 「~밖에, ~뿐」을 나타낸다.

■ そうしたいんですが、明晩はだめなんです。
그렇게 하고 싶은데, 내일 밤은 안 됩니다.

■ 昼はお客さんが見えるんです。夕方はどうですか。
낮에는 손님이 옵니다. 저녁은 어떨까요?

■ 今は忙しい。昼はどう？
지금은 바빠. 낮에는 어때?

■ 6時はだめだけど、7時ならいいんですが。
6시는 안되지만, 7시라면 좋아요.

■ 今日はまずいけど、明日はどうです？
오늘은 좀 그런데, 내일은 어때요?
◇ まずい 형편이 좋지 않다

■ 別の日にしていただけないでしょうか。
다른 날로 해 주실 수 없을까요?
◇ ~ていただけないでしょうか ~해 주실 수 없을까요?

■ 急用ができてしまって行けません。別の日にしてもらえないでしょうか。
급한 일이 생겨서 갈 수 없습니다. 다른 날로 해 주지 않겠어요?

■ 来月まで延ばしていただけませんか。
다음 달까지 연기해 주실 수 없습니까?

- 本当にすみませんが、お約束が果たせません。
  정말로 미안합니다만, 약속을 지킬 수 없습니다.

- ご迷惑にならなければよろしいのですが。
  폐가 되지 않았으면 좋겠습니다만.
  ◇ 迷惑になる 폐가 되다

- 昼食のときならいいですね。食堂で会いましょう。
  점심때라면 좋겠군요. 식당에서 만납시다.

→ 예정이 확실하지 않을 때

- どうかな？ あまり考えてないんだ。
  어떡하나? 별로 생각하지 않았어.

- 土曜の夜、何か予定があった気がするんだが、思い出せないんだ。
  토요일 밤에 무슨 예정이 있었던 것 같은데, 생각이 나질 않아.

- たぶん予定がないでしょうが、あとで電話しましょう。
  아마 예정이 없겠지만, 나중에 전화할게요.

- 行こうとは思いますが、保証はできません。
  가려고는 합니다만, 보장은 할 수 없습니다.

UNIT 3 날씨·기후의 관련 표현

낯선 분위기에서 일본어로 이야기를 주고받아야 할 상황에서는 날씨나 기후에 관련된 화제를 가지고 상대방에게 접근할 필요가 있습니다.
예를 들면 날씨가 좋으면 いいお天気(てんき)ですね(날씨가 좋네요), 여름의 더운 날씨라면 暑(あつ)いですね(덥군요), 가을의 시원한 날씨라면 涼(すず)しいですね(시원하군요), 겨울의 추운 날씨라면 寒(さむ)いですね(춥군요)라고 먼저 화제를 꺼내면 훨씬 대화가 부드러워질 것입니다.

→ 날씨에 대한 인사말

■ いい天気ですね。
날씨가 좋군요.
◇ 날씨가 좋다고 할 때는 天気がいい라고 하지 않는다.

■ すばらしい日ですね。
멋진 날이군요.

■ 美しい朝ですね。
아름다운 아침이군요.

■ なんといい日なんでしょう。
정말 날씨가 좋군요.
◇ なんと (놀람과 감탄을 나타내어) 어쩌면, 정말

■ 天気になってうれしいです。
날씨가 좋아 기쁩니다.

■ 気分転換には絶好の天気ですね。
기분전환하기에는 아주 좋은 날씨이군요.
◇ 気分転換(きぶんてんかん) = 気晴(きば)らし 우울한 기분을 유쾌하게 만듦, 기분전환

■ こんな天気が続くといいですね。
이런 날씨가 계속되면 좋겠군요.
◇ と는 활용어에 접속하여 가정이나 조건을 나타낼 때도 쓰인다.

■ なんて静かな夕べなんでしょう。
　무척 조용한 저녁이지요?
　　◇ ゆうべ 저녁 때, 해질녘

■ 今夜は星がきれいだと思いませんか。
　오늘밤은 별이 예쁘다고 생각하지 않습니까?
　　◇ 星が出(で)る 별이 뜨다

■ いやな日ですね。
　날씨가 우중충하군요.

■ あまり天気が良くないですね。
　별로 날씨지 좋지 않군요.

■ また雨になりそうですね。
　또 비가 올 것 같군요.
　　◇ ～になりそうだ ～이(가) 될 것 같다

■ こういう天気にはうんざりしちゃいますよ。
　이런 날씨에는 짜증이 나요.
　　◇ うんざり 몹시 싫증나는 모양

■ 今日はなかなか暖かいですね。
　오늘은 상당히 따뜻하군요.
　　◇ あたたかい는 あったかい라고도 발음한다.

■ 今日は蒸し暑いですね。
　오늘은 무덥군요.
　　◇ 蒸し暑い는 暑い를 강조한 말이다.

■ 今日は涼しいですね。
　오늘은 시원하군요.

■ 今日はちょっと寒いですね。
　오늘은 좀 춥군요.

■ ずいぶん曇っていますね。
　무척 흐리군요.
　　◇ ずいぶん 퍽, 몹시, 아주

화제

■ かなり風がありますね。
　제법 바람이 있군요.

■ ひどい雨ですね。
　비가 심하게 오는군요.

→ 날씨를 물을 때와 일기예보

■ 今日はどんな天気ですか。
　오늘은 날씨가 어떻습니까?

■ 今日の天気予報は？
　오늘 일기예보는?

■ 新聞の予報はどうなっていますか。
　신문의 예보는 어떻게 되어 있습니까?

■ あしたはよい天気になるでしょうか。
　내일은 날씨가 좋아질까요?

■ ほら、天気予報をやってる。聴いてみましょう。
　봐, 일기예보를 하고 있어. 들어 봅시다.

■ 予報だと晴れ、ときどき曇りだそうです。
　예보로는 맑고 가끔 흐린답니다.
　◇ そうです는 타인으로부터 들은 이야기를 다시 전할 때 쓰이기도 한다.

■ 今日の天気予報では、午前中は曇り、午後は雨です。
　오늘 일기예보로는 오전 중에는 흐리고, 오후에는 비가 내립니다.

■ あなたのお国の気候はどうですか。
　당신 나라의 기후는 어떻습니까?

■ このところ天気が変わりやすいと思いませんか。
　요즘 날씨가 변덕스러운 것 같지 않습니까?

■ あすの天気はどうですか。
　내일 날씨는 어떻습니까?

■ 天気予報によると雨が降るそうです。
　일기예보에 의하면 비가 온다고 합니다.
　　◇ ~によると ~そうです ~에 의하면 ~한답니다

■ 今日の天気はどうですか。
　오늘 날씨는 어떻습니까?

→ 맑음·비·바람의 표현

■ 晴れてきましたよ。
　날씨가 개었어요.
　　◇ 晴れる 맑다, 개이다

■ こんないい天気になるとは思ってもみませんでした。
　이런 좋은 날씨가 되리라고는 생각해보지도 않았습니다.
　　◇ ~とは思ってもみなかった ~라고는 생각해보지도 않았다

■ このところ、すばらしい天気が続いてますね。
　요즘 날씨가 계속해서 좋군요.

■ このまま 2、3日続いてくれるといいですね。
　이런 날씨가 2, 3일 계속되었으며 좋겠군요.

■ だんだん曇ってきましたよ。
　점점 흐려지네요.
　　◇ だんだん 순서를 따라서, 차차, 그 다음에 또다시

■ 霧が深くなってきましたよ。
　안개가 짙어졌어요.
　　◇ ~てくる는 상태나 상황 등이 점점 다가오는 것을 말한다.

■ 今にも雨が降りそうですね。
　당장이라도 비가 내릴 것 같군요.
　　◇ 양태를 나타내는 そうだ는 동사의 중지형, 형용사, 형용동사의 어간에 접속한다.

화제

- 雨にはならないと思いますよ。
  비는 내리지 않을 것 같아요.

- そろそろ日が照ってもいい頃ですね。
  이제 햇빛이 나도 좋을 때이군요.

- 外は風が強いでしょう？
  밖에는 바람이 세차겠죠?

- 風がひどく吹いていますね。
  바람이 심하게 불고 있군요.

- 夕方には嵐がおさまるでしょう。
  저녁에는 폭풍이 가라앉겠지요.
  ◇ おさまる 가라앉다, 진정되다

- 風がすっかりおさまりました。
  바람이 완전히 멎었습니다.

- なんて気持ちのいい風でしょう。
  정말 기분이 좋은 바람이죠.

- 真夏のように暑いですね。
  한여름처럼 덥군요.
  ◇ ～のように ～처럼

- 春のように暖かいですね。
  봄처럼 따뜻하군요.

- 今日も雨でしょうか。
  오늘도 비가 내릴까요?

- 雨が降るようです。
  비가 내릴 것 같습니다.
  ◇ ようだ는 확실하지는 않지만 여러 가지 정보로 봐서 그럴 것이라고 완곡하게 단정할 때 쓰인다.

- 秋のように涼しいですね。
  가을처럼 서늘하군요.

■ 今日は冷え冷えとしている。
오늘은 쌀쌀하다.
◇ ひえびえ 냉랭한 모양

■ 今日は本当にムシムシするね。
오늘은 정말 무덥군.
◇ ムシムシ 후덥지근하게 무더운 모양

■ ずいぶん曇っているね。
무척 흐리는구나.

■ 夕立になりそうだ。
소나기가 내릴 것 같아.

■ 台風が接近しているんだ。
태풍이 접근하고 있어.

■ 霧が立ち込めているんだ。
안개가 자욱한데.

■ 今日はいい天気になりそうだ。
오늘은 날씨가 좋을 것 같은데.

■ 凍りつくようだ。
얼음이 얼 것 같아.

■ 大吹雪になるぞ。
눈보라가 치겠어.

■ 今日はのどかだ。
오늘은 화창하다.
◇ のどか 하늘이 맑고 화창한 모양, 한가한 모양, 안온한 모양

■ 心地よい天気だ。
기분이 상쾌한 날씨야.

■ もやがかかっている。
안개가 끼었다.

화제

- 今日は曇っているよ。
  오늘은 날씨가 흐려.

- ひどい天気だ。
  날씨가 너무 안 좋아.

- ぼくは暑さに弱いんだ。
  나는 더위에 약해.
  ◇ 형용사나 형용동사의 어간에 さ를 접속하면 성질, 상태, 정도를 나타내는 명사가 된다.

- そよ風の吹く爽やかな日だ。
  산들바람이 부는 상쾌한 날이야.

- 死ぬほど暑いよ。
  더워 죽겠어.
  ◇ 동사의 기본형에 ほど가 접속하면「~할 정도로」의 뜻이 된다.

- 土砂降りだ。
  비가 몹시 와.
  ◇ どしゃぶり 비가 억수같이 쏟아짐

- 霜が降りている。
  서리가 내리고 있어.

- 乾燥している。
  건조해.

- ここで雨やどりしましょう。
  여기서 비를 피합시다.

- 念のため傘は持って行ったほうがいいですよ。
  만약을 위해 우산을 가지고 가는 게 좋겠어요.

UNIT 4 계절의 관련 표현

일본 국토의 지형은 細長(ほそながい)(가늘고 길다)로 흔히 표현합니다. 따라서 가장 남쪽에 있는 沖縄(おきなわ)는 사계절이 덥고, 가장 북쪽에 위치한 北海道(ほっかいどう)는 여름이 매우 짧습니다. 이 두 곳을 제외한 다른 곳은 대체적으로 四季(しき)가 분명하여 春夏秋冬(しゅんかしゅうとう)의 계절을 맛볼 수가 있습니다. 즉 春(はる)은 暖(あたた)かい하고, 夏(なつ)는 暑(あつい)하며, 秋(あき)는 涼(すず)しい, 冬(ふゆ)는 寒(さむ)い합니다.

➜ 봄에 관한 화제

■ 暖かくて気持ちがいいですね。
따뜻해서 기분이 좋군요.

■ 温暖な日ですね。
날이 따뜻하군요.

■ 今日はぽかぽか暖かいですね。
오늘은 따스하군요.
 ◇ ぽかぽか 따스하게 느끼는 모양

■ この時期にしてはかなり暖かいですね。
이 시기치고는 제법 따뜻하군요.
 ◇ ~にしては ~치고는

■ だんだん暖かくなってきましたね。
점점 따뜻해지는군요.

■ もうじき暖かくなるでしょうね。
이제 곧 따뜻해지겠지요.
 ◇ もうじき 이제 곧

■ あなたのいちばん好きな季節は？
당신이 가장 좋아하는 계절은?
 ◇ 四季(しき) 사계절

화제

■ すっかり春ですね。
완전히 봄이군요.
◇ すっかり 완전히, 죄다, 모두

■ また春になってうれしいですね。
다시 봄이 되어 기쁘군요.

■ 梅はもう 2、3日で満開になります。
매화는 이제 2, 3일이면 활짝 핍니다.
◇ 満開 만개, 꽃이 활짝 핌

■ 桜はいまが見ごろですよ。
벚꽃은 지금이 볼만한 시기입니다.
◇ 見頃 보기 좋은 시기

→ 여름에 관한 화제

■ 暑いですね。
덥군요.

■ もうすごく暑いですね。
이제 무척 덥군요.

■ うだるように暑いですね。
나른할 정도로 덥군요.
◇ うだる 나른해지다, 더위로 인하여 약해지다

■ 今日もまた暑くなりそうですよ。
오늘도 또 더워질 것 같군요.

■ 蒸し暑いですね。
무덥군요.

■ 窓を開けてもいいですか。むしむししますから。
창문을 열어도 될까요? 푹푹 찌니까요.
◇ ~てもいいですか ~해도 될까요?

■ 暑いのは平気ですが、この湿気にはまいりますよ。
더운 것은 괜찮은데, 이 습기에는 질렸습니다.
　　◇ 平気 침착하고 태평함, 겁내지 않음, 태연함, 염려하지 않음

■ 汗でびっしょりです。
땀으로 흠뻑 젖었습니다.
　　◇ びっしょり 물에 흠뻑 젖은 모양

■ この暑さには耐えられません。
이 더위는 견딜 수 없습니다.
　　◇ ~に耐えられない ~에 견딜 수 없다

■ 夏休みが楽しみです。
여름방학이 기다려집니다.

■ 梅雨に入っています。
장마가 들었습니다.
　　◇ 梅雨(つゆ・ばいう) 6월경에 오는 장마, 장마철(6월 10일부터 7월 10일경까지)

■ この蒸し暑い天気はうっとうしいですね。
날씨가 무더워서 찌무룩하군요.
　　◇ うっとうしい 쾌(快)치 않다, 마음이 내키지 않고 기분이 무겁다

■ 梅雨が開けてよかったですね。
장마가 개어서 다행이군요.
　　◇ ~てよかった ~해서 다행이다

■ かみなりがごろごろ鳴ってるのが聞こえますか。
천둥이 쾅쾅 울리는 것이 들립니까?
　　◇ ごろごろ 천둥소리, 차바퀴가 굴러가는 소리

■ 夕立が来そうですね。
소나기가 올 것 같군요.

■ こんなに暑くなければいいのですが。
이렇게 덥지 않으면 좋겠는데요.

■ 今日の不快指数はいくつですか。
오늘 불쾌지수는 얼마입니까?

화제

- 秋の天気は変わりやすいですよ。
  가을 날씨는 변덕스러워요.
  ◇ 変わりやすい 변하기 쉽다, 변덕스럽다

- 台風が近づいています。
  태풍이 다가오고 있습니다.

- 洪水の被害が出なければいいのですが。
  홍수 피해가 나지 않았으면 좋겠어요.

→ 가을에 관한 화제

- 涼しくて気持ちがいいですね。
  시원해서 기분이 좋군요.

- 当地はだいたい涼しくて快適なんです。
  이 지방은 대체로 시원해서 쾌적합니다.

- 涼しくなってきましたね。
  시원해졌군요.

- 木の葉はすっかり紅葉しました。
  나뭇잎이 모조리 단풍들었습니다.
  ◇ 紅葉(단풍)는 もみじ라고도 읽는다.

- キノコ狩りと紅葉狩りを楽しみました。
  버섯따기와 단풍놀이를 즐겼습니다.

→ 겨울에 관한 화제

- ちょっと冷え込んできましたね。
  좀 차가워졌군요.

- 寒くなりましたね。
  추워졌군요.

- 冷え冷えしますね。
  쌀쌀하군요.

- 私は寒くてたまりません。あなたは？
  저는 추워서 죽겠습니다. 당신은?
  ✧ ~てたまりません ~해서 못 견디겠습니다, ~해서 죽겠습니다

- 気温は？
  기온은?

- 日本の冬は寒いですか。
  일본의 겨울은 춥습니까?

- 雪になるんじゃないでしょうか。
  눈이 오지나 않을까요?

- 外は雪が降っていますよ。
  밖에는 눈이 내리고 있어요.

- これは初雪ですね。
  이거 첫눈이군요.

- 昨夜は霜が降りました。
  어젯밤에는 서리가 내렸습니다.

- 寒い冬になると思いますよ。
  추운 겨울이 될 것 같아요.

- 春めいてきていると思いませんか。
  봄처럼 느껴지지 않아요?
  ✧ めく는 접미어로 명사에 접속하여「~처럼 보이다」의 뜻을 나타낸다.

화제

UNIT 5 가족·친척의 관련 표현

가족 관계에 대한 대화는 따뜻하고 정감이 넘치는 분위기를 조성하여 친밀감을 느끼게 합니다. 또한 가정에 대한 이해는 그 나라의 관습이나 문화를 이해할 수 있는 좋은 계기가 될 수도 있습니다.
일본어에서 자신의 가족을 상대에 말할 때는 윗사람이건 아랫사람이건 모두 낮추어서 말하고 상대방의 가족을 말할 때는 비록 어린애라도 존경의 의미를 나타내는 접두어 ご(お)-나 접미어 -さん을 붙여서 높여 말하는 것이 우리와 큰 차이점입니다.

→ **형제자매에 대해 말할 때**

■ 兄弟姉妹はおありですか。
　형제자매는 있으십니까?
　◇ ある는 무생물의 존재를 나타낼 때 쓰이지만, 이처럼 소유의 개념으로 쓰일 때도 있다.

■ ご兄弟は何人ですか。
　형제는 몇 분입니까?
　◇ 상대의 가족을 말할 때는 존경의 의미를 나타내는 접두어 ご(お)를 접속한다.

■ ご兄弟か姉妹のどなたかお勤めですか。
　형제나 자매 중에 누가 근무하십니까?

■ 弟さんはいくつですか。
　동생은 몇 살입니까?
　◇ 상대의 가족을 말할 때는 존경의 의미를 나타내는 접미어 さん(さま)를 접속한다.

■ たいていは兄と遊んでいました。双子ですから。
　대개 형과 놀았습니다. 쌍둥이라서요.
　◇ たいてい 대저, 대개

■ 妹さんは何をしていますか。
　여동생은 무엇을 하고 있습니까?

■ 幼いときよく兄弟喧嘩をしました。
　어렸을 때는 자주 형제간에 싸움을 했습니다.

■ 兄は貿易会社に勤めています。
　형은 무역회사에 근무하고 있습니다.
　　◇ ~に勤める ~에 근무하다

■ 姉は銀行で働いています。
　누나는 은행에서 일하고 있습니다.

→ 가족에 대해 말할 때

■ ご家族はお元気ですか。
　가족은 안녕하십니까?

■ 何人家族ですか。
　가족은 몇 명입니까?

■ 5人家族です。
　5인 가족입니다.

■ うちは大家族です。
　우리집은 대가족입니다.
　　◇ 核家族(かくかぞく) 핵가족 | 小家族(しょうかぞく) 소가족

■ 7人家族で、両親、祖父、兄弟が二人、妹が一人、それにわたしです。
　7인 가족으로 부모님, 할아버지, 형제가 두 명, 여동생이 한 명, 그리고 접니다.
　　◇ 자신의 가족을 상대에게 말할 때는 お(ご)나 さん(さま)를 붙이지 않는다.

■ この犬も家族の一員です。
　이 개도 가족의 일원입니다.

■ あなたが兄弟姉妹でいちばん年上ですか。
　당신이 형제자매 중에서 제일 위입니까?
　　◇ 年下(としした) 연하

■ よく家族でお出掛けですか。
　가족과 함께 자주 나가십니까?

- 奥様のお名前をお聞きしてもいいですか。
  부인의 성함을 물어도 되겠습니까?

- ご家族は何人ですか。
  몇 가족입니까?

- 四人です。
  4명입니다.

- 両親と妹がいます。
  부모님과 여동생이 있습니다.

- ご両親といっしょに住んでいるんですか。
  부모님과 함께 살고 있습니까?

- いいえ、ひとりで住んでいます。
  아니오, 혼자 살고 있습니다.

- お子さんはいらっしゃいますか。
  자녀분은 있습니까?

- いえ、まだです。
  아니오, 아직 없습니다.

- 男の子がふたりいます。
  남자아이가 둘 있습니다.
  ◇ 사람을 셀 때 두 사람까지는 一人(ひとり), 二人(ふたり)라고 한다.

- 小学生の娘がひとりいます。
  초등학생인 딸이 하나 있습니다.

- 婚約者がいますか。
  약혼자가 있습니까?

- 結婚していますか。
  결혼했습니까?
  ◇ 결혼생활은 진행 중이므로 結婚している로 표현한다.

■ はい、結婚しています。
네, 결혼했습니다.
◇ 만약 우리말처럼 結婚した로 표현하면 과거에 결혼한 적이 있고 지금은 아니다는 뜻이 되어버린다.

■ いいえ、まだ結婚していません。
아니오, 아직 결혼하지 않았습니다.

→ 부모·조부모·친척에 대해 말할 때

■ ご両親はおいくつですか。
부모님 연세는 몇입니까?
◇ 나이를 물을 때는 おいくつ로도 쓰며, 何歳(なんさい)라고도 묻는다.

■ 明日、両親が故郷から私のアパートを見に来ます。
내일 부모님이 고향에서 제 아파트를 보러 오십니다.

■ ご家族に会いに何回くらい帰省しますか。
가족을 보러 몇 번 정도 고향에 갑니까?

■ 年に1回、お盆か正月休みに家族の顔を見に帰省します。
1년에 한 번, 오봉이나 설날 휴가 때 가족 얼굴을 보러 고향에 갑니다.

■ 母は未亡人で、私が老後の面倒をみる立場にいます。
어머니는 미망인으로, 제가 노후를 보살필 입장에 있습니다.
◇ 面倒を見る 보살피다, 돌보다

■ おじいさんとおばあさんはご健在ですか。
할아버지와 할머니는 건재하십니까?

■ 祖父は来月、米寿を祝います。
할아버지는 다음달에 미수(88세)를 치릅니다.

■ 日本にどなたか親戚の人がおありですか。
일본에 친척 분이라도 계십니까?

UNIT 6 신체의 관련 표현

상대의 신체에 관련된 질문을 할 때는 경우에 따라서는 약점을 건드릴 수도 있으므로 신중하게 질문을 할 필요가 있습니다.
일본어에서 키가 크다라고 말할 때는 背(せ)が高(たか)い라고 하며, 반대로 키가 작다라고 표현할 때는 背が低(ひく)い라고 합니다. 우리말로 직역하여 大(おお)きい(크다), 小(ちい)さい(작다)라고 말하지 않으므로 주의해야 합니다. 또한 살이 찌다를 太(ふと)る라고 하며, 야위다를 痩(や)せる라고 말합니다.

키·몸무게를 말할 때

■ 背はどのくらいありますか。
키는 어느 정도 됩니까?
◇ 어느는 수량을 나타내는 말에 붙어 그만한 수량이 된다는 뜻을 나타내기도 한다.

■ 背は高いほうです。
키는 큰 편입니다.
◇ 背が高い 키가 크다, 大(おお)きい(크다)로 표현하지 않도록 주의할 것

■ 彼女は背が高く、すらっとしています。
그녀는 키가 크고 날씬합니다.
◇ 背が低い 키가 작다 | すらっと 날씬한

■ 彼は背が高くてひょろっとした人です。
그는 키가 크고 껑충한 사람입니다.
◇ ひょろっとした 껑충한, 가냘픈

■ あの人は中肉中背です。
저 사람은 체격도 적당하고 키도 적당합니다.
◇ 中肉中背 중키에 살이 알맞게 찜

■ 体重はどのくらいですか。
체중은 어느 정도입니까?

■ いくらか体重が増えました。
약간 체중이 늘어났습니다.

■ ちょっと太りました。
좀 살쪘습니다.
　◇ 太る 살찌다 ↔ 痩(や)せる 야위다

■ 3キロ減りました。
3킬로그램 줄었습니다.

■ 5キロ痩せました。
5킬로그램 빠졌습니다.

■ 禁煙してから5キロは太りました。
금연을 하고 나서 5킬로그램은 쪘습니다.

■ ちょっと太りすぎてるようです。
너무 살이 찐 것 같습니다.

■ 運動不足で少々太りました。
운동부족으로 좀 살이 쪘습니다.

■ 少しお痩せになりましたね。
조금 야위셨군요.

■ 彼は痩せて、骨と皮だけです。
그는 야위어서 뼈와 살가죽뿐입니다.

■ うちの妹はまるまる太ってますが、可愛らしいですよ。
우리 여동생은 통통하게 살이 쪘지만, 귀엽습니다.
　◇ まるまる 살쪄있는 모양

■ ダイエットしてスマートになろうと思いますの。
다이어트를 해서 날씬해지려고 해요.

■ 体重はどのくらいですか。
몸무게는 어느 정도입니까?

■ 身長はどのくらいですか。
키는 어느 정도입니까?

화제

얼굴과 용모에 대해 말할 때

■ 彼の顔は卵型です。
　그의 얼굴은 계란형입니다.

■ 彼女はどちらかというと丸顔です。
　그녀는 얼굴이 둥근형에 속합니다.
　◇ どちらかという 어느 쪽이냐 하면

■ 彼はハンサムです。
　그는 미남입니다.

■ 彼女はとても魅力的な女性です。
　그녀는 매우 매력적인 여성입니다.

■ あの娘は可愛らしいですね。
　저 아가씨는 귀엽군요.

■ 彼女はいつも厚化粧をしています。
　그녀는 늘 화장을 두텁게 합니다.
　◇ 厚化粧 ↔ 薄化粧(うすげしょう) 엷은 화장

■ 彼女は顔の色が白いです。
　그녀는 얼굴색이 하얗습니다.

■ 彼は顔が大きいです。
　그는 얼굴이 큽니다.

■ 私はおかっぱにしています。
　나는 단발머리를 하고 있습니다.

■ 彼女の長い黒髪がうらやましいわ。
　그녀의 긴 검은머리가 부러워.
　◇ うらやましい 부럽다, 질투를 느끼다

■ 彼女は短いカールの金髪です。
　그녀는 짧은 곱슬머리의 금발입니다.

■ 弟はぼさぼさの髪をしています。
동생은 머리가 흩어져 있습니다.
　◇ ぼさぼさ 머리털 같은 물건이 흐트러진 모양

■ ヘアスタイルを変えてみました。
헤어스타일을 바꿔 보았습니다.

■ 近頃、髪に白いものが混じり始めました。
요즘 흰머리가 나기 시작했습니다.
　◇ 白髪(しらかり) 백발

■ あの背の高いひげの長い紳士はどなたですか。
키가 크고 수염이 긴 저 신사는 누구입니까?

■ あなたは母親に似ていますか、それとも父親ですか。
당신은 어머니를 닮았습니까, 아니면 아버지를 닮았습니까?
　◇ ～に似る ～를 닮다

■ 誰にも似ていません。
아무도 닮지 않았습니다.

■ 妹は口元が母とそっくりです。
여동생은 입가가 어머니를 꼭 닮았습니다.
　◇ そっくり 꼭 닮은 모양

■ 私は母によく似ています。
저는 어머니를 많이 닮았습니다.

→ **몸의 특징에 대해 말할 때**

■ お父さんはどんなふうな方ですか。
아버지는 어떤 분이십니까?
　◇ どんなふうな 어떤 풍의

■ 父は肩幅が広くてがっしりしています。
아버지는 어깨가 넓고 다부집니다.
　◇ がっしり 묵직하게, 단단하게

화제

- 眼鏡をかけていて、典型的な大学教授ふうに見えます。
  안경을 쓰고 있어 전형적인 대학 교수처럼 보입니다.
  ◇ 眼鏡をかける 안경을 쓰다

- 彼女の腰の線は美しいです。
  그녀의 허리선은 아름답습니다.

- 私は腰のほっそりした女性が好きです。
  나는 허리가 날씬한 여자를 좋아합니다.
  ◇ ほっそり 가느다란 모양, 홀쭉한 모양

- 私は右利きです。
  나는 오른손잡이입니다.
  ◇ 右利き 오른손잡이 ↔ 左利(ひだりき)き 왼손잡이

- 彼女は手足が比較的小さいほうです。
  그녀는 손발이 비교적 작은 편입니다.

- 私の腕はかなり長いほうです。
  내 팔은 꽤 긴 편입니다.

- 彼女は見事な脚線美だから、ミニスカートがよく似合います。
  그녀는 각선미가 멋져서, 미니스커트가 잘 어울립니다.

日本語ノート

◇ とてもいい

만약 여러분이「이 차의 승차감은 어떻습니까?」라는 질문을 받았을 때에 とてもいい(매우 좋다)라는 짧은 표현을 외워두면 매우 유용하게 쓸 수 있습니다.

とても라는 말은「매우 예쁘다」라든가,「매우 멋지다」처럼 きれい(예쁘다, 깨끗하다), 素晴らしい(멋지다) 따위의 형용사와 함께 쓰이는 경우가 많습니다.

원래 とても는 부정의 의미로 쓰이는 말로 とうてい(완전히, 불가능히, 절대로)로 올바르게는 도저히 불가능하다는 의미를 나타냈습니다. 그러므로 일본에서 쇼핑을 할 때 점원이 보여 준 상품이 마음에 든다면 とてもいい라고 말하면 되고, 가격이라든가 다른 이유로 마음에 들지 않으면 とてもだめ(도저히 안돼)라고 거절하면 됩니다.

UNIT 7 성격의 관련 표현

사람들의 얼굴도 모두 다르듯이 성격 또한 사람마다 다릅니다. 따라서 마음에 맞는 사람을 사귄다는 것은 곧 성격이 비슷하기 때문에 가능한 법입니다.
상대의 성격이나 성품 등을 파악하기 위해서는 직접 물어보는 경우도 있겠지만, 점차 대화를 통해 사귀면서 알게 됩니다. 누구나 마찬가지이겠지만 가능하면 성격이 밝고 적극적이고 유머가 있고 모든 일에 긍정적인 사람을 좋아합니다.

자신의 성격에 대해서 말할 때

■ 自分の性格はどんなだと思いますか。
자신의 성격이 어떻다고 생각합니까?

■ 何事につけても楽天的です。
무슨 일에 대해서도 낙천적입니다.
  ◇ ~につけても ~에 대해서도

■ いくぶん悲観的な性格です。
다소 비관적인 성격입니다.
  ◇ いくぶん 어느 정도, 조금

■ 友達はすぐできるほうですか。
친구는 쉽게 사귀는 편입니까?
  ◇ ~方(ほう)だ ~편(쪽)이다

■ 知らない人にも話しかけるのはうまいほうです。
모르는 사람에게도 말을 잘 거는 편입니다.
  ◇ 話しかける 말을 걸다

■ ご自分が外向的だと思いますか、内向的だと思いますか。
자신이 외향적이라고 생각합니까, 내성적이라고 생각합니까?

■ 私は外向的だと思われてますが、実は人見知りするんです。
나는 외향적이라고 생각하고 있습니다만, 실은 낯가림을 합니다.
  ◇ 人見知り 어린아이들의 낯가림

화제

■ 自分でも積極的なのか消極的なのかよくわかりません。
　나 스스로도 적극적인지 소극적인지 잘 모르겠습니다.

■ あまり社交的ではありません。
　그다지 사교적이 아닙니다.

■ 以前と比べるとずっと人付き合いが良くなりました。
　이전에 비해서 훨씬 사람을 사귀는 것이 좋아졌습니다.
　◇ ~と(に)比べると ~과(에) 비교하면

■ ひっこみ思案のほうです。
　소극적인 편입니다.
　◇ 引(ひ)っ込(こ)み思案(じあん) 소극적

■ 私は性格が姉妹とはまるで違います。
　나는 성격이 자매와는 전혀 다릅니다.
　◇ まるで 죄다, 전연, 마치, 흡사

→ 사람의 성품을 말할 때

■ 彼はどんな人ですか。
　그는 어떤 사람입니까?

■ とても心の暖かい男ですよ。
　매우 마음이 따뜻한 남자이에요.

■ 誠実な女性です。
　성실한 여자입니다.

■ 彼はユーモアがあって、いっしょにいると楽しいですよ。
　그는 유머가 있어서 함께 있으면 즐거워요.

■ 連中はちょっと変わっているけど、いいやつらですよ。
　동료들은 좀 유별나도 좋은 녀석들입니다.
　◇ 連中 사람들, 일당, 패거리, れんじゅう라고도 읽는다.
　◇ ら 명사・대명사에 붙어 복수를 나타내는 말 등, 들

■ 彼女のこと、どう思いますか。
그녀를 어떻게 생각합니까?

■ とても頭のいい娘なんだが、怠けることもある。
매우 머리가 좋은 아가씨이지만, 게으름을 피우는 경우도 있어.

■ 気がきくとは言えませんが、きわめて勤勉な人です。
자상하다고는 할 수 없지만, 무척 근면한 사람입니다.
　◇ 気が利(き)く 세세한 데까지 신경이 미치다, 세련되다

■ 宮崎エリちゃんを知ってるんですって？ どんな娘？
미야자키 에리를 알고 있다면서요? 어떤 아가씨이에요?

■ 木村さんてどんな人？
기무라 씨는 어떤 사람이야?

■ そうですね、少し退屈な人ですね。
글쎄요. 좀 지루한 사람입니다.

■ ちょっと手に負えませんね。
좀 감당할 수가 없겠군요.
　◇ 手に負えない 어찌할 도리가 없다, 감당할 수가 없다

→ **바람직한 성격에 대해 말할 때**

■ 彼の長所はユーモアのセンスだと思います。
그의 장점은 유머 센스라고 생각합니다.
　◇ 長所 단점 ↔ 短所(たんしょ) 단점

■ 自分は愛想のいいほうだと思っています。
나는 붙임성이 있다고 생각하고 있습니다.

■ 私は笑わせるのが得意です。
저는 남을 잘 웃깁니다.

■ 友達は私のことをいつも明るいと言ってくれます。
친구는 나를 언제나 밝다고 말해 줍니다.

화제

■ 友好的で思いやりがあると言われることもあります。
　우호적이고 배려하는 마음이 있다고 들을 때도 있습니다.

■ 繊細であると同時におおらかでもあると思っています。
　섬세하기도 하지만 동시에 대범하기도 하다고 생각하고 있습니다.
　◇ ～と同時に ～과(와) 동시에

→ 바람직하지 못한 성격에 대해 말할 때

■ そそっかしいんです。それが弱点だとわかっています。
　덜렁댑니다. 그게 약점이라고 알고 있습니다.
　◇ そそっかしい 침착하지 못하고 서두르는 모양, 부주의한 모양

■ とても忘れっぽいんです。
　매우 잘 잊어버립니다.
　◇ ～っぽい는 명사나 동사의 중지형에 붙어「많이 포함되어 있다, 그런 경향이 강하다」의 뜻의 형용사를 만든다.

■ 物事をするのがゆっくりしているきらいがあります。
　무엇이든 느릿느릿 하는 좋지 않은 버릇이 있습니다.
　◇ きらい 마음에 들지 않음, 싫음, 의심스러운 점, 혐의

■ 口下手だと思います。
　말주변이 없다고 생각합니다.
　◇ 口下手 말주변이 없음, 말하는 것이 서투름 ↔ 口上手(くちじょうず)

■ 時々しゃべりすぎることがあります。
　가끔 말을 너무 많이 하는 경우도 있습니다.

■ 彼はおしゃべりで、その上、自分のことしか話しません。
　그는 수다쟁이에다가 자신의 말밖에 하지 않습니다.

■ 彼は細かいことになかなか口うるさい人です。
　그는 사소한 것에 상당히 까다로운 사람입니다.
　◇ くちうるさい 조그만 일을 가지고도 잔소리가 많다, 시끄럽도록 말이 많다

■ 彼女はちょっと心が狭くて頑固なところが欠点です。
　그녀는 좀 마음이 좁고 완고한 것이 결점입니다.

■ 人によっては私のことを優柔不断だと思うようです。
사람에 따라서는 나를 우유부단하다고 생각하는 것 같습니다.
　◇ ~によっては ~에 따라서는

■ 私は気が短いほうで、つまらないことにかっとしてしまうことがあります。
저는 성격이 급한 편이어서 하찮은 일에 울컥 화를 내버리는 경우가 있습니다.
　◇ 気が短い 성격이 급하다 = 短気(たんき)だ ｜ かっと 벌컥, 갑자기 성을 내거나 흥분하는 모양

■ ちょっといたずらっ気があります。
좀 장난기가 있습니다.

■ 彼はわんぱく坊主です。
그는 장난꾸러기입니다.

■ 彼女はおてんばです。
그녀는 말괄량이입니다.

화제

日本語ノート

◇ わかりません

일상생활에서 자주 쓰이는 표현에 식별, 판단 내지는 이해할 수 없다는 의미의 わかりません(모르겠습니다)이라는 표현이 있습니다. 거의 모든 일본인은 이 표현을 쉽게, 그 본래의 사용법에 신경쓰지 않고 쓰고 있습니다.
예를 들면「연필을 프랑스어로는 뭐라고 합니까?」라는 질문에 학생은 대개 わかりません이라든가 わからない(모른다)라고 대답할 것입니다. 마찬가지로 길을 물으면 わかりません이라는 대답이 돌아올 것입니다.
물론, 엄밀히 말하면 이것들의 질문에 대한 대답은 知しりません(모르겠습니다), 知らない(모른다), 또는 忘(わす)れられました(잊었습니다), 忘れた(잊었다)로 해야 마땅합니다. 이런 의미에서 수학에 대한 어려운 문제를 질문 받았을 때는 わかりません이라고 대답하는 것이 적당합니다.
따라서 쌀쌀맞은 わかりません은 상대의 질문에 대답하는 것이 귀찮다든가, 명쾌한 대답을 하면 불이익을 받을 경우에 상대를 받아넘기는 데에 적당한 표현입니다.

인품의 관련 표현

외국인과 교제하는 기간이 길어지고 사이가 가까워지면 당연히 서로 간에 많은 대화를 통해 그 사람의 성품을 알게 됩니다. 만남은 항상 좋은 것만 있는 것이 아니기 때문에 때로는 상대의 바람직하지 못한 점도 보게 됩니다.
그 사람의 인품을 평가한다는 것은 결코 좋은 것만은 아닙니다. 경우에 따라서는 좋지 못함 감정이 섞여 나쁜 쪽만 부풀려 말하게 되니까요. 가능하면 상대의 성품을 말할 때는 헐뜯지 말고 좋은 점만을 말하도록 합시다.

사람을 평가할 때

■ 彼は飲み込みが早い。
그는 이해가 빨라.
◇ のみこみ 알아차림, 이해함, 납득

■ 彼は君をがっかりさせるようなことは決してしないよ。
그는 자네를 실망시키는 일 따위는 결코 하지 않을 거야.

■ 要領がいいのね。
요령이 좋군.

■ 彼はいいやつだ。
그는 좋은 녀석이야.

■ 年のわりにはふけて見えるよ。
나이에 비해서 늙어 보여.
◇ わりに 비교적, 생각보다는

■ ぼくら同じ年だね。
우리들 동갑이지.
◇ 명사·대명사에 붙어 복수를 나타내는 정중의 정도는 ら → たち → がた이다.

■ でも、君のほうがぼくより若くみえるよ。
하지만, 네가 나보다 젊어 보여.
◇ ~ほうが ~より ~(쪽)이 ~보다

■ 彼はそんな男だ。
　그는 그런 남자야.

■ 彼はだれに似ていますか。
　그는 누굴 닮았습니까?

■ 彼は常識に富んでいる。
　그는 상식이 풍부해.
　◇ ~に富んでいる ~이 풍부하다

■ 彼は若いのに知恵がある。
　그는 젊은데도 지혜가 있어.
　◇ のに는 앞의 말과 뜻이 상반되는 말을 연결하는 조사로「~는데」로 해석된다.

■ 彼は顔が広い。
　그는 발이 넓어.
　◇ 아는 사람이 많다고 할 때 직역하여 足が広い라고 하지 않도록 주의할 것

■ 彼はなかなかのやり手だ。
　그는 상당한 수완가야.
　◇ やりて 일을 잘 하는 사람, 숙달한 사람, 민완가

■ 君は思いやりが深いね。
　당신은 배려가 깊군요.
　◇ おもいやり 동정, 배려

■ 彼は義理堅い。
　그는 의리가 있어.

■ 彼はとても腰の低い人だ。
　그는 매우 겸손한 사람이야.
　◇ 腰が低い 저자세이다, 겸손하다 ↔ 腰が高(たか)い 고자세이다, 거만하다

■ 彼は気立てのやさしい人だ。
　그는 마음씨가 고운 사람이야.
　◇ 気立て 성품, 성질, 기질

■ 彼は気性の荒い人だ。
　그는 기질이 거친 사람이야.

화제

- 彼女にはどこか妙なところがある。
  그녀에게는 어딘가 묘한 데가 있어.

- 彼女は正気でない。
  그녀는 제정신이 아냐.
  ◇ 正気 본 정신, 정신 상태가 정상임

- 彼女は変わり者だ。
  그녀는 괴짜야.

→ 사람을 헐뜯을 때

- 彼って自分勝手なんだもん。
  그는 제멋대로야.
  ◇ 自分勝手(じぶんかって) 제멋대로임 | もん은 もの를 줄여서 한 말로 까닭·이유를 가리키거나, 불평·불만을 품고 반박하거나 호소하는 뜻을 지닌다.

- 彼は自己中心的なんだ。
  그는 자기중심적이야.

- 彼は利己的なんだ。
  그는 이기적이야.

- 彼は自分のことしか考えていないんだ。
  그는 자신의 일밖에 생각하지 않아.

- 彼は物事を難しく考えすぎるよ。
  그는 일을 너무 어렵게 생각해.

- 彼は単細胞だ。
  그는 단순해.
  ◇ 単細胞 성격 따위가 단순함을 빗대어 이르는 말이다.

- 彼、どうかしたの？今日はいらいらしているね。
  그이 무슨 일 있니? 오늘은 초조해 하는데.
  ◇ いらいら 마음이 조급함, 안달이 남

■ 彼女はおしゃべりだ。
　그녀는 수다쟁이야.

■ まあ、エッチな人ね。
　어머, 앙큼한 사람이야.

■ 彼はセックスのことしか考えていない。
　그는 섹스밖에 생각하지 않아.

■ 彼は口がうまい。
　그는 말이 좋아.

■ 彼はなかなか抜け目のないやつだ。
　그는 좀처럼 빈틈이 없는 녀석이야.
　◇ ぬけめがいい 요령이 좋고 실수가 없다, 빈틈이 없다

■ 彼はしばしば途方もないことを言う。
　그는 종종 터무니없는 소리를 해.
　◇ しばしば 가끔, 여러 번, 이따금 | 途方もない 도리에 맞지 못하다, 바람직하지 못하다, 보통과 다르다

■ 彼は責任感がまるでない。
　그는 책임감이 전혀 없어.

■ 彼はいやなやつだ。
　그는 불쾌한 녀석이야.

■ 彼は扱いにくい。
　그는 다루기 힘들어.
　◇ 동사의 중지형에 にくい가 접속하면 「〜기 힘들다(어렵다)」의 뜻을 가진 형용사가 된다.

■ 彼はがんこおやじだ。
　그는 고집쟁이야.
　◇ がんこおやじ 고집쟁이

■ 彼は高望みをしすぎている。
　그는 지나치게 허황되게 바라고 있어.
　◇ 高望(たかのぞ)み 신분이나 능력 이상의 높은 희망을 가지는 일

화제

■ あの男は強情っぱりだ。
　저 남자는 고집불통이야.
　　◇ 強情 의지가 굳어 자기 뜻을 좀처럼 굽히지 않음

■ 彼はつかみどころのない男だ。
　그는 요령이 없는 남자야.
　　◇ つかみどころがない 요령부득이다, 막연하다

■ 彼は性格が曲がっているよ。
　는 성격이 비뚤어져 있어.

■ 君は臆病だ。
　너는 겁쟁이야.

■ 彼はとりえがない。
　그는 장점이 없어.
　　◇ とりえ 취할 점, 뛰어난 점, 장점

■ 彼女は人見知りする。
　그녀는 낯을 가려.

■ 彼は威張っている。
　그는 잘난 체해.
　　◇ 威張る 뽐내다, 거만하게 굴다

■ 彼はすぐに腹を立てる。
　그는 금방 화를 내.

■ 彼は馬のようにがつがつ食う。
　그는 말처럼 걸신들린 듯이 먹어.
　　◇ がつがつ 굶주린 사람이 음식을 마구 먹어대는 모양, 물건을 탐내는 모양

→ **자신을 평가할 때**

■ 私は気が若い。
　나는 마음은 젊어.
　　◇ 気が若い 마음이 젊다

■ ぼくは不器用だ。
　난 손재주가 없어.
　　◇ 不器用(ぶきよう) 손재주가 없음, 서투름, 재간이 없음

■ 私はひとりでいるのが好きだ。
　난 혼자서 있는 것을 좋아해.

■ 私はのんきだ。
　난 무사태평해.
　　◇ のんき 걱정이 없음. 마음이 태평스러움, 성미가 느림

■ ぼくは怒りっぽいんだ。
　난 화를 잘 내.

■ ぼくは人と違って、おっとりしているんだ。
　난 다른 사람과 달리 대범하고 침착해.
　　◇ おっとり 대범하고 침착한 모양

■ ぼくはすぐにまごまごするんだ。
　난 금방 우물쭈물해.
　　◇ まごまご 머뭇거리는 모양, 당황하여 어물거리는 모양

■ 私は何事も割りきって考えている。
　나는 무슨 일이든 결단성 있게 생각해.
　　◇ わりきる 솔직한 입장에서 딱 잘라 말하다

■ ぼくは一つのことしか頭にない。
　나는 하나밖에 생각하지 못해.

■ ぼくには人を見る目がある。
　나는 사람을 볼 줄 알아.

UNIT 9 교제·연애의 관련 표현

이성간의 교제란 느낌도 중요하지만 화술도 매우 중요합니다. 남녀 관계란 말 한마디 때문에 오해하기도 하고 돌이킬 수 없는 사이가 되기도 하므로 오해가 발생할 우려가 있는 대화는 가능하면 피하는 것이 좋습니다.
일본 사람들도 우리처럼 예절을 중시하기 때문에 사랑에 대한 표현은 서구처럼 다양하지는 않습니다. 또한 상대에게 지나치게 사랑 표현도 하지 않습니다. 따라서 애정 표현은 진지할수록 상대로부터 호감을 받을 수 있습니다.

→ 지인·친구와의 교제

■ 私たちは仲よしです。
우리들은 사이가 좋습니다.
◇ 仲良し 사이가 좋음

■ 木村は私の親友です。
기무라는 제 친구입니다.

■ 吉田はあなたの親友でしょ？
요시다는 당신 친구이죠?

■ 彼女はただの友達ですよ。
그녀는 그저 친구예요.
◇ ただ 겨우, 고작

■ 明子さんはいつからの知り合いですか。
아키코 양은 언제부터 아는 사이였습니까?

■ 池田さんは私の同僚です。
이케다 씨는 제 동료입니다.

■ この会社でいちばん親しい人は誰ですか。
이 회사에서 가장 친한 사람은 누구입니까?
◇ ～でいちばん ～에서 가장(제일)

■ あなた以外に外国人の友人がいないんです。
　당신 이외에 외국인 친구가 없습니다.

■ 彼はいわゆる飲み友達です。
　그는 이른바 술친구입니다.
　◇ いわゆる 소위, 세상에서 흔히 말하는 속칭

이성과의 데이트·교제

■ 異性の友達はいますか。
　이성 친구는 있습니까?

■ 木村さんはボーイフレンドがいますか。
　기무라 씨는 남자 친구가 있습니까?
　◇ ボーイフレンド ↔ ガールフレンド 여자 친구

■ 誰か特に一人だけと付き合っていますか。
　누군가 특별히 혼자만 사귀고 있습니까?
　◇ 付き合う 사귀다

■ 特別に交際している女性はおりません。
　특별히 교제하고 있는 여자는 없습니다.

■ 妹さんとデートできるように計らってくれないかな。
　여동생과 데이트할 수 있도록 주선해 주지 않겠나?

■ 洋子を食事に誘いたくてたまらないな。
　요코와 식사를 하고 싶은 마음이 꿀떡같아.

■ 生まれて初めて日本人の女の子とデートしました。
　태어나서 처음으로 일본인 여자와 데이트를 했습니다.

■ デートの費用は全部男がもつべきだと思いますか。
　데이트 비용은 전부 남자가 내야 한다고 생각합니까?
　◇ ～べきだと思う ～해야 한다고 생각한다

화제

연애에 대해 말할 때

- 初恋は１２歳の時でした。
  첫사랑은 12살 때였습니다.

- 彼女と恋愛中です。
  그녀와 연애중입니다.

- 木村は僕のいもうとに一目ぼれしてしまいました。
  기무라는 내 여동생에게 첫눈에 반해 버렸습니다.
  ◇ 惚(ほ)れる 그리워 사모하다, 반하다

- 武田は吉村の恋人に首ったけなんだ。
  다케다는 요시무라 애인에게 홀딱 반했어.
  ◇ くびったけ 홀딱 반하여 열중함, 어떤 일에 골몰하는 모양

- お似合いのカップルだ。
  어울리는 커플이야.

- 私たちの仲はかなりうまく行っています。
  우리들은 사이좋게 잘 지내고 있습니다.

- あの人とは縁を切りましたわ。
  그 사람과는 인연을 끊었어요.
  ◇ 縁を切る 인연을 끊다, 헤어지다

- 私たちの仲もこれで終りね。
  우리 사이도 이걸로 끝이군

- 二人は最近別れたらしいよ。
  두 사람은 최근에 헤어진 것 같아.
  ◇ らしい는 추정을 나타내는 조동사로「~듯하다, ~것 같다」의 뜻을 나타낸다.

- 松本さんとはまだ付き合ってるの？
  마츠모토 씨와는 아직 사귀고 있니?

- もう会わないほうがいいね。
  이제 안 만나는 게 좋겠어.

■ 木村と別れたってほんと？
기무라와 헤어졌다니 정말이니?
◇ ~って는 남의 이야기를 인용할 때도 쓰인다. | ほんと는 本当(ほんとう)를 줄여서 말한 것이다.

■ 彼女と仲直りしようとしたが、だめでした。
그녀와 화해하려고 했는데 안 되었습니다.
◇ 仲直りする 화해하다

■ 洋子にプロポーズしたのに、ふられちゃった。
요코에게 프러포즈를 했는데 거절당했어.
◇ ふられる 채이다

■ 彼女、きみにはまったく気がありませんよ。
그녀는 너에게 전혀 관심이 없어요.

■ 明子が他の男と結婚した時は本当にがっかりしました。
아키코가 다른 남자와 결혼했을 때는 정말로 실망했습니다.

■ 僕は今、失恋中だよ。
나는 지금 실연중이야.

→ 좋아할 때

■ 木村は本当にプレイボーイだ。
기무라는 정말 플레이보이야.

■ 私は木村に夢中なの。
난 기무라에게 푹 빠졌어.
◇ 夢中 열중하여 자신을 잊어버림

■ 彼は本当にかっこいい。
그이는 정말로 근사해.
◇ かっこいい (모습, 모양, 외모 등이) 멋지다, 근사하다, 잘생겼다

■ あのかっこいい女の子は誰だい？
저 멋진 여자는 누구냐?

화제

■ 木村にはまいったよ。
　기무라에게 질렸어.
　　◇ まいる 질리다, 손들다, 지다

■ 彼はあなたが好きみたいよ。
　그는 너를 좋아하는 것 같아.

■ 彼女はぼくのことが好きみたいだ。
　그녀는 나를 좋아하는 것 같아.

■ 彼は彼女に気がある。
　그는 그녀에게 마음이 있어.

■ 彼女みたいな女には手も足も出ないんだ。
　그녀 같은 여자는 엄두도 못내.
　　◇ ~みたいな = ~のような ~와(과) 같은

■ 無性に彼女に会いたいなあ。
　이성으로가 아닌 그녀를 만나고 싶어.

■ 僕は彼女にモーションをかけようとしているんだ。
　난 그녀에게 추파를 던지려고 해.
　　◇ モーションをかける 이성(異性)에게 추파를 던지다

→ 데이트를 신청할 때

■ 今晩、ひま？
　오늘밤 시간 있어?

■ 今晩、予定入っているの？
　오늘밤 예정이 있니?

■ 今晩、いそがしいの？
　오늘밤 바쁘니?

■ 今晩、デートをしようよ。
　오늘밤 데이트하자.

■ 今晩、暇だったら一緒にどう？
　오늘밤 시간 있으면 함께 어때?
　✧ ~たらどう ~하면 어때?

■ 一緒に映画を見に行きませんか。
　함께 영화를 보러 가지 않을래요?

■ ちょっと付き合ってくれない？
　좀 사귀지 않을래?

■ コーヒーでも飲みませんか。
　커피라도 마시지 않을래요?

■ 一緒に夕食でもしましょうか。
　함께 저녁이라도 할까요?

■ ショーにお招きしたいんだけど。
　쇼에 초대하고 싶은데.

■ 一緒にショーに行きませんか。
　함께 쇼를 보러 가지 않겠어요?

■ デートに誘ってもいい？
　데이트 신청해도 되겠니?

■ ごめんなさい。私ボーイフレンドがいるの。
　미안해. 나 남자친구가 있어.

■ 私を誘おうとしてるの？
　나를 꼬이려고 하는 거니?

■ どこで会いましょうか。
　어디서 만날까요?

■ あなたの都合のいいところでいいですよ。
　당신 사정이 괜찮은 곳이면 돼요.

화제

사랑을 고백할 때

■ 君に話があるんだ。
　너에게 할말이 있어.

■ いま、誰かと付き合ってる？
　지금, 누구랑 사귀고 있니?

■ 私のこと、どう思う？
　나, 어떻게 생각해?

■ 君はすばらしい人だと思うよ。
　넌 멋진 사람이라고 생각해.

■ 愛してるよ。
　사랑해.

■ 私も愛してるわよ。
　나도 사랑해.

■ 君は僕の知っている中で最も美しい女性だ。
　넌 내가 알고 있는 여자 중에 가장 아름다워.

■ 君に夢中なんだ。
　너에게 반했어.

■ 彼女はぼくと話そうとさえしないんだ。
　그녀는 나하고 이야기조차도 하지 않으려고 해.
　◇ さえ 어떤 일에 다른 일이 첨가되는 뜻을 나타내는 말

■ 彼女はただじらしているんだよ。
　그녀는 단지 애를 태우고 있는 거야.
　◇ じらす 마음을 졸이게 하다, 애태우게 하다

■ 君にぼくの両親に会ってほしい。
　너를 우리 부모님께 소개하고 싶어.

■ まだ真剣になりたくないの。
아직 진지해지고 싶지 않아.
　◇ 真剣 진실한 모양

■ 一目惚れだったんだ。
첫눈에 반했어.

■ 君に会っていなかったらよかったんだが。
너를 만나지 않았으면 좋았을걸.
　◇ ～なかったらよかった ～지 않았으면 좋았다

■ 君に会ったことを後悔しているよ。
너를 만난 것을 후회하고 있어.

■ なぜ私が好きなの？
왜 나를 좋아하니?

■ 君は僕の好みのタイプなんだ。
너는 내가 좋아하는 타입이야.

■ 君はぼくを幸せな気持ちにさせてくれるよ。
너는 나를 행복하게 해줘.

■ 君と知り合えて幸せだよ。
너를 알게 되어서 행복해.

■ きれいな目をしているね。
눈이 예쁘구나.

■ 優しいね。
상냥하군.

■ 色っぽいね。
섹시한데.

■ 手をつないで歩こう。
손잡고 걷자.

화제

- 手をつないでもいい？
  손을 잡아도 되겠니?

- 君はきれいだ。
  넌 예뻐.

- 君のこと、すべてしりたいよ。
  너에 대한 모든 것을 알고 싶어.

- 君についてすべて言ってくれ。
  너에 대해서 모든 걸 말해 줘.

- 君がほしい。
  너를 갖고 싶어.

- 君が必要なんだ。
  네가 필요해.

- 君がすべてだ。
  네가 전부야.

- 君はぼくのものだ。
  넌 내 거야.

- ぼくは君のものだ。
  나는 네 거야.

- 君なしでは生きられないんだ。
  너 없이는 살 수 없어.

- もっとぼくに近づいてくれ。
  나에게 더 다가와 줘.

- 何を考えているの。
  무얼 생각하니?

- ぼくは君のことで頭がいっぱいなんだ。
  내 머릿속은 온통 너뿐이야.

- 君のような人は世界に二人といない。
  너 같은 사람은 세상에 둘도 없어.

- いいドレスだね。
  드레스가 좋구나.

- 君のためなら何も惜しくないよ。
  너를 위해서하면 아무 것도 아깝지 않아.
  ✧ ~のためなら ~을(를) 위해서라면

- 私を誘惑しているの？
  나를 유혹하는 거니?

- きつく抱いてくれ。
  꼭 안아 줘.

- 行かないでください。
  가지 말아 주세요.

- 君を好きにならずにいられないんだ。
  너를 좋아하지 않을 수 없어.
  ✧ ~ずにいられない ~않고는 있을 수 없다

- こんな気持ちになったのは初めてだ。
  이런 기분은 처음이야.

- 僕には君しかいないんだ。
  나에게는 너밖에 없어.

- 永遠に君を愛するよ。
  영원히 너를 사랑할게.

- 常に君を愛するよ。
  항상 너를 사랑할게.

화제

■ 死ぬまで君を愛する。
　　죽을 때까지 너를 사랑할게.

■ ぼくはいつも本心を話しているよ。
　　난 늘 본심을 말하고 있어.

■ もっと愛して。
　　더 사랑해 줘.

■ 彼女と恋に落ちた。
　　그녀와 사랑에 빠졌어.
　　◇ 恋に落ちる 사랑에 빠지다

■ 彼女はあなたを愛しているの？
　　그녀는 너를 사랑하고 있니?

■ 彼女を深く愛している。
　　그녀를 깊이 사랑하고 있어.

日本語ノート

◇ かっこういい

젊은이들은 새로운 말이나 표현을 만들어서 일상의 대화에서 세대차를 느끼게 만들기도 합니다. 일찍이 일본에서 cool (영어의 속어)을 의미하는 いかす(멋지다)라는 말이 유행한 적이 있습니다. 오늘날에 이 말은 かっこういい라는 용어로 바뀌었습니다.

예를 들면 젊은이들은 자신들의 취향에 딱 맞는 것이라고 인정하면 かっこういい라고 외칩니다. 그것이 자동차이든 의상이든 남자이든, 또한 노래이든 말입니다.

이 かっこういい는 보기에 좋은 것을 강조하고 영어의 속어로 「야, 저 녀석은 세련됐어!」라든가 「정말 멋진 헤어스타일이야!」가 쓰이는 것과 마찬가지입니다.

물론 어른에게는 이런 것들은 아무런 의미도 없지만, 외관만을 중요시하는 요즘 젊은이들의 경향을 바로 반영하는 것입니다.

UNIT 10 결혼·이혼의 관련 표현

결혼에 대한 질문은 프라이버시이므로 조심스럽게 질문을 해야 합니다. 미혼 여성에게 결혼을 했느냐고 물으면 실례가 됩니다. 따라서 서로 친한 사이가 아니면 결혼에 대해 이야기를 하지 않는 것이 좋습니다.
일본어에서는 결혼은 현재도 진행 중임으로 과거·완료형으로 말하지 않고 結婚(けっこん)しています로 말을 합니다. 만약 우리말처럼 結婚しました로 말한다면 일본인은 과거에 결혼한 적이 있고 지금은 이혼해서 혼자 살고 있는 것처럼 여기게 됩니다.

좋아하는 사람의 타입을 물을 때

■ どんな男性が好きですか。
어떤 남자를 좋아합니까?

■ 背が高くてハンサムで、それに冗談がわかる人がいいわ。
키가 크고 핸섬하고, 게다가 농담을 할 줄 아는 사람이 좋아.

■ 色が黒くて男性的な人が好きよ。
피부가 까맣고 남성적인 사람을 좋아해.

■ スポーツ好きで私を守ってくれるような人がいいわ。
스포츠를 좋아하고 나를 지켜 줄 만한 사람이 좋아.

■ ユーモアのある人が好きなの。
유머가 있는 사람을 좋아해.

■ 包容力があって融通のきく人が好きですわ。
포용력이 있고 융통성이 있는 사람을 좋아해요.

■ ロマンチックで野心的な男性が好きです。
로맨틱하고 야성적인 남자를 좋아합니다.

■ 知的で穏やかな人といるといちばんほっとするの。
지적이고 온화한 사람과 있으면 가장 편해.

■ 彼は私の好みのタイプじゃないわ。
　그는 내 취향의 타입이 아냐.

■ どんな人と結婚したいですか。
　어떤 사람과 결혼하고 싶습니까?

■ 親切で思いやりがあって、禿げてなければ誰でもいいわ。
　친절하고 배려가 있고, 대머리만 아니면 아무나 좋아.

■ どんな女の子が好き？
　어떤 여자를 좋아해?

■ 目が大きくて髪の長い女性が好きです。
　눈이 크고 머리카락이 긴 여자를 좋아합니다.

■ 好きなタイプの女性は？
　좋아하는 타입의 여자는?

■ 女らしい人がいいですね。
　얌전한 여자가 좋아요.

■ 彼女は僕の好きなタイプじゃないよ。
　그녀는 내가 좋아하는 타입이 아냐.

→ **결혼에 대해 말할 때**

■ 結婚してますか、独身ですか。
　결혼했습니까, 독신입니까?

■ お姉さんは結婚してるんですか。
　누나는 결혼했습니까?

■ 妹はこの前の土曜日に結婚しました。
　여동생은 요전 토요일에 결혼했습니다.

■ 木村と結婚するの？
  기무라와 결혼하니?

■ いつ彼と結婚するの？
  언제 그와 결혼하니?

■ いくつで結婚したいと思いますか。
  몇 살에 결혼하고 싶습니까?

■ すてきな人を見つけてその気になったら結婚します。
  멋진 사람을 찾아서 그럴 마음이 생기면 결혼하겠습니다.

■ 少なくとも２５までは結婚しません。
  적어도 25살까지는 결혼하지 않겠습니다.

■ ご結婚、おめでとう。で、お相手は？
  결혼 축하해. 그런데, 상대는 누구야?

→ 청혼에서 결혼생활까지

■ 結婚してくれますか。
  결혼해 줄래요?

■ はい、私あなたと結婚するわ。
  네, 나 당신과 결혼할래요.

■ 私の夫になっていただけますか。
  내 남편이 되어 주시겠어요?
    ◇ 妻(つま) 아내

■ 一緒に年を取ろう。
  함께 살자.
    ◇ 年を取る 나이를 먹다

■ あなたと今後死ぬまで一緒でありたいです。
  당신과 앞으로 죽을 때까지 함께 하고 싶어요.

화제

■ まだ婚約したくないの。
아직 약혼하고 싶지 않아.

■ まだ結婚したくないの。
아직 결혼하고 싶지 않아.

■ 私は結婚しています。
나는 결혼했습니다.

■ まだ結婚なんて考えていないわ。
아직 결혼 같은 거 생각하고 있지 않아.

■ 君を愛しているけど結婚はできないんだ。
너를 사랑하지만 결혼은 할 수 없어.

■ 彼女との結婚になかなか踏み切れないんだ。
그녀와의 결혼을 좀처럼 결단할 수 없어.
　◇ 踏み切る 과단성 있게 하다

■ 彼は新婚ほやほやだ。
그는 신혼 초야.
　◇ ほやほや 따끈따끈하고 말랑말랑하거나 김이 무럭무럭 나는 모양, 갓 마친 모양

■ 結婚生活はどうですか。
결혼생활은 어때요?

■ 私たちは今幸せです。
우리들은 지금 행복합니다.

■ ぼくは妻を愛している。
나는 아내를 사랑해.

■ 私たちは似たもの夫婦だ。
우리 부부는 닮았어.

■ 私たちは似合いの夫婦だ。
우리 부부는 잘 어울려.

- ぼくはマイホーム主義者だ。
  나는 가정주의자야.

- 彼女は子供を作りたがっている。
  그녀는 아이를 갖고 싶어 해.
  ◇ ~たがっている ~고 싶어 하다

- あのねー。私妊娠しているの。
  저 말이야. 나 임신했어.

- 赤ん坊は男ですか、女ですか。
  아기는 남자예요, 여자예요?

- ぼくは女房思いだ。
  난 애처가야.

- 夫婦げんかはしないよ。
  부부싸움은 안 해.

중매결혼과 일본의 관습

- 「お見合い」って聞いたことがありますか。
  「중매」라는 말을 들어 본 적이 있습니까?
  ◇ ~って = という | ~たことがある ~한 적이 있다, 과거의 경험을 나타낸다.

- 見合い結婚は仲人さんが整えます。
  중매결혼은 중매쟁이가 주선합니다.

- 日本では見合い結婚がまだ一般的ですか。
  일본에서는 중매결혼이 아직 일반적입니까?

- あなたはお見合いで結婚するつもりですか。
  당신은 중매로 결혼할 생각입니까?

- 神式の結婚式をやりますか。
  신도식 결혼식을 합니까?

화제

■ 披露宴はホテルでやりますか。
피로연은 호텔에서 합니까?

■ 新婚旅行はグアムへ行きます。
신혼여행은 괌으로 갑니다.

■ 夫の家族と同居します。
남편 가족과 함께 삽니다.

■ 少し心配です。嫁と姑はうまくいかないのが普通ですから。
조금 걱정입니다. 고부간에 갈등이 있는 것이 일반적이라서요.

→ 출산에 대해 말할 때

■ 妻に近く子供が生まれます。
곧 아내가 아이를 낳습니다.

■ 予定日はいつですか。
예정일은 언제입니까?

■ 彼女は妊娠3ヶ月です。
그녀는 임신 3개월입니다.

■ お子さんは何人ほしいですか。
자녀는 몇 명 갖고 싶으세요?

■ 彼女は火曜日に女の子を生みました。
그녀는 화요일에 여자아이를 낳았습니다.

■ 妻と私で赤ちゃんの誕生祝いを今晩します。
오늘밤 아내와 둘이서 아기 탄생을 축하합니다.

■ 妻の両親は来月、銀婚式を祝う予定です。
아내의 부모님은 다음달에 은혼식을 올릴 예정입니다.

이혼에 대해 말할 때

■ 君たちはけんかをする？
너희들은 싸우니?

■ 私たちはよくけんかする。
우리들은 자주 싸워.

■ 君たちは幸せなの？
너희들은 행복하니?

■ いや、もう妻を愛していないんだ。
아니, 이제 아내를 사랑하지 않아.

■ ぼくの妻は浮気しているんだ。
내 아내는 바람을 피우고 있어.
　◇ 浮気をする 바람을 피우다 | 浮気者(うわきもの) 바람둥이

■ ぼくらは仲たがいし始めた。
우리들은 사이가 틀어지기 시작했어.
　◇ 仲たがい 사이가 틀어짐, 티격남 | ~始める ~하기 시작하다

■ 気が変わったんだ。
마음이 변했어.
　◇ 気が変わる 마음이 변하다

■ 君は変わったよ。
넌 변했어.

■ 君は以前と同じではない。
넌 이전과 같지 않아.

■ 今誰かと付き合ってるの？
지금 누구랑 사귀고 있니?

■ 実際、付き合っていません。
실제 사귀고 있지 않아요.

■ 結婚生活はどう？
　결혼생활은 어때?

■ ぼくは妻と話が合わないんだよ。
　난 아내와 대화가 안 돼.

■ 私たちはお互いにうまくやっていけないんだ。
　우리들은 서로 잘 해나갈 수 없어.

■ ぼくは秘書と恋愛関係にあったんだ。
　난 비서와 사귀고 있었어.

■ もうあなたを愛していないの。
　이제 너를 사랑하지 않아.

■ 離婚しよう。
　이혼하자.

■ ぼくは今妻と別居しているんだ。
　난 지금 아내와 별거중이야.

■ 君を失って、とても耐えられない。
　너를 잃다니 도저히 참을 수 없어.

■ 別れるってことはつらいことだ。
　헤어진다는 것은 괴로운 일이야.

■ 君と別れたい。
　너와 헤어지고 싶어.

■ 私を失恋させないでちょうだい。
　나를 버리지 말아 줘.
　　◇ ～ないでちょうだい ～하지 말아줘

■ ぼくらは何時間にもわたって言い争ったんだよ。
　우리들은 몇 시간에 걸쳐 말다툼을 했어.
　　◇ ～にわたって ～에 걸쳐서

일 상 日常・にちじょう

일상생활을 영위하면서 주변에 일어나는 일들은 다양한 화제를 제공하며 폭넓은 인간관계를 이끌어나갑니다.
일상생활에서 흔히 부딪칠 수 있는 장면을 잘 익혀두어 교제의 폭을 넓히도록 합시다.

UNIT 1 집안에서의 관련 표현

일본에서는 일반적으로 콘크리트를 사용하여 만든 고층 주택을 맨션(マンション)이라고 하고, 다타미 四畳半(よじょうはん) 크기의 한 칸짜리 방들로 되어 있는 2층 정도의 목조 건물을 아파트(アパート)라고 부릅니다. 우리 생각으로 아파트를 생각했다가는 실수를 범하게 됩니다. 즉, 일본의 아파트는 연립주택보다 한 단계 뒤떨어지고 맨션은 우리의 아파트보다는 좁은 편입니다. 우리처럼 대규모로 되어 있는 아파트는 団地(だんち)라고 말하고 단독주택을 一戸建(いっこだ)て라고 합니다.

▶ 일어나서 밖에 나갈 때까지

■ 目覚まし時計は鳴った？
자명종은 울렸니?

■ 起きる時間よ！
일어날 시간이야!

■ 起きたくないよ。
더 자고 싶어요.

■ 早く起きなさい。
빨리 일어나라.

■ 目が覚めたの？
일어났니?
✧ 目が覚める 눈을 뜨다, 일어나다

■ よく眠れた？
잘 잤니?

■ いや、眠れなかったんだ。
아니, 잘 못 잤어.

■ 目覚まし時計を止めてくれる？
자명종을 꺼 주겠니?

■ ついに起きたのね。
　　드디어 일어났구나.
　　◇ ついに 결국, 드디어, 끝내는

■ まだ眠いよ。
　　아직 졸려요.

■ 昨日、夜更かししたの？
　　어젯밤 밤 새웠니?
　　◇ 夜更かし 밤늦게까지 자지 않음

■ 布団をたたもう。
　　이불을 개자.
　　◇ 布団を敷(し)く 이불을 깔다

■ 昨晩いびきをかいていたよ。
　　지난밤 코를 골던데.
　　◇ いびきをかく 코를 골다

■ こわい夢をみたの？
　　무서운 꿈을 꾸었니?
　　◇ 夢を見(み)る 꿈을 꾸다

■ 電気がつけっぱなしだったよ。
　　전기가 밤새 켜져 있더라.
　　◇ ~っぱなし 동사의 중지형에 접속하여 그대로 둔다는 뜻을 나타낸다.

■ 朝ご飯の前に顔を洗いなさい。
　　아침밥을 먹기 전에 세수를 해라.
　　◇ 顔を洗う 세수를 하다 | 洗顔(せんがん) 세안

■ 朝食の時間だ。
　　아침 먹을 시간이다.
　　◇ 朝御飯(あさごはん) 아침밥 | 昼御飯(ひるごはん) 점심밥 | 晩御飯(ばんごはん) 저녁밥

■ まだ眠いなあ。
　　아직도 졸리는데.

■ まだあくびをしているんだ。
　　아직도 하품을 하고 있네.

일상

- 二日酔いだ。
  숙취야.
  ◇ 二日酔い 숙취, 다음날까지 계속되는 취기

- ぼくは夜型の人間なんだ。
  난 밤 타입인가 봐.
  ◇ 夜型(よるがた) 밤에 주로 활동을 하는 타입

- コーヒーで目が覚めるんだ。
  커피를 마시니까 잠이 깨는데.

- 歯はみがいた？
  이는 닦았니?
  ◇ 歯を磨(みが)く 이를 닦다 ｜ 歯磨(はみがき粉(こ) 치약 ｜ 歯(は)ブラシ 칫솔

- 髪の毛をとかさなくちゃ。
  머리를 빗어야 해.

- 何を着ようかな。
  무얼 입을까?

- 早く着替えなさい。
  빨리 갈아입어라.
  ◇ 着替える (옷을) 갈아입다

- パジャマを片付けなさい。
  잠옷을 개거라.
  ◇ 片付ける 정리하다, 치우다

- 行ってきます。じゃあ、お母さん。
  자, 다녀올게요. 엄마.
  ◇ 行ってきます 외출할 때 하는 인사말

- よく勉強してきなさいよ。
  공부 잘하고 오너라.

- 今日は学校をずる休みしよう！
  오늘은 학교를 땡땡이치자!
  ◇ ずるやすみ 꾀부려 쉼

■ セーターを裏返しに着ているよ。
스웨터를 뒤집어 입었어.

■ ゴミを出すのを忘れないようにね。
쓰레기 버리는 걸 잊지 말아라.
　◇ ~ないようにしてください ~지 않도록 해 주세요.

■ 君がゴミを出す番だよ。
네가 쓰레기를 버릴 차례야.

■ 今日は何をするの？
오늘은 무얼 하니?

■ 早くしないと遅刻するわよ。
빨리 하지 않으면 지각해요.

■ 学校に遅れるわよ。
학교에 늦겠다.

■ ドアに鍵をかけた？
문 잠갔니?

■ 何か忘れてはいないの？
잊은 건 없니?

■ 遅れているぞ！
늦었어!

■ 急いでね！
서둘러!

■ 急がなくては！
서둘러야겠어!
　◇ 急がなくてはならない 서두르지 않으면 안 된다, 서둘러야 한다

■ 今日は遅くなるの。
오늘은 늦니?

■ いや、いつもどおりに帰ってくるよ。
　아니, 평소와 같아요.
　◇ ~どおりに ~한 대로, ~처럼

■ 帰りは何時？
　몇 시에 집에 오니?

■ お弁当は持った？
　도시락은 챙겼니?
　◇ 弁当をつける 도시락을 싸다

■ 雨が降りそう。
　비가 올 것 같아.

■ 傘を持って行きなさい。
　우산을 가지고 가거라.

■ 外出するときは鍵をかけることを忘れないでね。
　외출할 때는 열쇠를 잠그는 것을 잊지 말도록 해요.

→ **귀가해서 잠자리에 들 때까지**

■ ただいま。
　다녀왔어요.
　◇ ただいま 외출하고 돌아왔을 때의 인사말, 지금, 방금, 지금 곧

■ おかえりなさい。
　어서 오세요.

■ 今日はどうだった？
　오늘은 어땠니?

■ おなかがすいた。
　배가 고픈데.
　◇ おなかがすく 배가 고프다 | おなかがぺこぺこだ 배가 몹시 고프다

■ おやつあるわよ。
　간식이 있다.

■ 遊びに行っていい？
　놀러 가도 돼요?

■ 宿題をしてからね。
　숙제를 하고 나서.
　　◇ ～てから ～하고 나서

■ 塾に行ってきます。
　학원에 다녀올게요.
　　◇ 塾는 학생들이 다니는 입시학원이나 보습학원을 말한다.

■ お小遣いをちょうだい。
　용돈 좀 주세요.
　　◇ ちょうだい 물건을 달라고 재촉하는 말

■ 夕食は何にしましょうか。
　저녁은 무엇으로 할까요?

■ 晩ご飯は何が食べたい？
　저녁은 뭘 먹고 싶니?

■ ご飯の支度を手伝ってくれる？
　저녁 준비를 거들어 주겠니?
　　◇ 支度 준비, 채비

■ 夕食は何を作ろうかな。
　저녁은 무얼 지을까?

■ やっぱり家はいいな。
　역시 집이 최고야!

■ お使いに行ってきて。
　심부름 좀 갔다 오렴.
　　◇ お使い 심부름

■ お風呂がわいてるわよ。
　목욕물이 끓어요.
　　◇ お風呂に入(はい)る 목욕을 하다 | シャワーを浴(あ)びる 샤워를 하다

일상

■ 晩ご飯できた？
　저녁밥 다 되었어요?

■ ママ、今日の夕食はなあに？
　엄마, 오늘 저녁은 뭐예요?

■ いただきます。
　잘 먹겠습니다.
　　◇ いただきます는 식사를 시작하기 전에 하는 인사이다.

■ お湯がわいてるよ。
　물이 끓어요.
　　◇ お湯 뜨거운 물 ｜ お水(みず) 찬물, 일반적인 물

■ ご飯の時間よ。
　밥 먹을 시간이야.

■ ちゃんと手を洗った？
　손은 잘 씻었니?

■ 野菜を残さず食べなさい。
　야채를 남기지 말고 먹어라.
　　◇ 残さず = 残さないで 남기지 말고

■ 好き嫌いを言っちゃだめ。
　가리지 말고 먹어라.
　　◇ 好き嫌い 좋고 싫음, 호불호 ｜ ～ちゃだめだ = ～てはだめだ ～해서는 안 된다

■ ごちそうさま。
　잘 먹었어요.
　　◇ ごちそうさま는 식사를 마치고 하는 인사이다.

■ お皿を洗いなさい。
　설거지를 하거라.

■ 何かおもしろい番組をやってる？
　무슨 재미있는 프로를 하니?
　　◇ 番組 (방송) 프로그램

■ チャンネルを換えてくれないか。
채널을 바꿔 주지 않겠니?

■ もっとテレビが見たいよ。
텔레비전을 더 보고 싶어요.

■ 今夜は十分に見たでしょう。
오늘밤은 많이 봤잖아.

■ 昼寝でもしたらどう？
낮잠이라도 자면 어때?
　◇ ～たらどう？　～하면 어때?

■ 宿題はやったの？
숙제는 했니?

■ ちゃんと勉強しなさい。
가만히 공부해라.
　◇ ちゃんと 규칙 바르게 단정하게, 정확하게, 시간대로

■ 早く寝なさい。
일찍 자거라.

■ もうファミコンは止めなさい。
이제 게임은 그만해라.

■ かならず歯をみがくのよ。
이는 꼭 닦는 거야.

■ あしたの支度はできたの？
내일 준비는 다 했니?

■ もう寝る時間よ。
이제 잘 시간이다.

■ テレビは消して寝なさい。
텔레비전은 끄고 자거라.

일상

■ ここに置きっぱなしにしないでよ。
여기에 내팽개치지 말고.

■ 8時に目覚まし時計が鳴るようにセットしたよ。
8시에 자명종이 울리도록 맞춰 놨다.

■ あした7時に起こしてね。
내일은 7시에 깨워줘요.

■ おやすみなさい。
안녕히 주무세요.
◇ おやすみなさい는 밤에 헤어질 때나 자기 전에 하는 인사말이다.

■ いい夢を見ますように。
좋은 꿈꾸세요.

→ 집에서 쉬는 날

■ 昼寝をしたいな。
낮잠을 자고 싶군.

■ でも、まだ起きたばかりじゃないの。
그런데, 방금 일어났잖아.
◇ ~たばかりだ 막 ~했다, 동작이 완료된 지 얼마 안 된 시간을 말한다.

■ 横になろう。
누울게요.
◇ 横になる 눕다

■ 赤ちゃんのおむつを取り替えてくれる？
아기 기저귀를 갈아줄래?

■ おしっこしたいの？
쉬하고 싶니?

■ キャッチボールをしよう。
캐치볼을 하자.

- ほこりっぽいなあ。
  먼지투성이구나.

- この部屋の中は風通しが悪い。
  이 방은 통풍이 나쁘다.

- この部屋は息がつまる。
  이 방은 숨이 막혀.

- 犬にえさをあげてね。
  개에게 밥을 줘요.

- 弟と妹の面倒をみてね。
  동생들을 돌보아라.
  ◇ 面倒を見る 돌보다, 보살피다

- 手伝いましょうか。
  거들어드릴까요?

- 植物に水をやってちょうだい。
  나무에 물을 주거라.

- 部屋をかたづけなさい。
  방 좀 치워라.

- 掃除を手伝って。
  청소 좀 거들어 줘요?

- 洗濯物を干して。
  빨래를 널어 줘요?
  ◇ 洗濯物を干す 빨래를 널다

- ほうきで床をはいてね。
  빗자루로 바닥을 쓸어요.

- 雑巾で床をふいてね。
  걸레로 바닥을 닦아요.

일상

■ はたきでほこりを払いなさい。
먼지떨이로 먼지를 털어라.

■ 流しをゴシゴシ洗ってね。
설거지대를 싹싹 씻어요.

■ わたしの部屋に掃除機をかけなくては。
내 방을 청소기로 밀어야 해.

■ 棚のほこりを払って。
선반 먼지를 털어라.

■ そのシャツにアイロンをかけて。
그 셔츠를 다려 줘요?
◇ アイロンをかける 다림질을 하다

■ スカートにアイロンをかけなくちゃ。
스커트를 다려야 해.
◇ ~なくちゃ = なくては ~지 않으면

■ スーパーに買い物に行こうよ。
슈퍼에 물건을 사러 가자.

■ 今夜、子守りできる?
오늘밤에 아기를 봐줄 수 있니?

→ 생활 습관

■ ふつう、わたしは仕事のあとに運動する。
보통 나는 일이 끝난 후에 운동해.

■ ジョギングを始めたんだ。
조깅을 시작했어.

■ けっこうです。たばこをやめたんです。
됐습니다. 담배를 끊었습니다.

■ よく夢を見ますか。
꿈을 많이 꿉니까?

■ 最近忘れっぽいなあ。
요즘은 잘 잊어버려.

→ **금전 관리**

■ 電話使用料の請求書だよ。
전화사용료 청구서야.

■ 支払い期日はいつ？
납부 날짜는 언제지?

■ 家賃はいつ払うことになっていますか。
집세는 언제 지불하기로 되어 있습니까?
◇ ~ことになっている ~하기로 되어 있다

■ このお札を小銭に替えてください。
이 지폐를 잔돈으로 바꿔 주세요.

■ 一万円をくずしていただけますか。
1만엔을 잔돈으로 바꿔 주시겠어요?

■ 預金口座に5万円預けなくては。
예금구좌에 5만엔을 넣어야 해요.

■ 預金口座から5万円引き出さなくては。
예금구좌에서 5만엔을 인출해야 해요.

■ 自腹を切ったんだ。
내가 지불했어.
◇ 自腹を切る (자기가 지불하지 않아도 될) 경비를 구태여 부담하다, 비용을 자담하다

■ 現金を持っていません。カードでもいいですか。
현금을 가지고 있지 않습니다. 카드도 괜찮습니까?

일상

■ はい、カードでも結構です。
　　네 카드도 괜찮습니다.

■ ちょっとお金を貸してくれる？
　　돈 좀 빌려 주겠니?

■ すまん、いま無一文だよ。
　　미안, 지금 무일푼이야.
　　◇ すまんは すまない(미안하다)의 구어적인 표현이다.

■ 今、あまり現金を持っていない。
　　지금 별로 현금이 없어.

■ あまりお金を持っていないんだ。
　　별로 돈을 갖고 있지 않아.

■ いま、お金がちょっと不足しているんだよ。
　　지금 돈이 좀 부족해.

■ いまぼくは金持ちなんだ。
　　난 지금 부자야.

■ 何たる浪費！
　　무슨 낭비야!

■ 彼は借金を踏み倒して姿をくらました。
　　그는 빚을 떼어먹고 자취를 감췄어.

여가의 관련 표현

귀가해서 또는 쉬는 날에는 대부분의 사람들은 집에서 텔레비전을 보기 마련입니다. 특히 일본어를 공부하는 입장에서는 텔레비전(テレビ) 시청은 청취력 훈련에도 도움이 되며 무엇보다도 현장감 있는 일본어를 접할 수 있어 좋습니다.

일본에는 국민들로부터 시청료를 걷어 운영되고 있는 NHK(日本放送協会 Nippon Hoso Kyokai)와 민간방송이 있습니다. 대부분의 방송은 24시간 종일 방송을 하기 때문에 잠이 잘 오지 않을 때는 지루함을 달래주기도 합니다.

→ 친한 사람을 꼬드길 때

■ この週末はひま？
이번 주말은 한가해?

■ また、お目にかかれますか。
또 뵐 수 있을까요?

■ あなたの電話番号をいただけますか。
당신 전화번호를 주실 수 있어요?

■ どこでお会いしましょうか。
어디서 볼까요?

■ お迎えに行きましょうか。
마중 나갈까요?

■ 今日の午後は何か予定ある？
오늘 오후에 무슨 예정 있니?

■ 夕食を一緒にどうですか。
저녁을 함께 할래요?

■ 野球を見に行こう。
야구를 보러 가자.

■ すみません、予定が入っているんです。
미안합니다, 예정이 있습니다.

■ すみませんが、忙しいんです。
미안합니다만, 바쁩니다.

■ すみませんが、先約があります。
미안합니다만, 선약이 있습니다.

■ 申し訳ありませんが、だめなんです。
죄송합니다만, 안 되겠습니다.

■ 誘ってくれてありがとう。でも約束があるんです。
권해줘서 고마워요. 하지만 약속이 있는데요.
✧ ~てくれてありがとう ~해 줘서 고마워요

■ またの機会にしよう。
다음 기회로 하자.

■ 後日にしていただけますか。
다음 날로 해 주실 수 있어요?

■ 来ていただければうれしいのですが。
와 주시면 기쁘겠습니다만.
✧ ~ていただければうれしい ~해 시면 기쁘다

→ 예정을 짤 때

■ 都合がいいのはいつ？
언제면 괜찮아?

■ 金曜日がいいね。
금요일이 좋겠는데.

■ いつごろにしますか？
언제쯤으로 할까요?

■ 来週の土曜にしましょう。
다음주 토요일로 합시다.
✧ ~~にしよう ~로 하자

■ いつボーリングに行きたいの。
언제 볼링 치러 가고 싶니?

■ いつでもいいよ。
언제든지 좋아.

■ いつでも君が時間のあるときに。
언제든지 네가 시간이 있을 때.
✧ いつでも 언제든지 | どこでも 어디든지 | いくらでも 얼마든지 | 何(なん)でも 무엇이든

■ 今日はかなりひまだよ。
오늘은 무척 한가해.

■ 今日は何もすることがない。
오늘은 아무 할 일이 없어.

■ 明日はどうですか。
내일은 어때요?

■ ごめんなさい。明日は忙しいんです。
미안해요. 내일은 바빠요.

■ 金曜日の3時以後ならいいよ。
금요일 3시 이후라면 괜찮아.

■ 今週の土曜日はどうですか。
이번 주 토요일은 어때요?

■ その日はだめなんです。
그 날은 안 됩니다.

■ その日はいいです。
그 날은 좋습니다.

- いつ行けばいいの？
  언제 가면 좋겠니?
  ✧ ~ばいい ~하면 좋다

- いつ立ち寄れるの？
  언제 들를 수 있니?

- いつにするか決めて。
  언제 할 것인지 정해 줘요.

- あなたが決めてください。
  당신이 정하세요.

- どこにするか決めて。
  어디로 할 것이지 정해 줘요.

- どこでもあなたがいい所でいいですよ。
  어디든지 당신이 좋은 곳으로 하면 됩니다.

- いつ来ればいいのですか。
  언제 오면 되겠어요?

- 7時は都合がいいですか。
  7시에는 괜찮으세요?

- 何時だったら来られる？
  몇 시면 올 수 있니?
  ✧ ~だったら(~이라면)는 단정을 나타내는 だ에 가정이나 조건을 나타내는 たら가 접속된 형태이다.

- その日時でいいね。
  그 날 그때가 좋겠군.

- では、その日に会いましょう。
  그럼, 그 날 만납시다.

- のちほど改めてあいさつにうかがいます。
  나중에 다시 인사드리러 찾아뵙겠습니다.

외출 준비

■ 用意^{ようい}できた？
준비되었니?
◇ 用意する 준비하다

■ 食事^{しょくじ}の準備^{じゅんび}はどうなっているの？
식사 준비는 어떻게 되었니?

■ もう準備^{じゅんび}はできてるよ。
벌써 준비는 다 되었어요.

■ まだ準備^{じゅんび}ができていないよ。
아직 준비가 안 되었어요.

■ 何時^{なんじ}に出^でようか。
몇 시에 나갈까?

■ さあ、行^いこう。
그럼, 가자.

■ 5分^{ふん}で準備^{じゅんび}できるよ。
5분이면 준비할 수 있어.

영화 감상

■ 映画^{えいが}に行^いきませんか。
영화를 보러 가지 않을래요?
◇ 동작성 명사에 ~に行く를 접속하면 「~하러(를) 가다」의 뜻으로 동작의 목적을 나타낸다.

■ 今夜^{こんや}は何^{なに}が上映^{じょうえい}されていますか。
오늘밤에는 뭐가 상영되고 있나요?
◇ 수동의 조동사 (ら)れる는 동작주가 무생물일 경우에 주로 우리말의 「되다」로 해석된다.

■ どの映画^{えいが}が見^みたい？
어느 영화를 보고 싶니?

■ この映画には誰が出ているの？
이 영화는 누가 나오니?

■ 上映時間はどれくらいですか。
상영시간은 어느 정도입니까?

■ 次の上映は何時ですか。
다음 상영은 몇 시입니까?

■ 終映は何時ですか。
종영은 몇 시입니까?

■ 大人二枚と子供一枚ください。
어른 두 장하고 어린이 한 장 주세요.

■ 前の人の頭でよく見えないよ。
앞사람 머리 때문에 잘 안 보여.

■ ずいぶんうしろの席だな。
너무 뒷자리야.
 ◇ ずいぶん 퍽, 몹시, 아주

■ もっと前の席に座ろう。
더 앞자리에 앉자.

■ 映画はどうだった？
영화는 어땠니?
 ◇ どうだった?를 정중하게 말할 때는 どうでしたか로 하면 된다.

■ 面白かったね。
재미있었어.

■ つまらなかったね。
재미없었어.

■ 感動したよ。
감동했어.

콘서트

■ 十月三日のA席二枚お願いします。
10월 3일 A석으로 두 장 부탁드려요.

■ そのコンサートのチケットはありますか。
그 콘서트 티켓은 있습니까?
◇ チケット 티켓 = 切符(きっぷ) 표

■ 売り切れです。
매진입니다.

■ いつのチケットならありますか。
언제 티켓이면 있습니까?

■ 今週の金曜日のはありますが。
이번 주 금요일 것은 있는데요.

■ 予約できますか。
예약할 수 있나요?

■ はい、もちろん予約できます。
예, 물론 예약할 수 있습니다.

■ 切符はどこで買うのですか。
표는 어디서 사나요?

■ この席は空いていますか。
이 자리는 비어 있습니까?

■ すごくいい席だね。
굉장히 자리가 좋군.

■ こんなすごい芝居は見たことがありません。
이런 훌륭한 연극은 본 적이 없습니다.
◇ 芝居 연극 | 演劇(えんげき) 연극

가라오케

■ カラオケに行こうよ。
노래방에 가자.
  ◇ カラオケは 空(から)に オーケストラ(오케스트라)의 오케가 합성된 조어이다.

■ ごめん。私音痴なの。
미안해. 난 음치야.

■ カラオケとは何なの?
가라오케가 뭐야?

■ 録音された音楽といっしょに歌うのです。
녹음된 노래와 함께 부르는 것입니다.

■ 歌うのは得意なの?
노래는 잘하니?

■ わたし、歌は得意じゃない。
난, 노래는 자신이 없어.

■ 一曲リクエストしたいな。
한 곡 신청하고 싶은데.
  ◇ リクエスト 리퀘스트, 요구, 요청

■ 君が先に歌ってくれ。
네가 먼저 불러.
  ◇ 歌を歌(うた)う 노래를 부르다

■ みんなで楽しもう。
모두 함께 즐기자!

■ 木村、歌はどう?
기무라, 노래는 어때?

■ 何を歌う?
무얼 부를래?

- デュエットでしよう。
  듀엣으로 하자.

- いよいよぼくの番だ。
  드디어 내 차례야.

- 人前で歌う度胸なんかないよ。
  사람 앞에서 노래할 배짱 따위 없어.
  ◇ 度胸 담력, 배짱, 두려워하지 않는 기력

- ぼくは新しい歌にはついていけないんだ。
  난 신곡에는 자신이 없어.

- あなたのカラオケの十八番は何ですか。
  당신 가라오케 십팔번은 뭐예요?
  ◇ 十八番 가장 뛰어난 장기

- この曲は聞いたことがないな。
  이 곡은 들은 적이 없어.

- 木村さんは歌がお上手ですね。
  기무라 씨는 노래를 잘하시는군요.

日本語ノート

◇ なかなか

일본인과 접촉할 기회가 많은 독자 여러분에게 편리한 말 하나가 なかなか입니다. 이 부사는 「꽤, 상당히」, 「무척, 매우」, 내지는 「쉽지 않게」라는 의미로 일상에 쓰입니다. 예를 들면 「그녀는 상당한 미인」이라든가, 「음식이 상당히 맛있다」라든가, 「그는 스포츠를 상당히 잘한다」라는 표현을 할 때 사용합니다.

なかなか는 일을 그리 간단히 할 수 없다든지 어려울 경우에도 쓰입니다. 예를 들면 「그는 좀처럼 오지 않는다」라든가, 「나는 별로 일본어가 숙달되지 않는다」입니다.

또, 코트에서 테니스 연습을 하고 있는 아가씨는 「상당한 미인」이지만 「아직 별로」라고 하면, 그녀는 정말로 테니스를 할 수 있게 될 때까지는 상당한 시간이 걸린다는 것을 암시하고 있는 것입니다.

일상

학교의 관련 표현

일본은 우리와 학제(学制)가 동일하여 小学校(しょうがっこう) 6년, 中学校(ちゅうがっこう) 3년, 高等学校(こうとうがっこう) 3년, 大学(だいがく) 4년으로 편성되어 있습니다. 그밖에 大学院(だいがくいん), 短期大学(たんきだいがく), 専門学校(せんもんがっこう) 등이 있습니다.
출신학교에 대해 질문을 할 때는 보통 出身校(しゅっしんこう)はどちらですか라고 하며, 어느 학교를 졸업했는지를 물을 때는 どこの学校(がっこう)を卒業(そつぎょう)しましたか라고 하면 됩니다.

출신 학교에 대해 말할 때

■ 学校はもう卒業しています。
대학은 이미 졸업했습니다.

■ 大学へ行っています。
대학에 다니고 있습니다.

■ どちらの大学を出ましたか。
어느 대학을 나왔습니까?

■ 東京大学の出身です。
도쿄 대학 출신입니다.

■ どちらの大学へ行ったのですか。
어느 대학을 갔습니까?

■ ソウル大学です。
서울대학입니다.

■ どちらの大学に行っていますか。
어느 대학을 다니고 있습니까?

■ 明治大学へ行っています。
메이지 대학에 다니고 있습니다.

■ あなたはこの大学を出ましたか。
당신은 이 대학을 나왔습니까?

■ 出身校はどちらですか。
출신교는 어디입니까?

■ 地方の私立大を出ました。
지방 사립대를 나왔습니다.

■ 私が通ったのは地方の国立大学です。
제가 다녔던 것은 지방 국립대학입니다.

전공에 대해 말할 때

■ 専攻は何ですか。
전공은 무엇입니까?

■ 何を専攻なさいましたか。
무엇을 전공하셨습니까?
◇ なさる는 する의 존경어로「하시다」의 뜻이다.

■ 大学では何を勉強しましたか。
대학에서 무엇을 공부했습니까?

■ 法律を専攻しました。
법률을 전공했습니다.

■ 機械工学が専攻です。
기계공학이 전공입니다.

■ 大学院で文学を専攻して修士学位を取りました。
대학원에서 문학을 전공하고 석사 학위를 땄습니다.
◇ 学士(がくし) 학사 → 修士(しゅうし) 석사 → 博士(はくし) 박사

■ 学部と大学院で日本の文学を専攻しました。
학부와 대학원에서 일본 문학을 전공했습니다.

- 何を勉強していますか。
  무엇을 공부하고 있습니까?

- 経済を専攻しています。
  경제를 전공하고 있습니다.

→ 동아리・아르바이트에 대해 말할 때

- 何のクラブに入ってるんですか。
  무슨 동아리에 들었어요?

- 英語のクラブです。
  영어 동아리입니다.

- 学生時代に何かクラブ活動をしましたか。
  학창시절에 무슨 동아리에서 활동했습니까?

- どのクラブに属していますか。
  어느 동아리에 소속되어 있습니까?

- 柔道部に属しています。
  유도부에 소속되어 있습니다.

- テニス部で四年間頑張りました。
  테니스 부에서 4년간 열심히 했습니다.

- アルバイトはしているの？
  아르바이트는 하고 있니?

- 家庭教師をしています。週に三回教えています。
  예, 가정교사를 하고 있습니다. 일주일에 3번 가르치고 있습니다.

- パートで働いているんですか。
  파트타임으로 일하고 있습니까?
  ◇ パートタイム 파트타임, 시간을 정해 놓고 하는 일. 일정한 시간을 정하고 그 시간에만 일하는 조건

■ 週に一回、本屋でアルバイトをやっています。
1주일에 한 번, 책방에서 아르바이트를 하고 있습니다.

■ 卒業したらどうするんですか。
졸업하면 어떻게 할 겁니까?

■ まだ決めていません。
아직 정하지 않았습니다.
　◇ まだ ~ていない 아직 ~지 않았다. 과거형을 쓰지 않으므로 주의할 것

■ 学生時代、アルバイトをしたことがありますか。
학창시절, 아르바이트를 한 적이 있습니까?

■ 学費稼ぎのために中学生に英語を教えました。
학비를 벌기 위해 중학생에게 영어를 가르쳤습니다.
　◇ 稼(かせ)ぐ 힘껏 일하다, 일하여 돈을 벌다

■ 夏休みにはデパートで荷物の配達をやりました。
여름방학에는 백화점에서 짐 배달을 했습니다.

→ **학교에 대해 말할 때**

■ 学生さんですか。
학생입니까?
　◇ 일본어에서 学生은 보통 대학생을 말하고, 초등학생은 児童(じどう), 중고생은 生徒(せいと)라고 한다.

■ 何年生ですか。
몇 학년입니까?
　◇ 学年이라고 하지 않으므로 주의할 것

■ 三年生です。
3학년입니다.
　◇ 一年生(いちねんせい)　二年生(にねんせい)　三年生(さんねんせい)　四年生(よねんせい)

■ 来年卒業します。
내년에 졸업합니다.
　◇ 卒業する 졸업하다

■ 学校は家から近いですか。
　学교는 집에서 가깝습니까?

■ 学校までは何で通学していますか。
　학교까지는 무엇으로 통학합니까?

■ 電車で一時間ぐらいかかります。
　전철로 1시간 정도 걸립니다.

■ どの学校に通っていますか。
　어느 학교에 다니고 있습니까?
　◇ ～に通う ～에 다니다

■ 私は大学院に通っています。
　저는 대학원에 다니고 있습니다.

■ 今、通っている学校はどうですか。
　지금 다니고 있는 학교는 어때요?

■ 大変、満足しています。
　무척 만족합니다.

■ キャンパスは広くて静かです。
　캠퍼스는 넓고 조용합니다.

■ この学校は男女共学です。
　이 학교는 남녀공학입니다.

■ あれが図書館ですか。
　저게 도서관입니까?

■ 食堂もありますか。
　식당도 있습니까?

■ 運動場はなかなか広いですね。
　운동장은 상당히 넓군요.
　◇ なかなか 몹시, 제법, 상당히

시험과 성적에 대해 말할 때

■ いつから中間テストが始まりますか。
　언제부터 중간고사가 시작됩니까?

■ 明日から期末試験です。
　내일부터 기말시험입니다.

■ 試験勉強はしましたか。
　시험공부는 했습니까?

■ 一夜漬けしかありませんよ。
　벼락치기로 공부할 수밖에 없어요.
　◇ 一夜漬け 담근 지 하룻밤 만에 먹는 김치, 벼락치기

■ 徹夜で勉強しなければいけません。
　날 세기로 공부해야 합니다.
　◇ 徹夜 철야, 밤을 새움

■ やるだけのことはしたから、あとは運に任せる。
　할 만큼 했으니까 뒤는 운에 맡기겠다.

■ 今度の試験はどうでしたか。
　이번 시험은 어땠어요?

■ なかなか難しかったですよ。
　상당히 어려웠어요.

■ 予想以外に易しかったです。
　예상 이외로 쉬웠습니다.

■ 試験の結果はどうでしたか。
　시험 결과는 어땠어요?

■ 予想どおりうまくいったよ。
　예상대로 잘 됐어.

■ まぐれで当たったよ。
　요행으로 붙었어.
　　◇ まぐれ 우연, 요행

■ 合格でした。
　합격했습니다.
　　◇ 試験(しけん)に受(う)かる 시험에 합격하다(붙다) ｜ 試験を受(う)ける 시험을 보다

■ 不合格しましたよ。
　불합격했어요.
　　◇ 試験に落(お)ちる 시험에 떨어지다

■ 思ったより悪かったよ。
　생각보다 어려웠어.
　　◇ 思ったより 생각했던 것보다, 생각보다

■ 彼は優秀な学生でした。
　그는 우수한 학생이었습니다.

■ 学校の成績はあまり良くありませんでした。
　학교 성적은 그다지 좋지 않았습니다.

■ 彼女は英語で特にいい点数を取りました。
　그녀는 영어에서 특히 좋은 점수를 받았습니다.

■ 当時、学校の成績はまあまあでした。
　당시 학교 성적은 그저 그랬습니다.
　　◇ まあまあ 그런대로 만족할 만한 정도인 모양, 그럭저럭

■ 一生懸命勉強して奨学金をもらいました。
　열심히 공부해서 장학금을 받았습니다.

■ 四年間首席でした。
　4년간 수석이었습니다.

■ 単位が足りなくて留年しました。
　학점이 부족하여 유급했습니다.
　　◇ 単位 학점 ｜ 留年 학생이 소정의 연한(年限) 이상을 재학함

■ 彼はクラスでビリで卒業しました。
　그는 반에서 꼴찌로 졸업했습니다.
　◇ ビリ 꼴지, 최하등, 말위(末位)

■ 彼はクラスで一度も一番になったことがありません。
　그는 반에서 한 번도 1등을 한 적이 없습니다.

교실에서 쓰이는 간단한 말

■ このテープをよく聞いてください。
　이 테이프를 잘 들으세요.

■ 黒板をよく見てください。
　칠판을 잘 보세요.

■ 何ですか、言ってください。
　뭡니까? 말하세요.

■ よく読んでから答えてください。
　잘 읽고 나서 대답해 주세요.
　◇ ～てから ～하고 나서

■ 五ページまで読んでください。
　5쪽까지 읽어 주세요.

■ 黒板の字を書いてください。
　칠판의 글씨를 쓰세요.

■ 三ページを開けてください。
　3쪽을 펼치세요.

■ 本を閉じてください。
　책을 덮으세요.

■ この内容を全部覚えてください。
　이 내용을 전부 외우세요.

■ もう一度説明してください。
다시 한번 설명해 주세요.

■ 一緒に読んでください。
함께 읽으세요.

■ ゆっくり話してください。
천천히 말해 주세요.

■ みなさん、よく聞こえますか。
여러분, 잘 들립니까?

■ 後ろからよく見えますか。
뒤에서 잘 보입니까?

■ 分かりますか。
알겠습니까?

■ 質問はありませんか。
질문은 없습니까?

■ ちょっと休みましょう。
잠깐 쉽시다.

■ 始めましょう。
시작합시다.

■ 今日はこれで終わりましょう。
오늘은 이만 마치겠어요.

UNIT 4 직장의 관련 표현

교제에 있어서 주고받는 대부분의 화제는 주변에서 일어나는 일상적인 일들에 관한 것이 많습니다. 따라서 상대가 직장인이라면 どこの会社(かいしゃ)にお勤(つと)めですか(어느 회사에서 근무하십니까?)라고 묻든지, 아니면 담당하는 업무는 무엇인지를 물어보게 됩니다. 또 직업에 대해서 물을 때는 ご職業(しょくぎょう)は何(なん)ですか(직업은 무엇입니까?)라고 하면 됩니다.

▶ 직장에 대해서 말할 때

■ 彼の経歴をご存じですか。
그의 경력을 알고 계십니까?
◇ ご存(ぞん)じだ 알고 있다, 知(し)る의 존경어

■ 彼のことはほとんど知りません。
그에 관해서는 거의 모릅니다.
◇ ほとんど 거의, 대개, 대부분

■ どの会社に勤めていますか。
어느 회사에 근무합니까?

■ コンピューター会社に勤めています。
컴퓨터 회사에 근무하고 있습니다.

■ あなたは会社員ですか。
당신은 회사원입니까?
◇ サラリーマン 샐러리맨

■ いいえ、公務員です。
아니오, 공무원입니다.

■ いいえ、自営業です。
아니오, 자영업입니다.
◇ 商売(しょうばい)する 장사하다

■ 私はこの会社に勤めています。
　저는 이 회사에 근무합니다.

■ 部署はどこですか。
　어느 부서입니까?

■ 営業です。
　영업입니다.
　◇ 企画(きかく) 기획 | 経理(けいり) 경리 | 総務(そうむ) 총무

■ 私はこの会社で営業をやっています。
　저는 이 회사에서 영업을 하고 있습니다.

■ どのくらいその仕事をしているんですか。
　어느 정도 그 일을 하고 있습니까?

■ 会社はどこにあるんですか。
　회사는 어디에 있습니까?

■ 通勤時間はどれくらいかかるんですか。
　통근시간은 어느 정도 걸립니까?

■ 会社まではどうやって行くんですか。
　회사까지 어떻게 갑니까?

■ バスに乗って行きます。
　버스를 타고 갑니다.
　◇ 電車(でんしゃ) 전철 | 地下鉄(ちかてつ) 지하철

■ 転職するんです。
　전직합니다.

■ 定年はいつですか。
　정년은 언제입니까?

■ 私は小さい店を出しています。
　저는 조그만 가게를 하고 있습니다.

사무실에서

■ 間に合ったぞ！
늦지 않았다!

■ 時間厳守だ！
시간엄수야!

■ 君、また遅刻だね。
자네, 또 지각이군.

■ 5分遅れただけです。
5분 늦었을 뿐입니다.

■ タイムカード押した？
타임카드 찍었니?

■ スケジュールを確認してみます。
스케줄을 확인해 보겠습니다.

■ する事がたくさんあるんだ。
할 일이 많아.
　◇ 山(やま)ほどある 산더미처럼 쌓여 있다

■ ぼくは時間に追われているんです。
나는 시간에 쫓기고 있어요.

■ 私は平凡なサラリーマンです。
저는 평범한 샐러리맨입니다.

■ この仕事はそんなに大変じゃないよ。
이 일은 그다지 힘들지 않아요.

■ 仕事をさぼるな！
일을 게을리 하지 마라!
　◇ さぼる 게을리 하다, 사보타지 하다

- 西部はぼくが受け持っているんだ。
  서부는 내가 담당하고 있어.
  ◇ 受け持つ (일, 직무로서) 맡다, 담당하다

- その仕事とは縁が切れた。
  그 일에서 손뗐어.
  ◇ 縁が切れる 인연이 끊어지다 ｜ 縁を切る 인연을 끊다

- 私はまだまだ働けますよ。
  나는 아직도 일을 할 수 있어요.

- 我々の上司が首になったそうだ。
  우리 상사가 해고되었대.
  ◇ 首になる 해고되다

- これをホチキスでとめてください。
  이걸 박음쇠로 박아 주세요.

- この書類をコピーしてくれる？
  이 서류를 복사해 주겠나?

- コピー機が動かない。
  복사기가 작동을 안 해.

- このコピー機はこわれています。
  이 복사기는 고장 났습니다.

- コピー機の紙切れだと思うよ。
  복사기 종이가 떨어졌을 거야.

- 支払い期日はいつですか。
  지불기일은 언제입니까?

- ひと休みしよう。
  잠깐 쉬자.

- コーヒーを持ってきていただけませんか。
  커피를 가져다주시지 않겠어요?

■ コーヒーはいかがですか。
　커피는 어떠세요?

■ それは本当にありがとう。
　그거 정말 고마운데.

■ 自動販売機はどこですか。
　자판기는 어디에 있어요?

■ そろそろ昼食の時間だ。
　곧 점심시간이다.

■ 一時間の昼休みをとったんです。
　1시간 점심휴식을 취했습니다.

■ さあ、仕事を始めよう。
　자, 일을 시작하자.

■ さあ、行きましょう。
　자, 갑시다(합시다).

■ すぐに休暇を取ろうよ。
　당장 휴가를 받자.
　◇ 休暇を取る 휴가를 받다

■ この仕事は今のところ手が放せないよ。
　이 일은 지금에 와서 손을 뗄 수 없어.

■ 忙しくてそんなところまで手が回らないよ。
　바빠서 그런 것까지 손길이 미치지 못해.
　◇ 手が回る (서서히) 손길이 미치다

■ ぼくは猫の手も借りたいくらい忙しいんだ。
　나는 고양이 손이라도 빌리고 싶을 정도로 바빠.

■ 手を抜くなよ。
　대충하지 마라.

- 全力をつくせ！
  전력을 다해라!

- しっかりしろよ。
  확실히 해라.

- このプロジェクトにもっと助けが必要だ。
  이 프로젝트에 도움이 더욱 필요해.

- まあ、ぼくを当てにしていいよ。
  글쎄, 나를 믿어도 돼.
  ◇ 当てにする 믿다, 기대하다

- 仕事はどうだい？
  일은 어때?

- 息をつく暇もないんだ。
  숨쉴 틈도 없어.

- どうして遅れているんだい。急いでくれ。
  왜 늦었니? 서두르게.

- 転職が唯一の解決策だ。
  전직이 유일한 해결책이야.

- 君はもっと一生けんめいに働くべきだ。
  너는 더 열심히 일해야 해.

- ぼくは仕事の虫だ。
  난 일벌레야.

- この用紙の記入方法がわからないのですが。
  이 용지 기입방법을 모르겠는데요.

- この用紙はどう記入すればいいの？
  이 용지는 어떻게 기입하면 되나?

■ 会議はうまくいったよ。
　회의는 잘 되었어.

■ 会議は長引きそうだ。
　회의가 길어질 것 같아.
　✧ 長引く (어떤 사물의 진전에서) 시간을 오래 끌다

■ どうしてもっと助けてあげなかったの？
　왜 더 도와주지 않았나?

■ できるかぎりの事はした。
　할 수 있는 데까지는 했어.

■ 本当に感心したよ。
　정말로 감탄했어.
　✧ 感心 마음에 깊이 감동됨, 깊이 느끼어 마음이 움직임

■ 重要事項に下線を引いてくれ。
　중요사항에 밑줄을 그어주게.
　✧ 線を引く 선을 긋다

■ よし、確認。
　좋아, 됐어.

■ もっと要点をはっきり言ってくれないか。
　요점을 더 분명히 말해 주지 않겠나?

■ 君は何を言おうとしているのかい？
　자넨 무얼 말하려고 하는가?

■ もう一度最初からやり直してくれ。
　다시 한번 처음부터 해주게.

■ これを田中さんにファックスしてくれ。
　이걸 다나카 씨에게 팩스로 넣어주게.

■ 書類を私に提出してくれ。
　서류를 나에게 제출해 주게.

- どの書類のことを言っているのですか。
  어떤 서류를 말씀하시는 겁니까?

- これは私の会心の作です。
  이건 나의 회심작입니다.

- ぼくの修正液が見つからないよ。
  내 수정액이 안 보여.

- 今夜は残業するの?
  오늘밤은 잔업 하니?

- 仕事は仕事、情けは禁物。
  일은 일, 인정은 금물이야.

- このレポートを今日中に仕上げてくれ!
  이 보고서를 오늘 중으로 마무리하게!

- レポートはいつ締め切りですか。
  보고서는 언제 마감입니까?
  ◇ 締め切り 기일을 정하여 신청접수를 끝내는 일, 마감

- 志願は今日で締め切りです。
  지원은 오늘로써 마감입니다.

- するべきことが山ほどある。
  해야 할 일이 산더미처럼 많아.

- 私の机の上には仕事が山積みされているんだ。
  내 책상 위에는 일이 산더미처럼 쌓여 있어.

- 適当にやっちゃいましょう。
  적당히 해치웁시다.
  ◇ ~ちゃいましょう = てしまいましょう

- 全部かたづいた!
  전부 치웠어!

→ 퇴근할 때

- 家に帰る時間だ。
  집에 돌아갈 시간이야.

- 今日は忙しかったよ。
  오늘은 바빴어.

- 君だけ特別扱いするわけにはいかないよ。
  자네만 특별 취급할 수가 없어.
  ◇ ~わけにはいかない ~할 수는 없다

- もう終りにしよう。
  이제 끝내자.

- もう疲れたよ。今日はここまでにしよう。
  이제 지쳤어. 오늘은 여기까지 하자.

- いいね。家に帰ろう。
  좋아, 집에 가자.

- ちょうど仕事を終えたところだ。
  마침 일을 끝낸 참이야.
  ◇ ~たところだ 막 ~한 참이다

- お疲れさま。
  수고했어요.

- では、お先に失礼します。
  그럼, 먼저 실례하겠습니다.

→ 직장의 인간 관계

- 彼とはウマが合う？
  그와는 마음이 맞니?
  ◇ ウマが合う 마음이 맞다 ↔ ウマが合わない 마음이 안 맞다

■ 私は彼を尊敬している。
　나는 그를 존경해.
　◇ 尊敬する 존경하다 ↔ 軽蔑(けいべつ)する 경멸하다

■ 私はみんなとうまくやっていきたいんだ。
　나는 모두와 잘 지내고 싶어.

■ あの人の本心がわからない。
　그 사람 본심을 알 수 없어.

■ 人に妬まれる覚えはない。
　다른 사람이 나를 질투한 기억이 없어.
　◇ 妬(ねた)む 질투하다

■ へつらう人は嫌いだ。
　아첨하는 사람은 싫어.
　◇ へつらう (상대방의 마음에 들려고) 알랑거리다, 아첨하다

■ 私は家族をほったらかしている。
　나는 가족을 방치하고 있어.
　◇ ほったらかす 내버려두다, 방치하다

■ 私は家族より仕事を優先するんだ。
　난 가족보다 일을 우선해.

■ 君はどちらの味方なんだ。
　넌 누구 편이야?
　◇ 味方 자기 편, 동지(同志) ↔ 敵(てき)

■ あなたは誰の味方をしているの。
　너는 누구 편을 들고 있어?

■ あなたは上司が好きなの？
　넌 상사를 좋아하니?

■ いや、彼は僕にとてもつらくあたるんだ。
　아냐, 그는 나를 너무 심하게 다뤄.

■ 彼はぼくに不親切だ。
　그는 나에게 불친절해.

■ 彼はぼくに意地悪するんだ。
　그는 나에게 심술을 부려.
　◇ 意地悪 심술궂음, 또는 그런 사람

■ 彼は本当にきびしい。
　그는 매우 엄격해.
　◇ きびしい 엄숙하다, 엄격하다, 엄중하다, 심하다

■ あんなこと言っても彼は無視するねえ。
　그런 말을 해도 그는 무시해.

■ 彼はいつもぼくを目のかたきにする。
　그는 항상 나를 눈엣가시처럼 여겨.

■ 彼からひどい仕打ちを受けた。
　그에게 심한 처사를 받았어.

■ 彼には恩があるんだ。
　그에게 은혜를 입었어.

■ 私は彼にたいへん感謝しているんだ。
　나는 그에게 무척 감사하고 있어.

■ 彼にはたいへんお世話になっています。
　그에게는 많은 신세를 지고 있습니다.
　◇ お世話になる 신세를 지다

UNIT 5 사건·사고의 관련 표현

일본은 잘 알려진 바와 같이 地震(じしん)이 많은 나라입니다. 도쿄의 경우 有感地震(ゆうかんじしん·인체에 느껴지는 지진)만도 연평균 38회나 됩니다. 때때로 지반이 크게 흔들려 놀라기도 하는데 집이나 건물이 쓰러지는 경우는 거의 없습니다. 단, 책장이나 선반 등에서 물건이 떨어지는 정도입니다. 그리고 지역마다 재해시의 피난장소가 설치되어 있습니다.
일본은 치안이 잘 되어 있는 나라로 알려졌지만, 도둑이나 치한 등을 만나 피해를 입었다면 가까운 파출소나 110번(ひゃくとおばん)으로 신고를 하면 됩니다.

사고·재해

■ 危(あぶ)ない！
위험해!

■ 火山(かざん)が噴火(ふんか)しました。
화산이 분화했습니다.
◇ 噴火が止む 분화가 멈추다

■ 火山活動(かざんかつどう)が始(はじ)まりました。
화산활동이 시작되었습니다.

■ あの山(やま)は今(いま)でも活動中(かつどうちゅう)です。
저 산은 지금도 활동 중입니다.

■ 火事(かじ)だ！
불이야!

■ 付近(ふきん)の家(いえ)に延焼中(えんしょうちゅう)です。
근처 집에 불이 붙고 있습니다.

■ 火事(かじ)はまだ鎮火(ちんか)していません。
화재는 아직 진화되지 않았습니다.

■ ガスを止(と)めろ！
가스를 잠가!

- ガス漏れしてるぞ！
  가스가 샌다!

- ガス臭いぞ！
  가스 냄새가 난다!

- ガスの元栓を閉めなさい。
  가스 밸브를 잠가라.

- 洪水警報が出ています。
  홍수 경보가 났습니다.

- 町全体が水につかっています。
  도시 전체가 물에 잠겼습니다.

- 川が氾濫する恐れがあります。
  강이 범람할 우려가 있습니다.
  ✧ ～おそれがある ～할 염려(우려)가 있다

- 交通機関が麻痺しています。
  교통기관이 마비되었습니다.

- すべての便が運行中止になりました。
  모든 편이 운행중지가 되었습니다.

- 猛吹雪で交通がストップしています。
  강한 눈보라로 교통이 마비되었습니다.

- こっちへ避難しなさい。
  이쪽으로 피난하시오.

- 逃げろ！
  피해!

- 息子の行方がわからないんです。
  아들의 행방을 모릅니다.

일상

- きのうの夜、地震があったのを知ってる？
  어젯밤 지진이 있었던 걸 아니?

- 北海道の西岸でかなり大きな地震があったそうです。
  홋카이도 서안에 상당히 큰 지진이 있었다고 합니다.

- きのう震度4の地震がありました。
  어제 진도 4의 지진이 있었습니다.

- 全員が無事に逃れました。
  전원이 무사히 피했습니다.

- その車がこちらにぶつかったんです。
  그 차가 이쪽에 부딪쳤습니다.

- その車が信号無視をしたんです。
  그 차가 신호를 무시했습니다.

- 台風が接近しています。
  태풍이 접근하고 있습니다.

- 台風10号は非常に大型です。
  태풍 10호는 대단히 큽니다.
  ◇ 大型 대형 ↔ 小型(こがた) 소형

- 台風は熱帯低気圧に衰えました。
  태풍은 열대성기압으로 약해졌습니다.

- ご心配いりません。これは訓練です。
  걱정하실 필요가 없습니다. 이건 훈련입니다.

- 爆発するぞ！
  폭발한다!

- 何度も爆発がありました。
  몇 차례 폭발이 있었습니다.

■ 大阪発の103便が墜落しました。
　오사카 발 103편이 추락되었습니다.

■ 地下室に避難しなさい。
　지하실로 피난하시오.

■ 吉田さんが自動車事故で負傷しました。
　요시다 씨가 자동차 사고로 부상당했습니다.

■ 彼は軽傷を負いました。
　그는 경상을 입었습니다.
　◇ 軽傷 경상 ↔ 重傷(じゅうしょう) 중상

■ その交通事故で二名が死亡しました。
　그 교통사고로 2명이 사망했습니다.

→ 　사건・사고를 당했을 때

■ 動くな!
　움직이지 매!

■ 止まれ!
　멈춰!

■ 偶発的な出来事なんです。
　우발적인 사건입니다.
　◇ 出来事 (できごと) 사건, 사고

■ 意図的にしたのではないです。
　의도적으로 한 것이 아닙니다.

■ 撃つな!
　쏘지 매!

■ 襲われました。
　습격당했습니다.

일상

■ お金を奪われました。
돈을 빼앗겼습니다.
  ◇ 奪う 빼앗다

■ 落ち着け！
침착해!
  ◇ 落ち着く 진정되다, 가라앉다

■ ごめんなさい。二度としません。
죄송합니다. 두 번 다시 하지 않겠습니다.

■ 誠に申し訳ありません。
정말로 죄송합니다.

■ 私のせいです。
제 탓입니다.

■ 金を出せ！
돈을 내놔!

■ 金をよこせ。さもないと殺すぞ！
돈을 내놔. 그렇지 않으면 죽이겠디!
  ◇ さもないと 그렇지 않으면, 그렇게 안하면

■ 車から出てきてください。
차에서 나와 주세요.

■ 何度も彼に警告を与えました。
몇 차례 그에게 경고를 주었습니다.

■ 彼は警告を無視したんです。
그는 경고를 무시했습니다.

■ 警察を呼んでください。
경찰을 불러 주세요.

■ 強盗ッ！
강도야!

■ 私の落ち度ではないですよ。
　제 과실이 아니에요.
　　◇落ち度 과실, 실수

■ 君の落ち度だよ。
　네 과실이야.

■ 他人に責任転嫁をするなよ。
　남에게 책임전가를 하지 마라.

■ 正直に言いなさい。
　솔직히 말해라.

■ 白状しろ！
　자백해!

■ ここの責任者はだれですか。
　여기 책임자는 누구입니까?

■ その場に近づくな。
　그곳에 가까이 가지 마.

■ その人物の特徴を言ってくれますか。
　그 인물의 특징을 말해 주겠어요?

■ 逮捕する！
　체포하겠다!

■ 黙れ！
　닥쳐!

■ 騒ぐな！
　떠들지 마!

■ 手を上げろ！
　손들어!

- 泥棒ッ！
  도둑이야!

- 二度としません。
  두 번 다시 하지 않겠습니다.

- ごめんなさい。悪気でしたんじゃないんです。
  미안해요. 악의로 한 게 아닙니다.

- 韓国語を話す人がいますか。
  한국어를 하는 사람이 있습니까?

- 韓国語の通訳者をお願いします。
  한국어 통역원을 부탁합니다.

- 日本語は話せません。
  일본어는 하지 못합니다.

- あぶない。伏せろ！
  위험해. 엎드려!

- まるで違いますよ！
  전혀 달라요!

- それは事実ではありません。
  그것은 사실이 아닙니다.

- 運転免許証を見せてください。
  운전면허증을 보여 주세요.
  ◇ 運転免許を取(と)る 운전면허를 따다

- 旅行同行者の一人が行方不明になりました。
  여행 동행자 한 사람이 행방불명이 되었습니다.

- 韓国大使館に連絡を取らせてください。
  한국대사관에 연락을 취하게 해 주세요.

PART 8

식사 食事・しょくじ

간은 식사를 하면서 대화를 나눌 때가 가장 마음이 편하다고 합니다. 그래서 사람들은 식사를 통해서
러 가지 의견이나 대화를 나누게 됩니다. 식사에 대한 다양한 표현을 익혀 좀더 친숙해지도록 합시다.

UNIT 1 식사 권유의 관련 표현

다른 사람과 교제하는 데 있어서 함께 식사하는 것이 가장 빠르게 친해질 수 있다고 합니다. 그래서 사람들은 만나면 함께 식사를 한다거나 음료를 마시면서 상담도 하고 대화를 나누게 됩니다. 또한 외국에서의 식사는 그 자체만으로 즐거움이 될 수 있습니다.
일본인을 소개받았거나 알게 되었을 때 ごいっしょに食事(しょくじ)でもいかがですか(함께 식사라도 하실까요?)라고 권유해보도록 합시다.

→ 식사를 권할 때

■ 一緒に夕食でもいかがですか。
함께 저녁이라도 하시겠어요?
◇ ~でもいかがですか ~이라도 하시겠어요? | ~でもどうですか ~이라도 하겠어요?

■ どこかに入って簡単に食事でもしませんか。
어디에 들어가 간단히 식사라도 하지 않을래요?
◇ ~でもしませんか ~이라도 하지 않겠어요?

■ ご飯、食べに行かない。
밥, 먹으러 안 갈래?
◇ ~に行かない ~하러 가지 않겠니?

■ お寿司でも食べましょうか。
초밥이라도 먹을까요?
◇ ~でもしましょうか ~이라도 할까요?

■ この近くにいいレストランはありませんか。
이 근처에 좋은 식당이 없습니까?
◇ 食堂(しょくどう)는 일반적으로 구내식당을 말한다.

■ ええ、静かで雰囲気のいいレストランがあります。
예, 조용하고 분위기가 좋은 레스토랑이 있습니다.

■ おいしい中華料理屋はご存じですか。
맛있는 중국집은 아십니까?

■ 簡単に食べられるレストランを探していますが。
　간단히 먹을 수 있는 식당을 찾고 있는데요.

■ 韓国料理が食べたいんですが。
　한국요리를 먹고 싶은데요.

■ 今日は日本料理を食べたいんですが。
　오늘은 일본요리를 먹고 싶은데요.
　◇ 和食(わしょく) 일식 ↔ 洋食(ようしょく) 양식

■ この近くのおいしいレストランを教えていただけますか。
　이 근처의 맛있는 레스토랑을 가르쳐 주시겠어요?
　◇ ～ていただけますか ～해 주시겠어요?

■ イタリア料理が食べたいのですが。
　이탈리아 요리를 먹고 싶은데요.

■ どのレストランがお勧めですか。
　어느 레스토랑을 권하시겠습니까?

■ この近くに韓国料理屋はどこですか。
　이 근처에 한국 식당은 어디에 있습니까?

■ この近くにまだ開いているレストランはありますか。
　이 근처에 아직 열려 있는 식당은 있습니까?

→ 자신이 사겠다고 할 때

■ 今日は私がおごります。
　오늘은 제가 한턱낼게요.
　◇ おごる 한턱내다, 사치하다, 돈을 낭비하다

■ 今日は私がおごる番ですよ。
　오늘은 내가 낼 차례예요.

■ お昼は私がおごります。
　점심은 제가 내겠습니다.

식사

■ 夕食をおごってやるよ。
저녁은 내가 사 줄게.

■ ボーナスをもらったから私がごちそうしましょう。
보너스를 받았으니까 제가 대접할게요.
◆ ごちそう 맛이 있는 음식, 또 그러한 음식으로 특별히 대접함

→ 식당을 결정할 때

■ あのデパートの中にあるレストランへ入りましょう。
저 백화점 안에 있는 식당으로 들어갑시다.

■ あの寿司屋がいいでしょうね。
저 초밥집이 좋겠군요.

■ あの焼肉屋がおいしいですよ。
저 불고기집이 맛있어요.

■ 向こう側のレストランへ入りましょう。
맞은편 식당에 들어갑시다.

■ どこでもいいからあなたが決めてください。
어디라도 괜찮으니까 당신이 정하세요.

■ あそこのラーメン屋へ入りましょう。
저기 라면집에 들어갑시다.
◆ 일본의 ラーメン집은 인스턴트 라면이 아니라 직접 손으로 만든 라면을 제공한다.

■ あのファーストフード店がいいでしょうね。
저 패스트푸드점이 좋겠군요.

■ 今夜は外で食べることにしませんか。
오늘밤에는 밖에서 먹지 않을래요?

■ 私がレストランの席を予約しておきましょうか。
제가 레스토랑 좌석을 예약해 둘까요?

UNIT 2 식당 예약의 관련 표현

일반 식당에서는 예약을 하지 않고도 얼마든지 이용할 수 있지만, 분위기 좋은 곳에서 식사를 하려면 미리 예약을 해두는 것이 좋습니다. 또한 일류 식당에는 예약을 하지 않고는 들어갈 수 없는 곳도 있습니다. 전화로 예약을 할 때는 예약 시간과 몇 사람이 갈지를 밝혀두어야 합니다. 또한 식사에 대한 간단한 에티켓도 함께 알아두면 좋을 것입니다. 식당에 들어가서는 종업원의 안내를 받아 자리에 앉도록 합시다.

➡ 식당을 예약할 때

■ 予約は必要ですか。
예약은 필요합니까?

■ ありがとうございます。銀座レストランです。
감사합니다. 긴자 레스토랑입니다.

■ 今夜の6時に八人分予約したいのですが。
오늘밤 6시에 8명분을 예약하고 싶은데요.

■ 何時にでしょうか。
몇 시로 할까요?

■ バンドに近いテーブルにしてもらえますか。
밴드에 가까운 테이블로 해 주시겠어요?

■ すみません。今夜は予約がいっぱいです。
미안합니다. 오늘밤은 예약이 다 찼습니다.

■ 何時に予約できますか。
몇 시에 예약할 수 있습니까?

■ 何時まで開いていますか。
몇 시까지 문을 엽니까?

■ そこへはどう行けばいいですか。
　거기에 어떻게 가면 됩니까?
　◇ どう ～ばいいですか 어떻게 ～하면 좋을까요?

■ 服装のきまりはどうなっていますか。
　복장은 어떻게 해야 하나요?

■ 上着とネクタイは義務づけられています。
　양복과 넥타이는 하셔야 합니다.

■ ネクタイと上着は必要ですか。
　넥타이와 양복이 필요하나요?

■ 女性はドレスが必要ですか。
　여자는 드레스가 필요하나요?

■ いいえ、普段着でもかまいません。
　아니오, 평상복이어도 상관없습니다.

■ 大きなテーブルをお願いします。
　큰 테이블로 부탁해요.

■ 何名様ですか。
　몇 분입니까?

→ 식당 예약을 취소할 때

■ すみません、予約を取り消したいのですが。
　미안합니다, 예약을 취소하고 싶은데요.
　◇ 取り消す 취소하다 = キャンセルする

■ 今日の予約をあしたに変更したいんですが。
　오늘 예약을 내일로 변경하고 싶은데요.

■ 予約を変更することができますか。
　예약을 변경할 수 있습니까?

식당에 들어서서

■ ご予約ですか。
　예약은 하셨습니까?

■ はい、予約しました。
　네, 예약을 했습니다.

■ きのう予約しております。
　어제 예약해 두었습니다.

■ 七時に予約した金です。
　7시에 예약한 김입니다.

■ 予約はしておりませんが。
　예약은 하지 않았습니다만.

■ 二人ですけど、席はあるでしょうか。
　두 사람인데 자리를 있을까요?

■ 三人ですが、席は空いていますか。
　두 사람인데 빈자리는 있습니까?

■ 待たせていただいてよろしいですか。
　기다리셔도 괜찮을까요?
　◇ ~(さ)せていただいてよろしい ~시켜 받아도 괜찮다, ~해도 괜찮다

■ どのくらい待たなければなりませんか。
　어느 정도 기다려야 합니까?
　◇ ~なければならない ~지 않으면 안 된다, ~해야 한다

■ もうすぐ席が空きますから、少々お待ちください。
　이제 곧 자리가 비니까 잠시 기다려 주십시오.
　◇ 少々 약간, 조금

■ 空いた席がありますか。
　빈자리가 있습니까?

식사

- 静かな席をお願いします。
  조용한 자리를 부탁드립니다.

- 予約しておいた中村ですが。
  예약해 둔 나카무라인데요.

- 窓際のテーブルがいいのですが。
  창가 테이블이 좋겠는데요.

- もう少し広いテーブルに移りたいんですが。
  좀더 넓은 테이블로 옮기고 싶은데요.

- 禁煙席に変わってもいいですか。
  금연석으로 바꿔도 될까요?
  ◇ ～てもいいですか ～해도 될까요?

- 予約はしてないと思いますが、3人の席がありますか。
  예약은 안 한 것 같은데, 세 사람 앉을 자리가 있습니까?

❌ 日本語ノート

◇ なるほど

なるほど는 우리말의 「과연, 정말로, 실제로」 또는 「알았습니다」의 뜻으로 사용되는 말입니다. 이처럼 なるほど는 상대가 말하고 있는 것이 올바르다고 인정했을 때, 상대가 말하고 있는 것에 찬동할 때에 씁니다.
하지만 なるほど라는 표현은 말하는 사람이 듣는 사람과 같은 레벨에 있으므로 상대방이 말하고 있는 것을 이해하고 찬동할 수 있다는 의미가 있습니다. 따라서 상대적으로 나이 어린 사람이나 경험이 적은 사람이 연장자나 경험이 많은 사람에 대해 なるほど라고 아는 체하는 것은 다소 무례하다고 느껴지는 경우가 있습니다. 이런 경우에는 はい라고 말하는 것이 적당합니다.
또한, なるほど는 여러 가지 방면의 회화에 이용됩니다. 비즈니스 교섭에 있어서는 상대방이 말하는 것을 들은 후에 담화에 종지부를 찍고 이쪽에서의 특단의 코멘트를 보류했을 때 「なるほど, 잘 알았습니다. 잘 검토해 보겠습니다.」라는 식으로 사용합니다.

음식 주문의 관련 표현

한국이나 일본은 바다로 에워싸인 입지조건으로 해산물이 풍부합니다. 또한 사계절의 변화에 따라 다양한 농작물이 나오기 때문에 요리의 재료는 거의 비슷합니다. 양국 모두 주식은 쌀이며 밥, 반찬, 국거리가 하나의 세트가 되어 있는 것도 비슷한 점입니다. 그러나 아무리 같은 재료를 사용했다고 하더라도 요리법에 따라 아주 맛이 다르게 나타납니다. 음식도 하나의 문화이므로 무조건 싫어하는 요리의 숫자를 늘리지 말고, 각지에서 나오는 일본 음식을 음미하도록 합시다.

→ 메뉴를 보면서

■ メニューを見せていただけますか。
메뉴를 보여 주시겠어요?
◇ メニュー = 献立(こんだて) 요리의 종류·구성·순서 등의 계획

■ 韓国語のメニューはありますか。
한국어로 메뉴는 있나요?

■ 何になさいますか。
무얼 드시겠습니까?

■ メニューを見せてください。
메뉴를 보여 주세요.

■ ここは何がおいしいですか。
여기는 뭐가 맛있습니까?

■ どのメニューが人気がありますか。
어느 메뉴가 인기가 있습니까?

■ お勧めのコースがありますか。
추천 코스가 있습니까?

■ 飲み物は何がありますか。
마실 것은 뭐가 있나요?

■ 早くできるものはどれですか。
　빨리 되는 것은 어느 것입니까?

■ これはどんな料理ですか。
　이건 무슨 요리입니까?

■ これとあれをお願いします。
　이것과 저것을 주세요.

■ ここの自慢料理は何ですか。
　여기의 으뜸요리는 뭡니까?

■ ここの名物料理は何ですか。
　여기의 명물요리는 뭡니까?

■ この店のお勧め料理は何ですか。
　이 가게의 추천요리는 뭡니까?

■ 本日の特別料理は何ですか。
　오늘 특별요리는 뭡니까?

■ この料理はすぐ出ますか。
　이 요리는 금방 나옵니까?

→ 음식을 주문할 때

■ 今日のスペシャル料理をください。
　오늘 스페셜 요리를 주세요.

■ 今、注文してもいいですか。
　지금 주문해도 되나요?

■ これはどんな味ですか。
　이건 어떤 맛입니까?

■ さっぱりした物はありませんか。
담백한 것은 없습니까?
　　◇ さっぱり 산뜻한 모양, 깨끗한 모양

■ コーヒーは食後にお願いします。
커피는 식후에 부탁합니다.

■ 二人で食べても十分ですか。
둘이서 먹어도 충분합니까?

■ ご注文を取ります。
주문을 받겠습니다.

■ ご注文はよろしいでしょうか。
주문을 받아도 될까요?

■ 当店では焼き肉がおいしいです。
우리 가게는 불고기가 맛있습니다.

■ あれと同じものをもらえますか。
저것과 똑같은 것을 주겠어요?

■ これとこれをください。
이것과 이걸 주세요.

■ ステーキの焼き加減はどうなさいますか。
스테이크는 어느 정도 구울까요?
　　◇ ミディアム medium ｜ ウェルダン well-done ｜ レア rare

■ あまり辛くしないでください。
너무 맵지 않게 해 주세요.

■ コーヒーはコースに含まれているのですか。
커피는 코스에 포함되어 있나요?

■ コーヒー一杯ください。
커피 한 잔 주세요.

식사

■ どういうふうに料理されるのですか。
어떤 식으로 요리가 됩니까?
  ◇ どういうふうに 어떤 식으로, 어떻게

■ おいしそうですね。
맛있어 보이네요.

■ デザートにアイスクリームをお願いします。
디저트로 아이스크림을 부탁해요.

■ またあとで注文します。
나중에 또 주문할게요.

■ 水を一杯ください。
물 한 잔 주세요.

■ 私も同じものをお願いします。
저도 같은 걸로 부탁해요.

■ 他に何か？
그밖에 다른 것은?

■ いいえ、けっこうです。それだけです。
아니오, 됐습니다. 그것뿐입니다.

→ 주문한 음식이 나올 때

■ それは私が注文したものです。
그건 제가 주문한 겁니다.

■ ざるそば大盛りはこっちです。
메밀국수 곱빼기는 이쪽입니다.
  ◇ 大盛り 물건을 수북하게 담는 일 또 그러한 음식

■ サラダは私にください。
샐러드는 저에게 주세요.

■ これは注文していません。
　이건 주문하지 않았어요.

■ この料理はここじゃありません。
　이 요리는 여기가 아닙니다.

■ 注文したものがまだ来ません。
　주문한 것이 아직 안 나왔어요.
　◇ まだ ~ません 아직 ~지 않았습니다

■ 注文して三十分になりますが、まだですか。
　주문한지 30분이 됩니다만, 아직 멀었습니까?

■ 早くしてください。
　빨리 해 주세요.

■ グラスが一つ足りません。
　글라스가 하나 부족합니다.

■ 注文した料理はいつできますか。
　주문한 요리는 언제 됩니까?

■ 後どれくらいかかりますか。
　앞으로 어느 정도 걸립니까?

■ さっきコーヒーを頼んだのですが。
　아까 커피를 부탁했는데요.

→ 주문한 음식에 문제가 있을 때

■ 髪の毛が入っていますよ。
　머리카락이 들어 있어요.

■ お皿が割れています。
　접시가 깨졌어요.

식사

■ これ、冷めていますよ。交えてください。
이거 식었어요. 바꿔 주세요.

■ グラスに何か入っていますよ。
컵에 뭐가 들어 있어요.

■ もう少し温めてください。
좀더 데워 주세요.

■ この肉、もう少し焼いてください。
이 고기 좀더 구워 주세요.

■ すみません、私の注文はどうなっちゃったんでしょう。
여보세요, 내가 주문한 것은 어떻게 된 거예요?
◇ なっちゃった = なってしまった

■ これは注文したのと違いますよ。
이건 주문한 것과 달라요.

■ これはよく火が通っていないようですが。
이건 잘 익지 않은 것 같은데요.

→ 필요한 것을 부탁할 때

■ スプーン、もう一つください。
스푼을 하나 더 주세요.

■ おしぼりが一つ足りません。
물수건이 하나 부족합니다.
◇ 絞(しぼ)る 강하게 쥐거나 짜서 물기를 빼다

■ テーブルに水をこぼしたんですが。
테이블에 물을 엎질렀는데요.

■ これ、おかわりください。
이거 더 주세요.

■ 箸を落としたので新しいのをください。
　젓가락을 떨어뜨렸는데 새 것을 주세요.

■ まだ食べてますから、片付けないでください。
　아직 안 먹었으니까, 치우지 말세요.

■ テーブルを片付けてください。
　테이블을 치워 주세요.

■ すみません、お塩をください。
　여보세요, 소금을 주세요.

■ お水を一杯ください。
　물을 한 잔 주세요.

■ 食事が終わったのでデザートをください。
　식사가 끝났는데 디저트를 주세요.

■ ナプキンをください。
　냅킨을 주세요.

■ ポテト・チップを持ち帰りたいですが。
　포테이토칩을 가지고 가고 싶은데요.

→ **식대를 지불할 때**

■ お勘定をお願いします。
　계산을 부탁해요.
　　◇ 勘定する 계산하다

■ 全部でおいくらですか。
　전부해서 얼마입니까?

■ サービス料込みですか。
　봉사료가 포함되었습니까?
　　◇ 込み 여러 가지를 섞음

식사

■ お釣りは結構です。
　거스름돈은 됐습니다.

■ 勘定が間違ってると思います。
　계산이 틀린 것 같습니다.

■ これは何の代金なのかわかりませんが。
　이건 무슨 대금인지 모르겠는데요.

■ いったいどうしてこんな金額になるんですか。
　도대체 어떻게 이런 금액이 나옵니까?

■ 追加料金は納得がいきません。
　추가요금은 납득이 가지 않습니다.
　◇ 納得がいく 납득이 가다

■ 割り勘にしましょうか。
　각자부담으로 할까요?
　◇ 割り勘 경비를 전원에게 분배하여 부담시키는 일

■ これは私のおごりです。
　이건 제가 내겠습니다.

■ 私に払わせてください。今回は私の番ですから。
　제가 내겠습니다. 이번에는 제가 낼 차례이니까요.

■ 一人一人が自分の分を払うというのはどうですか。
　각자가 자신의 몫을 내는 것은 어떨까요?

→ 패스트푸드 점에서

■ ピザとジュースをください。
　피자와 주스를 주세요.

■ ポテトはいかがですか。
　포테이토는 드시겠습니까?

- ホットドッグ、一つお願いします。
  핫도그 하나 부탁해요.

- ケチャップとマスタードをお願いします。
  케첩과 머스터드를 부탁해요.

- 食券を買ってきてください。
  식권을 사오세요.

- ハンバーガー、一つください。
  햄버거 하나 주세요.

- 何かお飲み物は？
  다른 마실 것은?

- コーラもお願いします。
  콜라도 부탁해요.

- 持ち帰り用にしてください。
  가지고 가게 해주세요.
  ◇ 持ち帰る 가지고 가다

식사

✕ 日本語ノート

◇ だめ

だめ라는 말은 「좋지 않다, 도움이 안 되다, 가망이 없다, 할 수 없다」 등을 의미하고 있으며, 일본인이 일상의 생활에서 자주 씁니다.

だめ는 여러 가지 상황에서 쓸 수가 있습니다. 예를 들면 골프시합을 권유받고 거절하고 싶을 때는 だめ라고 말하는 것만으로 됩니다. 또한 상대에게 의뢰나 요구를 받았을 때도 간단하게 だめ라고 말하면 됩니다.

ゴルフはだめ라고 말할 때는 「골프를 플레이할 수가 없다」라는 의미가 됩니다. 결혼해달라고 청혼을 할 경우에 아가씨가 크게 말하지 않는다는 이유만으로 구혼자가 「나는 だめ입니까」라고 묻는 경우가 있는데, 이런 자신이 없는 태도로는 분명 だめ이겠지요.

이처럼 일본인은 보증을 더욱 확실히 할 때는 だめを押す라는 표현을 씁니다.

음식의 맛과 식사의 관련 표현

흔히 일본음식은 달고 싱겁다고 평가를 합니다. 일본음식에 사용되는 주된 조미료는 설탕, 소금, 간장, 식초, 된장 등입니다.
한국에서도 각각 지방별로 음식 맛이 조금씩 다르듯이 일본에서도 지방 특유의 향토음식이 있습니다. 더욱이 일본은 국토가 남북으로 길게 뻗어 있는 탓에 지방마다 고유의 맛이 훨씬 더 풍부한 편입니다. 도쿄를 중심으로 하는 관동지방은 주로 간장으로 맛을 내고, 오사카를 중심으로 하는 관서지방에서는 소금으로 맛을 내는 음식이 많다고 합니다.

→ 음식의 맛과 취향에 대해 말할 때

■ ああ、おなかがすいた。
아, 배고프다.
◇ おなかがすく 배가 고프다 ↔ おなかがいっぱいだ 배가 부르다

■ ああ、おいしい。
아, 맛있다.

■ 味はどうですか。
맛은 어때요?

■ 私にはちょっと甘すぎます。
나는 너무 달아요.
◇ 형용사의 어간에 동사형 접미어 すぎる를 접속하면 「지나치게(너무) ~하다」의 뜻을 나타낸다.

■ おいしいですか。
맛있습니까?

■ 残念ながら口に合いません。
유감스럽지만 입에 맞지 않습니다.
◇ 口に合う 입에 맞다

■ 甘いものがお好きですね。
단 것을 좋아하시는군요.

■ どんな食べ物がお好みですか。
어떤 음식을 좋아하십니까?

■ 何でも食べます。食べ物にはうるさくないんです。
　무엇이든 먹습니다. 먹는 것에는 까다롭지 않습니다.
　◇ ~にうるさい ~에 까다롭다

■ 彼女はとても食べ物にはうるさいんですよ。
　그녀는 음식이 매우 까다롭습니다.

■ 木村は焼き肉には目がないんですよ。
　기무라는 불고기를 보면 정신이 없어요.
　◇ 目がない 매우 좋아하다, 열중하다

■ 日本料理の中でどれがお好きですか。
　일본요리 중에서 어느 것을 좋아하십니까?

■ 寿司を食べたことがありますか。
　초밥을 먹은 적이 있습니까?
　◇ ~たことがある ~한 적이 있다

■ これはうまい。誰が料理したんですか。
　이거 맛있는데. 누가 요리했습니까?

음식을 권할 때

■ さあどうぞ、ご自由に食べてください。
　자 어서, 마음껏 먹으세요.
　◇ 自由に 자유롭게, 마음껏

■ お好きな物を何でも自由にお取りください。
　좋아하시는 것이 있으면 무엇이든 마음껏 드십시오.

■ とてもおいしそうでしょう？
　매우 맛있어 보이죠?
　◇ 양태를 나타내는 そうだ는 외견상 판단해서 그렇게 보인다는 뜻을 나타낸다.

■ 温かいうちに召し上がってください。
　따뜻할 때 드십시오.
　◇ ~うちに ~동안에, ~사이에

■ スープの味はいかがですか。
　　수프 맛은 어떠십니까?

■ ちょっと味見してみてよ。
　　맛 좀 보세요.
　　◇ 味を見る 맛을 보다 | 口(くち)に合(あ)う 입에 맞다

■ たくさん取ってくださいね。
　　많이 집으세요.

■ お嫌いでしたら、残してもいいんですよ。
　　싫어하시면 남겨도 됩니다.
　　◇ ~でしたらの 보통체는 ~だったらだ

■ ステーキは柔らかいでしょう？
　　스테이크는 부드럽겠죠?

■ 肉をもう少しいかがですか。
　　고기를 좀더 드시겠습니까?

■ いや結構です。十分いただきました。
　　아뇨 됐습니다. 많이 먹었습니다.

■ デザートはいかがですか。
　　디저트는 어떠십니까?

■ 何か飲み物は？
　　뭐 마시지 않겠어요?

■ 居間でコーヒーを飲みましょう。
　　거실에서 커피를 마십시다.

→ 음식을 먹고 나서

■ いただきます。
　　잘 먹겠습니다.

■ ごちそうさまでした
잘 먹었습니다.

■ たっぷりいただきました。
많이 먹었습니다.
　◇ たっぷり 충분한 모양, 많은 모양

■ おなかがいっぱいです。これ以上一口も食べられません。
배가 부릅니다. 더 이상 한 입도 먹지 못하겠습니다.

■ 何もかも実においしくいただきました。
모두 정말로 맛있게 먹었습니다.
　◇ なにもかも 모두, 죄다

■ すばらしい夕食でした。
멋진 저녁이었습니다.

■ 今まで食べたうちで最高においしかったです。
지금까지 먹은 것 중에 최고로 맛있었습니다.

■ 本当においしかったです。
정말로 맛있었습니다.

→ 아침・낮・저녁식사

■ 朝食は毎日ちゃんと食べますか。
아침은 매일 꼭 먹습니까?

■ 時間がなくてトースト一枚を急いで食べるだけです。
시간이 없어서 토스트 한 장을 급히 먹을 뿐입니다.

■ 遅く起きると朝食は抜きにしてしまいます。
늦게 일어나면 아침은 거르고 맙니다.
　◇ 抜きにする 거르다, 빼먹다

■ 朝食にはたいていパンを食べます。
아침에는 대개 빵을 먹습니다.

■ 私はご飯と味噌汁と野菜を少々食べます。
　　저는 밥과 된장국과 야채를 조금 먹습니다.

■ 朝食を作ってあげましょう。
　　아침밥을 지어 드릴게요.

■ 昼食はどこで食べますか。
　　점심은 어디서 먹습니까?

■ 時間がないとハンバーガーを食べるだけです。
　　시간이 없으면 햄버거를 먹을 뿐입니다.

■ かなりおなかがすいた。食べに行きましょうか。
　　무척 배가 고프네. 먹으러 갈까요?

■ 一息入れて、昼食を注文しましょう。
　　잠깐 쉬고, 점심을 시킵시다.
　　◇ 一息入れる 한숨 돌리다

■ 今日の定食メニューは？
　　오늘 정식 메뉴는?

■ あそこのカレーライスには飽きましたよ。
　　거기 카레라이스는 질렸어요.
　　◇ ～に飽きる ～에 질리다

■ あそこでまあ食べられるのはサラダだけだな。
　　거기서 글쎄 먹을 수 있는 건 샐러드뿐이야.

■ 昼食にお寿司はいかがですか。
　　점심에 초밥은 어떠세요?

■ 腹ぺこだけど昼食を食べる暇がありません。
　　배가 무척 고프지만 점심을 먹을 시간이 없습니다.

■ 食事の間に軽食は取りますか。
　　식사를 하기 전에 가벼운 식사는 합니까?

■ 今夜の食事はどこでしましょうか。
오늘 밤 식사는 어디서 할까요?

■ 夕食は食堂で6時から8時までです。
저녁은 식당에서 6시부터 8시까지입니다.

■ 中華料理屋は今度できたそば屋より出前が速いですよ。
중국집은 이번에 생긴 메밀국수 집보다 배달이 빨라요.
　◇ 出前 주문을 받고 음식을 배달함

■ 私の家でいっしょに夕食を食べませんか。
우리집에서 함께 저녁을 먹지 않겠어요?

■ いらっしゃい。夕食ができましたよ。
어서 오세요. 저녁이 다 되었습니다.

■ 腹ぺこだ。うわぁ、みんなおいしそうだぞ。
배고프다. 우와, 모두 맛있어 보이네.

■ よく外で食事するんですか。
밖에서 식사는 자주 합니까?

■ いつも自炊しています。
항상 혼자서 해 먹습니다.
　◇ 自炊 자취 ↔ 下宿(げしゅく) 하숙

→ 가정에서의 여러 가지 식사 표현

■ 奥さんは料理が実にお上手ですね。
부인께서는 요리를 정말 잘 하시는군요.

■ どういたしまして。下手な方ですよ。
천만에요. 서투른 편이에요.

■ いいえ、料理がみなとてもおいしいですよ。
아뇨, 요리가 모두 아주 맛이 있어요.

- 6時が過ぎましたよ。食事をして続けましょう。
  6시가 지났어요. 식사를 하고 계속합시다.

- 洋食にしましょうか。和食を食べましょうか。
  양식으로 할까요? 일본음식을 먹을까요?

- 元々洋食を好まない方ですよ。
  원래 양식을 좋아하지 않는 편이랍니다.

- では、近くのおでん屋にでも行きましょうか。
  그럼 가까운 오뎅집에라도 갈까요.

- おばさん、ご飯をもう一杯ください。
  아주머니, 공기 밥을 하나 더 주세요.

- 彼はどうして弁当を持って来なかったのかな。
  그는 왜 도시락을 안 가지고 온 걸까?

- 今朝はおかずが別にありませんよ。
  오늘 아침은 반찬이 별로 없어요.

- 朝にはお汁とたくあんだけでけっこうですよ。
  아침에는 국과 단무지만으로 훌륭해요.

- ごちそうが山盛りだわ。お客さんでも来られます?
  진수성찬이네요. 손님이라도 오시나요?

- 今日が兄さんの誕生日なのよ。
  오늘이 오빠 생일이야.

- 腹が減ったよ。何を食べようかな。
  배가 고프군. 무얼 먹을까?
  ◇ 腹が減る 배가 고프다, おなかがすく 보다 남성적임

- 簡単に中華料理でも食べましょう。
  간단히 중국요리라도 먹읍시다.

■ この餅食べてはいけませんか。
　이 떡 먹어서는 안 되나요?
　　◇ ～てはいけない ～해서는 안 된다

■ いけませんね。おばあ様が召し上がるおやつですよ。
　안 되죠. 할머님이 드실 간식이에요.

■ 飲み物を買って来たから冷蔵庫に入れなさい。
　마실 것을 사왔으니 냉장고에 넣어요.

■ はい、コーラも買って来ましたの？
　네, 콜라도 사오셨나요?

■ いいえ、ヨーグルトとミルクですよ。
　아뇨, 요구르트와 우유예요.

■ 生水を沢山飲むと下痢しますよ。
　맹물을 잔뜩 마시면 설사해요.

■ のどがひどく渇きまして。
　목이 몹시 말라서요.
　　◇ 喉(のど)が乾く 목이 마르다

■ この貝料理の味をみてくださいませんか
　이 조개요리의 맛을 봐주시지 않겠습니까?

■ どうですか。少し塩辛くはありませんか。
　어때요? 좀 짜지는 않나요?

■ うまいですよ。実にすがすがしい味ですね。
　맛있어요. 정말 맛이 시원해요.
　　◇ すがすがしい 상쾌하다

■ どんぶりがお口に合いましたか。
　덮밥이 입에 맞으셨습니까?

■ はい、実においしくいただきました。
　네, 아주 맛있게 들었습니다.

식사

■ おつゆが残っていませんか。
　　국이 안 남아있나요?

■ おいしいのでみな食べてしまいました。
　　맛이 있어 모두 먹어 버렸어요.

■ 今晩は忙しくてお汁を作れませんでしたよ。
　　오늘저녁에는 바빠서 국을 못 끓였어요.

■ では、明日味噌汁を食べさせてください。
　　그럼 내일 된장국을 먹을 수 있게 해주세요.

■ 何で拵えたスープですか。
　　무엇으로 만든 수프입니까?
　　　◇ こしらえる 형체 있는 것으로 만들다, 준비하다, 갖추다

■ 色々な野菜を交ぜてみましたよ。
　　여러 가지 야채를 섞어 보았어요.

■ おいしい匂いがぷんぷんしているね。
　　맛있는 냄새가 진동하고 있군.
　　　◇ ぷんぷん 분분, 향기가 높은 모양

■ 母がすき焼きを拵えていますわ。
　　어머니가 전골을 만들고 있어요.

■ 柿が甘いですよ。食べてごらんなさい。
　　감이 달아요. 먹어 보세요.

■ 柿よりは西瓜が食べたいです。
　　감보다는 수박을 먹고 싶어요.

■ 韓国のキムチはちょっと辛いでしょう?
　　한국의 김치는 좀 맵죠?

■ そうではありますが、ぴりっとした辛さですよ。
　　그렇기는 하지만 칼칼한 매운 맛이에요.

■ おやじさん、このチキン塩辛いですよ。
아저씨, 이 치킨 짜요.

■ この漬物の味をみてください。
이 김치의 맛을 보아주십시오.
  ◇ 漬物 절인 야채

■ 匂いだけ嗅いでもすっぱいですよ。
냄새만 맡아도 시군요.
  ◇ 匂いを嗅ぐ 냄새를 맡다

■ 食事が終わりましたか。
식사가 끝났나요?

■ はい、おいしく食べました。
네, 맛있게 먹었습니다.

■ たまにはラーメンを食べるのもいいですよ。
어쩌다가는 라면을 먹는 것도 좋아요.
  ◇ たまに 드물게, 가끔, 때때로

■ 韓国のラーメンは味が実によいですね。
한국의 라면은 정말 맛있군요.

→ 일본 요리를 먹을 때

■ うどんはやはり夜店で食べるのがおいしいですね。
가락국수(우동)는 역시 야시에서 먹는 것이 맛있군요.
  ◇ 夜店 밤에 길거리에서 물건을 파는 매점

■ 酒一杯といっしょに食べる味も格別ですよ。
술 한 잔과 함께 먹는 맛도 각별하지요.
  ◇ 格別だ 각별하다

■ 急にそばが食べたくなりましたよ。
갑자기 메밀국수가 먹고 싶어졌어요.
  ◇ ~たくなる ~고 싶어지다

식사

■ さあ、この辺にはそば屋がありませんよ。
글쎄요, 이 근처에는 메밀국수가게가 없어요.

■ すき焼きを召し上がったことがありますか。
전골을 잡수어보신 일이 있습니까?
◇ すきやき 전골, 냄비에 조류・짐승 등의 고기와 두부・채소를 넣어 끓이면서 먹는 요리

■ いいえ、すき焼きが何ですか。
아뇨, 스키야키가 뭡니까?

■ 言わば韓国のプルゴギのような料理ですよ。
말하자면 한국의 불고기 같은 요리지요.
◇ いわば 소위, 이른바 | ～のような ～와(과) 같은

■ 昼飯は寿司にしましょうか。
점심은 초밥으로 할까요?

■ それもよいでしょう。寿司と刺身を取りましょう。
그것도 좋지요. 초밥과 생선회를 듭시다.

■ あの店ではうまい豚カツを食べさせてくれますよ。
저 가게에서는 맛있는 돈가스를 먹을 수 있답니다.

■ その代り値段が高くはありませんか。
그 대신 값이 비싸지는 않습니까?

■ いいえ、思いの外安くておいしいですよ。
아뇨, 생각 밖으로 싸고도 맛이 있어요.
◇ 思いの外 예상외로, 생각 밖으로 | 案外(あんがい) 의외로

■ 久しぶりに牛肉料理を食べてみましょう。
오랜만에 쇠고기요리를 먹어보십시다.

■ 牛肉より魚料理はどうですか。
쇠고기보다 생선요리는 어떻습니까?

■ それもいいですね。では河豚を食べましょうか。
그것도 좋지요. 그럼 복어를 먹을까요?

간식과 간편한 음식을 먹을 때

■ おやつにこのお菓子を食べなさい。
　간식으로 이 과자를 먹어라.

■ お菓子の外に果物はありませんか。
　과자 말고 과일은 없나요?

■ 腹が減ったよ。パンでも食べようか。
　배가 고프군. 빵이라도 먹을까?

■ あそこにケーキ屋があるよ。
　저기 케이크점이 있어.

■ いらっしゃいませ。何を差し上げましょうか。
　어서 오십시오. 무엇을 드릴까요?

■ 私はクリームパン、こちらはあんパンをください。
　나는 크림빵, 이쪽은 팥빵을 주세요.

■ 子供達といっしょにチキンを食べに行こうか。
　아이들과 함께 치킨을 먹으러 갈까?

■ 彼等はチキンよりはピザの方を好みますよ。
　게들은 치킨보다는 피자 쪽을 좋아해요.
　◇ 好む 마음에 들어 그것을 좋아하다

■ ハムとチーズを買って来ましたか。
　햄과 치즈를 사왔나요?

■ しまった、ソーセージしか買って来なかったよ。
　아차, 소시지 밖에 안 사왔어.
　◇ しまった 실패하여 몹시 분해할 때 내는 소리, 아차, 아뿔싸, 큰일났군

■ このサラダの味はどうですか。
　이 샐러드의 맛은 어떻습니까?

■ マヨネーズが少し不足しているようですよ。
마요네즈가 좀 모자란 것 같아요.

■ マクドナルドがハンバーガーの値段を下げましたよ。
맥도널드가 햄버거 값을 내렸어요.

■ ハンバーガーの販売競争が激しいですね。
햄버거의 판매경쟁이 치열하군요.

→ 과일과 음식 재료에 대해 말할 때

■ 果物の中で何を一番好みますか。
과일 중에서 무엇을 가장 좋아합니까?

■ りんごよりも苺とかぶどうの方がよいですよ。
사과보다도 딸기라든가 포도 쪽이 좋아요.
　◇ より~のほうがよい(いい) ~보다 ~(쪽)이 좋다

■ 梨や桃は好みませんか。
배나 복숭아는 좋아하지 않습니까?

■ それらよりは西瓜がいいですね。
그런 것들보다는 수박이 좋겠군요.

■ 一頃麦飯を義務的に食べたそうですね。
한 때 보리밥을 의무적으로 먹었다면서요?

■ 米不足でみな苦労しましたからね。
쌀 부족으로 모두들 고생했으니까요.
　◇ 苦労する 고생하다

■ この豆の産地はどこですか。国産ではないでしょう?
이 콩의 산지는 어디죠? 국산은 아니죠?

■ はい、中国から入って来たものです。
네, 중국에서 들어온 것입니다.

■ スーパーに行ってメリケン粉を買って来てちょうだい。
　슈퍼에 가서 밀가루를 사오세요.
　　◇ ～てちょうだい ～해 주시오

■ メリケン粉を何に使いますか。
　밀가루를 무엇에 쓰게요?

■ パンとドーナツを作ろうと思いますよ。
　빵과 도넛을 만들려고 해요.
　　◇ ～よ(う)と思う ～려고 생각하다

■ お汁の味がどうもよくないですね。
　국맛이 아무래도 좋지가 않군요.
　　◇ どうも 아무리 해도, 어쩐지, 어딘지 모르게

■ 醤油と味噌の味がうまくないからですよ。
　간장과 된장 맛이 좋지 않기 때문이에요.

■ 刺身が辛過ぎて食べるのに苦労しましたよ。
　회가 너무 매워서 먹느라고 고생했어요.

■ 醤油にわさびを沢山入れたせいではありませんか。
　간장에 겨자를 잔뜩 넣은 탓은 아닐까요?

■ 胡麻を醤油によく交ぜてくださいよ。
　깨를 간장에 잘 섞으세요.

■ 砂糖と油はどうしましょうか。
　설탕과 기름은 어떻게 할까요?

■ 甘過ぎるといけないから少し入れなさい。
　너무 달면 안 되니까 조금만 넣어라.

■ 雨が降らないので野菜が育たないそうです。
　비가 오지를 않아 야채가 자라나지 않는답니다.

■ 白菜の値段がうんと上がりましたよ。
　배추 값이 잔뜩 올랐어요.

식사

■ 大根も、唐辛子も値上りしましたよ。
　무도, 고추도 값이 올랐어요.
　◇ 値上がる 값이 오르다 ↔ 値下(ねさ)がる 값이 내리다

■ にんじんエキスが体に大変よいそうですよ。
　당근 엑기스가 몸에 아주 좋답니다.

■ しかしわたしは到底飲めませんね。
　그렇지만 나는 도저히 마실 수가 없어요.
　◇ とうてい 도무지, 도저히, 아무리 하여도, 끝끝내, 결국

■ 卵を茹でましょうか、目玉焼きにしましょうか。
　계란을 삶을까요. 계란 후라이로 할까요?

■ 茹でてください。塩をつけて食べますから。
　삶아 주세요. 소금을 찍어 먹을 테니까요.

■ 今晩のおかずに何を拵らえましょうか。
　오늘밤 반찬으로 무엇을 만들까요?

■ わかめとこんぶのお汁は嫌ですか。
　미역과 다시마국은 싫은가요?

■ 醤油の味がよければそれもけっこうですよ。
　간장 맛이 좋으면 그것도 괜찮지요.

음료·술·담배에 관한 표현

일본은 한국과는 달리 술을 권할 때는 한손으로 따라도 됩니다. 특히 맥주는 한손으로 따르는 사람이 많으며, 남자의 경우 오른손으로 컵을 들고 그냥 받는 사람이 많은데 이것을 보고 버릇없다고 화내는 일은 없도록 합시다. 그리고 상대방이 잔에 술이 조금 남아 있을 때는 첨잔하는 것도 한국과는 크게 다른 점입니다. 이야기에 열중하여 잔을 빈 채로 오랫동안 놔두는 것은 눈치없는 사람으로 오해받을 수도 있습니다.
담배도 우리와는 달리 윗사람 앞에서도 피울 수 있습니다.

커피·홍차를 마실 때

■ コーヒーを一杯飲みましょうか。
커피를 한 잔 마실까요?

■ ちょっと一息入れて、コーヒーか何か飲みましょう。
잠깐 한숨 돌리고 커피나 마십시다.

■ コーヒーでもいかが？
커피라도 마실까요?

■ 中へ入りましょう。何か飲物がほしくてたまらないわ。
안으로 들어갑시다. 음료라도 마시고 싶어 죽겠어요.

■ コーヒーと紅茶とどちらが好きですか。
커피와 홍차 중에 어느 것을 좋아합니까?
◇ ~と ~とどちらが ~과(와) ~중에 ~어느 쪽(것)이

■ コーヒーです。香りがとても好きです。
커피입니다. 향기를 매우 좋아합니다.

■ 新鮮なトマト・ジュースのほうがいいですね。
신선한 토마토 주스가 좋겠군요.

■ コーヒーを一杯おごりましょう。
커피를 한 잔 사겠습니다.

식사

■ 私のコーヒーは濃くしてください。
　내 커피는 진하게 해 주세요.

■ 砂糖はおいくつ？
　설탕은 몇 개?

■ 紅茶やコーヒーを1日何杯くらい飲みますか。
　홍차나 커피는 하루에 몇 잔 정도 마십니까?

→ 술을 마시자고 권할 때

■ 一杯どう？
　한 잔 어때?

■ それはいい考えだ。
　그거 좋은 생각이다.

■ 一杯飲みたいな。
　한 잔 하고 싶군.

■ 仕事が終わったら一杯飲みに行きませんか。
　일이 끝나면 한 잔 하러 가지 않겠어요?

■ 残念ですが、今晩は忙しいんです。
　유감스럽지만, 오늘밤은 바쁩니다.

■ どこかで一杯やるのはどう？
　어디서 한 잔 하는 건 어때?

■ ビールを飲みに行くのはどうだい？
　맥주를 마시러 가는 건 어때?

■ 残念ながら今日は飲む気がしないんだ。
　유감스럽지만 오늘은 마실 기분이 나질 않아.
　◇ 気がする = 気が向(む)く 할 마음이 생기다, 기분이 내키다

- 行きたいけど、止したほうが良さそうですね。
  가고 싶지만 그만두는 게 좋을 것 같습니다.
  ◇ ～たほうがよい(いい) ～하는 것이(게) 좋다

- 帰りに居酒屋へ寄ってちょっと一杯やろうよ。
  귀가 길에 선술집에 들러 잠깐 한 잔 하자.

- 飲物を持ってきましょうか。
  마실 것을 가지고 올까요?

→ 술을 마시면서

- すみません。ビールを2本ください。
  여보세요. 맥주 두 병 주세요.
  ◇ 일본에서는 종업원을 부를 때 すみません이라고 한다.

- 水割りを一杯ください。
  물 탄 술을 한 잔 주세요.
  ◇ 水割り 물로 희석시킨 술

- つまみは何にする?
  안주는 뭘로 할래?

- 君にまかせるよ。
  네가 골라.

- 仕事のことは忘れて楽しもう。
  일은 잊어버리고 즐기자!

- 仕事のことから頭を切り替えよう。
  일에 관한 것은 깡그리 잊어버리자.

- 皆さんの健康のために乾杯!
  여러분의 건강을 위해 건배!
  ◇ ～のために ～을(를) 위해서

- 乾杯!
  건배!

식사

■ もう一杯どう？
　한 잔 더 마실래?

■ ビールをもう一本！
　맥주 한 병 더 주세요!

■ このウイスキーは強いですね。
　이 위스키는 독하군요.

■ 酔っぱらったよ。
　취했어.

■ べろんべろんだ。
　무척 취했어.
　◇ べろんべろん (べろべろ를 강조한 말) 완전히 술에 취해서 몸을 가누지 못하는 모양

■ 酒もほどほどにしなさい。
　술 좀 적당히 마셔라.
　◇ ほどほど 적당히, 적절히

■ 私は酒が弱いんだ。
　난 술이 약해.

■ 飲むのが好きだ。
　술을 좋아해.

■ こんなに飲むんじゃなかった。
　이렇게 마시는 게 아니었어.

■ ちょっと飲んでください。
　좀 마셔요.

■ ビールを一杯どうぞ。
　맥주 한 잔 받아요.

■ 焼酎はどうだい？
　소주는 어때?

■ 一気に飲み干してください。乾杯！
단숨에 들이키세요. 건배!

■ 酔っぱらって何もかも忘れてしまいたいよ。
취해서 모든 것을 잊어버리고 싶어.

■ 運動後の冷たいビールにまさるものはありませんね。
운동 후에 차가운 맥주만큼 좋은 게 없군요.
　✧ ～にまさる ～에 비해 뛰어나다, 더 우수하다 ↔ ～に劣(おと)る

■ どのくらい酒を飲みますか。
어느 정도 술을 마십니까?

■ あいつは大酒飲みだ。
저 녀석은 술꾼이야.

■ 私はどちらかと言うと「下戸」です。
저는 술을 못하는 편입니다.
　✧ 下戸(げこ) ↔ 上戸(じょうご) 술꾼, 술을 많이 마시는 사람

■ 二日酔いはしませんか。
숙취는 없습니까?

담배에 대해 말할 때

■ ここでタバコを吸ってもいいでしょうか。
여기서 담배를 피워도 될까요?

■ ここではタバコを吸ってもらいたくないの。
여기서는 담배를 피우지 말았으면 좋겠어.

■ ここは禁煙になっています。
여기는 금연입니다.

■ ああ、タバコが吸いたくてたまらないな。
아, 담배를 피우고 싶어 죽겠어.

■ タバコを一本いかがですか。
담배 한 대 피우시겠어요?

■ 火を貸していただけますか。
불 좀 빌려 주시겠어요?

■ 灰皿をこちらへ取ってくれませんか。
재떨이를 이리 가지고 오지 않겠어요?

■ 食後の一服は実にうまいです。
식후의 담배 한 모금은 정말로 맛있습니다.

■ 特にいらいらした時に吸うと気分が良くなります。
특히 초조할 때 피우면 기분이 좋아집니다.

■ 2年前に禁煙しました。
2년 전에 금연했습니다.

■ 1日にどのくらい吸いますか。
하루에 어느 정도 피웁니까?

■ まだタバコを吸ってる？禁煙中だと思ったのに。
아직 담배를 피우고 있니? 금연 중이었던 것 같은데.

■ 減らそうとしているんですが、だめなんです。
줄이려고 하고 있는데, 안 됩니다.

■ あなたはタバコの吸いすぎですよ。体に悪いですよ。
당신은 담배를 너무 피워요. 몸에 좋지 않아요.

PART 9

쇼핑 買物·かいもの

해외여행을 할 때 빼뜨릴 수 없는 것 중의 하나가 쇼핑일 것입니다. 효과적인 쇼핑을 위해서는 세심한 계획을 세워 충동적인 구매는 삼가야 합니다. 여기에 나오는 표현을 잘 익혀서 상황에 맞게 적절하게 사용해 봅시다.

쇼핑에 관한 표현

해외여행에서 가장 큰 즐거움은 뭐니 해도 쇼핑이 아닐까 생각합니다. 그러나 말이 잘 통하지 않는 곳에서 더군다나 아무것도 모르는 낯선 땅에서 한정된 시간에 값싸고 질이 좋은 물건을 구입한다는 것은 그리 쉬운 일은 아닙니다.

값싸고 좋은 물건을 사기 위해서는 현지인의 도움을 받거나 미리 쇼핑 정보를 통해 알아두는 것도 하나의 지혜가 될 것입니다. 일본인에게 상점의 위치를 물을 때는 ~はどこにありますか(~은 어디에 있습니까?)라고 하면 친절하게 가르쳐 줄 것입니다.

➡ 가게를 찾을 때

■ いい店を紹介してもらえますか。
 좋은 가게를 소개해 주시겠습니까?

■ 日本で一番有名なデパートはどこにありますか。
 일본에서 가장 유명한 백화점은 어디에 있습니까?

■ 何かお探しですか。
 무엇을 찾으십니까?

■ この町の特産品は何ですか。
 이 도시의 특산품은 무엇입니까?

■ カメラはどこへ行けば安く買えますか。
 카메라는 어디에 가면 싸게 살 수 있습니까?

■ 一番人気のある物は何ですか。
 가장 인기가 있는 것은 무엇입니까?

■ このあたりに飲み屋はありますか。
 이 주위에 술집은 있습니까?

■ 商店街が見物したいんですが。
 상가를 구경하고 싶은데요.

■ 近くに時計を売っている店はありますか。
　근처에 시계를 파는 가게는 있습니까?

■ 近くで果物が買えますか。
　근처에서 과일을 살 수 있습니까?

■ 免税店がデパートの中にありますか。
　면세점이 백화점 안에 있습니까?

■ 品物を見ながら決めようと思っています。
　물건을 보면서 정하려고 합니다.
　◇ ～ながら ～하면서

■ デパートへ行ったら、いい物を買えますよ。
　백화점에 가면 좋은 물건을 살 수 있어요.

■ どこへ行けば安く買えますか。
　어디에 가면 싸게 살 수 있습니까?

■ あの店はほかの店より安く売っていますよ。
　저 가게는 다른 가게보다 싸게 팔고 있어요.

■ あのお店でタバコを売っていますか。
　저 가게에서 담배를 팝니까?

■ 酒場はどこにありますか。
　주류가게는 어디에 있습니까?

■ 秋葉原はどう行けば早いんですか。
　아키하바라는 어떻게 가면 빠릅니까?
　◇ どう ～ば 어떻게 ～하면

■ お土産を買いたいんですが。
　선물을 사고 싶은데요.

■ 日本の伝統的なのが買いたいんですが。
　일본의 전통적인 것을 사고 싶은데요.

쇼핑

■ お土産として喜ばれる物は何ですか。
기념품으로 각광받는 것은 무엇입니까?
✧ ~として ~(으)로서, ~의 입장에서

■ では、民芸品の売り場がいいですね。
그럼, 민예품 매장이 좋겠군요.

■ 近くに適当な店はありますか。
근처에 적당한 가게는 있습니까?

■ あそこに見えるデパートのそばにあります。
저기에 보이는 백화점 옆에 있습니다.

■ 私と一緒に行ってみませんか。
저와 함께 가보지 않겠습니까?

→ 가게에서 물건을 고를 때

■ いらっしゃいませ。
어서 오십시오.

■ 友人へのプレゼントにいい物はないか探しているのですが。
친구에게 줄 좋은 물건이 없는지 찾고 있는데요.
✧ プレゼント 선물 | お土産(みやげ) 여행(기념) 선물

■ これはいかがですか。
이것은 어떻습니까?

■ あれを見せてください。
저걸 보여 주세요.

■ いちばん上の棚にあるのを見せてください。
제일 위쪽 선반에 있는 것을 보여 주세요.

■ そのケースの前の列のを出してみてください。
그 케이스 앞줄에 있는 것을 꺼내봐 주세요.

■ 右から2番目のがすてきだわ。
오른쪽에서 두 번째 것이 멋져요.

■ あら、あれもいいじゃありませんか。
어머, 저것도 좋잖아요?

■ どちらにしようかな。
어느 걸로 할까?

■ 両方ともいい。迷ってしまいますね。
둘 다 좋아요. 망설여지네요.
　◇ とも 전부, 모두

■ これなら私にぴったりです。
이거라면 나에게 딱 맞습니다.
　◇ ぴったり 매우 잘 들어맞는 모양, 잘 어울리는 모습

■ とてもいいわ。誰にでも気に入るのではないかしら。
무척 좋아. 모두가 마음에 들지 않을까?
　◇ 気に入る 마음에 들다

■ これがいちばん気に入ります。
이것이 가장 마음에 듭니다.

■ 他にどんな種類がありますか。
그밖에 어떤 종류가 있습니까?

■ これは何でできていますか。
이건 무엇으로 만들어졌습니까?

■ これは何に使うんですか。
이건 무엇에 쓰는 겁니까?

■ 見本はありますか。
견본은 있습니까?

■ どれを薦めますか。
어느 것을 권하겠습니까?

■ それは私には大きすぎます。
　이건 나에게 너무 큽니다.

■ これより小型の物はありませんか。
　이것보다 소형인 것은 없습니까?

■ 同じので別のサイズのがありますか。
　같은 것으로 다른 사이즈 있습니까?

■ これはちょうど買いたかった物です。
　이건 마침 사고 싶었던 것입니다.
　◇ ちょうど 마침, 바로, 꼭 알맞게

■ それじゃ、これにしよう。
　그럼, 이것으로 하지.
　◇ ～にする ～으로 하다, ～으로 삼다

■ それをもらいましょう。おいくらですか。
　그걸 주세요. 얼마입니까?

■ お持ちになりますか。
　가지고 가시겠습니까?
　◇ お ～になる ～하시다, 존경 표현

■ まとめておいくらですか。
　합해서 얼마입니까?

■ ひとつで結構です。
　하나면 됐습니다.

■ これに手を触れてもいいですか。
　이걸 만져도 되겠습니까?

■ 素材は何ですか。
　소재는 무엇입니까?

■ 他に何かございますか。
　그밖에 다른 게 있습니까?

■ それは要りません。
　이건 필요 없습니다.

■ 気に入った物がありませんか。
　마음에 든 것이 없습니까?

■ あれを見せてくれませんか。
　저걸 부여 주지 않겠어요?

■ 欲しかった物と違います。
　갖고 싶었던 것과 다릅니다.

■ それは私には合わないと思います。
　그건 나에게 맞지 않는 것 같습니다.

■ もっと良い品質の物はありませんか。
　품질이 더 좋은 것은 없습니까?

■ 最近はどんな物がよく売れていますか。
　요즘에는 어떤 것이 잘 팔립니까?

■ これはちょっと流行遅れのようですね。
　이건 좀 유행에 뒤진 것 같군요.
　◇ 遅れ 뒤지는 일

■ なかなか気に入るのが見当たらないですね。
　좀처럼 마음에 드는 것이 보이질 않네요.

■ もう少し見てみるほうが良さそうですね。
　좀더 보는 것이 좋을 것 같네요.
　◇ ~ほうがいい ~것(게)이 낫다

■ 考えておきましょう。
　생각해 볼게요.

■ またの時にしましょう。
　다음에 살게요.

쇼핑

→ 가격 흥정과 대금을 지불할 때

■ これのお値段（ねだん）は？
이건 얼마예요?

■ どうして値段（ねだん）が違（ちが）うんですか。
왜 가격이 다릅니까?

■ 税金（ぜいきん）を含（ふく）んだ値段（ねだん）ですか。
세금을 포함한 가격입니까?

■ 私（わたし）には手（て）が出（で）ません。
저에게는 무리입니다.
◇ 手が出ない 어떻게 손을 쓸 수가 없다, 어찌할 방도가 없다

■ 値段（ねだん）は手頃（てごろ）ですね。それをください。
가격은 적당하군요. 그걸 주세요.

■ 全部（ぜんぶ）でいくらになりますか。
전부해서 얼마가 됩니까?

■ 千円札（せんえんさつ）でお釣（つ）りがありますか。
천 엔 권으로 거스름돈이 있습니까?

■ クレジット・カードで支払（しはら）いたいんですが。
신용카드로 지불하고 싶은데요.

■ 旅行者用（りょこうしゃよう）の小切手（こぎって）でもいいですか。
여행자용 수표라도 괜찮습니까?
◇ ～でもいい ～이러도 좋다(괜찮다)

■ 分割払（ぶんかつばら）いを利用（りよう）できますか。
할부를 이용할 수 있습니까?

■ 現金（げんきん）で買（か）えば、少（すこ）し安（やす）くしてもらえますか。
현금으로 사면 조금 싸게 해줄 수 있나요?

■ 領収書をもらえますか。
りょうしゅうしょ
　영수증을 주시겠어요?

■ お支払いは現金になさいますか、クレジットになさいますか。
　しはら　　　　げんきん
　지불은 현금으로 하시겠습니까, 신용카드로 하시겠습니까?

■ 毎度ありがとうございます。
　まいど
　매번 이용해 주셔서 감사합니다.

→ 값을 깎을 때

■ 高すぎます。
　たか
　너무 비싸요.

■ 負けてくれますか。
　ま
　깎아 줄래요?
　◇ 負ける 값을 싸게 하다, 지다, 패하다

■ もう少し負けてくれますか。
　すこ　ま
　좀더 깎아 줄래요?

■ 十パーセント割引させていただきます。
　じっ　　　　　わりびき
　10퍼센트 할인해 드리겠습니다.
　◇ ~(さ)せていただく ~시켜서 받다, ~해 드리다

■ もう少し安くしてもらえますか。
　すこ　やす
　좀더 싸게 해 주시겠어요?

■ もっと安い物はありませんか。
　やす　もの
　더 싼 것은 없습니까?

■ 少し割引できますか。
　すこ　わりびき
　할인 좀 할 수 있습니까?

■ 割引してくれれば、二つ買いましょう。
　わりびき　　　　　　　　ふた　か
　할인해 주면 두 개 살게요.

쇼핑

- 負けてくれたら、買います。
  깎아 주면 살게요.
  ◇ ~てくれたら ~해 준다면

- 一万円になりませんか。
  1만엔으로 안 되겠어요?
  ◇ ~になる ~이(가) 되다

- 私の友達もここで買うつもりなのです。
  제 친구도 여기서 살 생각이에요.
  ◇ ~つもりだ ~할 생각이다

- これはほかの店で五千円です。
  이건 다른 가게에서 5천엔입니다.

포장・배달을 부탁할 때

- 包んでくださいませんか。
  포장해 주시지 않겠어요?
  ◇ ~でくださいませんか ~해 주시지 않겠어요?

- 袋に入れてください。
  봉투에 넣어 주세요.

- きれいに包装してください。
  예쁘게 포장해 주세요.
  ◇ 형용동사의 어간에 에를 접속하면 부사적으로 쓰인다.

- 包装紙はいくらですか。
  포장지는 얼마입니까?

- 包装紙に「祝賀」と書いてください。
  포장지에 「축하」라고 써 주세요.

- 今日中に届けることができますか。
  오늘 중으로 배달할 수 있습니까?
  ◇ ~ことができる ~할 수가 있다

■ この住所の所に届けてください。
　이 주소로 배달해 주세요.

■ 配達先はプリンスホテルの1500号室です。
　배달 처는 프린스 호텔 1500호실입니다.
　◇ 先 도착할 곳

■ 近くですから簡単に包んでください。
　가까우니까 간단히 포장해 주세요.

■ 配達は無料ですか。
　배달은 무료입니까?

■ できるだけ早めに届けてください。
　가능한 빨리 배달해 주세요.

■ 五時までに届けられますか。
　5시까지 배달할 수 있습니까?

■ 韓国に送りたいんですが。
　한국으로 보내고 싶은데요.

■ 配達は早ければ早いほどいいです。
　배달이 빠르면 빠를수록 좋습니다.
　◇ ~ば ~ほど ~하면 ~할수록

➡ **교환 및 취소·반품을 원할 때**

■ これを返品したいのですが。
　이걸 반품하고 싶은데요.

■ これを他の物に交換してください。
　이걸 다른 것으로 교환해 주세요.

■ これを取り換えてもらいたいのですが。
　이걸 교환해 주었으면 하는데요.

- 交換カウンターはどこですか。
  교환처는 어디에 있습니까?

- 縫い目が雑です。
  바느질이 조잡합니다.

- ここが壊れていましたよ。
  여기가 깨져 있었어요.

- このスカートを払い戻してもらいたいのですが。
  이 스커트를 환불해주었으면 하는데요.

- ここが汚れているんです。
  여기가 더럽습니다.

- 破れています。
  찢어져 있습니다.

- 色が変色していました。
  색이 변했어요.

- ボタンがとれていました。
  단추가 떨어졌어요.

- もともとここに傷がありました。
  원래 여기에 흠집이 있었습니다.
  ◇ もともと 원래, 본래부터

- きのう買ったんです。
  어제 샀습니다.

- ここに領収書があります。
  여기에 영수증이 있습니다.

UNIT 2 슈퍼·백화점에서의 표현

속지 않고 좋은 품질의 물건을 구입하려면 백화점만큼 좋은 곳은 없습니다. 일본의 백화점도 우리와 거의 비슷하므로 어색함이 없이 이용할 수 있는 곳입니다. 그리고 일본에서는 百貨店이라는 말을 쓰지 않고 デパート라고 합니다.
슈퍼(スーパー)는 동네 어느 곳에나 있으므로 일용품을 구입하기에 적당한 곳입니다. 그리고 24시간 영업을 하는 편의점이 많이 있으므로 언제 어디서든 손쉽게 이용할 수 있으며, 가격은 계산기에 표시되므로 굳이 얼마냐고 묻지 않아도 됩니다.

→ 슈퍼에서 물건을 살 때

■ いつもどこのスーパーで買物をしますか。
　어디 슈퍼에서 항상 물건을 삽니까?

■ 今日はずいぶん混んでいますね。
　오늘은 무척 붐비는군요.

■ カートを取って来たほうがよさそうですね。
　카터(손수레)를 가지고 오는 게 좋을 것 같군요.
　◇ ~たほうがよさそうですね ~하는 게 좋을 것 같군요

■ 肉のコーナーへ行きましょう。
　정육 코너에 갑시다.

■ 乳製品の売場はどこですか。
　유제품 매장은 어디입니까?

■ あれはお買い得ですね。
　저건 싸고 좋군요.
　◇ 買い得 (값이 싸서) 사서 이익을 봄 ↔ 買い損(ぞん)

■ 加工食品のコーナーはどこですか。
　가공식품 코너는 어디입니까?

■ 真空パックされた干しブドウはどこにありますか。
　진공 포장된 건포도는 어디에 있습니까?

■ 製造年月日はいつですか。
　제조 연월일은 언제입니까?

■ 売り出しは今週限りです。
　발매는 이번 주뿐입니다.
　✧ 売り出す 팔기 시작하다, 선전하거나 값을 깎아 팔다

■ ここにあるのは全部百円なのですね。
　여기에 있는 것은 전부 100엔이군요.

■ どうして今日は野菜の値段が高いんでしょう。
　왜 오늘은 야채 가격이 비싸죠?

■ レジのところへ持っていってね。
　계산대로 가지고 가세요.

→ **백화점에서 쇼핑할 때**

■ 売場案内はありますか。
　매장 안내는 있습니까?

■ 男性用の売場はどこですか。
　남서용 매장은 어디입니까?

■ 婦人服の売場は何階にありますか。
　여성복 매장은 몇 층에 있습니까?

■ 化粧品の売場はどこにありますか。
　회장품 매장은 어디에 있습니까?

■ エレベーターはどこですか。
　엘리베이터는 어디입니까?
　✧ エスカレーター 에스컬레이터

■ バーゲンセールをやっていますか。
　바겐세일을 하고 있습니까?
　✧ バーゲンセール 바겐세일

■ すみません。トイレはどこですか。
　미안합니다. 화장실은 어디에 있습니까?

■ デパートは何時までですか。
　백화점은 몇 시까지입니까?

■ このデパートは何時からですか。
　이 백화점은 몇 시부터입니까?

■ 今日は休みです。
　오늘은 쉽니다.

■ 休憩室はどこにありますか。
　휴게실은 어디에 있습니까?

■ 上へ参ります。
　위로 올라갑니다.

■ これをホテルに届けてください。
　이걸 호텔로 배달해 주세요.

■ この通路のいちばん奥にあります。
　이 통로 가장 안쪽에 있습니다.

■ 玩具売場はこの階ですか。
　완구 매장은 이 층입니까?
　◇ 玩具(おもちゃ) 장난감

■ 靴売場はどこでしょうか。
　신발 매장은 어디에 있나요?

■ 電気製品売場はどっちの方でしょうか。
　전기제품 매장은 어느 쪽입니까?

■ 食料品は地階でしょうか。
　식료품은 지하이겠죠?
　◇ 何階 몇 층 | 地下(ちか) 지하

쇼핑

- 贈答用商品券はどこで買えますか。
    선물용 상품권은 어디서 살 수 있습니까?

- これには保証が付いてますか。
    이것에는 보증서 있나요?

- 輸入品はありますか。
    수입품은 있습니까?

- いま注文すれば、すぐ手に入りますか。
    지금 주문하면 곧 받을 수 있습니까?
    ◇ 手に入る(入れる) 입수하다, 손에 넣다

- 贈り物になさいますか。
    선물로 하시겠습니까?

- リボンをつけて包装していただけますか。
    리본을 달아서 포장해 주시겠어요?

- 家まで配送してもらえますか。
    집까지 배송 해주시겠어요?

- 配達のときの支払いにできますか。
    배달할 때 지불을 할 수 있습니까?

- いつ配達してもらえますか。
    언제 배달해줄 수 있나요?

- 結婚祝いだから、そのように包んでもらいたいのですが。
    결혼 축하선물이니까, 거기에 맞게 포장해 주세요.
    ◇ ~てもらいたい ~해 주었으면 한다(싶다)

- 韓国へ送ってもらえますか。
    한국으로 보내줄 수 있나요?

- 会計はどちらですか。
    계산은 어디서 합니까?

식료품을 구입할 때의 표현

일본에서 생활을 하게 된다면 우선 동네에 있는 상점을 이용할 것을 권합니다. 동네 상가의 아주머니나 아저씨는 그 지역에 밀착되어 있으므로 잘 사귀어 두면 물건을 싸게 사거나 혹은 그 마을에 얽힌 이야기나 정보를 얻어들을 수도 있기 때문입니다. 또한 일본어 회화 공부에 도움이 될 수 있으므로 슈퍼마켓만 이용하지 말고 근처 가게도 종종 이용하는 게 좋습니다. 대표적인 식료품 가게로는 八百屋(やおや・채소가게), 魚屋(さかなや・생선가게) 肉屋(にくや・정육점), 米屋(こめや・쌀집), 酒屋(さかや・주류점) 등이 있습니다.

→ **채소가게 · 과일가게에서**

■ こんにちは、野菜をください。
안녕하세요. 야채를 주세요.

■ そうですね。トマトと玉ねぎをもらいます。
글쎄요. 토마토와 양파를 주세요.

■ 大きめのキュウリを１２本ください。
조금 큰 오이를 12개 주세요.

■ レタス二つと人参を３つもらいます。
양상추 두 개와 당근 세 개 주세요.

■ ほうれん草とアスパラガスをください。
시금치와 아스파라거스를 주세요.

■ じゃがいもはありませんか。
감자는 없습니까?

■ タケノコとレンコンのような根菜はありますか。
죽순과 연근 같은 근채류는 있습니까?

■ 季節の野菜はどんなものですか。
제철 야채는 어느 것입니까?

- カボチャは時期(じき)はずれですか。
  호박은 시기가 지났습니다.
  ◇ はずれ 벗어남, 맞지 않음

- このブドウを1房(ひとふさ)ください。
  이 포도를 한 송이 주세요.
  ◇ 房 꽃이나 열매가 많이 달라붙어서 축 늘어진 것

- バナナ1房(ひとふさ)はいくらですか。
  바나나 한 송이는 얼마입니까?

- このバナナは少(すこ)し青(あお)いですね。もっと熟(じゅく)したのは?
  이 바나나는 조금 파랗군요. 더 익은 것은?

- これは傷(いた)んでますね。取(と)り換(か)えてくれますか。
  이건 상했어요. 바꿔 주겠어요?
  ◇ 傷む 상하다, 썩다 | 痛(いた)む 아픔을 느끼다, 아프다

- いちご2箱(ふたはこ)もらいます。
  딸기 두 상자 주세요.

- このリンゴは甘(あま)いですか。
  이 사과는 답니까?

- このパイナップルはいくらですか。
  이 파인애플은 얼마입니까?

- 今(いま)どんな果物(くだもの)が盛(さか)りですか。
  지금 어떤 과일이 한창입니까?

- この梨(なし)はまだかなり高(たか)いようですね。
  이 배는 아직 꽤 비싼 것 같군요.

- これは温室栽培(おんしつさいばい)ですか。
  이건 온실에서 재배한 겁니까?

- 種(たね)なしブドウももらいます。全部(ぜんぶ)でいくらですか。
  씨 없는 포도도 주세요. 전부해서 얼마입니까?

→ **정육점·생선가게에서**

■ この肉は柔らかいですか。
　이 고기는 부드럽습니까?
　◇ 柔らかい 부드럽다 ↔ 堅(かた)い 질기다

■ ステーキ用のサーロインがほしいのですが。
　스테이크 용 등심이 필요한데요.
　◇ ～がほしい ～이(가) 필요하다

■ 牛のひき肉を六百グラムください。
　기계로 저민 쇠고기를 600그램 주세요.

■ 鶏肉がほしいんですが。
　닭고기가 필요한데요.
　◇ 鶏(にわとり) 닭 | 鳥(とり) 새

■ バターやマーガリンは置いてありますか。
　버터나 마가린은 있습니까?

■ 新鮮な豚肉はありますか。
　신선한 돼지고기는 있습니까?

■ それじゃ、代わりにヒレ肉でいいです。
　그럼, 대신에 지느러미 살로 주세요.

■ このタイはすばらしいですね。
　이 도미는 아주 좋군요.

■ このカツオとタコをください。
　이 가다랭이와 문어를 주세요.

■ サケの切身を3枚ください。
　연어 조각살을 3 토막 주세요.

■ あのマグロは新しいですか。
　저 참치는 싱싱합니까?

■ これはマスですか、サケですか。
이건 송어입니까, 연어입니까?

■ イカはありますか。
오징어는 있습니까?

■ 川魚(かわざかな)はないのですか。
민물고기는 없습니까?

■ このハマグリをください。
이 대합을 주세요.

■ 全部(ぜんぶ)で1つ(ひと)に包(つつ)んでくれますか。
전부 하나로 싸 주세요.

→ 제과점에서

■ パンを二つ(ふた)ください。
빵 두 개 주세요.

■ ロールパンを6個(ろっこ)ください。
롤빵을 여섯 개 주세요.

■ ハンバーガーとホットドッグにするパンをください。
햄버거와 핫도그를 만들 빵을 주세요.

■ 焼(や)き立(た)てのパンはありませんか。
갓 구운 빵은 없습니까?
◇ 立て 동사의 중지형에 붙어 그 동작이 끝나고 얼마 되지 않음을 나타낸다.

■ 薄(うす)く切(き)ってください。
얇게 잘라 주세요.

■ ふくらし粉(こ)1缶(ひとかん)とイチゴジャム2びん(ふた)もらいます。
빵가루 한 통과 딸기잼 두 병 주세요.

■ ビスケットかドーナツはありますか。
비스킷이나 도넛은 있습니까?

- このクラッカーはおいしいですか。
  이 크래커는 맛있습니까?

- チョコレート・ケーキを3つください。
  초콜릿 케이크를 세 개 주세요.

- そこにあるカステラをくれますか。
  거기에 있는 카스텔라를 줄래요?

- イチゴパイ3つとケーキを1つください。
  딸기파이 세 개와 케이크 하나 주세요.

- このケーキは何でできているのですか。
  이 케이크는 무엇으로 만들어졌습니까?

- このケーキは子供向きでしょうか。
  이 케이크는 어린이 용입니까?
  ◇ 向き 적합함

- 一包にいくつ入ってますか。
  포장 하나에 몇 개 들었습니까?

- 中身は何ですか。
  알맹이는 무엇입니까?

- 砂糖がまぶしてあるのですね。
  설탕이 발라져 있군요.

- バースデイ・ケーキを注文したいのですが。
  생일 케이크를 주문하고 싶은데요.

쇼핑

UNIT 4 의복류를 구입할 때의 표현

우리나라의 의류는 세계적으로 값싸고 품질이 좋은 것으로 정평이 나 있습니다. 물론 일본도 품질이나 디자인에서는 세계적이지만 값이 매우 비싸기 때문에 가능하면 한국에서 구입하는 게 좋습니다. 만약 일본에서 옷을 구입하게 된다면 먼저 원하는 물건이 어디에 있는지 어디에 가면 좋은 물건이 있는지, 또는 치수는 우리와 같은지 등을 미리 알아둘 필요가 있습니다.

→ 양복점에서

■ この背広を着てみてもいいですか。
이 양복을 입어 봐도 되겠습니까?
◇ ~てみてもいい ~해 봐도 된다(좋다)

■ この生地は何ですか。
이 옷감은 무엇입니까?

■ このデザインは私に合うでしょうか。
이 디자인은 나에게 맞을까요?

■ この焦げ茶色のスーツはどう思いますか。
이 짙은 갈색 양복은 어떻게 생각합니까?
◇ スーツ(suit) 슈트, 양복 한 벌, 부인복

■ たいてい既製服で間に合わせています。
대개 기성복으로 대용합니다.

■ 服地はあまり気にしません。
옷감은 별로 마음에 내키지 않습니다.

■ あまり濃い色でなければ、グレーでも茶でも結構です。
너무 진한 색이 아니면 회색도 다색도 괜찮습니다.

■ この服地と柄に決めました。
이 옷감과 무늬로 정했습니다.

■ 裏地はどんな布になりますか。
안감은 어떤 천으로 합니까?

■ しまの入ったズボンも注文したいんですが。
주름이 들어간 바지도 맞추고 싶은데요.

■ 腰まわりは少しゆるめのほうがいいですね。
허리 주위는 조금 느슨한 게 좋겠어요.

■ ベルトの位置はちょうどこのあたりです。
벨트 위치는 정확히 이 주위입니다.

■ 仮縫いはいつになりますか。
가봉은 언제나 됩니까?

■ 袖はもう少し短めにしてください。
소매는 좀더 짧게 해 주세요.

■ このネクタイはいくらですか。
이 넥타이는 얼마입니까?

■ ベルトとズボンつりを見たいのですが。
벨트와 바지 멜빵을 보고 싶은데요.

■ 男性用の下着はどこにありますか。
남성용 속옷은 어디에 있습니까?
◇ 下着 속옷 ↔ 上着(うわぎ) 겉옷

→ 양품점에서

■ マネキンに着せてあるようなブラウスをいただけますか。
마네킹에 입혀 있는 것과 같은 블라우스를 주시겠어요?
◇ 着せる 입히다 | 着(き)る 입다 | 着させる 입게 하다

■ もう少し明るい色はありませんか。
좀더 밝은 색은 없습니까?

■ このきれいなピンクの色合いが気に入ったわ。
　　이 예쁜 핑크 색상이 마음에 들어.
　　　◇ 色合い 빛깔의 배합, 농도 등의 상태, 색조

■ このジャケットは派手すぎると思いません？
　　이 재킷은 너무 화려한 것 같지 않습니까?
　　　◇ 派手だ 화려하다 ↔ 地味(じみ)だ 수수하다

■ 襟もとはゆったりしているほうがいいですわ。
　　옷깃 근처는 넉넉한 게 좋겠어요.
　　　◇ ゆったり 크고 여유가 있는 모양, 넉넉한

■ このセーターはゆるすぎるようです。
　　이 스웨터는 너무 헐거운 것 같아요.

■ ツー・ピースを仕立ててほしいのですが。
　　투피스를 만들어 주었으면 하는데요.
　　　◇ 仕立てる 천을 재단해서 옷을 짓다

■ スタイル・ブックを見せていただけますか。
　　스타일북을 보여 주시겠어요?

■ このデザインは今流行してますか。
　　이 디자인은 지금 유행하고 있습니까?
　　　◇ 流行(はや)る 유행하다

■ スカートは１インチ長くしてください。
　　스커트는 1인치 길게 해 주세요.

■ このスラックスはこのセーターに合うと思いますか。
　　이 슬랙스는 이 스웨터가 맞겠습니까?
　　　◇ スラックス(slacks) 슬랙스, 여성용 바지

■ あのペチコートを見せてもらえますか。
　　저 페티코트를 보여 주시겠어요?
　　　◇ ペチコート 페티코트, 여성의 스커트 밑에 받쳐 입는 속치마의 한 가지

■ 絹のストッキングはありますか。
　　실크 스타킹은 있습니까?
　　　◇ ストッキング(stocking) 여성용・스포츠용의 목이 긴 양말

■ はいているうちに少し伸びてくるでしょうか。
　입고 있는 동안에 조금 늘어날까요?

■ エプロンとシュミーズを買いたいのですが。
　에이프런과 슈미즈를 사고 싶은데요.
　◇ エプロン(apron) 에이프런, 앞치마 | シュミーズ(chemise) 슈미즈, 여자 양장의 속옷의 한 가지, 속치마

■ あのレインコートを見せてください。
　저 레인코트를 보여 주세요.

→ 모자·구두 등을 살 때

■ 今流行の帽子を何種類か見せてください。
　지금 유행하는 모자를 몇 가지 보여 주세요.

■ あのフェルトの帽子を見せてください。
　저 펠트 모자를 보여 주세요.
　◇ フェルト 펠트, 양모 또는 그 밖의 수모(獸毛)를 압축하여 밀착시킨 것 신발·모자 따위에 사용함

■ 子供用の野球帽を探してるんですが。
　어린이용 야구모자를 찾고 있는데요.

■ この帽子は縁やリボンが気に入りませんわ。
　이 모자는 테두리나 리본이 마음에 안 들어요.

■ これと同じので他にどんなものがありますか。
　이것과 같은 것으로 그밖에 어떤 것이 있습니까?

■ 私に似合うと思いますか。
　나에게 어울리겠습니까?

■ 鏡はどこですか。
　거울은 어디에 있어요?

■ 黒の革靴がほしいのですが。
　검정 가죽구두가 필요한데요.

■ これは何の皮ですか。
　　이건 무슨 가죽입니까?

■ このハイヒールを履いてみていいですか。
　　이 하이힐을 신어 봐도 되겠어요?

■ この靴を履かせてみてください。
　　이 구두를 신어 볼게요.
　　◇ 靴・靴下・スカート・ズボンをはく 구두・양말・치마・바지를 입다(신다)

■ 靴べらを貸してください。
　　구둣주걱을 빌려 주세요.

■ 幅が狭くて、私にはきつすぎます。
　　폭이 좁아서 나에게는 너무 꼭 끼어요.
　　◇ きつい 답답하다, 꼭 끼다

■ もっと大きいサイズを見せてください。
　　더 큰 사이즈를 보여 주세요.

■ これがぴったり合います。
　　이것이 딱 맞습니다.
　　◇ ぴったり 매우 잘 들어맞는 모양

✕ 日本語ノート

◇ いや

부정으로 쓰는 표현에 いや가 있는데, 이 いや는 사용법이나 발음의 방식에서 여러 가지 의미가 있습니다. いや의 사용법은 적어도 세 가지 있습니다.
예를 들면, 자동차를 쓰고 싶다고 할 때 いや라고 쌀쌀맞게 대답하면 거절의 「No」를 의미합니다. 또, 신인화가가 자신의 그림을 칭찬받는데 や를 길게 늘여서 いやー라고 하면 겸손해하고 있는 것에 지나지 않습니다.
아가씨가 쓰는 いや는 조금 사람을 당황하게 합니다. 예를 들면, 아가씨는 구혼자로부터의 요구에 대해 いや라고 말하면, 요구받고 있는 것에 대한 혐오를 나타내거나, 그저 「No」의 의미를 나타내거나 합니다. 하지만 그녀가 싫다고 말해도 실망할 필요는 없습니다. 부끄러운 듯이 하고 있는 것이라면, 그녀의 いや는 속으로는 그렇지 않다는 것을 의미하고 있는 것이니까요.

UNIT 5 책·문구·잡화의 구입 표현

일본인의 독서량은 세계적으로 알려져 있을 만큼 많습니다. 따라서 다양한 종류의 책과 잡지 등이 매일 쏟아져 나오고 있습니다. 도쿄에서 가장 큰 서점은 신주쿠에 있는 紀伊國屋(きのくにや)가 있으며, 그밖에 고서를 구입하려면 神田(かんだ)의 서점가에 가면 엄청난 종류의 책들을 볼 수 있습니다. 또한 문방구는 백화점이나 할인마트, 편의점 등에 가서 구입할 수도 있으며, 동네 어귀에서도 손쉽게 구입할 수가 있습니다.

➡ 서점에서

■ 東京の地図をください。
도쿄 지도를 주세요.

■ 旅行関係の本はどこですか。
여행관계의 책은 어디에 있습니까?

■ 東京のガイドブックを見せてください。
도쿄 가이드북을 보여 주세요.

■ その本はよく売れていますか。
그 책은 잘 팔립니까?

■ 最近のベストセラーを探しているんですが。
최근 베스트셀러를 찾고 있는데요.

■ 若者たちに人気のある本はどれですか。
젊은이들에게 인기가 있는 책은 어느 것입니까?

■ 日本語の会話にいい本はありませんか。
일본어 회화에 좋은 책은 없습니까?

■ ファッション雑誌はどれがいいですか。
패션 잡지는 어느 것이 좋습니까?

쇼핑

■ 日本の小説はどこにありますか。
일본 소설은 어디에 있습니까?

■ 料理の本が必要ですが。
요리 책이 필요한데요.

■ 和英辞典がほしいのですが。
일영사전이 필요한데요.

■ 英語の本は二階で売っています。
영어 책은 2층에서 팔고 있습니다.

■ 日本でも定価で本を売っていますか。
일본에서도 정가로 책을 팝니까?

■ 全部でいくらですか。
전부해서 얼마입니까?

◇ 本屋(ほんや) 책방 ｜ 書店(しょてん) 서점 ｜ 古本屋(ふるほんや) 헌책방

→ 문방구점에서

■ 文房具屋は何階ですか。
문방구는 몇 층입니까?

■ 航空便の封筒はありますか。
항공봉투는 있습니까?

■ ボールペンはどこにありますか。
볼펜은 어디에 있습니까?

■ 年賀状はありませんか。
연하장은 없습니까?

■ 別々に包んでください。
따로 포장해 주세요.

◇ 別々に 따로따로, 뿔뿔이, 각각, 제각기

■ 絵葉書を三枚ください。
　그림엽서를 세 장 주세요.

■ 鉛筆はこちらにいろいろあります。
　연필은 여기 많이 있습니다.

■ 子供に人気のある色鉛筆をください。
　어린이에게 인기가 있는 색연필을 주세요.
　✧ 万年筆(まんねんひつ) 만년필

→ 잡화점에서

■ 石鹸とちり紙をください。
　비누와 화장지를 주세요.

■ 歯ブラシはどこにありますか。
　칫솔은 어디에 있습니까?

■ 爪切りはありますか。
　손톱깎이는 있습니까?

■ フィルムはここで買えますか。
　필름은 여기서 살 수 있나요?

■ 36枚撮りを一本ください。
　36판짜리 한 통 주세요.
　✧ 本은 둥글고 긴 것을 셀 때 쓰인다.

■ これと同じ電池はありますか。
　이것과 같은 전지는 있습니까?

■ 使い捨てカメラはありますか。
　일회용 카메라는 있습니까?

■ 傘を見せてください。
　우산을 보여 주세요.

쇼핑

> **가방점에서**

■ 触ってもいいですか。
만져도 되겠습니까?
◇ ~てもいいですか ~해도 되겠습니까?

■ シャネルのバッグはどこですか。
샤넬 가방은 어디에 있습니까?

■ この素材は何ですか。
이 소재는 무엇입니까?

■ これは人工皮革ですか。
이것은 인조가죽입니까?

■ この色でほかの形はありませんか。
이 색으로 다른 디자인은 없습니까?

■ この形で黒はありますか。
이 디자인으로 검정색은 있습니까?

■ 何かほかのデザインはありますか。
그밖에 다른 디자인은 있습니까?

■ スーツケースを見せてください。
여행용 가방을 보여 주세요.
◇ スーツケース 슈트케이스, 양복을 넣는 여행용 가방

■ 札入れがほしいのですが。
지갑이 필요한데요.
◇ 札入れ 지폐를 넣는 지갑 | 財布(さいふ) 지갑

■ 小型バッグを探していますが。
소형 가방을 찾고 있는데요.
◇ 小型 소형 ↔ 大型(おおがた) 대형

■ このバッグは何の皮ですか。
이 가방은 무슨 가죽입니까?

보석·액세서리를 구입할 때

■ 宝石売場はどこでしょう。
보석 매장은 어디죠?

■ これはどんな宝石ですか。
이것은 어떤 보석입니까?

■ このブレスレットを見せてください。
이 팔찌를 보여 주세요.
　◇ ブレスレット(bracelet) 브레이슬렛, 팔찌 = 腕輪(うでわ)

■ 左から二番目の物を見せてください。
왼쪽에서 두 번째 것을 보여 주세요.
　◇ ～番目 ～번째

■ これは純金ですか。
이것은 순금입니까?

■ 保証書は付いていますか。
보증서는 있습니까?

■ 贈り物用に包んでください。
선물용으로 포장해 주세요.

■ 真珠の首飾りはどんなのがありますか。
진주 목걸이는 어떤 것이 있습니까?

■ 人造真珠と天然真珠はどう違いますか。
인공진주와 천연진주는 어떻게 다릅니까?

■ それはお勧めできるほどのものではありません。
이건 권해드릴 만한 것이 못됩니다.

■ 真珠の良し悪しはどう見分けますか。
진주가 좋고 나쁨은 어떻게 구분합니까?
　◇ 良し悪し 좋고 나쁨, 착함과 악함

쇼핑

■ このブローチを見せていただけますか。
　이 브로치를 보여 주시겠어요?

■ 付けてみてもいいですか。
　달아 봐도 되겠어요?

■ ダイヤの指輪を見せてほしいのですが。
　다이아 반지를 보여주었으면 하는데요.

■ これは何カラットですか。
　이것은 몇 캐럿입니까?

■ もう少しデザインの面白いものはありませんか。
　좀더 디자인이 재미있는 것은 없습니까?

■ ルビーの指輪を見せていただけますか。
　루비 반지를 보여 주시겠습니까?

■ 嵌めてみてもいいですか。
　끼워 봐도 되겠습니까?
　◇ 指輪を嵌める 반지를 끼다

→ 화장품점에서

■ 化粧品は免税店で買えば安いです。
　화장품은 면세점에서 사면 쌉니다.

■ アイライナーを見せてください。
　아이라이너를 보여 주세요.

■ 新発売のアイシャドーはありますか。
　신발매 아이 섀도는 있습니까?

■ マニキュア・リムーバーを見せてください。
　매니큐어 림버를 보여 주세요.

- この香水は香りがよくありませんね。
  이 향수는 향기가 좋지 않군요.

- ふたを開けてみてもいいですか。
  뚜껑을 열어 봐도 되겠어요?

- 家内へのお土産を買いたいんですが。
  아내에게 줄 선물을 사고 싶은데요.

- 香水のほうがいいんじゃありませんか。
  향수가 좋지 않겠습니까?
  ◇ ~のほうがいいんじゃないか ~것이 좋지 않겠나?

- 香水はもう免税店で買いました。
  향수는 이미 면세점에서 샀습니다.

- 新発売の口紅がいいですね。
  신발매 립스틱이 좋겠군요.

- 赤の口紅を見せてください。
  빨간색 립스틱을 보여 주세요.

日本語ノート

◇ どちらへ

그 나라의 문화나 관습에 따라 말의 표현도 달라질 수밖에 없습니다. 우리는 일본과 비슷한 문화권이므로 많은 표현에서 차이를 못 느끼지만, 다른 문화권의 외국인은 문화나 관습의 차이로 언어의 표현에 당황하는 일이 자주 있을 것입니다.
예를 들면, 길거리라든가 전차 안에서 두 사람의 일본인을 만났다고 합시다. 그들은 아무래도 친구사이나 이웃사이와 같은데 인사 대신에 다음과 같은 말을 나누고 있습니다.
「あ、田中さん、どちらへ。(아, 다나카 씨, 어디에?)
「いや、ちょっとそこまで。(아니, 잠깐 저기까지.)
이 표현은 남의 일에 대해 마치 꼬치꼬치 캐묻는 것처럼 느껴질지 모르지만, 실제로는 그 사람이 어디에 가는 것은 묻는 게 아니라 인사치레로 하는 말이므로 구체적으로 대답할 필요는 없습니다.

UNIT 6 전자제품을 구입할 때 표현

일본의 전자제품은 세계 어느 곳을 가나 쉽게 접할 수 있는 품목 중 하나입니다. 따라서 일본을 여행하는 대부분의 사람들은 워크맨이나 캠코더 등 소형 가전제품을 구입합니다. 도쿄에서 가장 유명한 전자상가는 秋葉原(あきはばら)로 우리의 용산전자상가처럼 많은 전자제품점으로 이루어져 있어 다양한 첨단의 제품들을 구경할 수가 있습니다. 단 같은 제품이더라도 값이 싼 제품은 일본에서 제조되지 않는 다른 나라에서 제조한 일본 메이커의 전자제품이므로 잘 살펴보고 구입해야 합니다.

→ 카메라점에서

■ カメラを買いたいんですが。
　카메라를 사고 싶은데요.

■ 操作が簡単なのがほしいんですが。
　조작이 간단한 것이 필요한데요.

■ シャッターを押すだけでいいカメラがいいです。
　셔터를 누르기만 하면 되는 카메라가 좋습니다.

■ フィルムの現像とプリントをお願いします。
　필름 현상과 인화를 부탁합니다.

■ プリントは普通サイズでお願いします。
　인화는 보통 사이즈로 부탁합니다.

■ これを引き延ばしてください。
　이걸 확대해 주세요.

■ 写真はいつ出来上がりますか。
　사진은 언제 됩니까?

■ カメラを水の中に落してしまいました。
　카메라를 물 속에 빠뜨려버렸습니다.

- フィルムの取り出し方を教えてください。
  필름 꺼내는 법을 가르쳐 주세요.

- 電池を交換してくださいませんか。
  전지를 교환해 주시지 않겠습니까?
  ◇ 乾電池(かんでんち) 건전지 | バッテリー 배터리

- 望遠レンズを見せてくださいませんか。
  망원 렌즈를 보여 주시지 않겠습니까?

- これはオートズームのカメラです。
  이건 오토 줌 카메라입니다.
  ◇ デジタル·カメラ 디지털 카메라

→ 전자제품점에서

- 電子製品はどこへ行けば安く買えますか。
  전자제품은 어디에 가면 싸게 살 수 있습니까?

- 電子製品を買うなら、やはり秋葉原ですね。
  전자제품을 사려면 역시 아키하바라이죠.

- 電子製品はこの店が安いですよ。
  전자제품은 이 가게가 싸요.

- パソコンとワープロを見たいんですが。
  퍼스널 컴퓨터와 워드프로세서를 보고 싶은데요.

- この短波ラジオは韓国でも聞けますか。
  이 단파 라디오는 한국에서도 들을 수 있습니까?

- 語学用のウォークマンがほしいんですが。
  어학용 워크맨이 필요한데요.

- ちょっと見ているだけです。
  좀 보고 있습니다.

쇼핑

■ 新型のビデオを見せてください。
　신형 비디오를 보여 주세요.
　◇ 新型 신형 ↔ 旧形(きゅうがた) 구형

■ 税関で問題になることはないでしょう。
　세관에서 문제가 되는 일은 없겠죠?
　◇ ～になる ～이(가) 되다

■ このビデオカメラは最新型ですか。
　이 비디오카메라는 최신형입니까?

■ 大型のテレビを見物したいんですが。
　대형 텔레비전을 구경하고 싶은데요.
　◇ 見物する 구경하다

■ 安くて性能のいい電気かみそりを見せてください。
　싸고 성능이 좋은 전기면도기를 보여 주세요.

■ これは操作も簡単で使いやすいです。
　이건 조작도 간단하고 쓰기 편합니다.
　◇ ～やすい ～하기 편하다(쉽다)

■ ノートブックはどの製品がいいですか。
　노트북은 어느 제품이 좋습니까?

■ ゲームが好きなんですが、見物ができますか。
　게임을 좋아하는데, 구경할 수 있습니까?

■ あのラジカセはいくらですか。
　저 라디오 카세트는 얼마입니까?

■ この携帯電話は韓国でも使えますか。
　이 휴대전화는 한국에서도 쓸 수 있습니까?

■ このテレビは衛星放送も見られますか。
　이 텔레비전은 위성방송도 볼 수 있습니까?

■ 値段はどうなりますか。
　가격은 어떻게 됩니까?

■ 税込みで五万二千円です。
세금을 포함해서 52000엔입니다.
　◇ 税込み 세금 포함(일본에서는 부가세를 소비자가 직접 부담한다.)

■ 高すぎますね。少し負けてください。
너무 비싸군요. 좀 깎아 주세요.

■ このテレビは日本製ですか。
이 텔레비전은 일본제입니까?

→ 시계점에서

■ この時計はいくらですか。
이 시계는 얼마입니까?

■ 目覚まし時計を見せてください。
자명종을 보여 주세요.

■ これが手頃ですね。
이게 적당하겠군요.
　◇ 手頃 손에 들기가 알맞은 크기나 무게, 자기의 힘에 알맞음

■ それは新発売の時計です。
그건 신발매의 시계입니다.

■ これは三年間保証付きです。
이것은 3년간 보증이 됩니다.

■ この時計は丈夫で時間も正確です。
이 시계는 튼튼하고 시간도 정확합니다.

■ デザインがあまり気に入りません。
디자인이 별로 마음에 들지 않습니다.

■ 子供向きの時計はありませんか。
어린이용 시계는 없습니까?

쇼핑

■ この時計はどこ製ですか。
　이 시계는 어디 제품입니까?

■ この腕時計はいかがですか。
　이 손목시계는 어떠십니까?

■ この時計は日本製ですか、スイス製ですか。
　이 시계는 일본제입니까, 스위스제입니까?

■ この時計はよく売れています。
　이 시계는 잘 팔리고 있습니다.

■ もっと明るい色はありませんか。
　더 밝은 색은 없습니까?

■ 他のを見せてください。
　다른 걸 보여 주세요.

✕ 日本語ノート

◆ いってまいります

일본인을 특징짓고 있는 수많은 인사말 말 가운데, 집이나 사무실을 나올 때나 밖에서 돌아왔을 때에 습관적으로 쓰이고 있는 말이 있습니다.
밖에 나갈 때는 いってまいります(다녀오겠습니다)라고 하며, 외출했다가 돌아왔을 때는 ただいま(다녀왔습니다)」라고 인사를 합니다. 반대로 외출하는 사람에게는 いっていらっしゃい(다녀오세요), おかえりなさい(어서 오세요)라고 응대를 합니다.
ただいま는 본래「금방, 곧」의 뜻하는 부사어이지만, 이처럼 외출할 때 쓰이는 관용적인 인사 표현으로도 쓰입니다.
いってまいります의 スニ러움이 없는 형태로 いってきます가 있습니다. 이러한 표현은 실용적인 의미에서는 그다지 필요하지 않은 것이지만, 자신이 무엇을 하고 있는지를 타인에게 알린다는 배려를 나타내고 있는 것입니다.

UNIT 7 기념품·면세점에서의 표현

여행을 하면서 기념이 될만한 물건을 구입하는 것도 좋은 추억으로 남을 것입니다. 일본의 대표적 민예품으로는 인형이나 부채, 종이공예, 전통의상 등이 있습니다. 또한 그 지방에서만 판매하는 민예품이 있으므로 우리처럼 전국 어디서나 쉽게 구입할 수 있다고 생각하면 낭패를 보기 쉽습니다.

여행에서 사온 선물이나 방문을 하면서 가지고 가는 선물을 お土産(みやげ)라고 하며, 일반적으로 주고받는 선물을 贈(おく)り物(もの), 생일 등에 주는 선물을 プレゼント라고 합니다.

→ 기념품점에서

■ 韓国へのお土産を探しているんですが。
한국에 가지고 갈 선물을 찾고 있는데요.
◇ お土産 여행이나 기념일 주는 선물을 말한다.

■ 人形などはいかがですか。
인형 따위는 어떠십니까?

■ 日本の代表的な民芸品がほしいんですが。
일본의 대표적인 민예품을 갖고 싶은데요.

■ これは何でできていますか。
이건 무엇으로 만들어져 되었습니까?
◇ できる 만들어지다, 생산되다, 완성되다, 일어나다, 할 수 있다

■ この木彫りの人形はいくらですか。
이 목각 인형은 얼마입니까?

■ これが良さそうですね。これを買います。
이게 좋은 것 같군요. 이걸 사겠어요.
◇ 양태를 나타내는 そうだ가 두 음절로 된 형용사 よい(いい), ない에 접속될 때는 さ를 접속하여 표현한다.

■ お包み致しましょうか。
포장해 드릴까요?
◇ お~する는 겸양 표현으로 우리말의 「~해 드리다」로 해석되며, 더욱 겸양스럽게 표현할 때는 お~ いたす로 표현한다.

쇼핑

■ おもちゃを買いたいんですが。
장난감을 사고 싶은데요.

■ もっと安いのはありませんか。
더 싼 것은 없습니까?

→ 면세점에서

■ 免税店はどこにありますか。
면세점은 어디에 있습니까?

■ この口紅をください。
이 립스틱을 주세요.

■ この店では免税で買うことができますか。
이 가게에서는 면세로 살 수가 있습니까?

■ いくら買えばいいのですか。
얼마 사면 됩니까?

■ 税の還付手続きをしたいのですが。
세금 환부 수속을 하고 싶은데요.

■ 飛行機に乗る前にお受け取りください。
비행기를 타기 전에 수취하십시오.
✧ ~前に ~하기 전에 ↔ ~たあとで ~한 후에

■ 韓国でお受け取りください。
한국에서 수취하십시오.

■ ウイスキーは何本まで免税できますか。
위스키는 몇 병까지 면세가 됩니까?

■ タバコは機内で買えますか。
담배는 기내에서 살 수 있습니까?

PART 10

통신 通信·つうしん

제 유선전화는 물론 휴대전화도 바쁘게 살아가는 현대인의 필수품이 되었습니다. 여기서는 전화 통화에
련된 다양한 표현과, 우편, 은행 등 통신에 관한 표현을 착실히 익히도록 합시다.

UNIT 1   전화를 받을 때의 표현

우리는 전화를 걸 때 먼저 「여보세요, 123국에 4567번이죠?」라고 상대방의 번호를 물어 잘못 걸리지 않았음을 확인하기도 하는데, 일본에서는 전화 고장시의 원인조사 이외는 전화를 걸자마자 다짜고짜 전화번호를 물어 확인하는 일은 거의 없습니다. 반드시 상대방의 이름을 물어서 확인해야 합니다.
전화를 받을 때는 우선 자신의 이름이나 회사의 이름 등을 밝혀 상대가 확인하는 수고를 덜어주는 것도 전화 에티켓의 하나입니다.

→ 걸려온 전화를 받을 때

■ はい、私です。
네, 접니다.
◇ 친한 사이라면 うん、僕(ぼく)だよ(응, 나야)라고 하면 된다.

■ 野村貿易です。ご用件をどうぞ。
노무라 무역입니다. 용건을 말씀하십시오.

■ どちらさまですか。
누구십니까?

■ とくに誰か話したい人がいますか。
특별히 누군가 이야기하고 싶은 사람이 있습니까?

■ 彼はあなたからの電話をお待ちしておりました。
그이는 당신 전화를 기다리고 있었습니다.

■ こちらに鈴木という者は三人おりますが。
여기에 스즈키라는 사람이 세 명 있습니다만.

■ あとでかけなおしていただけませんか。
나중에 다시 걸어 주시겠습니까?

■ 内線の103番におつなぎします。
내선 103번으로 연결해 드리겠습니다.

■ ちょっとお待ちください。
　잠시 기다려 주십시오.

■ 彼に代わります。
　그를 바꿔 드리겠습니다.

■ 電話をお回しします。
　전화를 돌려 드리겠습니다.

■ 電話を担当者に回します。
　전화를 담당자에게 돌리겠습니다.

■ 木村さんが一番にかかっています。
　1번 전화에 기무라 씨 전화가 왔습니다.

■ 韓国の金さんから電話です。
　한국에서 온 김씨에게 전화가 왔습니다.

■ 私が電話に出ましょう。
　제가 전화를 받겠습니다.

■ ちょっと待って、彼女を呼んできます。
　잠깐 기다려요, 그녀를 불러올게요.

■ おはようございます。総務部です。何でございましょうか。
　안녕하세요. 총무부입니다. 무슨 일이십니까?
　◇ ~でございましょうかは ~でしょうかの 정중체이다.

■ どちら様でしょうか。もう一度言っていただけますか。
　누구신가요? 다시 한번 말씀해 주시겠습니까?

■ ちょっと確認させてください。
　잠깐 확인하겠습니다.

■ 木村さん、田中先生からお電話です。
　기무라 씨, 다나카 선생님한테 전화입니다.

통신

■ ただいま木村さんと代わります。
곧 기무라 씨를 바꿔드리겠습니다.

■ すみません、今別の電話に出ております。
미안합니다, 지금 다른 전화를 받고 있습니다.

■ お待たせしてすみません。木村は今会議中です。
기다리게 해서 미안합니다. 기무라는 지금 회의 중입니다.

■ 田村が担当しておりますので、お呼びいたしましょうか。
다무라가 담당하고 있으니 불러 드릴까요?

→ 전화를 받을 수 없을 때

■ すみません、社長はただいま電話中です。
죄송합니다, 사장님은 지금 통화중입니다.
　　◇ ただいま 지금, 현재, 지금 곧

■ わかりました。またあとで電話します。
알았습니다. 다시 나중에 전화 드리겠습니다.

■ すみません、今彼女は手がはなせないそうです。
미안합니다, 지금 그녀는 바빠서 받을 수 없답니다.

■ すみません、彼女は今接客中です。
미안합니다, 그녀는 지금 접객중입니다.

■ このままお待ちになりますか。
이대로 기다리시겠습니까?
　　◇ まま 그대로, 뜻대로, 될 대로

■ いえ、けっこうです。またあとでかけなおします。
아니오, 괜찮습니다. 나중에 다시 전화하겠습니다.

■ 課長はただいま席をはずしております。
과장님은 방금 자리를 비우셨습니다.
　　◇ 席を外す 자리를 뜨다, 자리를 비우다

- すいません、ただいま外出しております。
  죄송합니다, 방금 외출하셨습니다.

- 彼はいつごろ戻られますか。
  그는 언제쯤 돌아오십니까?

- 彼は今日病気で休んでいます。
  그는 오늘 아파서 쉬고 있습니다.

- 彼はただいま出張中です。
  그는 지금 출장중입니다.
  ◇ 会議中(かいぎちゅう) 회의 중 | 休暇中(きゅうかちゅう) 휴가중

- 彼はただいま昼食に出ています。
  그는 방금 점심을 먹으러 나갔습니다.

- 彼は今日は休みです。
  그는 오늘은 쉽니다.

- 帰ったら電話するように言いましょうか。
  돌아오면 전화하도록 말할까요?

- 伝言をお伝えしましょうか。
  메시지를 전해 드릴까요?

- 木村さんに伝言をお願いできますか。
  기무라 씨에게 전언을 부탁드릴 수 있습니까?

- 木村から電話があったとお伝えください。
  기무라한테 전화가 왔었다고 전해 주십시오.

- あなたの連絡先はどこですか。
  당신의 연락처는 어디입니까?

- あなたの電話番号をお願いします。
  당신 전화번호를 부탁드립니다.

- 携帯電話はどうなりますか。
  휴대폰은 어떻게 됩니까?

- 戻ったら電話させましょうか。
  돌아오면 전화하도록 할까요?

- 吉村です。お帰りなったらお電話お願いします。
  요시무라입니다. 돌아오시면 전화 부탁드립니다.

> **잘못 걸려온 전화를 받을 때와 잘못 걸었을 때**

- 番号をお間違えのようですが。
  번호가 틀린 것 같습니다만.
  ◇ ～のようだ ~인 것 같다, ~인 듯하다

- 何番へおかけですか。
  몇 번에 거셨습니까?
  ◇ 電話(でんわ)をかける 전화를 걸다

- 内線の何番へかけたのですか。
  내선 몇 번에 걸었습니까?

- すみません、番号をかけ間違えました。
  미안합니다, 번호를 잘못 걸었습니다.

- 失礼しました。切れてしまいました。
  실례했습니다. 끊어져 버렸습니다.

- 番号をおまちがえのようです。
  번호가 틀린 것 같습니다.

- お騒がせしてすみませんでした。
  귀찮게 해서 죄송합니다.

- その名前の者はここにおりません。
  그런 이름을 가진 사람은 여기에 없습니다.

UNIT 2 전화를 걸 때의 표현

전화를 건 쪽에서는 먼저 누구인지를 밝혀야 합니다. 갑자기 「아무개를 부탁합니다」라는 사람이 있는데, 그건 실례가 됩니다. 자신의 이름을 밝힐 때는 천천히 상대방이 알아듣기 쉽도록 해야 합니다. 더구나 일본인은 한국인의 성명을 잘 알아듣지 못하기 때문에 빠른 어조로 わたしはホンギルドンですが‥(저는 홍길동인데요…)라고 말해봤자 잘 못 알아 듣습니다. 이름을 말하기 전에 わたしは韓国(かんこく)の‥(저는 한국의…)라고 덧붙이면 상대는 더욱 알아듣기 쉬울 것입니다.

→ 전화를 걸 때

■ もしもし、吉田さんのお宅ですか。
여보세요, 요시다 씨 댁입니까?

■ 田中先生はいらっしゃいますか。
다나카 선생님은 계십니까?

■ 松本とお話ししたいのですが。
마쓰모토와 이야기를 하고 싶은데요.

■ こちら荻野洋子と申します。
저는 오기노 요코라고 합니다.

■ もしもし、鉄男かい？ こちら二郎だ。
여보세요, 데쓰오니? 나 지로야.

■ もしもし、佐藤さんをお願いしたいのですが。
여보세요. 사토 씨를 부탁드리고 싶은데요.

■ 営業部の木村さんをお願いします。
영업부 기무라 씨를 부탁해요.

■ こんな夜遅く電話して申し訳ありません。
이렇게 밤늦게 전화를 드려 죄송합니다.

통신

- 起こしたのでなければいいのですが。
  잠을 깨운 건 아닌지 모르겠습니다.

- 木村さんに至急連絡をとりたいのですが。
  기무라 씨와 급히 연락을 취하고 싶은데요.

- その件について申し上げたいことがあります。
  그 건에 대해서 말씀드리고 싶은 것이 있습니다.

- この辺に公衆電話はありますか。
  이 주변에 공중전화가 있습니까?

- もしもし、そちらは木村さんでしょうか。
  여보세요, 기무라 씨이세요?

- 広報部の吉田さんはいらっしゃいますか。
  홍보부 요시다 씨는 계십니까?

- 編集部へつないでいただけませんか。
  편집부로 연결해 주시겠어요?

- それは午後ファックスでお送りします。
  그건 오후에 팩스로 보내드리겠습니다.

- 内線の１０番をお願いします。
  내선 10번을 부탁합니다.

→ **상대가 부재중일 때**

- あとでもう一度かけなおします。
  나중에 다시 한번 걸게요.
  ◇ 동사의 중지형에 なおす를 접속하면 「다시 ~하다」는 뜻의 복합동사를 만든다.

- いつお戻りになりますか。
  언제 돌아오십니까?

■ 何時にお戻りになるかわかりますか。
　몇 시에 돌아오시는지 아십니까?

■ 何とか連絡する方法はありませんか。
　무슨 연락할 방법은 없습니까?

■ 彼女に連絡できる他の番号はありませんか。
　그녀에게 연락할 수 있는 다른 번호는 없습니까?

■ 木村さんの携帯電話の番号を教えてもらえますか。
　기무라 씨 휴대폰 번호를 가르쳐 주시겠어요?

■ 伝言していただけますか。
　전해 주시겠습니까?

■ 木村から電話があったとお伝えください。
　기무라한테 전화가 왔다고 전해 주십시오.

■ 戻りましたら、私に電話をくれるように言ってください。
　돌아오면 나에게 전화를 주도록 말해 주세요.

국제전화를 걸 때

■ ソウルへ長距離電話をかけたいのですが。
　서울에 국제전화를 걸고 싶은데요.

■ 韓国のソウルに電話したいのですが。
　한국 서울로 전화를 하고 싶은데요.

■ 韓国へ直接電話する方法を教えてくれますか。
　한국에 직접 전화하는 방법을 가르쳐 주겠어요?

■ 指名通話にしてください。
　지명통화로 해 주세요.

통신

- ソウルへコレクト・コールにしてくれますか。
  서울에 컬렉트콜로 해 주세요.

- すみません、別の人につながってしまいました。
  미안합니다. 다른 사람에게 연결되어 버렸습니다.

- すみません、通話を取り消してもらえますか。
  미안합니다, 통화를 취소해 주겠어요?

- 切ってしまったので、もう一度つないでください。
  끊어져 버렸는데, 다시 한번 연결해 주세요.

- 相手につながらないのですが、どうしたらいいでしょうか。
  상대에게 연결이 되지 않는데, 어떻게 하면 될까요?

- かかった時間と料金を教えてくれませんか。
  통화한 시간과 요금을 알려 주겠어요?

→ 통화에 대한 불만을 말할 때

- もっとゆっくり話していただけますか。
  더 천천히 말씀해 주시겠습니까?

- 回線の状態がよくないようです。
  회선 상태가 좋지 않은 것 같습니다.

- よく聞こえないんですか。
  잘 들리지 않아요?

- はい、もっと大きな声で話してもらえますか。
  네, 더 큰소리로 말씀해 주시겠어요?

- 混線しています。
  혼선되었습니다.
  ◇ 混線(こんせん)する 혼선되다

■ お待たせして申し訳ありません。
기다리게 해서 죄송합니다.

■ お待たせしました。
많이 기다리셨습니다.

■ 間違った番号につながりました。
다른 번호로 연결되었습니다.

전화를 끊을 때

■ お電話ありがとうございます。
전화 고맙습니다.

■ そろそろ電話を切らなくちゃ。
이제 끊어야겠어.
  ◇ なくちゃ = なくては(ならない)

■ またいつでも電話してください。
또 언제든지 전화 주십시오.

■ では、そろそろ失礼しなくちゃ。
그럼, 이만 끊어야겠네요.

■ そろそろ失礼します。
이만 실례하겠습니다.

■ 話ができてよかったです。では。
통화를 하게 되어 좋았습니다. 그럼.

■ 電話が切れてしまいました。
전화가 끊어져버렸습니다.

■ 彼女は私が言い終える前に電話を切りました。
그녀는 내가 말을 끝내기도 전에 전화를 끊었습니다.

UNIT 3 약속 전화의 표현

우리나라에서는 통화할 때 그냥 「학생인데요…」라든가 「친군데요…」라고도 하지만 이러한 표현은 일본에서는 통하지 않습니다. 私は早稲田の学生のホンギルドンですが…(저는 와세다 학생인 홍길동인데요…), 山本君の友だちのホンと言いますが…(야마모토 군의 친구인 홍이라고 하는데요…)라는 식으로 반드시 자기의 이름을 밝히도록 해야 합니다. 또한 상대가 부재중일 때는 전언을 남기거나 자동응답기에 메시지를 남기는 것도 전화 에티켓의 하나입니다.

➡ 연락처를 물을 때

■ どこにいらっしゃるかお分かりですか。
어디에 계시는지 아십니까?
  ◇ いらっしゃる 계시다, 가시다, 오시다

■ どうしたらご連絡ができますか。
어떻게 하면 연락을 할 수 있습니까?
  ◇ どうしたら 어떻게 하면

■ 電話番号を教えてくださいますか。
전화번호를 가르쳐 주시겠습니까?

■ 連絡先を教えていただきたいのですが。
연락처를 가르쳐 주셨으면 합니다만.
  ◇ ~ていただきたい ~해 주셨으면 한다(싶다)

■ 携帯電話はお持ちですか。
휴대폰은 가지고 계십니까?

■ 携帯電話番号を教えていただけますか。
휴대폰 번호를 가르쳐 주시겠습니까?

■ すぐ連絡が取れる方法はありませんか。
바로 연락을 취할 수 있는 방법은 없습니까?
  ◇ 連絡が取れる 연락을 취할 수 있다

전화를 부탁할 때

■ ぜひ電話してください。
꼭 전화 주세요.
　◇ ぜひ 반드시, 꼭, 제발, 부디

■ いつでも電話してください。
언제든지 전화해 주세요.

■ 忘れずに電話してね。
잊지 말고 전화해요.
　◇ 忘れずに = 忘れないで 잊지 말고

■ 電話するのを忘れないでください。
전화하는 거 잊지 마세요.

전화 통화에 대해서

■ いつごろ電話したらよろしいでしょう。
언제쯤 전화를 하면 좋을까요?
　◇ ～たらよろしいでしょう ～하면 좋을까요?

■ いつごろ電話いただけますでしょうか。
언제쯤 전화 주실 수 있을까요?

■ 何時に電話すればいいですか。
몇 시에 전화하면 됩니까?

■ あしたはずっと家にいるの？
내일은 쭉 집에 있니?

■ 金曜の三時以後でしたらかまいません。
금요일 3시 이후라면 상관없습니다.

■ 午後七時ならいつでもいいですよ。
오후 7시라면 언제든지 좋아요.

■ その日の午前中でしたら空いております。
그날 오전중이라면 비어 있습니다.

■ 何で電話してくれなかったんだよ。
왜 전화해 주지 않았니?

■ ベルは鳴るんですが、だれも出ません。
벨이 울리는데 아무도 받지 않아요.

■ きのう電話したけど、誰も出なかったですよ。
어제 전화했는데, 아무도 받지 않았어요.

→ 약속 장소에 대해서

■ どこでお会いでしたらよろしいでしょうか。
어디서 만나면 좋을까요?

■ 場所はどこがいいでしょうか。
장소는 어디가 좋을까요?

■ 明日、朝九時にホテルのロビーではいかがですか。
내일 아침 9시에 호텔 로비에는 어떠세요?

■ 三時頃デパートの前で会っていただけますか。
3시 무렵 백화점 앞에서 만나 주시겠습니까?

■ 結構です。あすの朝九時にそこでお目にかかりましょう。
괜찮습니다. 내일 아침 9시에 거기서 뵙시다.

■ そちらへはどうやって行けばいいですか。
거기는 어떻게 가면 됩니까?

■ 最寄りの駅は何ですか。
가장 가까운 역은 어디입니까?
　　◇ 最寄り 가까운 곳, 부근, 근처

■ 何か目印になる建物はありませんか。
　무슨 표시가 될 건물은 없습니까?

■ どうやって行ったらよいか教えてください。
　어떻게 가면 좋을지 가르쳐 주세요.
　✧ ～たらよいか ～하면 좋을지

→ 약속 시간에 대해서

■ お時間の方はいかがですか。
　시간은 어떠십니까?

■ いついらっしゃいますか。
　언제 오시겠습니까?

■ 何時にお会いしましょうか。
　몇 시에 만나 뵐까요?

■ いつ頃こちらへいらっしゃいますか。
　언제쯤 이쪽으로 오시겠습니까?

■ 九時頃にお越しいただけますか。
　9시 무렵에 오시겠습니까?

■ いつでもお立ち寄りください。
　언제든지 들러 주세요.

■ あした午前十時に会いましょう。
　내일 오전 10시에 만납시다.

■ その時、お目にかかるのを楽しみにしています。
　그 때 만나 뵙기를 고대하고 있겠습니다.
　✧ 楽しみにする 고대하다, 기다리다

■ それじゃ、月曜日、九時にお待ちしております。
　그럼, 월요일 9시에 기다리고 있겠습니다.

통신

> 약속의 확인·변경·취소에 대해서

- あなたとのお約束を確認したいのです。
  당신과의 약속을 확인하고 싶습니다.

- お約束の確認でお電話したのですが。
  약속 확인으로 전화를 드리는데요.

- 来週の月曜日午前九時半ですね。
  다음 주 월요일 오전 9시반이죠?

- では、月曜の九時半にお会いしましょう。
  그럼 월요일 9시반에 만납시다.

- お約束を明日午前九時に変更お願いしたいのですが。
  약속을 내일 오전 9시로 변경을 부탁드리고 싶은데요.

- あいにく、その日は時間が取れません。
  공교롭게도 그 날은 시간을 낼 수 없습니다.

- またの機会のことに致しましょう。
  다음 기회로 합시다.

- お約束を一日遅らせていただけますか。
  약속을 하루 늦춰 주시겠습니까?

- いずれ日を改めてということにしませんか。
  일간 약속 날짜를 새로 정하시겠습니까?

- 承知致しました。金さんとのお約束は取り消しということにしておきます。
  알겠습니다. 김씨와의 약속은 취소하는 것으로 하겠습니다.

UNIT 4 팩스·휴대폰·이메일에 관한 표현

휴대폰은 携帯電話(けいたいでんわ)를 줄여서 ケイタイ라고 합니다. ピッチ는 PHS의 약자로 우리나라의 016, 108, 019와 마찬가지이고, ケイタイ는 011, 017 같은 번호로 이용료가 비싼 대신에 잘 터진다는 장점을 가지고 있습니다.
요즘은 휴대폰 메일이라고 해서 휴대폰으로도 메일을 보낼 수가 있습니다. 이메일처럼 컴퓨터에서 휴대폰으로 보낼 수도 있고 휴대폰으로 메시지를 보내듯 다른 전화나 휴대폰으로 메일을 보낼 수가 있습니다.

▶ 팩스를 주고받을 때

■ ファックス番号は何番ですか。
팩스 번호는 몇 번입니까?
◇ ファックス(팩스)는 ファックスミリ(팩시밀리)의 준말

■ ファックス番号は名刺に書いてありますか。
팩스 번호는 명함에 적혀 있습니까?

■ こちらのファックス番号はご存じですか。
이쪽 팩스 번호는 아십니까?

■ 今、ファックスで送ってもいいですか。
지금 팩스로 보내도 되겠습니까?

■ これはファックスでお送りたいのですが。
이건 팩스로 보내 드리고 싶은데요.
◇ ファックスを送る 팩스를 보내다

■ 今、これをそちらの方にファックスします。
지금 이것을 그쪽으로 팩스로 보내겠습니다.

■ その件に関することはファックスでお送りしたいのですが。
그 건에 관한 것은 팩스로 보내고 싶은데요.
◇ ~に関する ~에 관하다, ~에 관한 | ~に関して ~에 관해서

통신

- 今、ファックスでお送りします。
  지금 팩스로 보내 드리겠습니다.

- 略図をファックスで送ってもらえますか。
  약도를 팩스로 보내 주시겠습니까?

- ファックスが届いたのですが、読めません。
  팩스가 도착했는데 읽을 수 없습니다.

- ファックスが鮮明ではありません。
  팩스가 선명하지 않습니다.

- ファックスは届きましたが、印刷が細かすぎて読めません。
  팩스는 도착했습니다만, 인쇄가 너무 작아서 읽을 수 없습니다.

- 文字が滲んでいるので読めません。
  문자를 번져 있어서 읽을 수 없습니다.

- ファックスがまだ届いてないのですが。
  팩스가 아직 도착하지 않았는데요.

- ファックスが一部しか届いてないんですよ。
  팩스가 한 부밖에 도착하지 않았어요.
  ✧ ~しか ~ない ~밖에 ~아니다(없다)

- ページの一部が欠けています。
  페이지의 일부가 빠졌습니다.

- お送りしたファックスについて説明しておきたいことがあるのですが。
  보내드린 팩스에 대해서 설명해 드리고 싶은 게 있습니다만.
  ✧ ~について ~에 대해서, ~에 관해서

- ファックスでお送りした価格を変更するのを忘れていました。
  팩스로 보내드린 가격을 변경하는 것을 잊어버렸습니다.

이메일에 관한 표현

■ メールアドレスを教えてください。
이메일 주소를 가르쳐 주세요.

■ メル友はいますか。
메일 친구는 있습니까?

■ 掲示板に書き込みしますね。
게시판에 메시지 남기겠습니다.

■ メールは届きましたか。
메일은 도착했습니까?

■ メール、ありがとう。
메일, 고마워.

■ メールはまだ読んでいません。
메일은 아직 읽지 않았습니다.

휴대폰에 관한 표현

■ 携帯を持っていますか。
휴대폰을 가지고 있습니까?
◇ 携帯는 携帯電話를 줄여서 표현한 것이다.

■ ごめん、携帯は持っていない。
미안, 휴대폰이 없어.

■ ピッチと携帯どっちがいいかな。
PHS와 휴대폰 어느 쪽이 좋을까?
◇ PHS는 우리나라의 016, 018, 携帯는 011과 같은 것을 말한다.

■ 着メロは何にしよう。
착신 멜로디는 뭘로 할까?
◇ 着メロ는 着信メロディー를 줄여서 말한 것이다.

■ 携帯電話がほしいのですが。
　휴대전화가 필요한데요.

■ どのような機種をお探しですか。
　어떤 기종을 찾으십니까?

■ カラーでメールできるものがほしいです。
　컬러로 메일을 할 수 있는 것이 필요합니다.

■ ここではマナーモードにしてください。
　여기서는 진동으로 해 주세요.
　◇ マナーモード(manner mode)는 진동을 뜻한다.

■ メッセージを入れてください。
　메시지를 남겨 주세요.

■ こういう時は携帯って便利ですね。
　이럴 때 휴대폰은 편리하군요.

■ 誰かの携帯が鳴っているよ。
　누구 휴대폰이 울리고 있어.

■ 最近、いたずら電話は非通知でかけてくる。
　요즘 장난전화는 추적불가로 걸려와.
　◇ 非通知 발신자 추적불가

■ 今月の携帯電話の請求はすごかったんです。
　이번 달 휴대폰 요금은 장난이 아니었습니다.

우체국·은행에 관한 표현

일본 郵便局(ゆうびんきょく・우체국)의 로고는 〒입니다. 이것은 우표를 뜻하는 切手(キッテ)의 テ에서 유추했다고 합니다.

일본에서 용돈의 입출금에 이용할 때는 보통예금구좌를 개설하는 것이 좋습니다. 구좌를 개설할 때는 현금인출카드(キャッシュカード)도 만들어두면 편리합니다. 은행 창구 이외도 캐시코너가 있어서 현금 입출금과 송금을 거의 여기에서 해결할 수 있고, 일본의 대부분의 은행은 오후 3시가 되면 창구의 문을 닫기 때문입니다.

→ **우체국 창구에서**

■ すみません、郵便局はどこにありますか。
　미안합니다, 우체국은 어디에 있습니까?

■ 切手はどこで買えますか。
　우표는 어디서 삽니까?

■ 切手を売る窓口は何番ですか。
　우표를 파는 창구는 몇 번입니까?

■ 切手を5枚ください。
　우표를 5장 주세요.

■ 書留の窓口はどこですか。
　등기 창구는 어디입니까?

■ 船便で送りたいんですが。
　선편으로 보내고 싶은데요.
　◇ 航空便(こうくうびん) 항공편

■ この手紙の送料はいくらですか。
　이 편지 송료는 얼마입니까?

■ 航空便だといくらかかりますか。
　항공편이라면 얼마나 듭니까?

■ これを書留にしてください。
　이걸 등기로 보내 주세요.

■ 速達でお願いします。
　속달로 부탁합니다.

■ ソウルまで着くのにどのくらいかかりますか。
　서울까지 도착하는 데 어느 정도 걸립니까?

■ もっと速い方法で送りたいんですが。
　더 빠른 방법으로 보내고 싶은데요.

■ これを韓国に送るのにいくらかかりますか。
　이걸 한국에 보내는 데에 얼마나 듭니까?
　◇ お金(かね)がかかる 돈이 들다 ｜ 時間(じかん)がかかる 시간이 걸리다

■ 韓国へ郵便為替を送りたいんですが。
　한국에 우편환을 보내고 싶은데요.

■ ここには何を記入したらいいですか。
　여기에는 무엇을 기입하면 됩니까?
　◇ ～たらいいですか ～하면 됩니까?

■ 発信人の名前と住所はどこに書いたらいいですか。
　발신인 이름과 주소를 어디에 쓰면 됩니까?
　◇ 郵便番号(ゆうびんばんごう) 우편번호

→ 전보를 칠 때

■ 電報業務を始めるのは何時からですか。
　전보업무를 몇 시부터 시작합니까?

■ 海外電報を打ちたいんですが。
　해외전보를 치고 싶은데요.

■ 至急でお願いします。
　지급으로 부탁합니다.

■ 電報料金はいくらですか。
でんぽうりょうきん
전보요금은 얼마입니까?

■ 超過一語ごとにいくら増しになりますか。
ちょうかいちご　　　　　　　　ま
한 자 초과할 때마다 얼마 늘어납니까?
　◇ 〜ごとに 〜마다

■ この電文は何語になりますか。
でんぶん　なにご
이 전문은 어느 나라말로 하시겠습니까?

■ 宛名には料金がかかりますか。
あてな　　りょうきん
수신인명도 요금이 듭니까?

■ 電報用紙に記入しました。これでいいでしょうか。
でんぽうようし　きにゅう
전보용지에 기입했습니다. 이것이면 되겠습니까?

→ **은행창구에서**

■ ここで両替してもらえますか。
りょうがえ
여기서 환전해 주겠어요?
　◇ 両替する 환전하다

■ 一万円をくずしてもらえますか。
いちまんえん
1만엔을 바꿔 주겠어요?
　◇ 崩(くず)す 큰돈을 헐어 잔돈으로 바꾸다

■ この小切手を現金に換えてもらえますか。
こぎって　　げんきん　か
이 수표를 현금으로 바꿔 주겠어요?
　◇ 小切手(こぎって) 수표 ｜ 手形(てがた) 어음

■ 旅行者用小切手を現金に換えたいのですが。
りょこうしゃようこぎって　げんきん　か
여행자용 수표를 현금으로 바꾸고 싶은데요.
　◇ 〜に換える 〜으로 바꾸다(교환하다)

■ 小切手の一枚一枚に署名が必要ですか。
こぎって　いちまいいちまい　しょめい　ひつよう
수표 전부 서명이 필요합니까?
　◇ 署名する 서명하다 ＝ サインする 사인하다

통신

■ 外国貨幣の交換窓口はどこですか。
　외국화폐 교환창구는 어디입니까?

■ 今日の交換レートはいくらですか。
　오늘 환율은 얼마입니까?
　◇ レート(rate) 레이트, 비율, 시세, 요금 ｜ 為替(かわせ)レート 환어음 비율

■ 預金したいのですが。
　예금하고 싶은데요.

■ 口座を設けたいのですが。
　구좌를 개설하고 싶은데요.

■ 普通預金口座にしてください。
　보통예금구좌로 해 주세요.

■ 口座をこの銀行に移したいんですが。
　구좌를 이 은행으로 옮기고 싶은데요.

■ 定期預金と積立預金ではどちらがいいでしょうか。
　정기예금과 적금 중에 어느 것이 좋겠어요?

■ 利息は何パーセントですか。
　이율은 몇 퍼센트입니까?

■ 旅行者用小切手を買いたいのですが。
　여행자수표를 사고 싶은데요.

■ 五万円引き出したいのですが。
　5만엔을 인출하고 싶은데요.

■ 現金自動支払機はどこにありますか。
　현금자동인출기는 어디에 있습니까?

■ ローンは利用できますか。
　융자는 이용할 수 있습니까?

건 강 健康·けんこう

국에 나가면 환경의 변화로 생각지도 않은 질병에 걸리기도 합니다. 병원이나 약국에 가서 자신의 증상을 확히 전달할 수 있어야 정확한 치료를 받을 수 있으므로 질병의 증상에 관한 표현을 익히도록 합시다.

UNIT 1 건강에 관한 표현

인생에 있어서 「건강을 잃으면 모든 것을 잃는 것과 마찬가지다」라고 할 정도로 건강은 매우 중요한 것입니다. 그래서 건강은 사람들의 관심사이며 화제에도 많이 오르내립니다. 상대의 건강을 물을 때는 보통 体(からだ)の具合(ぐあい)、体の調子(ちょうし)はいかがですか (몸의 상태, 건강은 어떠십니까?)라고 하며, 이에 대한 응답 표현으로는 いいです(좋습니다), 悪(わる)いです(좋지 않습니다)가 있습니다.

→ 상대의 건강을 배려할 때

■ 今朝の気分はどうですか。
오늘 아침 기분은 어떻습니까?

■ 元気がないようですね。
기운이 없어 보이네요.

■ ご気分でも悪いんですか。
어디 편찮으세요?

■ 木村さん、大丈夫ですか。
기무라 씨, 괜찮습니까?

■ どこが悪いんですか。
어디 아프세요?

■ どうかしましたか。
어떻게 된 겁니까?

■ ひどく気分が悪いんです。車酔いのようです。
몹시 몸이 안 좋습니다. 차멀미인 것 같습니다.

■ 元気がなさそうですね。
원기가 없어 보이네요.
　◇ なさそうだ 없는 것 같다, 없어 보인다

■ どこか具合が悪いんですか。
　어디 안 좋으세요?
　　◇ 具合が悪い 상태가 나쁘다

■ どこか悪いところでもありますか。
　어디 아픈 데라도 있습니까?

■ 大丈夫ですか。
　괜찮습니까?

■ 熱がありそうですね。
　열이 있는 것 같군요.

■ 顔色がよくないですね。
　안색이 안 좋군요.

■ 体の調子が悪いの？
　몸이 아프니?
　　◇ 体の調子 몸의 상태, 컨디션

■ お顔が赤いですよ。
　얼굴이 빨개요.

■ 声がしわがれてますよ。
　목소리가 잠겼어요.
　　◇ 声がしわがれる 목이 쉬다, 소리가 잠기다

■ 足をどうしましたか。
　발은 어떻게 된 겁니까?

■ 医者に診てもらうようにしましょうか。
　의사에게 진찰을 받도록 할까요?
　　◇ 医者に診てもらう 의사에게 진찰을 받다 | ～ようにする ～하도록 하다

■ 今日は少し良くなりましたか。
　오늘은 조금 좋아졌습니까?

■ 具合が悪くて大変ですね。
　몸이 좋지 않아서 힘들겠군요.

- 早く良くなるといいですね。
  빨리 나으면 좋겠군요.
  ◇ ~といいですね ~하면 좋겠군요

- どうぞお大事に。
  몸조리 잘 하세요.

- 少し休んだらどうです？
  좀 쉬는 게 어때요?

- しばらく横になったほうがいいですよ。
  잠시 누워 있는 게 좋겠어요.
  ◇ 横になる 드러눕다

- １日仕事を休むといいですよ。
  하루 일을 쉬면 좋겠어요.

- お互いに体に気をつけなくてはもう年ですからね。
  이제 서로 건강에 신경을 써야 될 나이이니까요.

→ 상대의 배려에 대한 응답

- 完全に治りましたか。
  완전히 나았습니다.
  ◇ 病気(びょうき)が治る 병이 낫다

- どこもおかしくありません。
  아무데도 이상이 없습니다.

- 大丈夫です。ご心配なく。
  괜찮습니다. 걱정 마세요.

- 体調はいいです。
  컨디션은 좋습니다.

- きのうはひどかったんですが、今日はだいぶ良くなりました。
  어제는 심했는데, 오늘은 꽤 좋아졌습니다.

■ すっかり回復しました。また元気に動きまわっています。
　완전히 회복되었습니다. 다시 건강하게 돌아다니고 있습니다.

■ ご機嫌いかがですか。
　건강하십니까?
　◇ 機嫌 문안 | ご機嫌うかがいます 문안드립니다

■ 大変元気です。
　무척 건강합니다.

■ この頃、体の調子がいいです。
　요즘 건강이 좋습니다.

■ いつになく気分がいいです。
　여느 때와 달리 기분이 좋습니다.

■ とてもコンディションがいいです。
　컨디션이 매우 좋습니다.

■ この頃、すぐ疲れます。
　요즘 금방 피곤합니다.

■ 疲労感がとれません。
　피로감이 가시지 않습니다.

■ あまり元気がありません。
　별로 건강이 좋지 못합니다.

■ どのようにして健康を保っていますか。
　어떻게 건강을 유지하고 있습니까?
　◇ どのようにして 어떤 식으로 해서, 어떻게

■ 健康を維持するために何をしていますか。
　건강을 유지하기 위해 무엇을 하고 있습니까?
　◇ ～ために ～하기 위해서

■ 朝から体が重いです。
　아침부터 몸이 무겁습니다.

건강

■ 食欲が全然ありません。
식욕이 전혀 없습니다.

■ 二日酔いで頭が痛いです。
숙취 때문에 머리가 아픕니다.

■ 胃が悪いので気分がすぐれないよ。
위가 나빠서 기분이 개운치 않아요.

운동에 대해 말할 때

■ いつも運動していますか。
늘 운동합니까?

■ 運動することが大好きです。
운동을 무척 좋아합니다.

■ 少なくとも週二回は水泳に行くことにしています。
적어도 일주일에 두 번은 수영을 가도록 하고 있습니다.
　◇ ~ことにしている ~하기로 하고 있다

■ 毎朝、ジョギングしています。
매일 아침 조깅을 하고 있습니다.

■ 毎日少しでも運動するよう心掛けています。
매일 조금씩이라도 운동하려고 마음을 먹고 있습니다.
　◇ 心掛ける 마음을 먹다

■ 最近はゴルフをやっています。
요즘에는 골프를 하고 있습니다.

■ 運動は健康と長生きの鍵です。
운동은 건강과 장수의 열쇠입니다.
　◇ 長生き 오래 삶 = 長寿(ちょうじゅ) 장수

■ 木村さんはダイエットをしたことがありますか。
기무라 양은 다이어트를 한 적이 있습니까?

■ 私は今ダイエット中です。
　저는 지금 다이어트 중입니다.

■ 早寝早起きは健康の元です。
　일찍 자고 일찍 일어나는 것이 건강의 비결입니다.
　◇ 早寝早起き 일찍 자고 일찍 일어남

흡연·음주에 관한 표현

■ あなたはたばこを吸いますか。
　당신은 담배를 피웁니까?
　◇ たばこを吸う 담배를 피우다

■ 一日何本くらい吸っていますか。
　하루에 몇 대 정도 피웁니까?

■ 一日一箱くらい吸っています。
　하루에 한 갑 정도 피웁니다.

■ 吸いすぎていますね。
　너무 많이 피우는군요.
　◇ ～すぎる 지나치게(너무) ～하다

■ たばこは健康に悪いです。
　담배는 건강에 안 좋습니다.

■ 健康のためにたばこをやめたほうがいいですね。
　건강을 위해 담배를 끊는 게 좋겠군요.
　◇ ～のために ～을 위해 | ～たほうがいい ～하는 게 좋다

■ たばこをやめてからどれくらいになりますか。
　담배를 끊은 지 어느 정도 됩니까?
　◇ ～てから ～하고 나서

■ 一ヶ月前からたばこをやめました。
　한 달 전부터 담배를 끊었습니다.
　◇ たばこをやめる 담배를 끊다

건강

- お酒を飲むのが好きですか。
  술을 마시는 것을 좋아합니까?

- 普通どれくらい飲みますか。
  보통 어느 정도 마십니까?

- 飲み過ぎは健康に悪いです。
  과음은 건강에 안 좋습니다.
  ◇ 飲み過ぎ 과음 ｜ 食べ過ぎ 과식

- お酒はほどほどに飲めばそんなに悪くはありません。
  술은 적당히 마시면 그다지 나쁘지는 않습니다.
  ◇ ほどほどに 적당히, 적절히

- お酒はかなり強いほうですね。
  술은 상당히 센 편이군요.
  ◇ 酒に強い 술이 세다 ↔ 酒に弱(よわ)い 술이 약하다

- 酒はリラックスするにはもってこいです。
  술은 긴장을 푸는 데 안성맞춤입니다.
  ◇ もってこい 안성맞춤, 절호

日本語ノート

◇ とんでもない

일본인은 고마움에 대한 응대나 선물을 받거나 하면 곧잘 ありがとう를 말하기 전에 とんでもない라고 합니다. 사용법에 따라 とんでもない에는 많은 다른 의미가 있습니다.
감사에 대한 응대나 선물을 받거나 했을 때에 쓰이는 とんでもない는 기대하지 않았다는 것을 의미하고 있습니다. 이처럼 とんでもない는 일본인의 특유한 겸허함, 즉 상대에게 고마움을 기대하고 일을 행하는 것이 아니라는 것을 나타내고 있습니다.
그밖에 とんでもない는 「바보스런, 몰상식한, 무법한, 기이한, 사리가 맞지 않다」 등의 의미가 있습니다. 한 젊은 남자가 어떤 아가씨와 상당히 오랫동안 데이트를 거듭한 후에 그녀에게 프러포즈하자 그녀는 とんでもない라고 외칩니다. 이런 경우에는 여자 상대로부터 거절당했다는 것을 남자는 알아차리게 됩니다.

병원에서의 표현

일본의 병원에는 모든 진료과목을 설치하고 최신의료기기를 갖춘 종합병원과 일명 동네병원이라 불리는 開業医(かいぎょうい・개인개업의원)가 있습니다. 큰 병원일수록 외래환자도 많고 그만큼 대기시간이 길어지므로 감기나 복통 같은 가벼운 증세는 가까운 의원을 찾아서 진료를 받는 게 좋습니다. 「かかりつけの医院(いぃん)・단골의원」을 정해놓으면 안심하고 다닐 수가 있으며, 대개의 초진일 경우에는 예약제가 아니기 때문에 그 당일에 접수한 순서로 진찰을 받을 수가 있습니다. 우리처럼 특진제는 없습니다.

→ 병원의 접수창구에서

■ 外来の入口はどこでしょうか。
외래 입구는 어디입니까?

■ 受付はどちらでしょうか。
접수는 어디에서 합니까?

■ 今日が初めてです。
오늘이 처음입니까?
  ◇ はじめて 처음으로 | はじめ 시작, 개시, 최초

■ 受付用紙はどこにありますか。
접수용지는 어디에 있습니까?

■ 健康保険証です。
의료보험증입니다.

■ 保険証はこちらへ提出するのですか。
보험증은 여기에 제출합니까?

■ 先ほど予約の電話をした今村ですが。
아까 전화로 예약한 이마무라인데요.

■ １０時に診ていただく予約がしてあります。
10시에 진찰 예약이 되어 있습니다.

건강

■ 病歴を書き込む必要がありますか。
병력을 기입할 필요가 있습니까?

■ 木村先生はご診察中ですか。
기무라 선생님은 진찰중이십니까?

■ この病院は何時から何時までですか。
이 병원은 몇 시부터 몇 시까지입니까?
◇ ~から ~まで ~부터 ~까지

■ 眼科はどちらでしょうか。
안과는 어디에 있습니까?

■ 耳鼻咽喉科の先生に診ていただきたいのですが。
이비인후과 선생님에게 진찰을 받고 싶은데요.

■ 神経科はありますか。
정신과는 있습니까?

■ 診察室はどこですか。
진찰실은 어디입니까?

■ 往診していただけますか。
왕진해 주실 수 있습니까?

■ 薬だけいただけますか。
약만 받을 수 있습니까?

→ 의사에게 증상을 설명할 때

■ どうなさいましたか。
어디가 아프십니까?

■ いつも疲れている感じでよく眠れません。
항상 피로감을 느끼고 잠도 잘 자지 못합니다.
◇ よく眠れない 잘 자지 못하다

■ すぐ息切れがします。
금방 숨이 찹니다.

■ 咳が出ますか。
기침이 납니까?

■ ときどき吐き気がします。
가끔 구역질이 납니다.

■ 食欲がありません。
식욕이 없습니다.

■ 胸焼けがします。
명치 언저리가 쓰리고 아픕니다.
◇ 胸焼け 식도・인후(咽喉)에 위(胃)에서 올라오는 타는 듯한 불쾌감과 통증을 느끼는 일

■ 下痢をしています。
설사를 합니다.

■ 便秘しています。
변비가 있습니다.

■ 消化不良に悩んでいます。
소화불량으로 고생하고 있습니다.

■ ときどき目眩がします。
가끔 현기증이 납니다.

■ 貧血に悩んでいます。
빈혈로 고생하고 있습니다.

■ 右の耳が耳鳴りします。
오른쪽 귀가 울립니다.

■ 頭ががんがん痛みます。
머리가 지끈지끈 아픕니다.
◇ がんがん 머리가 심하게 아픈 모양. 지끈지끈

■ 下腹がしくしく痛みます。
　아랫배가 살살 아픕니다.
　◇ しくしく 아주 심하지는 않으나 계속 아픈 모양

■ 左の眼がちくちく痛みます。
　왼쪽 눈이 따끔따끔 아픕니다.
　◇ ちくちく 콕콕 찌르듯이 아픈 모양. 쿡쿡, 따끔따끔

■ 胃の痛みがひどくて我慢できません。
　위가 너무 쓰려서 참을 수 없습니다.
　◇ 我慢する 참다, 인내하다

■ 腰のまわりが痛みます。
　허리 주위가 아픕니다.

■ ここが痛いのです。
　여기가 아픕니다.

■ あごを動かすとひどく痛いです。
　턱을 움직이면 몹시 아픕니다.

■ 息をすると胸が痛いのです。
　숨을 쉬면 가슴이 아픕니다.
　◇ 息をする 숨을 쉬다

■ ちょっと腫れるだけでも痛いです。
　약간 붓기만 해도 아픕니다.

■ 押すとときどき痛いんです。
　누르면 가끔 아픕니다.

■ 歩くと足の付け根が痛いのです。
　걸으면 발목이 아픕니다.

■ 3日前から痛くなりました。
　3일전부터 아팠습니다.

■ ずきずきする痛みです。
　욱신거려요.

■ きりきりする痛みです。
쑤시듯이 아파요.
◇ きりきり 심한 복통

■ 刺すような痛みです。
찌르듯이 아파요.

■ 手を火傷しました。
손을 데었습니다.
◇ 火傷をする 화상을 입다

■ 足首をねんざしたんです。
발목을 삐었습니다.
◇ 捻挫する 관절을 삐다

■ 咳が止まりません。
기침이 멈추지 않습니다.

■ 喉が痛いのです。
목이 아픕니다.

→ 입원・병문안・퇴원

■ 急病です。救急車を呼んでください。
급환입니다. 구급차를 불러 주세요.

■ 母は病気が再発して入院しました。
어머니는 병이 재발해서 입원했습니다.

■ 入院にはどんな手続きが必要でしょうか。
입원에는 어떤 수속이 필요합니까?

■ 入院にも保険がきくでしょうか。
입원도 보험이 됩니까?
◇ 保険がきく 보험이 되다

■ できれば個室がいいのですが。
가능하면 1인실이 좋겠는데요.

건강

■ 大部屋で結構です。
큰 병실도 괜찮습니다.

■ 手術の前にどのくらい入院してないといけませんか。
수술 전에 어느 정도 입원해야 합니까?

■ 個人の看護婦さんをつけてもよろしいですか。
개인 간호사를 딸려도 되겠습니까?
　◇ ～てもよろしいですか ～해도 되겠습니까?

■ 今日は何時に先生に診ていただけますか。
오늘은 몇 시에 선생님에게 진찰을 받을 수 있습니까?

■ 入院患者病棟はどこでしょうか。
입원환자 병동은 어디에 있나요?

■ 外科病棟の何号室ですか。
외과병동은 몇 호실입니까?

■ 見舞いに行って彼女を元気づけてあげることにしよう。
병문안을 가서 그녀를 위로하도록 하자.
　◇ 見舞いに行く 병문안을 가다 | 元気づける 기운을 북돋우다

■ この病院の面会時間を知りたいのですが。
이 병원의 면회시간을 알고 싶은데요.

■ 今日の具合はどうですか。
오늘은 몸이 어때요?

■ 花束を持ってきました。
꽃다발을 가지고 왔습니다.

■ 思ったよりずっと元気そうですね。
생각보다 훨씬 건강해 보이네요.
　◇ 思ったより 생각했던 것보다, 생각보다

■ きっとすぐ元気になりますよ。
꼭 곧 건강해질 거예요.

■ 何でも気楽に考えて、ゆったりしてください。
　무엇이든 편히 생각하고, 느긋하게 마음먹으세요.
　◇ ゆったり 서두르지 않고 침착한 모양, 편하게 쉬는 모양

■ しっかりして病気に負けないでください。
　굳게 마음먹고 병과 싸워 이기세요.
　◇ しっかり 의지・성격 등이 견실하고 신용을 할 수 있음 ｜ 病気に負ける 병과 싸워 지다

■ じゃ、そろそろ帰ります。
　그럼, 이제 가겠습니다.
　◇ そろそろ 천천히, 슬슬

■ 今月末までにまた来ます。
　이번 달 말까지 또 오겠습니다.

■ くれぐれもお大事に。
　아무쪼록 몸조리 잘 하세요.
　◇ くれぐれ (주로 も를 수반하여) 되풀이하여 거듭, 부디, 간절히

■ 退院はいつになりますか。
　퇴원은 언제 됩니까?

■ あさって退院できるそうですよ。
　모레 퇴원할 수 있답니다.
　◇ ~そうだ가 활용어의 기본형에 접속할 때는 전문을 나타낸다.

❌ 日本語ノート

◇ では、また

영어에서는 See you가 친구 사이에서의 작별인사로서 쓰입니다. 이것에 해당하는 일본어는 では、また이며, 스스럼없는 표현으로는 じゃ、また가 됩니다. 영어의 See you와 마찬가지로 일본인 사이에서는 さよなら 대신에 では、また가 널리 쓰이고 있습니다. 하지만 영어로 그대로 번역하면 Well again이 되고, 사용법에 따라서는 다소 차이가 나는 경우가 있습니다.
예를 들면 어느 세일즈맨이 재봉틀을 팔려고 하는데 거절당한 후 では、また라고 말하고 나갔다고 합시다. 또는 그가 가망이 있어 보이는 손님과 연락을 취하려고 전화를 걸었는데 상대가 외출중이라고 말하자 では、また라고 하며 수화기를 놓았다고 합시다.
처음의 예에서는 이 세일즈맨은 다음번에 잘 부탁드린다는 것을 말하며, 뒤의 예에서는 다시 전화를 걸겠다는 의미로 쓰이고 있습니다.

UNIT 3 의료 서비스에 관한 표현

일본에서도 우리와 마찬가지로 몸이 아팠을 경우 대개의 경우는 우선 내과를 갑니다. 접수 창구에서 どの科(か)におかかりですか(어느 과에 용무가 있으십니까?)고 물었을 때 확실히 모를 경우에는 증상을 말하면 됩니다. 처음에 병원을 가면 初診(しょしん)ですか(초진입니까?)라고 물어올 것입니다. 초진일 경우에는 자세한 증상을 설문지에 기입하여 제출하도록 하는 곳이 많습니다. 초진의 접수가 끝나면 「受診(じゅしん)カード・진찰카드」를 만들어 줍니다. 이 카드는 이후에 병원에 갈 때도 잊지 말고 지참하도록 합시다.

→ 내과에서

■ 風邪を引きました。
 감기에 걸렸습니다.
  ◇ 軽(かる)い・ひどい風邪を引く 가벼운・심한 감기에 걸리다

■ 鼻風邪を引きました。
 코감기에 걸렸습니다.
  ◇ せき風邪 기침감기

■ 流感にかかったようです。
 유행성 감기에 걸린 것 같습니다.

■ 風邪を移されたようです。
 감기가 옮은 것 같습니다.

■ 風邪だと思いますが、どうもおかしいです。
 감기 같은데, 아무래도 이상합니다.

■ 寒気がします。
 한기가 듭니다.

■ 微熱があるようです。
 미열이 있는 것 같습니다.

■ 悪寒がします。
 오한이 납니다.

■ 少し熱があります。
　조금 열이 있습니다.

■ 熱はありませんが、全身がだるいです。
　열은 없습니다만, 전신이 나른합니다.
　◇ だるい 나른하다, 피로해서 힘이 없다

■ 鼻が詰まります。
　코가 막힙니다.

■ 風邪でくしゃみがたくさん出ます。
　감기로 재채기가 많이 나옵니다.

■ 声がすぐにかすれます。
　목이 금방 쉽니다.

■ 咳が出るたびに、喉がひりひりします。
　기침이 나올 때마다 목이 얼얼합니다.
　◇ ひりひり 입안이 매운 맛에 자극되거나 다른 상처 등으로 따끔거리며 아픈 느낌

■ 喉がはれて、しゃべりにくいのですが。
　목이 부어서 말하기 힘듭니다만.
　◇ ~にくい ~하기 힘들다(어렵다)

■ 咳をすると、たんが出ます。
　기침을 하면 가래가 나옵니다.
　◇ せきをする 기침을 하다

■ 頭痛がします。
　머리가 아픕니다.
　◇ 頭痛がする 머리가 아프다, 두통이 있다

■ 軽い頭痛ですが、なかなか治りません。
　가벼운 두통인데, 좀처럼 낫지 않습니다.
　◇ なかなかは 뒤에 부정어가 오면 「좀처럼, 쉽사리, 도저히」라는 뜻을 나타낸다.

■ 頭が割れるように痛みます。
　머리가 깨지듯이 아픕니다.
　◇ ~ように ~듯이, ~한 것처럼

건강

■ 頭がずきずき痛みます。
　머리가 쿡쿡 쑤십니다.
　◇ ずきずき 쿡쿡 쑤시며 아픈 모양

■ 胸につかえる感じがあります。
　가슴이 막히는 느낌이 있습니다.
　◇ 感じがする 느낌이 들다

■ 腹が痛みます。
　배가 아픕니다.
　◇ 腹痛がする 복통이 나다, 배가 아프다

■ ちくちく刺すようにおなかが痛みます。
　쿡쿡 쑤시듯이 배가 아픕니다.

■ 下腹が突っ張っています。
　아랫배가 땅깁니다.

■ 痛みは治りましたが、下痢が止まりません。
　통증이 나았습니다만, 설사가 멈추지 않습니다.

■ おなかを壊しました。
　배탈이 났습니다.
　◇ おなかをこわす 배탈이 나다

■ 牛乳を飲むと下痢します。
　우유를 마시면 설사를 합니다.

■ 消化不良です。
　소화불량입니다.

■ 腹にガスがたまります。
　배에 가스가 찼습니다.

■ 便秘がなかなか治りません。
　변비가 좀처럼 낫지 않습니다.

■ 胃が刺すように痛みます。
　위가 찌르듯이 아픕니다.

■ いつも胃に不快感があります。
  항상 위에 불쾌감이 있습니다.

■ 胃が膨らんだような感じがします。
  위가 팽창된 듯한 느낌이 듭니다.

■ 胃がゴロゴロ音を立てます。
  위가 꼬르륵 소리를 냅니다.
  ◇ 音を立てる 소리를 내다

■ お酒を飲んだ翌朝は必ず胃が痛みます。
  술을 마신 다음 날 아침에는 반드시 위가 아픕니다.

→ **외과에서**

■ ギックリ腰です。
  허리가 삐끗해 아픕니다.
  ◇ ギックリ腰 물건을 들거나 할 때 갑자기 허리가 삐끗하여 아프고 움직일 수 없게 되는 병

■ 腰を抜かしました。
  허리를 삐었습니다.
  ◇ 腰痛(ようつう) 요통

■ 腰が痛くて動けません。
  허리가 아파서 움직일 수 없습니다.

■ 歩くと足の付け根が痛みます。
  걸으면 발목이 아픕니다.

■ 我慢できないような痛みではありません。
  참을 수 없을 만큼 아프지는 않습니다.

■ このごろ、いつも起きがけに肩が痛みます。
  요즘 항상 일어나려면 어깨가 아픕니다.

■ 首が堅くなって動かせません。
  목이 뻣뻣해져 움직일 수 없습니다.

건강

■ 腕の骨を折りました。
　팔이 부러졌습니다.
　　◇ 骨を折る 팔이 부러지다 | 骨折る 전력을 다하다, 애쓰다, 힘을 들이다

■ 足首を捻挫したらしいのですが。
　발목을 삔 것 같은데요.
　　◇ ~らしい ~듯하다, ~인(한) 것 같다

■ 足首をくじきました。
　발목을 삐었습니다.
　　◇ 挫(くじ)く 관절을 삐다

■ 左腕を脱臼したらしいのです。
　왼팔이 빠진 것 같습니다.

■ 擦りむいたところがひりひりします。
　스쳐서 까진 곳이 얼얼합니다.

■ とげが深く刺さって取れません。
　가시가 깊이 찔려 빠지지 않습니다.

■ 手を火傷しました。
　손을 데었습니다.

■ 虫に刺された跡がはれました。
　벌레에 물린 자국이 부었습니다.

→ 산부인과에서

■ 月経が不純です。
　월경불순입니다.

■ 妊娠したのではないでしょうか。
　임신한 게 아닐까요?

■ 子供がほしいのに、生まれないのです。
　아이를 갖고 싶은데 생기지 않습니다.

■ つわりがひどいのです。
　입덧이 심합니다.

■ 人工受精をしたいです。
　인공수정을 하고 싶습니다.

■ 足が冷えます。
　다리가 차갑습니다.

■ 尿意をしばしば催します。
　요의를 가끔 느낍니다.
　◇ しばしば 가끔, 여러 번, 이따금

→ 소아과에서

■ うちの子供が頭が痛いと言うのです。
　우리 아이가 머리가 아프다고 합니다.

■ 子供が耳が痛いと言います。
　아이가 귀가 아프다고 합니다.

■ 子供が高熱を出しました。
　아이가 열이 많이 납니다.

■ 息づかいが荒くて、苦しそうです。
　숨소리가 거칠고 괴로운 듯합니다.

■ 熱と咳が出て、息をするのが苦しそうです。
　열과 기침이 나와 숨을 쉬는 것이 괴로운 것 같습니다.

■ 発作的にせき込んだりするので心配です。
　발작적으로 심하게 기침을 하기 때문에 걱정입니다.

■ もう何日も咳が止まらないのです。
　벌써 수일간 기침이 멈추지 않습니다.

건강

■ 食べ物がのどを通るとき、痛いそうです。
음식이 목을 지날 때 아프답니다.

■ 子供がひきつけを起こしました。
아이가 경련을 일으켰습니다.
✧ ひきつけ 끌어당김, 경련, 경기

■ 発疹がひどいのです。
발진이 심합니다.

■ 大変かゆそうです。
무척 가려운 것 같습니다.

■ この子が急に意識を失ってしまったのです。
이 아이가 갑자기 의식을 잃어 버렸습니다.

→ 피부과에서

■ 水虫がひどいのです。
무좀이 심합니다.

■ 海水浴でひどい日焼けを起こしました。
해수욕으로 피부가 심하게 그을렸습니다.

■ お尻におできができました。
엉덩이에 종기가 생겼습니다.

■ 手のひらに水疱ができました。
손바닥에 수포가 생겼습니다.

■ 肌に赤いボツボツがあります。
살갗에 빨간 점이 있습니다.
✧ ボツボツ 작은 점이나 구멍이 여러 개 생기는 모양

■ 手の霜焼がひどいのです。
손에 동상이 심합니다.

■ 背中に湿疹ができました。
  등에 습진이 생겼습니다.

■ にきびが治りません。
  여드름이 낫지 않습니다.

■ 化粧品でかぶれました。
  화장품으로 피부가 헐었습니다.

■ 子供のあせもがひどいのです。
  아이의 땀띠가 심합니다.

■ 蕁麻疹がひどいのです。
  두드러기가 심합니다.

■ 魚アレルギーです。
  생선 알레르기입니다.

■ かゆみが止まりません。
  가려움이 멈추지 않습니다.

→ 비뇨기과에서

■ 尿が出にくいのです。
  소변이 잘 나오지 않습니다.

■ 排尿するときに、尿道がすごく痛むのです。
  배뇨할 때에 요도가 무척 아픕니다.

■ 尿がまったく出ず、下腹が苦しいのです。
  오줌이 전혀 나오지 않고 아랫배가 답답합니다.

■ 性病に感染しているかもしれません。
  성병에 감염되었는지도 모르겠습니다.
  ✧ ~かもしれません ~일(할)지도 모릅니다

치과에서

■ そこの奥の歯がひどく痛いんです。
거기 속 이빨이 몹시 아픕니다.

■ 冷たい水を飲むたびにひどく痛いんです。
차가운 물을 마실 때마다 몹시 아픕니다.
　◇ ～たびに ～마다

■ その歯は甘い物を食べると痛みます。
그 이는 단 것을 먹으면 아픕니다.

■ 歯茎にときどき鈍い痛みがあります。
잇몸은 가끔 약간의 통증이 있습니다.

■ 虫歯が何本かあると思います。
충치라 몇 개 있는 것 같습니다.

■ 歯が一本ぐらぐらしています。
이가 하나 흔들거립니다.
　◇ ぐらぐら 크게 흔들려서 움직이는 모양, 흔들흔들, 근들근들

■ その歯は助かりませんか。
그 이는 치료가 안 됩니까?

■ すみません、歯が抜かれるのはいやなんですが。
미안합니다, 이가 빠지는 것은 싫습니다.
　◇ 歯を抜(ぬ)く 이를 빼다

■ 食べ物がよく歯に挟まります。
음식이 이에 자주 끼입니다.

■ 虫歯の一本を詰めていただきたいのですが。
충치 하나를 때워 주셨으면 하는데요.

■ 入れ歯がうまく合わないみたいです。
의치가 잘 맞지 않는 것 같습니다.

■ 歯ぎしりすることがあります。
이를 갈 때가 있습니다.

■ どんな歯ブラシを使うといいでしょうか。
어떤 칫솔을 쓰면 좋을까요?

안과에서

■ 目が痛くなったり、頭痛がしたりします。
눈이 아프기도 하고 머리가 아프기도 합니다.
  ◇ ~たり ~たりする ~하기도 하고 ~하기도 하다

■ 目が痛くて涙が出てきます。
눈이 아파서 눈물이 나옵니다.

■ 目がちかちかします。
눈이 부십니다.
  ◇ ちかちか 강한 빛이 눈을 자극하는 모양

■ 右目がずきずきします。
오른쪽 눈이 쑤십니다.

■ 痛くて目を開けていられません。
아파서 눈을 뜰 수 없습니다.
  ◇ ~ていられない ~하고 있을 수 없다

■ 目がかゆいです。
눈이 가렵습니다.

■ 目が充血しています。
눈이 충혈되어 있습니다.

■ 視野がかすみます。
시야가 침침합니다.

■ 目脂がたまります。
눈곱이 낍니다.

- 視力が落ちたようです。
  시력이 떨어진 것 같습니다.

- 遠くがぼやけて見えます。
  먼 곳이 흐려 보입니다.

→ 이비인후과에서

- 右耳がうずいて痛みます。
  오른쪽 귀가 쑤시고 아픕니다.

- 両耳が我慢できないほどずきずき痛みます。
  양쪽 귀가 참을 수 없을 정도로 쿡쿡 쑤십니다.
  ◇ ずきずき 쿡쿡 쑤시며 아픈 모양

- 片方の耳がゴロゴロ鳴ります。
  한쪽 귀가 윙윙 울립니다.

- 小さな虫が耳に入って取れません。
  작은 벌레가 귀에 들어와서 빠지지 않습니다.

- このごろ少し耳が遠くなりました。
  요즘 약간 귀가 멀어졌습니다.

- 耳垂れが出ます。
  귀에서 고름이 나옵니다.

- 耳鳴りがします。
  귀가 울립니다.

- いつも耳鳴りがしていて、いらいらします。
  늘 귀가 울려서 초초합니다.

- 特に夜になると、痛みが激しくてよく眠れません。
  특히 밤이 되면 통증이 심해서 잠을 자지 못합니다.

■ 鼻が詰まって頭まで痛くなります。
코가 막혀 머리까지 아파집니다.

■ 水のような鼻汁が出ます。
물 같은 콧물이 나옵니다.

■ 鼻の中がかゆい感じがします。
콧속이 가려운 느낌이 듭니다.

■ 鼻汁の中に血が混じっているんです。
콧물 속에 피가 섞여 있습니다.

■ 毎朝鼻血が出ます。
매일아침 코피가 나옵니다.

■ 頭が重い感じがして、疲れやすくなりました。
머리가 무거운 느낌이 들고 쉽게 피곤해집니다.

■ 喉が痛みます。
목이 아픕니다.

■ 喉がひりひりします。
목이 얼얼합니다.

■ 喉がいがらっぽいです。
목이 아릿합니다.
 ◇ いがらっぽい 아릿하다, 맵싸하다

■ 喉に何か詰まっているような感じがします。
목에 뭔가 막힌 듯한 느낌이 듭니다.

■ 喉につかえた魚の骨がとれません。
목에 걸린 생선가시가 빠지지 않습니다.

■ 唾を飲むのも苦しいのです。
침을 삼키는 것도 괴롭습니다.

→ 정신과에서

■ 悲(かな)しいです。
　슬픕니다.
　◇ 憂鬱(ゆううつ)だ 우울하다

■ 気持(きも)ちがふさぎこんでいます。
　마음이 울적합니다.
　◇ ふさぎこむ 기운이 없고 생각에 잠기다, 우울한 표정을 짓다

■ 辛(つら)いのです。
　괴롭습니다.
　◇ 恐(おそ)ろしい 무섭다 | じれったい 초조하다

■ すぐかっとなります。
　금방 불끈합니다.

■ いつもくよくよしています。
　늘 불안합니다.
　◇ くよくよ 조그마한 일을 늘 걱정하는 모양

■ 考(かんが)えがまとまりません。
　생각이 정리되지 않습니다.

■ 近(ちか)ごろ気(き)が短(みじか)くなりました。
　요즘 성질이 급해졌습니다.
　◇ 短気(たんき) 성미가 급한 모양, 조급한 성질

■ 怒(おこ)りっぽくなりました。
　쉽게 화를 냅니다.

■ いつも緊張(きんちょう)しています。
　늘 긴장하고 있습니다.

■ 感情(かんじょう)の起伏(きふく)が激(はげ)しいのです。
　감정의 기복이 심합니다.

■ 何(なに)をやっても熱中(ねっちゅう)できません。
　무엇을 해도 집중이 안 됩니다.

■ 小さいことばかりにこだわっています。
　사소한 일에 집착합니다.

■ 常に酒を飲まずにはいられません。
　늘 술을 마시지 않고 있을 수 없습니다.
　　◇ ～にはいられない ～지 않고 있을 수 없다

■ 夜中にたびたび目が覚めます。
　밤중에 가끔 잠을 깹니다.

■ 不眠症に悩んでいます。
　불면증에 시달리고 있습니다.

■ いつも神経が高ぶっていて、よく眠れません。
　늘 신경이 곤두서 있어 잘 자지 못합니다.

→ 신경외과에서

■ 顔が火照ります。
　얼굴이 뜨거워집니다.

■ 顔がむくんでいます。
　얼굴이 붓습니다.

■ 肩がこります。
　어깨가 결립니다.

■ 手足がしびれます。
　손발이 저립니다.

■ 手足が麻痺しました。
　손발이 마비되었습니다.

■ こむらがえりを起こします。
　쥐가 납니다.

UNIT 4 약국에서의 관련 표현

일본도 우리보다 앞서 의약분업이 실시되어 약국에서 의사의 처방이 없이 임의로 약을 조제할 수 없지만, 비타민제, 감기약, 위장약, 해열제, 진통제 정도만 판매하며 드링크류를 제외한 다른 약은 낱개로 판매하지 않습니다. 또 요즘은 미국의 드러그 스토어처럼 일반 약은 물론 세제, 샴푸, 크림, 치약, 화장품, 심지어는 개나 고양이의 사료도 취급하는 곳이 많습니다.

→ **약을 조제할 때**

- こちらで調剤してもらえますか。
  여기서 조제해 줍니까?
  ◇ 薬(くすり)を調剤する 약을 조제하다

- この処方せんで調剤してください。
  이 처방전으로 조제해 주세요.

- 何回くらい服用するのですか。
  몇 번 정도 복용하는 겁니까?
  ◇ 薬(くすり)を飲(の)む 약을 먹다 = 服用する

- 一回に何錠飲めばいいですか。
  한 번에 몇 알 먹으면 됩니까?
  ◇ ～ばいい ～하면 좋다

- 咳止めはどの薬でしょうか。
  기침을 멈추게 하는 약은 어느 것입니까?
  ◇ 止め 멈추는 일

- 痛み止めは入っていますか。
  진통제는 들어 있습니까?
  ◇ 痛み止め = 鎮痛剤(ちんつうざい) 진통제

- このカプセルは何に効くのですか。
  이 캡슐은 무엇에 듣습니까?

→ 약을 살 때

■ これは腹痛に効きますか。
　이건 복통에 듣습니까?
　◇ 薬(くすり)が効く 약이 듣다

■ 風邪薬はありますか。
　감기약은 있습니까?

■ 便秘には何がいいでしょうか。
　변비에는 무엇이 좋을까요?

■ この錠剤は何錠入りですか。
　이 정제는 몇 알 들어 있습니까?

■ この薬で痛みがとれますか。
　이 약으로 통증이 가라앉을까요?
　◇ 痛みがとれる 통증이 가라앉다

■ 疲れ目には何が効きますか。
　피로에는 무엇이 잘 듣습니까?

■ 塗り薬がほしいのですが。
　바르는 약이 필요한데요.

■ ひびに効く薬はありませんか。
　살갗이 튼 곳에 잘 듣는 약은 없습니까?

■ この薬は私には効きません。
　이 약은 나에게는 듣지 않습니다.

■ 包帯と脱脂綿をください。
　붕대와 탈지면을 주세요.

■ ガーゼと絆創膏をください。
　거즈와 반창고를 주세요.

건강

■ 処方なして睡眠薬を買えるでしょうか。
　처방 없이 수면제를 살 수 있을까요?
　　◇ なしで ~없이

■ 漢方薬は扱ってないのです。
　한방약은 취급하지 않습니다.

■ 最近疲れぎみなので栄養ドリンクをください。
　요즘 피곤한 것 같은데 영양 드링크를 주세요.

■ 胃が痛いので胃腸薬をください。
　위가 아픈데 위장약을 주세요.

■ 怪我のときに塗る薬はありますか。
　다쳤을 때 바르는 약은 있습니까?

■ 湿布薬をもらえますか。
　파스를 주겠어요?

■ 酔い止めには何がいちばん効きますか。
　멀미약에는 무엇이 가장 잘 듣습니까?

■ ビタミンの栄養剤を見せてもらえますか。
　비타민 영양제를 보여 주겠어요?

→ 약에 대해서 말할 때

■ この近くに薬屋はありますか。
　이 근처에 약국이 있습니까?

■ どの薬がいちばん効きますか。
　어느 약이 가장 잘 듣습니까?

■ どのくらい服用したらいいですか。
　어느 정도 복용하면 될까요?

■ これは頭痛によく効きますか。
　이것은 두통에 잘 듣습니까?

■ 副作用はありませんか。
　부작용은 없습니까?

■ 一日に何回飲んだらいいですか。
　하루에 몇 번 먹으면 됩니까?

■ 一日に三回服用してください。
　하루에 세 번 복용하세요.

■ いつ飲んだらいいですか。
　언제 먹으면 됩니까?

■ 毎食後と寝る前に飲んでください。
　매 식후와 자기 전에 먹으세요.

■ 一日三回食後三十分に飲んでください。
　하루에 세 번 식후 30분에 먹으세요.

■ 食事と食事の間に飲んでください。
　식간에 먹으세요.

■ 一回に何錠ずつ飲んだらいいですか。
　하루에 몇 정씩 먹으면 됩니까?
　✧ ~ずつ 같은 수량을 할당하는 뜻을 나타냄. ~씩

■ 熱が高いときだけ解熱剤を服用してください。
　열이 높을 때만 해열제를 복용하세요.

■ 我慢できない時には痛み止めを飲んでください。
　참을 수 없을 때에는 진통제를 먹으세요.

■ 塗り薬は二時間おきに塗ってください。
　바르는 약은 2시간 간격으로 바르세요.
　✧ ~おきに ~간격으로

건강

■ 三(さん)時(じ)間(かん)ごとに飲(の)んでください。
　3시간마다 먹으세요.
　◇ ~ごとに ~마다

■ 消(しょう)化(か)剤(ざい)にはこれをお勧(すす)めします。
　소화제로는 이걸 권해드리겠습니다.

❌ 日本語ノート

◇ なぜ・どうして

일본어의 なぜ와 どうして는 각각 우리말의 「왜, 어째서」에 해당하며, 이유나 방법을 물을 때 쓰이는 의문사입니다.
친구에게 「이것을 그녀에게 전해주기 바래」라고 의뢰받았을 때에 なぜ 또는 どうして로 되물었다면, 그것은 이유 여하에 따라서는 부탁을 받아주어도 되고 거절할 경우도 있다는 의미입니다. 그 친구가 그럴듯한 이유를 말하고 다시 한번 부탁했다고 해도 역시 どうして?라고 물었다면 그 부탁을 「No」로 거절할 수 있습니다. 결국 막연한 방법으로 일을 부탁받았을 때 상대가 무엇을 말하려고 하는지를 이러한 말을 써서 확인할 수 있습니다.
그런데 どうして를 매우 닮은 말이 있습니다. 그것은 どうしても입니다. 이것은 반드시 일을 행하든지 아무리 분발해도 실행이 불가능하다는 의미를 갖고 있습니다. 예를 들면 작은 동생이 함께 놀아달라고 졸라도 아가씨는 데이트가 있어서 거절합니다. 동생에게 どうして라는 질문을 받고 그녀는 どうしても라고 대꾸합니다. 그것은 그녀가 거절하는 이유를 동생에게 말할 수 없기 때문입니다.

PART 12

오 락 娯楽・ごらく

대인은 스포츠와 레저가 생활의 일부가 되어 따로 떼어 생각할 수 없을 정도입니다. 서로 관심이 있는 포츠와 레저, 오락에 관한 대화는 더욱 친밀감을 주므로 여기에 나오는 표현을 잘 익히도록 합시다.

UNIT 1 스포츠에 관한 표현

현대인은 바쁜 일상 때문에 운동부족으로 고민하고 있습니다. 일본에서는 이러한 문제를 해결하기 위해서 퇴근 후에 가볍게 이용할 수 있도록 스포츠클럽이나 フィットネスクラブ라 불리는 민간시설이 늘어나고 있습니다. 그러나 이들 대부분이 회원제로서 회비가 비싸기 때문에 이용하는 데 어려움이 있습니다. 따라서 공공 스포츠시설을 이용하면 저렴하게 탁구, 테니스, 그리고 겨울에는 스키여행까지 즐길 수 있습니다.

➜ 가벼운 운동에 대해서 말할 때

■ 気晴らしにどんなことをなさいますか。
기분전환으로 어떤 것을 하십니까?
✧ 気晴らし = 気分転換(きぶんてんかん) 기분전환

■ お暇な時は何をなさいますか。
한가한 때는 무엇을 하십니까?

■ よく近所を散歩してます。
자주 근처를 산책하고 있습니다.

■ 時間があればいつもハイキングかピクニックに行きます。
시간이 있으면 늘 하이킹이나 피크닉을 갑니다.

■ 私はあまり運動は得意じゃないようです。
저는 별로 운동은 잘하지 못하는 것 같습니다.

■ このところ運動不足です。
요즘 운동부족입니다.

■ 何かスポーツをやってみたらどうですか。
무슨 운동을 해 보면 어떨까요?
✧ ～てみたらどうですか ～해 보면 어떨까요?

■ 水泳は気晴らしになるし、体にとてもいいですよ。
수영은 기분전환이 되고 몸에도 매우 좋습니다.

스포츠를 화제로 할 때

■ 何かスポーツをおやりですか。
　무슨 스포츠를 하십니까?

■ どんなスポーツをおやりになりますか。
　어떤 스포츠를 하십니까?

■ 時間があれば何かしらスポーツをやっています。
　시간이 있으면 아무 운동이나 합니다.
　◇ なにかしらは なにかが 변화된 형태로 「이것저것, 여러 가지」의 뜻을 나타낸다.

■ ゴルフと野球をやります。
　골프와 야구를 합니다.

■ 以前はバレーボールとバスケットボールをやっていました。
　이전에는 배구와 농구를 했습니다.

■ 柔道、空手、弓道をやります。
　유도, 가라데, 궁도를 합니다.

■ 夏は水泳に、冬はスキーやスケートに行きます。
　여름에는 수영하러, 겨울에는 스키나 스케이트를 타러 갑니다.

■ 最近スカッシュを始めました。
　최근에 스쿼시를 시작했습니다.
　◇ ~を始める ~을 시작하다

■ サイクリングと乗馬が好きです。
　사이클링과 승마를 좋아합니다.

■ 以前は陸上競技を得意にしていました。
　이전에는 육상경기를 잘했습니다.

■ 今はゴルフに夢中になっています。
　지금은 골프에 빠졌습니다.
　◇ 夢中になる 푹 빠지다

- ボクシングをやりますか。
  복싱을 합니까?

- 子供のころから登山が好きでした。
  어렸을 때부터 등산을 좋아했습니다.

- ジョギングは毎日、水泳と自転車は週3回やっています。
  조깅을 매일 하고 수영과 자전거는 일주일에 세 번 합니다.

→ 스포츠를 보고 즐길 때

- スポーツは自分でやるより観るほうに興味があります。
  스포츠는 직접 하는 것보다 보는 것에 흥미가 있습니다.
  ◇ ~より ~ほうが ~보다 ~쪽(것)이

- ボクシングの試合を観るのは好きですか。
  복싱 시합을 보는 것은 좋아합니까?

- 柔道の試合をご覧になったことがありますか。
  유도 시합을 보신 적이 있습니까?
  ◇ ご覧になる 보시다, 見(み)る의 존경어

- 今度の週末に東京ドームへ行きませんか。
  이번 주말에 도쿄돔에 가지 않을래요?

- どことどこの試合ですか。
  어디와 어디 시합입니까?

- ジャイアンツは誰が登板するのかな。
  자이언츠는 누가 등판할까?

- トップ・バッターは三振ですね。
  1번 타자는 3진이군요.

- いい当たりですね。
  잘 맞았어요.

■ これは面白くなってきましたね。
　이거 재미있어지는데요.

■ ショートは守備はいいが、強打者じゃありませんね。
　유격수는 수비는 좋지만, 강타자가 아니군요.

■ いま得点は何点ですか。
　지금 득점은 몇 점입니까?

■ 9回の裏になりました。
　9회말이 되었습니다.
　　◇ 裏(うら) ↔ 表(おもて)

■ ジャイアンツにチャンス到来ですね。
　자이언츠에 기회가 왔군요.

■ バッターは誰ですか。
　타자는 누구입니까?

■ 相撲をご覧になったことがありますか。
　스모를 보신 적이 있습니까?

■ あれは横綱の土俵入りです。
　저건 요코즈나가 등판하는 겁니다.

■ 相撲の番付表です。
　스모 대진표입니다.

■ 次の取組は誰ですか。
　다음 시합은 누구입니까?

■ 相撲の技には四十八手あると言われています。
　스모 기술에는 48수가 있다고 합니다.

■ この取組は結びの一番です。
　이 시합은 결승 첫 번째입니다.

UNIT 2 경기·레저에 관한 표현

현대인은 스포츠와 레저가 생활의 일부가 되었기 때문에 따로 떼어서 생각할 수 없습니다. 사람들은 저마다 자기가 좋아하는 스포츠가 하나씩 있기 때문에 자연 스포츠에 대한 화제는 대화를 더욱 풍부하고 재미있게 만들 수가 있습니다. 스포츠를 화제로 삼을 때 기본적인 질문에는 スポーツは何(なに)か好(す)きですか(무슨 스포츠를 좋아하세요?)가 있으며, 이에 대한 응답으로는 野球(やきゅう)か好きです(야구를 좋아합니다) 등이 있습니다.

→ 축구 경기

■ サッカーはお好きですか。
축구는 좋아하십니까?

■ どちらのチームを応援しますか。
어느 팀을 응원합니까?

■ 素晴らしいシュートですね。
멋진 슛이군요.

■ あの選手、わざと足を引っかけたよ。
저 선수 일부러 발을 걸었어.

■ あの選手は足も速いし、パスも上手ですね。
저 선수는 발도 빠르고 패스도 잘하는군요.

■ 最近サッカーの人気がすごいですね。
요즘 축구 인기가 대단하군요.

■ ええ、ワールドカップの影響もありますよ。
예, 월드컵 영향도 있어요.

■ 気を抜いちゃだめだ。
긴장을 늦추면 안 된다.

- 守備より攻撃に力を入れよう。
  수비보다 공격에 힘을 기울이자.

- 相手を振り切ってシュートしろ。
  상대를 제치고 슛해.

- あの選手に気をつけろ。
  저 선수를 조심해.

야구 경기

- 日本でいちばん人気のあるスポーツは何ですか。
  일본에서 가장 인기가 있는 스포츠는 뭡니까?

- 野球ですが、今はサッカーも人気があります。
  야구입니다만, 지금은 축구도 인기가 있습니다.

- あのピッチャーのカーブよく切れるよ。
  저 투수는 커브를 잘 던져.

- 満塁になったよ。
  만루가 되었어.

- また三振！このままじゃ逆転もむずかしいよ。
  또 삼진! 이대로는 역전도 어려워.

- そろそろピッチャー交代でしょう。
  슬슬 투수를 교체해야겠지요.

- やったあ！これからが勝負よ。
  잘 했어! 이제부터가 승부야.

- 隙を見て盗塁します。
  틈을 봐서 도루하겠습니다.
  ◇ 隙を見る 틈을 보다

오락

■ 今、三打数二安打です。
　지금 3타수 2안타입니다.

■ ボールをよく見て打てばホームラン間違いなしだ。
　볼을 잘 보고 치면 홈런이 틀림없어.

■ 今九回裏ですか。
　지금 9회말입니까?

→ 골프·테니스

■ ゴルフをしたいんですが。
　골프를 치고 싶은데요.
　　◇ テニス·ゴルフをする 테니스·골프를 치다

■ 予約をお願いします。
　예약을 부탁합니다.

■ 今日、プレーできますか。
　오늘 플레이할 수 있습니까?

■ グリーンフィーはいくらですか。
　그린피는 얼마입니까?

■ その料金はカート代込ですか。
　그 요금은 카트 대금도 포함됩니까?

■ 何時にティーオフできますか。
　몇 시에 시작할 수 있습니까?

■ ゴルフは何といっても基礎が大事ですよ。
　골프는 뭐니 해도 기초가 중요해요.
　　◇ 何と言っても 뭐라고 해도, 뭐니 해도

■ ゴルフはお好きですか。
　골프는 좋아하십니까?

■ いつからゴルフを始めましたか。
　언제부터 골프를 시작했습니까?

■ ゴルフはお金がかかるでしょ。
　골프는 돈이 들지요?
　　◇ お金がかかる 돈이 들다

■ ゴルフの会員権を持っていますか。
　골프 회원권을 갖고 있습니까?

■ 素晴らしいショットですね。
　멋진 샷이군요.

■ 次のホールは200ヤードです。
　다음 홀은 200야드입니다.

■ 風が強くて思うように飛ばないんですね。
　바람이 세서 생각대로 날지 않군요.

■ どうしたらちゃんと打てるのでしょう。
　어떻게 하면 잘 칠 수 있을까요?

■ テニスをしたいのですが。
　테니스를 하고 싶은데요.

→ 수영

■ どれくらい泳げますか。
　어느 정도 헤엄칠 수 있습니까?

■ 主にどんな泳ぎをしますか。
　주로 어떤 수영을 합니까?

■ 私はまったくの金づちです。
　저는 전혀 수영을 못합니다.
　　◇ 金(かな)づち 쇠망치, 물에 뜨지 못하는 것을 비유함, 맥주병

오락

- 平泳ぎがもっとも自信があります。
  평영이 가장 자신이 있습니다.
  ◇ もっとも 먼저, 첫째로, 제일

- 耳に水が入ったみたいです。
  귀에 물이 들어간 것 같습니다.

- 泳ぐ前にまず準備体操しましょう。
  헤엄치기 전에 우선 준비체조를 합시다.

- 水着がよく似合いますね。
  수영복이 잘 어울리는군요.

- 人が多すぎて泳げませんね。
  사람이 너무 많아서 헤엄칠 수 없군요.

승마

- 馬に乗ってみたいのですが。
  말을 타보고 싶은데요.
  ◇ ～てみたい ～해 보고 싶다

- 私は初心者です。
  저는 초보입니다.

- 初心者でも大丈夫ですか。
  초보자도 괜찮습니까?

- どのくらいの時間乗るのですか。
  어느 정도의 시간을 탑니까?

- 一時間いくらですか。
  1시간에 얼마입니까?

- とても楽しかったです。ありがとう。
  매우 즐거웠습니다. 고마워요.

→ 스키

- ウインタースポーツはやはりスキーが最(さいこう)高です。
  겨울 스포츠는 역시 스키가 최고입니다.

- スキーをやったことがありますか。
  스키를 탄 적이 있습니까?
  ◇ スキーをする 스키를 타다 | スキーに行(い)く 스키를 타러 가다

- スキーをしたいのですが。
  스키를 타고 싶은데요.

- レッスンを受(う)けたいのですが。
  레슨을 받고 싶은데요.

- スキー用具(ようぐ)はどこで借(か)りることができますか。
  스키 용품은 어디서 빌릴 수 있습니까?
  ◇ ~ことができる ~할 수가 있다

- 荷物預(にもつあず)かりはどこですか。
  짐은 어디에 맡깁니까?

- 回数券(かいすうけん)はいくらですか。
  회수권은 얼마입니까?

- 初心者向(しょしんしゃむ)けの斜面(しゃめん)はどこですか。
  초보자용 사면은 어디입니까?

- あのリフトに乗(の)ってください。
  저 리프트를 타세요.
  ◇ ~に乗る ~을(를) 타다

- 木村(きむら)さんはスキーが上手(じょうず)ですね。
  기무라 씨는 스키를 잘 타는군요.

- どうやって止(と)まりますか。
  어떻게 섭니까?

오락

■ また転んだのね。
　또 넘어졌네.

■ 私もかっこよく滑ってみたいですね。
　저도 멋지게 타보고 싶군요.

■ この人たち、みんなリフトを待っていますか。
　이 사람들 모두 리프트를 기다리고 있습니까?

■ 尻餅ばかりついて痛いよ。
　엉덩방아를 찧기만 해서 아파요.
　◈ 尻餅を吐(つ)く 엉덩방아를 찧다

낚시 · 해양 스포츠

■ ライセンスはすぐに手に入りますか。
　라이선스는 금방 받습니까?
　◈ ライセンス(licence) 라이선스, 면허, 인가

■ 何が釣れるのですか。
　무엇이 낚입니까?

■ ガイドつきのボートをお願いします。
　가이드가 딸린 보트를 부탁합니다.

■ 釣り道具とエサも必要です。
　낚시도구와 미끼도 필요합니다.

■ どんな種類のクルージングがありますか。
　어떤 종류의 크루징이 있습니까?
　◈ クルージング(cruising) 크루징, 순항형 요트로 행하는 항해

■ そのクルージングの内容を教えてください。
　그 크루징 내용을 가르쳐 주세요.

■ 何時に出発しますか。
　몇 시에 출발합니까?

■ 何時に戻ってきますか。
　몇 시에 돌아옵니까?

■ サーフィンをしたいのですが。
　서핑을 하고 싶은데요.

■ いいダイビングスクールを知りませんか。
　좋은 다이빙 스쿨을 모릅니까?

■ このポイントで注意することは何ですか。
　이 포인트로 주의할 점은 뭡니까?

■ 今日の風はどうですか。
　오늘 바람은 어떻습니까?

■ 初心者向けのポイントはどこですか。
　초보자용 포인트는 어디입니까?

→ 등산

■ 山登りは好きですか。
　등산은 좋아하십니까?

■ 今日はいい山登りの日和ですね。
　오늘은 등상하기에 좋은 날씨이군요.

■ 登山に行くには何を準備したらいいですか。
　등산을 가려면 무엇을 준비하면 될까요?
　◇ 동사의 기본형에 には를 접속하면 「~하려면」의 뜻을 나타낸다.

■ 安全なコースがありますか。
　안전한 코스가 있습니까?

■ 頂上まであとどれくらいかかりますか。
　정상까지 어느 정도 걸립니까?
　◇ 時間(じかん)がかかる 시간이 걸리다

오락

■ 疲れたので少し休んで行きませんか。
　지쳤는데 조금 쉬었다 가지 않을래요?

■ のどが渇いたので水をください。
　목이 마른데 물을 주세요.

■ 今日は登山客が多いですね。
　오늘은 등산객이 많군요.

→ 야유회

■ 今日は家族でピクニックに行きます。
　오늘은 가족끼리 피크닉을 갑니다.
　◇ 遠足(えんそく) 소풍

■ ピクニックに最適な場所はどこでしょう。
　피크닉에 가장 좋은 장소는 어디죠?

■ お弁当、お茶、敷物も忘れないでね。
　도시락, 차, 돗자리도 잊지 말아요.

■ 海辺でキャンプしましょう。
　해변에 캠프를 칩시다.

■ ここにテントを張りましょう。
　여기서 텐트를 칩시다.
　◇ テントを張る 텐트를 치다

■ 大自然のふところに抱かれている気分ですね。
　대자연의 품에 안겨 있는 기분이군요.

■ 花見をするのは本当に楽しいですね。
　꽃구경을 하는 것은 정말로 즐겁군요.

■ 遊園地へ行ってみませんか。
　유원지에 가보지 않을래요?

■ 週末に植物園も行ってみたいですね。
　주말에 식물원에 가보고 싶군요.

■ 公園へ行って遊びませんか。
　공원에 가서 놀지 않을래요?

■ 今日は公園が人でいっぱいですね。
　오늘은 공원이 사람들로 가득하군요.

■ 久しぶりに郊外に出てドライブでもしませんか。
　오랜만에 교외로 나가 드라이브라도 하지 않을래요?

→ 해수욕

■ 海は好きですか。
　바다는 좋아합니까?

■ 毎年、夏は海水浴に行きます。
　매년 여름에는 해수욕을 갑니다.

■ 潮風が心地好いです。
　바닷바람이 상쾌하군요.
　◇ 心地好(ここちよ)い 기분이 상쾌하다, 기분이 좋다, 마음이 산뜻하다

■ 砂が熱くて裸足で歩けませんね。
　모래가 뜨거워 맨발로 걸을 수 없군요.

■ 日焼けで背中がぴりぴりしますよ。
　햇볕에 그을려 등이 따가워요.

■ 顔まで真っ黒に日焼けしましたね。
　얼굴까지 새카맣게 그을렸군요.
　◇ 真っ黒な 새카만, 真(ま)っ白(しろ)な 새하얀, 真(ま)っ青(さお)な 새파란, 真(ま)っ赤(か)な 새빨간

■ 砂浜で思い切り遊びましょう。
　모래사장에서 실컷 놉시다.

오락

→ 오 락

- どんなゲームをしたいんですか。
  어떤 게임을 하고 싶으세요?

- ポーカーのやり方を教えてくれますか。
  포커 치는 법을 가르쳐 줄래요?

- ジャンケンで順番を決めましょう。
  가위바위보로 차례를 정합시다.

- カードを配ってください。
  카드를 나눠주세요.

- 私は室内ゲームは苦手です。
  저는 실내에서 하는 게임은 못합니다.
  ◇ 苦手 잘 안되는 일, 거북한 일

- テレビ・ゲームに夢中になっています。
  텔레비전 게임에 빠져 있습니다.

- 私たちの家で何回かやってみて病みつきになりました。
  우리 집에서 몇 번인가 해 보고 고질이 되었습니다.

- ときどき花札をやります。
  가끔 화투를 칩니다.

- パチンコをやってみましたか。
  파친코를 해 보았습니까?

- 将棋をやってみたら、面白くてやめられませんよ。
  장기를 두어 보았더니, 재미있어서 그만둘 수 없어요.
  将棋さす 장기를 두다

- 碁は好きですが、腕が鈍ってます。
  바둑은 좋아합니다만, 실력이 떨어졌습니다.
  ◇ 碁を打(う)つ 바둑을 두다

■ 碁の基本ルールは簡単ですが、奥は深いようです。
　바둑의 기본 룰은 간단하지만, 할수록 어려운 것 같습니다.

■ 他に室内でやるゲームにはどんなのがありますか。
　그밖에 실내에서 하는 게임은 어떤 것이 있습니까?

■ 私の楽しみはバイクに乗ることです。
　저의 즐거움은 오토바이를 타는 것입니다.

■ 私は時々車でちょっとしたドライブに出かけます。
　저는 가끔 차로 잠깐 드라이브를 나갑니다.

■ 日曜大工が好きです。
　일요일에 취미삼아 목수일을 하는 것입니다.
　◇ 日曜大工 휴일에만 취미삼아 목수 일을 하는 것

■ 別に大したこともしてません。昼寝か庭弄りぐらいです。
　별로 대단한 것도 하지 않습니다. 낮잠이나 정원손질 정도입니다.

✕ 日本語ノート

◇ どうぞ

우리가 해외여행을 할 때 손쉽게 외울 수 있는 말은 영어의 Please와 Yes와 No입니다. 사실은 이것만으로 무장하여 해외여행을 나가는 사람들도 있습니다. 마찬가지로 일본어 회화에서 편리한 말이 두 가지 있습니다. 하나는 どうも이고, 또 하나는 どうぞ입니다.
예를 들면 레스토랑에 들어가려고 할 때 입구에서 다른 손님과 부딪쳤다고 합시다. どうぞ라고 말하며 그 사람을 먼저 들여보내면 그 사람은 どうも라고 말하며 들어가든가, どうぞ라고 말하고 이쪽을 먼저 들어가게 양보하든가 할 것입니다.
どうぞ를 영어로 번역하면 Please입니다만, 사용법에 따라 약간 의미가 다릅니다. 영어의 Please는 역 안내인이나 레스토랑의 웨이트리스나 백화점의 여점원이 가끔 멀리에 있는 사람을 부를 때도 쓸 수 있지만, 이러한 경우에 일본어의 どうぞ로는 그다지 도움이 되지 않습니다.

오락

UNIT 3 취미에 관한 표현

대화를 자연스럽게 풀어나가기 위해서는 자신이나 상대가 좋아하는 것과 관심을 가지고 있는 것에 대한 화제를 삼으면 됩니다. 좋아하는 음악, 흥미있게 보는 영화나 연극, 다룰 줄 아는 악기, 잘하는 스포츠 등에 대해서 이야기하다 보면 짧은 시간에 허물없는 사이가 되어 있을 것입니다. 취미만큼 다양한 소재를 가지고 있는 화제도 많지 않으므로 ご趣味(しゅみ)は何(なん)ですか(취미는 무엇입니까?)로 시작해서 여러 상황에 응용할 수 있도록 여기에 언급된 표현을 잘 익혀두길 바랍니다.

취미에 관해 말할 때

■ ご趣味は何ですか。
취미는 무엇입니까?

■ 何かご趣味はありますか。
무슨 취미가 있습니까?

■ 何か面白いことをなさってますか。
무슨 재미있는 일을 하십니까?

■ お暇なときはどんなふうに過ごされてますか。
한가한 때는 어떤 식으로 보내십니까?

■ 仕事の後はどうやって楽しんでますか。
일이 끝난 후에 어떻게 즐기십니까?

■ 週末はいつもどう過ごされてますか。
주말에는 항상 어떻게 보내십니까?

■ 仕事以外に何か特に興味のあることはありますか。
일 이외에 무슨 특별한 흥미가 있습니까?

■ 趣味の1つは記念切手を集めることです。
취미 중에 하나는 기념우표를 모으는 것입니다.

■ 骨董品集めに興味があります。
골동품 수집에 흥미가 있습니다.

■ 料理はわりと得意です。
요리는 비교적 잘합니다.
  ◇ わりと 비교적

■ 例えばペットを飼うとか、室内の趣味はお持ちですか。
예를 들면 애완동물을 기른다든가, 실내에서 하는 취미는 가지고 계십니까?
  ◇ 例えば 예를 들면 | 例える 예를 들다

■ スナップ写真を撮るのに興味があります。
스냅 사진을 찍는 것에 흥미가 있습니다.
  ◇ 写真を撮る 사진을 찍다

■ 僕の趣味はギターをひくことです。
내 취미는 기타를 치는 것입니다.
  ◇ ~を弾(ひ)く (악기를) 치다, 켜다

■ 以前は木彫をやってましたが、最近は油絵をやります。
이전에는 나무 조각을 했습니다만, 요즘에는 유화를 그립니다.
  ◇ 水彩画(すいさいが) 수채화

■ 特に趣味と言えるのはありません。
특별히 취미라고 할 수 있는 것은 없습니다.

▶ 독서·신문·잡지 등에 관해 말할 때

■ 本をたくさん読みますか。
책을 많이 읽습니까?

■ 忙しくて、ゆっくり読書する時間がありません。
바빠서 차분히 독서할 시간이 없습니다.

■ テレビを見るのを減らしてもっと読むといいんですが。
텔레비전을 보는 것을 줄이고, 더 많이 읽으면 좋겠는데.
  ◇ 減らす 줄이다 ↔ 増(ま)す 늘리다

오락

■ いつもどんな本を読みますか。
　　어떤 책을 늘 읽습니까?

■ 大衆文学が好きです。
　　대중문학을 좋아합니다.

■ ノンフィクションとか、漫画週刊誌も読みます。
　　논픽션이라든가 만화잡지도 읽습니다.

■ 日本の作家の小説を読んだことがありますか。
　　일본 작가의 소설을 읽은 적이 있습니까?

■ どんな本の選び方をなさってますか。
　　어떤 책을 고르십니까?

■ なかなかの文学通です。
　　상당한 문학통입니다.

■ 好きな作家はだれですか。
　　좋아하는 작가는 누구입니까?

■ 現在のベストセラーは何ですか。
　　현재의 베스트셀러는 무엇입니까?

■ 新聞は何をとってますか。
　　신문은 무엇을 구독하고 있습니까?

■ 広告と漫画に目を通してから社説を読みます。
　　광고와 만화를 대충 보고 나서 사설을 읽습니다.
　　　◇ 目を通す 대충 훑어보다

■ どんな雑誌が好きですか。
　　어떤 잡지를 좋아합니까?

■ 日本でも韓国の新聞を購読できますか。
　　일본에서도 한국 신문을 구독할 수 있습니까?

→ 텔레비전·라디오·비디오에 관해 말할 때

■ テレビはよく見ますか。
　텔레비전은 자주 봅니까?

■ テレビで今何をやってますか。
　텔레비전에서 지금 무엇을 하고 있습니까?

■ ここではどんなチャンネルが見られますか。
　여기에서는 어떤 채널을 볼 수 있습니까?

■ テレビをつけてくれますか。
　텔레비전을 켜 줄래요?
　　◇ テレビをつける 텔레비전을 켜다 ↔ テレビを消(け)す 텔레비전을 끄다

■ ボリュームを下げてください。
　볼륨을 줄여 주세요.

■ この連続ドラマは若い女性に人気があるんですよ。
　이 연속극은 젊은 여성에게 인기가 있습니다.

■ 昨夜のクイズ番組、見なかった？ 面白かったですよ。
　어젯밤 퀴즈 프로 안 봤어? 재미있었어요.

■ 見たい番組は録画しておいて、あとでゆっくり見るんです。
　보고 싶은 프로는 녹화해 두고 나중에 차분히 봅니다.

■ 今夜9時からやる時代劇を録画しておいてくれますか。
　오늘밤 9시부터 하는 사극을 녹화해 놓을래요?

■ 時々レンタルビデオの店から借りてくることもあります。
　가끔 비디오가게에서 빌려오는 경우도 있습니다.

■ このラジオで海外放送がいくつか受信できるんですよ。
　이 라디오로 해외방송을 몇 개 수신할 수 있어요.

■ 東京FMは何をやってますか。
　도쿄 FM은 무엇을 합니까?

오락

음악・영화에 관해 말할 때

■ 趣味は音楽鑑賞です。
취미는 음악 감상입니다.

■ 音楽はお好きですか。
음악은 좋아하십니까?

■ どんな音楽が好きですか。
어떤 음악을 좋아합니까?

■ クラシックが好きで、特にモーツァルトに目がないんです。
클래식을 좋아하고, 특히 모차르트를 무척 좋아합니다.

■ 現代音楽はさっぱりわかりません。
현대음악은 도무지 모르겠습니다.
　◇ さっぱり 조금도, 전혀, 도무지

■ ギター音楽なら何でも好きです。
기타 음악이라면 무엇이든 좋아합니다.

■ ジャズのCDをずいぶん集めました。
재즈 CD를 상당히 모았습니다.

■ ちょうど最高級CD付きステレオを買ったばかりです。
마침 최고급 CD가 딸린 스테레오를 갓 샀습니다.
　◇ ～たばかりです 막 ～했습니다

■ 何か音楽をかけましょうか。
무슨 음악을 틀까요?

■ ご自分で何か楽器を弾きますか。
당신은 무슨 악기를 다룹니까?

■ コンサートの切符が2枚ありますが、行ってみませんか。
콘서트 티켓이 2장 있는데 가보지 않겠어요?

■ どんな出し物がありますか。
　어떤 상연물이 있습니까?

■ 韓国でよく歌われる民謡を１つ歌ってくれますか。
　한국에서 많이 불리는 민요를 하나 불러 주겠어요?
　◇ 歌(うた)を歌(うた)う 노래를 부르다

■ 私は音痴なものですから…。
　저는 음치라서요….

■ 今どんな映画をやってますか。
　지금 어떤 영화를 합니까?

■ どんな映画がお好きですか。
　어떤 영화를 좋아하십니까?

■ 映画にはよく行きますか。
　영화는 자주 보러 갑니까?

■ その映画はどうでした？
　그 영화는 어땠습니까?

■ 好きな男優、女優は誰ですか。
　좋아하는 남자 배우, 여자 배우는 누구입니까?

■ 一頃映画スターの写真を集めていました。
　한때 영화 스타 사진을 모았습니다.

■ 週末に映画館へ行きませんか。
　주말에 극장에 가지 않을래요?

■ 歌舞伎へ行きましょう。この前見られませんでしたから。
　가부키를 보러 갑시다. 요전에 보지 못했으니까요.

■ 何かいい芝居をやっていますか。
　무슨 좋은 연극을 합니까?

오락

→ 그림에 관해서 말할 때

■ 絵を描くのが大好きです。
그림을 그리는 것을 무척 좋아합니다.

■ 油絵と水彩画をやります。
유화와 수채화를 합니다.

■ 美術館にちょくちょく行きます。
미술관에 가끔 갑니다.
◇ ちょくちょく 때때로, 가끔

■ 今週は何かいい美術展をやってますか。
이번 주는 무슨 좋은 미술전을 합니까?

■ 墨絵の微妙な筆使いと線が大好きです。
묵화의 미묘한 붓놀림과 선을 무척 좋아합니다.

■ 趣味の1つは彫刻を鑑賞することです。
취미 중에 하나는 조각을 감상하는 것입니다.

■ ときおり骨董屋に立ち寄ることがあります。
가끔 골동품 가게에 들를 때가 있습니다.

■ 私は世界中からガラクタ品を集めています。
저는 전 세계에서 잡동사니를 모으고 있습니다.
◇ ガラクタ 잡동사니, 별 가치가 없는 잡다한 물건

■ 私が集めた装飾品とか小物をいくつか見せましょう。
제가 모은 장식품이라든가 소품을 몇 개 보여드리죠.
◇ とか 예를 들어 나열할 때 씀

PART 13

교통 交通·こうつう

외국에 나가서 대중교통을 이용하여 돌아다니는 것은 색다른 맛을 느끼게 해줍니다. 외출을 하기 전에 우선 교통에 관한 표현은 물론 대중교통에 대한 정보를 입수하여 길을 잃거나 헤매는 일이 없도록 합시다.

UNIT 1 길 안내에 관한 표현

낯선 외국에서 가고자 하는 목적지를 쉽게 찾기 위해서는 그 지역에 관련된 여행정보나 지도 등을 휴대하고 다니는 게 좋습니다. 일본의 경우는 도로의 표지판이나 주소지 등이 명확하게 정리되어 있기 때문에 지도 한 장만 있어도 어디든 원하는 목적지에 혼자서도 찾아갈 수 있습니다. 만약 길을 잘 모르거나 잃었을 때는 지도를 펴 보이며 물어봐도 되고 인근 交番(こうばん・파출소)에 가서 물어보면 친절하게 안내를 해줍니다.

➜ 길을 물을 때

■ (地図を開いて) ここはどこですか。
(지도를 펴고) 여기는 어디입니까?

■ デパートはどこにありますか。
백화점은 어디에 있습니까?

■ 歩いて何分かかりますか。
걸어서 몇 분 걸립니까?

■ どこで曲がればいいんですか。
어디서 꺾으면 됩니까?

■ すみません、駅へはどう行ったらよいでしょうか。
미안합니다, 역은 어떻게 가면 좋을까요?
◇ どう ～たらよいでしょうか 어떻게 ～하면 좋을까요?

■ パレス・ホテルへ行く道を教えてくれますか。
팔레스 호텔로 가는 길을 가르쳐 줄래요?

■ 病院へはどう行ったらいいでしょうか。
병원에는 어떻게 가면 좋을까요?

■ 上野公園はこの道でいいんでしょうか。
우에노 공원은 이 길로 가면 됩니까?

■ すみません、あの白い建物は大学ですか。
　미안합니다, 저 하얀 건물이 대학입니까?

■ このあたりに地下鉄の駅はありますか。
　이 주위에 지하철역은 있습니까?

■ 地図にしるしをつけてください。
　지도에 표시를 해 주세요.

■ ここから近いのですか。
　여기서 가깝습니까?

■ そこまで歩いて行けますか。
　거기까지 걸어갈 수 있습니까?

■ 私は方向音痴なんです。
　저는 방향치입니다.

길을 가르쳐 줄 때

■ お困りのようですが、お役に立つでしょうか。
　난처한 것 같은데, 도와 드릴까요?
　◇ 役に立つ 도움이 되다

■ どこへいらっしゃるのですか。
　어디에 가십니까?

■ おうちの住所を見せてもらえますか。
　집 주소를 보여 주시겠어요?

■ 三つ目のブロックです。
　세 번째 블록입니다.

■ 二つ目の角を左へ行きなさい。
　두 번째 모퉁이를 왼쪽으로 가세요.
　◇ 左(ひだり) 왼쪽 ↔ 右(みぎ) 오른쪽

■ この道を真っ直ぐ行ってください。
이 길로 곧장 가세요.

■ 二つ目の角を左に曲がりなさい。
두 번째 모퉁이에서 왼쪽으로 도세요.

■ 右側にあります。
오른쪽에 있습니다.

■ それはちょうど角を曲がったところです。
거긴 모퉁이를 꺾은 곳입니다.

■ 喫茶店の所を左折すれば右側に事務所があります。
다방이 있는 곳에서 좌회전하면 오른쪽에 사무실이 있습니다.
◇ 左折(させつ)する 왼쪽으로 꺾다 ↔ 右折(うせつ)する 오른쪽으로 꺾다

■ 線路と平行の道を行って踏切を渡ってください。
선로와 평행인 길로 가서 건널목을 건너세요.

■ 今来た道を戻らないといけません。
지금 온 길을 돌아가야 합니다.

■ 私もそちらの方向へ行きますから、お連れしましょう。
저도 그쪽 방향으로 가니까, 같이 갑시다.

→ 자신도 길을 모를 때

■ すみません。よく分かりません。
여보세요. 잘 모르겠습니다.

■ 私は旅行者なのです。
저는 여행자입니다.

■ 私も知らないんです。
저도 잘 모릅니다.

■ だれかほかの人に聞いてください。
누구 다른 사람에게 물어 보세요.

■ 地図を持っていますか。
지도를 갖고 있습니까?

■ あそこにいるお巡りさんに聞いたらどうですか。
저기에 있는 순경에게 물으면 어떨까요?

■ 残念ながら、私もよくわからないんですよ。
유감스럽지만, 저도 잘 모릅니다.

■ 私もここは初めてなものですから。
저도 여기는 처음이라서요.

■ すみませんが、この辺りはあまりよく知らないんです。
미안하지만, 이 주변은 그다지 잘 모릅니다.

→ 길을 잃었을 때

■ すみません。これは何という通りですか。
여보세요, 이건 무슨 거리입니까?

■ どこに行くのですか。
어디에 갑니까?

■ チャイナタウンに行くところなのです。
차이나타운으로 가는 중입니다.
◈ ~ところだ ~하는 중이다

■ 中央駅はどちらの方向ですか。
중앙역은 어느 방향입니까?

■ この道は違うのですか。
이 길은 다릅니까?

UNIT 2 교통 이용에 관한 표현

일본은 대중교통이 발달되어 있어 전철이나 지하철, 버스 등을 타고 원하는 목적지에 쉽게 다다를 수 있습니다. 또한 장거리 여행시에는 버스나 고속전철을 이용하면 편리합니다. 정류장이나 역을 물을 때는 電車駅(でんしゃえき)・バス停(てい)・タクシー乗(の)り場(ば)はどこですか(전철역・버스정류장・택시승강장은 어디입니까?)라고 물으면 됩니다.
택시를 이용할 때는 ~までお願(ねが)いします(~까지 부탁합니다)라고 기사에게 말하면 목적지까지 실어다 줍니다.

→ 역이나 차내에서의 안내

■ 銀座へ行くのにいちばんいい方法は何でしょうか。
긴자로 가는 데 가장 좋은 방법은 무엇일까요?

■ 成田空港へはどう行ったらいいでしょうか。
나리타 공항은 어떻게 가면 좋을까요?

■ すみません、この電車は原宿へ行きますか。
미안합니다, 이 전철은 하라주쿠에 갑니까?

■ あなたは電車を間違えたようですよ。
당신은 전철을 잘 못 탄 것 같군요.

■ あなたの降りる駅はここから5つ目です。
당신이 내릴 역은 여기에서 다섯 번째입니다.

■ その列車はどこから出ますか。
그 열차는 어디에서 출발합니까?

■ 特急に乗らないように。その駅には停車しませんから。
특급을 타지 않도록 하세요. 그 역에는 정차하지 않으니까요.

■ これは急行ですか、鈍行ですか。
이건 급행입니까, 완행입니까?

■ この機械で切符を買ってはだめです。地下鉄用ですから。
　이 기계에서 표를 사면 안 됩니다. 지하철용이니까요.

■ ちょっと待って。車掌さんに聞いてあげましょう。
　잠깐 기다려요. 차장에게 물어 볼게요.

→ 전철・지하철을 이용할 때

■ すみません。新宿駅はどこですか。
　미안합니다. 신주쿠 역은 어디입니까?

■ 南口はどこですか。
　남쪽 출구는 어디입니까?

■ 切符売場はどこですか。
　매표소는 어디입니까?

■ 上野までいくらですか。
　우에노까지 얼마입니까?

■ 原宿へ行きますか。
　하라주쿠에 갑니까?

■ 次に止まりますか。
　다음 역에 섭니까?

■ 終点はどこですか。
　종점은 어디입니까?

■ いちばん近い地下鉄駅はどこですか。
　가장 가까운 지하철역은 어디입니까?

■ どこで乗り換えたらいいですか。
　어디서 갈아타면 됩니까?
　◇ 乗り換える 갈아타다, 환승하다

교통

- 何分おきに来ますか。
  몇 분 간격으로 옵니까?

- 山の手線は何色ですか。
  야마노테선은 무슨 색입니까?

- 次の駅で中央線に乗ってください。
  다음 역에서 중앙선을 타세요.

- 最寄りの駅はどこですか。
  가장 가까운 역은 어디입니까?
  ◇ 最寄(もより) 가까운 곳, 부근, 근처

- 上野に行くには何線に乗ればいいのですか。
  우에노에 가려면 무슨 선을 타면 됩니까?

- 地下鉄の路線図を一枚もらえますか。
  지하철 노선도를 한 장 줄래요?

- 銀座へ行くのはどの線ですか。
  긴자로 가는 것은 어느 선입니까?

- どこの駅で降りればいいのですか。
  어느 역에서 내리면 됩니까?

- 急行はこの駅に止まりますか。
  급행은 이 역에 섭니까?

- 各駅停車に乗れば一時間ぐらいかかります。
  완행전철을 타면 1시간 정도 걸립니다.
  ◇ 各駅停車 역마다 정차하는 전철

- タクシーより電車のほうが速いです。
  택시보다 전철이 빠릅니다.

- 終電は何時でしょうか。
  마지막 전철은 몇 시인가요?

■ 自動販売機はどこにありますか。
　자동판매기는 어디에 있습니까?

■ 三番ホームで丸の内線に乗ってください。
　3번 홈에서 마루노우치선을 타세요.

■ 地下鉄はどこで乗るんですか。
　지하철은 어디서 탑니까?

> 열차를 이용할 때

■ すみません。切符売場はどこですか。
　여보세요. 매표소는 어디입니까?

■ 大阪行きの切符はどの窓口ですか。
　오사카행 표는 어느 창구입니까?

■ この列車の座席を予約したいんですが。
　이 열차 좌석을 예약하고 싶은데요.

■ 東京までの指定券をお願いします。
　도쿄까지 지정권을 부탁합니다.

■ グリーン席の切符を二枚ください。
　일등석 표를 두 장 주세요.
　◇ グリーン席 일등석

■ この列車は神戸に止まりますか。
　이 열차는 코베에 섭니까?

■ 大阪行きの列車はどこから出ますか。
　오사카행 열차는 어디서 출발합니까?

■ あしたの大阪行きの切符はありますか。
　내일 오사카행 표는 있습니까?

교통

- １１時の列車に空席はありますか。
  11시 열차에 빈자리는 있습니까?

- 大阪まで往復一枚ください。
  오사카까지 왕복 한 장 주세요.
  ◇ 往復 왕복 ↔ 片道(かたみち) 편도

- 東京まで大人二枚、子供一枚ください。
  도쿄까지 어른 두 장, 어린이 한 장 주세요.

- この急行はどこに行きますか。
  이 급행은 어디로 갑니까?

- 何分おきに列車が来ますか。
  몇 분 간격으로 열차가 옵니까?

- この切符でこの急行に乗れますか。
  이 표로 이 급행을 탈 수 있습니까?

- 食堂車はついていますか。
  식당차는 딸려 있습니까?

- 別料金はどこで払ったらいいですか。
  별도의 요금은 어디서 내면 됩니까?

- 中途下車はできますか。
  중도에 하차할 수 있습니까?

- 次の列車は何時ですか。
  다음 열차는 몇 시입니까?

- 新幹線にはヒカリとコダマがあります。
  신칸센에는 히카리와 고다마가 있습니다.
  ◇ 新幹線 초고속 열차

- 東京から大阪まで何時間ですか。
  도쿄에서 오사카까지 몇 시간입니까?

■ 時刻表はどこで売っていますか。
　시각표는 어디서 팝니까?

■ 改札は何時からですか。
　개찰은 몇 시부터입니까?

■ 何時にホームに入りますか。
　몇 시에 홈에 들어옵니까?

■ 大阪行きの列車は何番ホームですか。
　오사카행 열차는 몇 번 홈입니까?

■ これは大阪行きの列車ですか。
　이건 오사카행 열차입니까?

■ この切符はキャンセルできますか。
　이 표를 취소할 수 있습니까?
　◇ キャンセルする = 取(とり)消(け)す 취소하다

■ 今、どこを走っていますか。
　지금 어디를 달리고 있습니까?

■ 席を替わっていただけますか。
　자리를 바꿔 주시겠습니까?

■ ここにはどのくらい停車しますか。
　여기서는 어느 정도 정차합니까?

■ 切符をなくしてしまいました。
　표를 잃어버렸습니다.

■ 乗り越したようです。
　지나쳐 버린 것 같습니다.
　◇ 乗り越す 타고 목적지를 지나쳐 가다

■ お忘れ物ないように、お降りください。
　잃으신 물건이 없도록 내리십시오.
　◇ ～ないように ～지 않도록

교통

→ 버스를 이용할 때

■ 十四番のバスにお乗りください。
　14번 버스를 타십시오.

■ バス停はどこですか。
　버스정류장은 어디에 있습니까?
　◇ バス停 버스정류장 | ターミナル 터미널

■ このバスで公園へ行けますか。
　이 버스로 공원에 갈 수 있습니까?

■ 上野は何番のバスに乗ればいいですか。
　우에노는 몇 번 버스를 타면 됩니까?

■ どこで降りればいいですか。
　어디서 내리면 됩니까?

■ すみません。バス停はどこにありますか。
　여보세요. 버스 정류장은 어디에 있습니까?

■ 切符はどこで買えますか。
　표는 어디서 삽니까?

■ 料金は乗る前に払いますか。
　요금은 타기 전에 지불합니까?
　◇ ～前に ～하기 전에

■ そこで乗り換えますか。
　거기서 갈아탑니까?

■ このバスは新宿まで行きますか。
　이 버스는 신주쿠까지 갑니까?

■ 公園に着いたら教えてください。
　공원에 도착하면 가르쳐 주세요.

■ ここで降ろしてください。
여기서 내려 주세요.

■ 上野駅で止まりますか。
우에노역에서 섭니까?

■ すみません。降ります。
여보세요. 내립니다.

■ ちょっと通してください。降りますので。
잠깐 지나가겠습니다. 내려야 하니까요.

■ バスを乗り違えました。
버스를 잘 못 탔습니다.

■ すみません、乗り過ごしました。
미안합니다, 지나쳤습니다.

■ 最終バスは何時ですか。
마지막 버스는 몇 시입니까?

■ このバスはどこ行きですか。
이 버스는 어디 행입니까?

■ 着いたら知らせてもらえますか。
도착하면 알려 주겠어요?

■ 池袋に着いたら下ろしてください。
이케부쿠로에 도착하면 내려 주세요.

■ ここに料金を入れればいいんですか。
여기에 요금을 넣으면 됩니까?

■ すみません、この席に誰かいますか。
미안합니다, 이 자리에 누가 있습니까?

교통

→ 관광버스를 이용할 때

■ 日光を訪れるツアーはありますか。
닛코를 방문하는 투어는 있습니까?
　◇ 訪れる = 訪問(ほうもん)する 방문하다

■ そのツアーはいくらですか。
그 투어는 얼마입니까?

■ 昼食つきですか。
점심이 나옵니까?

■ 自由時間はありますか。
자유시간은 있습니까?

■ 市内ツアーには何がありますか。
시내 투어는 무엇이 있습니까?

■ 東京を見物するにははとバスに乗ればいいです。
도쿄를 구경하려면 하토 버스를 타면 됩니다.

■ 何時に戻ってくるのですか。
몇 시에 돌아옵니까?

■ ツアーは何時にどこから始まりますか。
투어는 몇 시에 어디서 시작됩니까?

→ 택시를 이용할 때

■ タクシー乗り場はどこですか。
택시 승강장은 어디에 있습니까?
　◇ 乗り場 승강장

■ タクシーを呼んでくれますか。
택시를 불러 주겠어요?
　◇ タクシーを呼ぶ 택시를 부르다 ｜ タクシーを拾(ひろ)う 택시를 잡다

■ 近くにタクシー乗り場はありますか。
　근처에 택시 승강장이 있습니까?

■ どちらまでいらっしゃいますか。
　어디까지 가십니까?

■ 上野公園に行ってください。
　우에노 공원으로 가 주세요.

■ 私たちは全員乗れますか。
　우리들 전원이 탈 수 있나요?

■ プリンス・ホテルまでお願いします。
　프린스 호텔까지 부탁합니다.

■ 空港まで行ってください。
　공항까지 가 주세요.

■ 真っ直ぐ行ってください。
　곧장 가 주세요.

■ 次の角を左折してください。
　다음 모퉁이에서 좌회전하세요.

■ 銀座までかなりかかりますか。
　긴자까지 상당히 걸립니까?

■ 急いでいるので近道してください。
　급해서 그러는데 빠른 길로 가 주세요.

■ 国道を海岸に沿って走ってください。
　국도를 해안을 따라 달려 주세요.

■ ここで止めてください。
　여기서 세워 주세요.

■ ここで下ろしてください。
　여기서 내려 주세요.

교통

■ 料金はいくらですか。
　요금은 얼마입니까?

■ はい、三千円です。お釣りは結構です。
　자, 3천 엔입니다. 거스름돈은 됐습니다.

비행기를 이용할 때

■ 国内線はどこですか。
　국내선은 어디입니까?
　◇ 国際線(こくさいせん) 국제선

■ 日本航空のカウンターはどこですか。
　일본항공 카운터는 어디입니까?

■ 今チェックインできますか。
　지금 체크인할 수 있습니까?

■ 窓際席をお願いします。
　창쪽 좌석을 부탁합니다.

■ 禁煙席の通路側をお願いします。
　금연석의 통로 쪽을 부탁합니다.
　◇ 喫煙席(きつえんせき) 흡연석

■ この荷物は機内持ち込みですか。
　이 짐은 기내로 가지고 들어갑니까?

■ 何番ゲートに行けばいいのですか。
　몇 번 게이트로 가면 됩니까?

■ これは大阪行きのゲートですか。
　이건 오사카행 게이트입니까?

■ フライトは定刻どおりに出発しますか。
　비행은 정각대로 출발합니까?

→ 배로 여행할 때

■ 船旅はお好きですか。
선편 여행은 좋아하십니까?

■ 小さなボートに乗っても船酔いしてしまいます。
작은 보트를 타도 뱃멀미를 하고 맙니다.

■ 船旅はこれが初めてです。
선편 여행은 이것이 처음입니다.

■ 乗船時間は何時ですか。
승선시간은 몇 시입니까?

■ 釜山行きの船は何番埠頭から出ますか。
부산행 배는 몇 번 부두에서 떠납니까?

■ フェリーは何時に出帆しますか。
훼리는 몇 시에 출항합니까?

■ あの船は釜山行きですね。
저 배는 부산행이군요.

■ なんて波が静かなんでしょう。
정말 파도가 잔잔하죠.

■ 停泊中に街を見物したいんですが。
정박 중에 거리를 구경하고 싶은데요.

■ この横振れは激しいね。
이 배는 심하게 흔들리네요.

■ もうじき入港します。
이제 곧 입항합니다.

■ 甲板へ行って新鮮な空気を吸いましょうか。
갑판에 가서 신선한 공기를 마실까요?

UNIT 3 드라이브에 관한 표현

일본은 대중교통, 특히 전철이나 지하철이 발달되어 있어 자가용으로 출퇴근을 하는 사람이 별로 많지 않습니다. 심지어 아르바이트를 하더라도 집까지의 전철이나 지하철 요금을 제공해주기 때문입니다.
차를 빌려서 관광을 할 경우에는 우리와 교통의 흐름이 반대이므로 주의해서 운전을 해야 합니다. 따라서 운전석도 우리는 왼쪽에 있지만, 일본은 영국식으로 오른쪽에 있고 차도도 우리와는 정반대입니다.

➡ 드라이브에 대해 말할 때

■ 駅まで乗せてあげましょう。
역까지 태워 드리지요.

■ 私の運転はとても慎重だと思ってますよ。
제 운전은 매우 차분하다고 생각합니다.

■ 高速道路を使いましょう。
고속도로를 탑시다.

■ 前の車に追い付こう。
앞차를 따라붙자.

■ スピードを落として。でこぼこ道だから。
속도를 줄여요. 요철이 있는 길이니까.
◇ でこぼこ 철요, 표면이 울퉁불퉁함, 들쭉날쭉

■ 気をつけて。道路がちょっと滑りやすいから。
조심해요. 도로가 좀 미끄러우니까.

■ こんなにゆっくり走れないよ。
이렇게 천천히 달릴 수 없어.

■ 少なくとも八十キロで走らなくては。
적어도 80킬로로 달려야 해.

- 他の車のスピードに合わせているだけさ。
  다른 차와 속도를 맞추고 있을 뿐이야.

- あの赤信号のところを右折しますよ。
  저 빨간신호가 있는 곳에서 우회전할게요.

- 最高速度は時速百キロでしょ？
  최고속도는 시속 100킬로이죠?

- 後ろからパトカーが来てますよ。
  뒤에 순찰차가 오고 있어요.

- スピード違反でつかまったことは？
  속도위반으로 잡힌 적은?
  ◇ スピードを出(だ)す 속도를 내다

- 次のサービスエリアまでだいぶありますか。
  다음 휴게소까지 꽤 됩니까?

- 今度の表示板を見てくれますか。
  다음 표지판을 봐 주겠어요?

→ 렌터카를 이용할 때

- レンタカーを借りたいのですが。
  렌터카를 빌리고 싶은데요.

- 今すぐ借りられる車はありますか。
  지금 당장 빌릴 수 있는 차가 있습니까?

- どんな型をお望みですか。
  어떤 형의 차를 원하십니까?

- 安くて運転しやすい車を教えてくれませんか。
  싸고 운전하기 쉬운 차를 가르쳐 주지 않을래요?

교통

- 料金表を見せてください。
  요금표를 보여 주세요.

- 料金はいくらですか。
  요금은 얼마입니까?

- 割引料金はありますか。
  할인요금은 있습니까?

- 保証金はいくらですか。
  보증금은 얼마입니까?

- 総合保険をかけてください。
  종합보험을 들어 주세요.

- 書類に記入しました。これでいいですか。
  서류에 기입했습니다. 이거면 됐습니까?

- これが私の国際免許証とクレジット・カードです。
  이것이 제 국제면허증과 신용카드입니다.

- 車を返します。
  차를 돌려드리겠습니다.

- ガソリンを満タンにしておきました。
  휘발유를 가득 채워두었습니다.

→ 주유・고장에 관한 표현

- そろそろガソリンが切れかかってる
  점점 휘발유가 다 떨어지고 있어.

- ガソリンスタンドまでほんの2、3キロです。
  주유소까지 약 2, 3킬로입니다.
  ✧ ほんの (매우 적은 모양으로) 겨우, 명색뿐인

■ 満タンにしてください。
가득 채워 주세요.

■ レギュラー・ガソリンを十リットル入れてください。
레귤러 가솔린을 10리터 넣어 주세요.

■ タイヤの空気圧を調べてください。
타이어 공기압을 살펴 주세요.
　◇ 調(しら)べる 검사・점검・조사・연구 등을 하다

■ ワックスがけ洗車をしてください。
왁스를 뿌려 세차해 주세요.

■ パンクしたので、修理してください。
펑크가 났는데, 수리해 주세요.

■ バッテリーがあがっちゃったので充電してください。
배터리가 떨어졌는데, 충전해 주세요.
　◇ バッテリーがあがる 배터리가 떨어지다

■ ちぇっ、エンジンがかからない。
제기랄, 엔진이 안 걸려.

■ オイル・水・バッテリー・タイヤともすべてOKです。
기름・물・배터리・타이어 모두 좋습니다.

■ ブレーキのどこかが具合が悪いです。
브레이크 어딘가가 상태가 좋지 않습니다.

■ パンクしました。
펑크가 났습니다.

■ 修理できますか。
수리할 수 있습니까?

■ どこに車を寄せましょうか。
어디에 차를 세울까요?

교통

■ ちょっとの間ここに駐車してもいいですか。
잠깐 여기에 주차해도 됩니까?

■ この辺に駐車場はありますか。
이 주변에 주차장이 있습니까?

■ 車を道路わきに寄せましょう。
차를 도로 옆으로 세웁시다.

■ 車の故障です。取りに来てください。
차가 고장입니다. 견인하러 오세요.

■ 故障した場合の連絡先を教えてくれますか。
고장 났을 경우 연락처를 가르쳐 줄래요?

■ 車に保険はかかってますか。
차는 보험을 들었습니까?
◇ 保険にかける 보험을 들다

→ 사고・교통위반에 관한 표현

■ 救急車をお願いします！自動車事故です。
구급차를 부탁합니다! 자동차 사고입니다.

■ 助けて！事故よ！
도와줘요! 사고예요!

■ けが人がいます。
다친 사람이 있습니다.

■ ひき逃げ事故よ。早くナンバーをひかえて！
뺑소니 사고예요. 빨리 번호를 적어요!

■ 正面衝突事故です。
정면충돌 사고입니다.

■ 警察の人を呼んでください。
경찰을 불러 주세요.

■ 状況を説明してください。
상황을 설명해 주세요.

■ この方が事故の目撃者です。
이 분이 사고 목격자입니다.

■ 私の方には過失はありません。
저는 과실이 없습니다.

■ この子供がいきなり道に飛び出したんです。
이 아이가 갑자기 길로 뛰어들었습니다.
⋄ いきなり 아무 준비 없이, 돌연히, 불쑥

■ あの人が信号を無視したんです。
저 사람이 신호를 무시했습니다.

■ 相手の車が車線を越えてぶつかってきました。
상대의 차가 차선을 넘어서 부딪쳤습니다.

■ 追い越しミスで対向車にぶつかりました。
추월 실수로 상대 차와 부딪쳤습니다.

■ 後ろの車に追突されました。
뒤차에 추돌 당했습니다.

■ 私は制限速度を守って運転していました。
저는 제한속도를 지키며 운전했습니다.

■ 雨で車がスリップしてしまいました。
비로 차가 미끄러졌습니다.
⋄ スリップ (자동차의 타이어 등이) 미끄러짐

■ 警察ですが、免許証をお見せください。
경찰입니다만, 면허증을 보여 주십시오.

교통

■ スピード違反(いはん)です。
　속도위반입니다.

■ 信号無視(しんごうむし)です。
　신호무시입니다.

日本語ノート

◆ 何もございませんが

일반적으로 일본인은 손님(환영받지 못한 손님은 별개로)을 친절히 대접합니다. 통상 방문객에게는 차와 과자를 내오고, 점심때가 되면 가족과 함께 식탁에서 식사를 하도록 합니다. 손님에게 시중을 드는 것은 대부분 그 집의 부인으로, 음식을 차리면서 何もございませんが(아무것도 없습니다만)라고 말합니다. 물론, 내드린 것은 전혀 없다는 것을 본심으로 말하고 있는 것이 아닙니다. 사실 그녀는 어디에도 없을 정도의 최고로 멋진 음식을 가지고 나타남에 틀림없습니다. 이러한 관습은 전연 손님을 놀린다거나 놀라게 하려는 의도가 아니라, 자신은 최선을 다했다라는 것을 나타내는 일본인 부인의 겸손한 배려가 있는 표현입니다.

PART 14

여 행 旅行・りょこう

여행은 그 자체만으로 가슴을 설레게 합니다. 막연히 여행을 떠나는 것보다는 기본적인 회화를 익혀두어야 함은 물론이고, 또한 여행 계획을 잘 짜두어야 훨씬 안전하고 즐거운 여행을 할 수 있습니다.

UNIT 1 기내·입국에 관한 표현

비행기에서 내리면 먼저 거쳐야 할 곳이 입국심사, 세관신고 순으로 진행이 됩니다. 外國人이라고 표시한 곳에 줄을 서서 여권과 출입국 신고서를 제출하면 입국심사에서는 여권·비자의 유효기간을 검사하고 입국목적, 체재기간 등을 묻습니다. 그러나 미리 출입국신고서에 방문목적, 체제기간, 묵을 곳의 주소, 이름, 전화 등을 정확히 기재하면 별도의 질문을 받지 않습니다. 입국허가 스탬프를 받고 세관검사를 받게 되는데, 이 때는 검사원의 말에 간단히 대답할 줄 알아야 합니다.

➔ 기내·공항로비에서

■ 私の席はどこでしょう。
제 자리는 어디죠?

■ 私の席まで案内してくださいませんか。
제 자리까지 안내해 주시지 않겠어요?

■ 座席番号をどうぞ。
좌석번호를 알려 주세요.

■ すみませんが、もう一度おっしゃってください。
미안하지만, 다시 한번 말씀해 주세요.

■ 今どこを飛んでいますか。
지금 어디를 날고 있습니까?

■ コーヒーに砂糖を入れないでください。
커피에 설탕을 넣지 마세요.

■ 何か飲み物をもらえますか。
무슨 마실 것을 주시겠어요?

■ すみません、ビールをお願いします。
여보세요, 맥주를 부탁합니다.

■ ヘッドホンが聞こえません。
　헤드폰이 안 들려요.

■ 大きいグラスで水を一杯ください。
　큰 글라스에 물을 한 잔 주세요.

■ のどがとても乾いています。
　목이 무척 마릅니다.

■ 毛布をもう一枚お願いします。
　모포를 한 장 더 부탁합니다.

■ 座席が作動しません。
　좌석이 작동하지 않습니다.

■ 韓国語の新聞はありますか。
　한국어 신문은 있습니까?

■ 席をかわってもいいですか。
　자리를 바꿔도 되겠습니까?

■ タバコを吸ってもいいですか。
　담배를 피워도 되겠습니까?

■ ウイスキーは 一本いくらですか。
　위스키는 한 병에 얼마입니까?

→ **입국심사를 받을 때**

■ 入国審査はどちらですか。
　입국심사는 어디입니까?

■ パスポートを見せてください。
　패스포트를 보여 주세요.
　◇ パスポート 패스포드 = 旅券(りょけん) | ビザ 비자

여행

■ 入国の目的は何ですか。
입국 목적은 무엇입니까?

■ 旅行目的は何ですか。
여행 목적은 무엇입니까?

■ 観光です
관광입니다.
  ◇ 勉強(べんきょう) 공부 │ ビジネス 비즈니스 │ 研修(けんしゅう) 연수 │ 訪問(ほうもん) 방문

■ どのくらい滞在の予定ですか。
어느 정도 머무를 예정입니까?

■ およそ五日間です。
약 5일간입니다.
  ◇ 一週間(いっしゅかん) 1주일간 │ 一ヶ月間(いっかげつかん) 1개월간

■ どちらに宿泊されますか。
어디에 숙박하십니까?

■ どこにお泊まりですか。
어디에 머무십니까?

■ パークホテルに滞在します。
파크 호텔에 머뭅니다.
  ◇ 親戚(しんせき)の家(いえ) 친척집

■ まだ決めておりません。
아직 정하지 않았습니다.

→ 세관심사를 받을 때

■ どこで荷物を受け取ればいいんですか。
어디서 짐을 수취하면 됩니까?

■ 私のスーツケースが見つかりません。
제 여행 가방이 보이지 않습니다.

- 私たちの荷物がないんですよ。
  저희들의 짐이 없어요.

- 荷物はどこで受け取るのですか。
  짐은 어디서 수취합니까?

- 荷物預り証はこれです。
  수화물 보관증은 이것입니다.

- 税関はどこにありますか。
  세관은 어디에 있습니까?

- スーツケースが壊れていますよ。
  여행 가방이 망가졌어요.

- スーツケースがこじ開けられていますよ。
  여행 가방이 억지로 열려 있어요.
  ◇ こじ開ける (비틀던가 하여) 억지로 열다

- これは全部あなたのバッグですか。
  이것은 전부 당신 가방입니까?

- バッグを開けてください。
  가방을 열어 주세요.

- 何か申告するものはありませんか。
  무슨 신고할 것은 없습니까?

- これは友達へのお土産です。
  이것은 친구에게 줄 선물입니다.

- それは私物です。
  그것은 개인 물건입니다.

- 所持品です。
  소지품입니다.
  ◇ 身(み)の回(まわ)り品(ひん) 일용품

짐부탁・안내에 관한 표현

■ すみません、荷物を運んでくれませんか。
　여보세요, 짐을 날라주지 않겠어요?

■ これをタクシー乗り場までお願いします。
　이것을 택시 승강장까지 부탁합니다.

■ 壊れやすい物だから、丁寧に扱ってください。
　깨지기 쉬운 것이니까, 조심히 다뤄 주세요.

■ すみませんが、観光案内所はどこですか。
　미안합니다만, 관광안내소는 어디입니까?

■ どこかよいホテルを紹介してくれませんか。
　어디 좋은 호텔을 소개해 주지 않겠어요?

■ 東京にはどう行けば速いんですか。
　도쿄는 어떻게 가면 빠릅니까?

■ すみませんが、公衆電話はどこにありますか。
　미안하지만, 공중전화는 어디에 있습니까?

■ すみません、東京の案内図を一枚お願いします。
　여보세요, 도쿄 안내도를 한 장 부탁합니다.

■ この荷物に注意してください。
　이 짐은 조심히세요.

호텔에서의 표현

여행사를 통해서 호텔 예약을 할 때는 반드시 예약확인서를 받아두어야 합니다. 또한 늦어질 경우에는 공항에서 미리 전화를 해두는 게 좋습니다.
호텔에 도착하면 프런트에 가서 予約(よやく)しましたが(예약했는데요)라며 이름을 말하고 예약을 확인합니다. 호텔에는 안내문 및 룸서비스에 대한 세부사항이 적힌 리스트가 놓여 있는데 이것을 잘 이용하도록 합시다.

방을 예약할 때

■ もしもし、プリンスホテルですか。
　여보세요, 프린스 호텔입니까?

■ 予約をお願いしたいんですが。
　예약을 부탁드리고 싶은데요.

■ 予約を取り消してください。
　예약을 취소해 주세요.

■ いつお泊まりですか。
　언제 머무르시겠습니까?

■ バス付きのシングルを予約したいのですが。
　목욕탕이 딸린 싱글을 예약하고 싶은데요.

■ 今晩のダブルを予約したいのですが。
　오늘밤 더블을 예약하고 싶은데요.

■ 四月九日のツインを予約したいのですが。
　4월 9일 트윈을 예약하고 싶은데요.

■ 何泊のご予定ですか。
　몇 박 예정이십니까?

■ 今晩シングル部屋が空いていますか。
　오늘밤 싱글 룸이 비어 있습니까?

■ 今晩、空き部屋はあるんですか。
　오늘 밤, 빈방은 있습니까?

■ 一泊、おいくらですか。
　1박에 얼마입니까?

■ 今晩、ツインルームをお願いしたいんですが。
　오늘밤 트윈 룸을 부탁드리고 싶은데요.

■ もっと安い部屋はありませんか。
　더 싼 방은 없습니까?

■ では、お名前をどうぞ。
　그럼, 성함을 말씀해 주십시오.

■ 何時ごろお着きになりますか。
　몇 시쯤에 도착하십니까?
　◇ 着(つ)く 닿다, 도착하다 = 到着(とうちゃく)する 도착하다

■ 4時ごろになると思います。
　4시쯤이 될 것 같습니다.

→ 호텔에서 체크인할 때

■ チェックインしたいんですが。
　체크인하고 싶은데요.

■ 予約はしてありますか。
　예약은 하셨습니까?

■ 予約を確認したいのですが。
　예약을 확인하고 싶은데요.

■ ここにお名前と電話番号を記入してください。
　　여기에 성함과 전화번호를 기입해 주세요.

■ 料金の確認をしたいんですが。
　　요금을 확인하고 싶은데요.

■ 少々、お待ちください。確かめてみますから。
　　잠시 기다려 주십시오. 확인해 볼 테니까요.

■ 申し訳ございません。ご予約はなさっておりません。
　　죄송합니다. 예약은 되어 있지 않았습니다.

■ たしかに予約はしましたけれど。
　　분명 예약은 했는데요.

■ もう一度確かめてくださいませんか。
　　다시 한번 확인해 주시지 않겠어요?

■ では、空いている部屋はありませんか。
　　그럼, 비어 있는 방은 없습니까?

■ こちらへどうぞ。お部屋までご案内いたします。
　　이쪽으로 오십시오. 방까지 안내해 드리겠습니다.

■ こちらがお部屋でございます。
　　여기가 방입니다.
　　◇ ~でございます는 ~です의 정중체이다

■ 二人分の予約をしています。
　　두 사람 분을 예약했습니다.

■ 荷物をお願いします。
　　짐을 부탁해요.

■ 809号室のキーをお願いします。
　　809호실 키를 부탁해요.

여행

호텔 프런트에서

- 貴重品は預かってください。
  귀중품을 맡아 주세요.

- 外出しますが。
  외출하는데요.

- 鍵を預かってください。
  열쇠를 맡아주세요.

- 東京の観光案内図はありますか。
  도쿄 관광안내도는 있습니까?

- 観光バスはこのホテルの前に停まりますか。
  관광버스는 이 호텔 앞에 섭니까?

- このホテルの近くに電車の駅はありますか。
  이 호텔 근처에 전철역은 있습니까?

- わたし当ての伝言はありませんか。
  내 앞으로 온 메시지는 없습니까?

- 山田さんからの電話がございました。
  야마다 씨한테 전화가 있었습니다.

- 非常口はどこですか。
  비상구는 어디입니까?

- 鍵をどこかで忘れてしまいました。
  열쇠를 어디서 잃어버렸습니다.

- ただいま、361号室の鍵をください。
  다녀왔습니다. 361호실 열쇠를 주세요.

- 貴重品預かりからパスポートを出してください。
  귀중품 보관소에서 여권을 꺼내 주세요.

■ 食堂はどこにありますか。
　식당은 어디에 있습니까?

■ 食堂は何時に開きますか。
　식당은 몇 시에 엽니까?

■ ビールはどこで買えますか。
　맥주는 어디서 살 수 있습니까?

■ 両替をお願いします。
　환전을 부탁합니다.

■ 現金に替えてください。
　현금으로 바꿔 주세요.

■ 韓国語を話せる人はいますか。
　한국어를 할 줄 아는 사람은 있습니까?

→ **룸서비스를 부탁할 때**

■ ルームサービスをお願いします。
　룸서비스를 부탁해요.

■ ルームサービスです。ご用でしょうか。
　룸서비스입니다. 무슨 일이십니까?

■ 何号室ですか。
　몇 호실입니까?

■ あしたの朝食をお願いできますか。
　내일 아침 식사를 부탁할 수 있습니까?

■ 朝食は部屋まで運んでいただけますか。
　아침 식사는 방까지 갖다 주실 수 있겠어요?
　◇ 朝食 아침밥 | 昼食(ちゅうしょく) 점심 | 夕食(ゆうしょく) 저녁밥

여행

■ コーヒーとサンドイッチをお願いします。
커피와 샌드위치를 부탁합니다.

■ モーニングコールをお願いします。
모닝콜을 부탁해요.

■ 滞在中、毎朝七時に起こしてあげましょうか。
체제하는 동안에 매일 아침 7시에 깨워 드릴까요?

■ 必ずお願いします。忘れないでください。
꼭 부탁합니다. 잊지 마세요.

■ ドライヤーを借りたいのですが。
드라이어를 빌리고 싶은데요.

→ 클리닝을 부탁할 때

■ クリーニングをお願いします。
클리닝을 부탁해요.

■ いつ仕上がりますか。
언제 됩니까?

■ 洗濯についてお尋ねしたいんですが。
세탁에 대해서 묻고 싶은데요.

■ ワイシャツ三枚とズボンがあります。
와이셔츠 3장과 바지가 있습니다.

■ このしみは取れるでしょうか。
이 얼룩은 질까요?
　◇ しみが取れる 얼룩이 지워지다

■ 明日の朝までにお願いします。
내일 아침까지 부탁합니다.

■ このズボンをプレスしてもらいたいんですが。
　이 바지를 다려 주셨으면 하는데요.

■ お部屋までお届けしましょうか。
　방까지 가져다 드릴까요?

→ 호텔 방에서 전화할 때

■ 国際電話をかけたいのですが。
　국제전화를 걸고 싶은데요.

■ ソウルへ電話したいのですが。
　서울에 전화하고 싶은데요.

■ ソウルへ国際電話をコレクトコールでかけたいんです。
　서울에 국제전화를 컬렉트콜로 걸고 싶습니다.

■ 直通でかけられますか。
　직통으로 걸 수 있습니까?

■ コレクトコールのかけ方を教えてください。
　컬렉트콜 거는 법을 가르쳐 주세요.

■ 指名通話にしてください。
　지명통화로 해주세요.

■ 今ソウルへの通話はいくらですか。
　지금 서울에 한 통화는 얼마입니까?

■ 言付けをお願いできますか。
　전언을 부탁할 수 있습니까?

■ このホテルから外線はどうやってかけるんですか。
　이 호텔에서 외선은 어떻게 겁니까?

여행

→ 호텔에서의 트러블

■ お湯が出ませんよ。
뜨거운 물이 나오지 않아요.

■ 隣の部屋がうるさいんですが。
옆방이 시끄러운데요.

■ 鍵を無くしてしまったんですが。
열쇠를 잃어버렸는데요.

■ 部屋に鍵を置いたままロックしてしまったんですが。
방에 열쇠를 둔 채로 잠가 버렸는데요.
◇ ~たまま ~한 채로

■ もうひとつ部屋の鍵をいただけませんか。
방 열쇠를 하나 더 주실 수 없습니까?

■ 部屋に鍵を置き忘れたのですが。
방에 열쇠를 놓고 나왔는데요.

■ トイレの水が止まりません。
화장실 물이 멈추지 않습니다.

■ トイレの水がよく流れません。
화장실 물이 잘 흐르지 않습니다.
◇ 水が流れる 물이 흐르다 | 水を流(ながか)す 물을 흘리다

■ エアコンが故障していますよ。
에어컨이 고장 났어요.

■ テレビがよく見えません。
텔레비전이 잘 보이지 않습니다.

■ 部屋のテレビがつかないのですが。
방 텔레비전이 켜지지 않는데요.

■ すぐ点検してください。
곧장 점검해 주세요.

■ 申し訳ございません。ただ今直してあげます。
죄송합니다. 즉시 고쳐 드리겠습니다.

■ 部屋をもっと暖かくしてください。
방을 더 따뜻하게 해 주세요.

■ 電球が切れています。
전구가 나갔어요.

■ 毛布をもう一枚ほしいんですが。
모포가 한 장 더 필요한데요.

■ 部屋にタオルと石鹸が見つかりません。
방에 타월과 비누가 보이지 않습니다.

■ ボーイをよこしてください。
보이를 보내 주세요.

■ 何か問題でもあるのですか。
무슨 문제라도 있습니까?

→ 체크아웃을 할 때

■ チェックアウトをお願いします。
체크아웃을 부탁해요.

■ チェックアウトは何時ですか。
체크아웃은 몇 시입니까?

■ 明日の朝、発ちたいんですが。
내일 아침에 떠나고 싶은데요.
　◇ 発(た)つ 떠나다, 출발하다 ｜ 出発(しゅっぱつ)する 출발하다

■ これが私の部屋のキーです。
　이것이 내 방 키입니다.

■ 私は電話は部屋から使っていません。
　나는 전화는 방에서 쓰지 않고 있습니다.

■ こちらが請求書です。
　이것이 청구서입니다.

■ 1日早く発ちたいんですが。
　하루 일찍 떠나고 싶은데요.

■ もう一泊、泊まりたいんですが。
　하룻밤 더 묵고 싶은데요.

■ 会計をお願いします。
　계산을 부탁합니다.

■ 支払い方法はどうなさいますか。
　지불 방법은 어떻게 하시겠습니까?

■ この金額は何ですか。
　이 금액은 무엇입니까?

■ ここにサインをお願いします。
　여기에 사인을 부탁합니다.

■ タクシーを呼んでさしあげましょうか。
　택시를 불러 드릴까요?

■ お忘れ物はございませんか。
　잃으신 물건을 없으십니까?
　✧ ございません은 ありません의 정중체이다.

UNIT 3 초대에 관한 표현

아무리 친한 친구라 하더라도 집에까지 초대하지 않는다는 일본인도 많습니다. 집이 좁기 때문일지도 모르지만 대개 일본인들은 자기 집안을 남에게 보이는 것을 꺼리기 때문이기도 합니다. 그러므로 일본인 집에 초대받는 것은 친구 관계가 상당히 깊어졌거나 대단한 호의에 의한 것이라고 생각해도 좋습니다. 최근 일본에서는 형식적이고 딱딱한 인사 등을 중요시하는 가정이 점점 줄어들고 있습니다. 관습이 다르기 때문에 내심 긴장을 하게 되나 편안하고 즐거운 마음으로 임하면 됩니다.

→ 초대할 때

■ わたしの家に来ませんか。
우리 집에 오지 않겠어요?

■ わたしの家に食事に来ませんか。
우리 집에 식사하러 오지 않겠어요?
 ◇ ~に来る ~하러 오다

■ 今度の日曜の夕方、お食事にいらっしゃいませんか。
이번 일요일 저녁에 식사하러 오시지 않겠습니까?

■ 今晩、わたしと食事はどう？
오늘밤에 나와 식사는 어때?

■ いっしょに外へ食事に出ませんか。
함께 밖으로 식사하러 가지 않겠어요?

■ そのうちいっしょに食事でもいたしましょうね。
근간 함께 식사라도 하시지요.

■ いつか遊びに来てください。
언제 놀러 오세요.

■ うちへ来ておしゃべりをしませんか。
집에 와서 이야기라도 하지 않겠어요?

여행

- 気の向いたときはいつでもお立ち寄りください。
  기분이 내킬 때는 언제든지 들르십시오.
  ◇ 気が向く 마음이 내키다

- 誕生パーティーに来てね。
  생일 파티에 와요?

- 今晩、うちでパーティーをやるんだけど、来ない？
  오늘밤, 집에서 파티를 하는데, 안 올래?

- 日曜日の夜、ちょっとしたパーティーをやるので、来てくれるといいですね。
  일요일 밤에 조촐한 파티를 하는데, 와 주면 좋겠어요.

→ 초대에 응할 때

- 喜んでうかがいます。
  기꺼이 가겠습니다.

- きっと行きます。
  꼭 가겠습니다.

- いいですねえ。
  좋지요.

- 私のほかにだれが来るの。
  나 말고 누가 오니?

- 招いてくれてありがとう。
  초대해 줘서 고마워.

→ 초대에 응할 수 없을 때

- 残念ながら行けません。
  유감스럽지만 갈 수 없습니다.

■ その日は行けないようですが。
그 날은 갈 수 없을 것 같은데요.

■ あいにくその時は忙しいんです。
공교롭게 그 때는 바쁩니다.

■ すまないけど、その日はだめです。
미안하지만, 그 날은 안 됩니다.

■ ぜひそうしたいのですが、残念ながらだめなんです。
꼭 그렇게 하고 싶은데, 유감스럽지만 안 되겠어요.

■ 行きたいのはやまやまですが…。
가고 싶은 마음은 태산 같은데….
　◇ やまやま 많은 산, 많이, 잔뜩, 더 이상 없음, 태산 같음

■ 誘っていただいてうれしいですが、どうもだめそうなんです。
불러 주셔서 기쁩니다만, 아무래도 안 되겠습니다.

■ ありがたいけど、今のところ手が離せないんだ。
고맙지만, 지금은 너무 바빠서 말이야.

■ おもしろそうだけど、今時間がないんです。
재미있을 것 같은데, 지금 시간이 없어요.

■ おもしろそうだが、今晩は来客があるんだ。
재미있을 것 같은데, 오늘밤은 올 손님이 있어.

■ いつか別の日のほうがよさそうですね。
언제 다른 날로 하는 게 좋을 것 같군요.

■ また誘ってみてください。
다시 불러 주세요.

여행

방문할 때의 표현

일본인 집을 방문할 때는 ごめんください(실례합니다)라고 말한 다음 집주인이 나올 때까지 현관에서 기다립니다. 주인이 どちらさまですか(누구십니까?)라면서 나오면, こんにちは、きょうはおまねきくださってありがとうございます(안녕하세요, 오늘 초대해주셔서 감사합니다), お世話(せわ)になります(폐를 좀 끼치겠습니다) 등의 인사말을 합니다. 대부분의 일본인은 외국인에게 필요 이상으로 긴장하고 정중히 대하려고 합니다. 그 때문에 굳이 태도가 굳어지지 않도록 하며, 주인의 안내에 따라 집안으로 들어가면 됩니다.

→ 방문한 곳의 현관이나 접수처에서

■ 木村さんのお宅はこちらでしょうか。
기무라 씨 댁이 맞습니까?

■ 吉田さんはご在宅ですか。
요시다 씨는 댁에 계십니까?

■ 金です。山崎さんにお目にかかりたいんですが。
김입니다. 야마자키 씨를 뵙고 싶습니다만.
◇ お目にかかりたいこ 会(あ)いたい의 겸양 표현이다.

■ 木村さんと3時に約束してありますが。
기무라 씨와 3시에 약속을 했는데요.
◇ ~てある ~해 두다

■ 奥様ですか。ご主人から電話があったと思いますが。
부인이십니까? 남편께서 전화가 있었을 텐데요.

■ 通りかかったので、ちょっとお立ち寄りしました。
지나가다가 잠깐 들렀습니다.

■ ちょっとごあいさつに立ち寄らせてもらいました。
잠깐 인사를 하러 들렀습니다.

■ ご心配なく。あとでまたうかがいます。
괜념치 마십시오. 나중에 다시 뵙겠습니다.

■ 改めてご訪問いたします。
   정식으로 찾아뵙겠습니다.
   ◇ 改(あらた)める 새롭게 하다, 변경하다

■ わたしが来たとお伝えください。
   제가 왔다고 전해 주십시오.
   ◇ ~と伝えてください ~라고 전해 주세요

■ それでは電話番号を置いて参ります。
   그럼 전화번호를 두고 가겠습니다.

■ 電話番号はわかると思いますが、念のため私の名刺です。
   전화번호는 알고 있으리라 생각합니다만, 만약을 몰라 제 명함을 드리겠습니다.

→ 방문했을 때

■ ちょっと来るのが早すぎましたか。
   좀 일찍 왔습니까?

■ 遅くなってすみません。
   늦어서 죄송합니다.
   ◇ ~てすみません ~해서 미안합니다

■ これをどうぞ。
   이걸 (선물) 받으십시오.

■ どうぞ私のことはおかまいなく。
   자, 저는 괘념치 마십시오.

■ お仕事のお邪魔にならなければいいのですが。
   일하시는데 방해가 되지 않았으면 좋겠는데요.

■ どうぞお楽に。
   자, 편히 하십시오.

■ どうも。もうくつろいでいます。
   고맙습니다. 편히 하고 있습니다.

여행

■ 明るいすてきなお住まいですね。
　밝고 멋진 집이군요.

■ ここはなかなか住み心地が良さそうじゃないですか。
　여기는 상당히 살기에 좋은 것 같지 않습니까?

■ この部屋は居心地がいいですね。
　이 방은 아늑하군요.

■ タバコを吸ってもいいでしょうか。
　담배를 피워도 되겠습니까?

■ 失礼ですが、トイレは？
　실례합니다만, 화장실은?

→ 가정에 머무를 때

■ これから１週間、ここがあなたの家ですよ。
　이제부터 1주일간 이곳이 당신의 집이에요.

■ 韓国からのお土産です。
　한국에서 가져온 선물입니다.

■ よく眠れましたか。
　잘 주무셨습니까?

■ 洗濯は自分でやります。
　세탁은 제가 하겠습니다.

■ 皿を洗うお手伝いをさせてください。
　설거지를 시켜 주세요.
　　◇ 皿(さら)を洗(あら)う 설거지를 하다

■ 嫌いな食べ物があったら言ってくださいね。
　싫어하는 음식이 있으면 말해 주세요.

방문을 마치고 돌아갈 때

■ そろそろおいとまします。
슬슬 일어나겠습니다.

■ ぼちぼち失礼する時間のようですね。
이만 가야 할 시간인 것 같군요.
◇ ぼちぼち 조금씩 행하는 모양

■ もう時間が遅いですから。
너무 시간이 늦어서요.

■ こんなに遅くなったとは知りませんでした。
이렇게 늦은 줄은 몰랐습니다.

■ つい長居をしてしまいました。
그만 너무 오래 있었습니다.
◇ つい 뜻밖에, 의외에도

■ 5時に約束がありますので。
5시에 약속이 있어서요.

■ 仕事にもどる時間ですので。
일하러 돌아갈 시간이라서요.

■ 残念ですが、これ以上お邪魔していられません。
아쉽지만, 더 이상 폐를 끼치고 있을 수 없습니다.

■ もっといたいのですが、用事がありますので。
더 있고 싶습니다만, 볼일이 있어서요.

■ とても楽しかった。ほんとうにありがとう。
무척 즐거웠어. 정말로 고마워.

■ 本当に楽しくお話しできました。
말씀 정말로 즐거웠습니다.

여행

■ 今日は会えてうれしかったです。
오늘은 만나서 즐거웠습니다.
◇ ~てうれしかった ~해서 즐거웠다

■ 親切なおもてなしをどうもありがとうございました。
친절한 대접을 해주셔서 고마웠습니다.

■ 私の方にもぜひ来てください。
저희 집에도 꼭 오십시오.

→ 방문을 마치고 귀국할 때

■ 帰国しなくてはならないのが残念です。
귀국을 해야 하는 것이 유감입니다.
◇ ~なくてはならない ~하지 않으면 안 된다, ~해야 한다

■ どうもいろいろとお世話になりました。
정말 여러 가지로 신세졌습니다.

■ お陰さまで本当に楽しく過ごさせていただきました。
덕분에 정말 즐겁게 지냈습니다.
◇ おかげさまで 덕분에, 덕택에

■ 韓国へ帰りましたら、できるだけ電話するようにします。
한국에 돌아가면 가능한 전화하도록 하겠습니다.

■ ご親切なおもてなしをしてくださいまして、お礼の申しようもありません。
융숭한 대접을 해 주셔서, 어떻게 고마움을 표해야 할지 모르겠습니다.

■ またお会いできればと思います。
다시 만날 수 있었으면 합니다.

■ 韓国へいらして私のところを訪ねてくれませんか。
한국에 오셔서 저의 집을 방문해 주지 않겠어요?

방문을 받을 때의 표현

주인의 안내를 받아 방으로 들어가면 방석에 正座(せいざ・무릎을 꿇고 앉는 것)를 하지만 대개 どうぞ足(あし)をくずしてください(편히 앉으세요)라고 하면 남자는 책상다리로 앉고, 여자일 경우는 다리를 옆으로 내밀고 앉으면 됩니다. 이어서 주인이 차를 가지고 오면 いただきます(잘 먹겠습니다)라고 인사를 하고 마십니다. 식사를 할 때 도저히 입에 맞지 않으면 すみません、はじめて食(た)べるのであまり口(くち)に合(あ)いません(미안합니다, 처음이라 입에 맞지 않습니다)라고 하면 됩니다.

➜ 방문을 받았을 때

■ どちら様でしょうか。
누구십니까?

■ ちょっとお待ちください。
잠깐 기다려 주십시오.

■ すぐお会いになれるかどうかみて参ります。
곧 만나실 수 있는지 없는지 보고 오겠습니다.

■ ただいま来客中です。少々お待ちいただけますか。
지금 손님이 와 계십니다. 잠시 기다려 주시겠습니까?

■ 村井社長はすぐ参ります。
무라이 사장님은 곧 오십니다.

■ お待ちいただければ、喜んでお目にかかるそうです。
기다려 주시면 기꺼이 뵌다고 합니다.

■ 申し訳ありませんが、ただいま外出中でございます。
죄송합니다만, 지금 외출중입니다.

■ 今はおりませんが、午後4時までに帰ります。
지금은 없습니다만, 오후 4시까지 돌아옵니다.

방문객을 안내할 때

- ようこそいらっしゃいました。
  잘 오셨습니다.

- まあ、木村さん！しばらくですね。
  어머, 기무라 씨, 오랜만이에요.

- びっくりしたよ。訪ねてくるとは夢にも思ってなかった。
  놀랬어. 찾아오리라고는 꿈에도 생각하지 않았어.

- ようこそ。楽しみにお待ちしてました。
  어서 오세요. 무척 기다리고 있었습니다.

- どうぞお入りください。
  자 들어오십시오.

- こちらへどうぞ。
  이쪽으로 오십시오.

- 道はすぐわかりましたか。
  길은 금방 알았습니까?

- そんなことなさらなくても良かったのに。ありがとう。
  이런 건 가지고 오시지 않아도 되는데. 고마워요.

- 居間の方へどうぞ。
  거실로 가시지요.

- 書斎へまいりましょう。
  서재로 갑시다.

- 家の中をご案内しましょうか。
  집안을 안내해드릴까요?

- どうです？窓からの眺めがすばらしいでしょう？
  어때요? 창문에서 본 전망이 멋지죠?

손님을 접대할 때

- こちらへおかけください。
  이쪽으로 앉으십시오.

- どうぞくつろいでください。
  자 편히 하십시오.

- どうぞごゆっくり。
  자 편히 하십시오.

- ちょっと失礼。すぐ戻ります。
  잠깐 실례해요. 곧 돌아올게요.

- コーヒーはいかがですか。
  커피를 드시겠습니까?

- どうぞご自由に召し上がってください。
  자 마음껏 드십시오.

- どれでもお好きな物をどうぞ。
  아무거나 좋아하시는 것을 드십시오.

손님을 배웅할 때

- もうお帰りですか。
  벌써 가시겠습니까?

- お茶の時間までいいじゃありませんか。
  차 마실 시간은 있잖아요?

- 夕食を召し上がって行きませんか。
  저녁이라도 드시고 가지 않겠습니까?

- わたしの方はかまわないんですよ。
  저야 괜찮습니다.

■ それじゃ、お引き留めはいたしません。
그럼, 만류하지는 않겠습니다.

■ でも、もっと何度も訪ねて来てくださいよ。
그럼, 자주 찾아와 주십시오.

■ 来ていただいて、こちらこそ楽しかったです。
와 주셔서 저야말로 즐거웠습니다.

■ 来てくれてありがとう。再会できてうれしかったです。
와 줘서 고마워요. 다시 만나서 즐거웠습니다.
◇ ~てくれてありがとう ~해 줘서 고마워요

■ ぜひまたいらしてください。
꼭 다시 오십시오.

■ また近いうちにどうぞ。
가까운 시일 내에 또 오십시오.

■ いつでもまた来てください。
언제든지 또 오십시오.

■ 駅まで車で送りましょうか。
역까지 차로 보내드릴까요?

✕ 日本語ノート

◇ いらっしゃいませ

일본에서는 점포나 백화점을 들어서면 으레 점원은 いらっしゃいませ(어서오십시오)라고 하며 손님을 맞이합니다. 마찬가지로 레스토랑이나 다방에서 손님에게 물을 한 잔 들고 오는 웨이트리스도 いらっしゃいませ라고 인사를 합니다. 이처럼 いらっしゃいませ 또는 짧은 형태의 いらっしゃい는 방문객이 일부러 와 준 것에 대한 감사의 마음을 나타내는 데에 쓰입니다. 이 말은 일본 도처에서 쓰이며, 특히 여점원, 웨이트리스, 접수처 여사무원 등, 고객을 직접 상대하는 사람들은 いらっしゃいませ를 애교스럽게 말하도록 교육을 받습니다.

가정집 방문지를 맞이할 때도 역시 いらっしゃいませ, 내지 いらっしゃい가 쓰입니다. 전자는 통상 부인이, 후자는 남편이 사용합니다.

때로는 어시장이나 채소가게나 번두리의 레스토랑에서 일하는 남자들은 활기차게 らっしゃい라고 발음합니다. 이것은 조금 거친 형태이지만 활기를 불어넣기도 합니다.

UNIT 6 관광에 관한 표현

복잡한 일상생활에서 탈피해 낯선 곳에서의 이국정취를 만끽하는 것도 생활의 활력소가 될 수 있습니다. 막연히 거리를 돌아다니는 것보다는 계획성 있게 목적지를 정하고, 경유지, 교통편, 시간 등을 체크해 두어야 훨씬 안전하고 즐거운 여행을 할 수 있습니다.
공항이나 호텔의 안내소, 역 주변의 관광안내소에 가서 관광지도와 주변의 지도를 얻은 뒤에 시내관광, 명승지 관광 등, 관광의 종류와 시간대를 결정하도록 합니다. 물론 여행사를 통한다면 가이드가 있기 때문에 이런 수고로움은 없겠지만….

→ 관광안내를 받을 때

■ 観光案内所はどこですか。
관광안내소는 어디입니까?

■ 無料の観光地図をいただけますか。
무료 관광지도를 주시겠어요?

■ この町の見所を教えてください。
이 도시에서 볼만한 곳을 가르쳐 주세요.
◇ 見所 보아야 할 곳, 볼 만한 가치가 있는 곳

■ 何に興味をお持ちですか。
무엇에 흥미를 가지고 계십니까?

■ どんなツアーがあるんですか。
어떤 투어가 있습니까?

■ 道順を教えてください。
코스를 가르쳐 주세요.

■ 観光バスはありますか。
관광버스는 있나요?

■ タクシーで観光したいのですが。
택시로 관광하고 싶은데요.

여행

- ガイドが欲しいのですが。
  가이드가 필요한데요.

- 韓国語の話せるガイドを頼みたいのですが。
  한국어를 할 줄 아는 가이드를 부탁하고 싶은데요.

- 料金は一日いくらですか。
  요금은 하루에 얼마입니까?

→ 관광할 때

- 観光バスはどこで乗れますか。
  관광버스는 어디서 탈 수 있습니까?

- 出発は何時ですか。
  출발은 몇 시입니까?

- 何時に帰りますか。
  몇 시에 돌아옵니까?

- 何時間かかりますか。
  몇 시간 걸립니까?

- 午後3時までにお乗りください。
  오후 3시까지 타십시오.

- 入場料はいくらですか。
  입장료는 얼마입니까?

- チケットを二枚ください。
  표를 두 장 주세요.
  ◇ チケット 티켓 = 切符(きっぷ) 표

- あの建物は何ですか。
  저 건물은 무엇입니까?

■ どのくらい古いのですか。
  어느 정도 오래되었습니까?

■ 中に入れますか。
  안에 들어갈 수 있습니까?

■ 城を見に行きましょう。
  성을 보러 갑시다.

■ すばらしい景色！
  경치가 멋지다!

■ もっとここにいたいな。
  여기에 더 있고 싶군.

■ ちょっと休みたいです。
  좀 쉬고 싶습니다.

■ お土産屋はどこですか。
  선물 파는 가게는 어디입니까?

■ お手洗いはどこですか。
  화장실은 어디입니까?

→ 시내관광을 할 때

■ 東京を一回りしたいんですが。
  도쿄를 한 바퀴 돌고 싶은데요.

■ はとバスに乗ると東京見物が安心してできます。
  하토 버스를 타면 도쿄 구경을 안심하고 할 수 있습니다.

■ 東京でいちばん高いビルは何ですか。
  도쿄에서 가장 높은 빌딩은 무엇입니까?
  ◇ ~でいちばん ~에서 가장(제일)

여행

■ お寺へ行きたいんですが。
절에 가고 싶은데요.

■ このお寺が日本でいちばん古いです。
이 절이 일본에서 가장 오래 되었습니다.

■ 広々としてきれいな公園ですね。
무척 넓고 깨끗한 공원이군요.

■ わあ、立派な建物ですね。
와-, 훌륭한 건물이군요.

■ このような搭は韓国にもありますよ。
이런 탑은 한국에도 있어요.

■ ずいぶん古いんですね。
무척 오래 되었군요.

■ これが東京タワーです。
이것이 도쿄타워입니까?

→ 사진을 찍을 때

■ 写真、一枚お願いできますか。
사진 한 장 부탁할 수 있습니까?

■ 一緒に写しましょうか。
함께 찍을까요?
　◇ 撮る는「찍다, 촬영하다」의 의미로 쓰이고, 写す는「찍어 박다」는 의미이다.

■ はい、撮ります。チーズ。
네, 찍습니다. 치즈.

■ こちらを向いてください。
이쪽을 향하세요.

- この辺でいいですか。
  이곳이면 되겠습니까?

- もう少し左に寄ってください。
  좀더 왼쪽으로 다가서세요.

- こちらを見てください。
  이쪽을 보세요.

- 動かないでください。
  움직이지 마세요.

- はい、結構です。
  네, 좋습니다.

- きれいに撮ってください。
  예쁘게 찍어 주세요.

- 建物が見えるように撮ってください。
  건물이 보이도록 찍어 주세요.
  ◇ ~ように ~하도록

- 顔が木陰になるから前に出てください。
  얼굴에 그늘이 지니까 앞으로 나오세요.

- ここで写真を撮ってもいいですか。
  여기서 사진을 찍어도 됩니까?

- 私たちの写真を撮っていただけませんか。
  우리들 사진을 찍어 주시지 않겠습니까?

- いっしょに写真を撮ってもいいですか。
  함께 사진을 찍어도 될까요?

- ここは撮影禁止区域です。
  여기는 촬영금지 구역입니다.

여행

→ 박물관・미술관에서

■ 入場料(にゅうじょうりょう)はいくらですか。
입장료는 얼마입니까?

■ パンフレットはありますか。
팸플릿은 있습니까?

■ 館内(かんない)で写真(しゃしん)を撮(と)ってもいいですか。
관내에서 사진을 찍어도 됩니까?

■ 美術館(びじゅつかん)は何時(なんじ)に閉館(へいかん)しますか。
미술관은 몇 시에 폐관합니까?
閉館 폐관 ↔ 開館(かいかん) 개관

■ 古代美術(こだいびじゅつ)の部屋(へや)はどこですか。
고대미술 방은 어디입니까?

■ 常設展示場(じょうせつてんじじょう)はどこですか。
상설 전시장은 어디입니까?

■ いちばん有名(ゆうめい)な作品(さくひん)はどれですか。
가장 유명한 작품은 어느 것입니까?

■ 記念品(きねんひん)を売(う)っている店(みせ)はありますか。
기념품을 파는 가게는 있습니까?

■ 博物館(はくぶつかん)へはどうやって行(い)きますか。
박물관에는 어떻게 갑니까?
◇ どうやって ~어떻게 해서, 어떤 방법으로

■ 切符売場(きっぷうりば)はどこにありますか。
매표소는 어디에 있습니까?

■ 大人二枚(おとなにまい)と子供一枚(こどもいちまい)をください。
어른 두 장과 어린이 한 장을 주세요.

■ 館内では静かにしてください。
관내에서는 조용히 해 주세요.

■ この博物館には主に何が展示されていますか。
이 박물관에는 주로 무엇이 전시되어 있습니까?

■ ここでは私の友達が個展をやっています。
여기에서는 제 친구가 개인전을 하고 있습니다.
　◇ 個展 개인전

영화관·극장에서

■ 今、何かいい映画をやっていますか。
지금 무슨 좋은 영화를 하고 있습니까?

■ 今晩の席はまだありますか。
오늘밤 좌석은 아직 있습니까?

■ この席の位置はどの辺ですか。
이 좌석은 위치는 어느 근방입니까?

■ 場内の席の案内図はありますか。
장내의 좌석 안내도는 있습니까?

■ お客様のお席はこの辺です。
손님의 자리는 이 근방입니다.

■ 主演は誰ですか。
주연은 누구입니까?

■ 夜の部は何時に始まるんですか。
밤에는 몇 시에 시작됩니까?

■ 何時に終わるんですか。
몇 시에 끝납니까?

- 入場料はいくらですか。
  입장료는 얼마입니까?

- 売り切れました。
  매진되었습니다.

- あしたの切符はありませんか。
  내일 표는 있습니까?

- 二枚、ください。
  두 장 주세요.

- 歌舞伎を見たいんですが。
  가부키를 보고 싶은데요.

- 日本の伝統劇を見たいんですが。
  일본 전통극을 보고 싶은데요.

- どこへ行けば演劇を見ることができますか。
  어디에 가면 연극을 볼 수 있습니까?

日本語ノート

✧ どちらでもいい

다방이나 레스토랑에 들어가서 상대에게 메뉴를 보이면 선택을 요구하면 으레「아무거나」라고 대답을 하는 경우가 많습니다. 일본인도 우리와 마찬가지로 묻는 상대에게 맡겨버리는 경우가 많습니다. 그것이 바로 どちらでもいい입니다.

どちらでもいい는 생각하고 있는 것이 명료하게 나타나지 않을 때 주로 쓰이는 표현으로 음료나 식사비를 지불하는 상대측에게 그 결정을 맡긴다는 겸손에서 온 것입니다.

또 다른 예로는 남편이 아내에게 모처럼 외식을 권유하면서「중국요리와 일본요리 어느 쪽이 좋아?」라고 묻자, どちらでもいい라고 아내가 무뚝뚝하게 대답합니다. ―「어떻게 대답해도 마찬가지예요, 결국은 가지 않을 테니까.」

서비스 이용에 관한 표현

일본어로 이발소를 床屋(とこや)라고 하고, 미장원을 美容院(びよういん)이라고 합니다. 이발소나 미용실에 들어가서 자기 차례가 되어 의자에 앉으면 どのようにしましょうか(어떤 식으로 할까요?)라고 물을 것입니다. 가능한 한 구체적으로 주문하도록 하고, 의사소통에 자신이 없는 사람은 ヘアスタイルの写真(しゃしん)があれば見(み)せてください(헤어스타일 사진이 있으면 보여 주세요)라고 부탁을 해서 마음에 드는 사진을 지적하면 자신이 원하는 헤어스타일대로 해줍니다.

→ 이발을 할 때

■ どのようにしましょうか。
어떻게 할까요?
◇ どのように 어떤 모양으로, 어떻게

■ どのように切りましょうか。
어떻게 자를까요?
◇ 理髪(りはつ) 이발 | 床屋(とこや) 이발소

■ どのくらい短く切りましょうか。
어느 정도 짧게 자를까요?

■ 分け目はどこにつけましょうか。
가르마는 어느 쪽으로 할까요?

■ 髪を切りたいのですが。
머리를 자르고 싶은데요.

■ スポーツ型にしてください。
스포츠형으로 해 주세요.

■ 今と同じ髪型にしてください。
지금과 같은 헤어스타일로 해 주세요.

■ 散髪とひげそりをお願いします。
이발과 면도를 부탁합니다.

여행

■ 耳は見えるようにしてください。
　귀는 보이도록 해 주세요.

■ 前髪はそのままにしてください。
　앞머리는 그대로 해 주세요.

■ 散髪だけお願いします。
　이발만 부탁합니다.

■ スポーツ刈りにしてください。
　스포츠형으로 잘라 주세요.

■ 髪を少し刈ってください。
　머리를 조금 잘라 주세요.

■ ひげ剃りは？
　면도는?

■ 口ひげを残してください。
　콧수염을 남겨 주세요.

■ 髪の毛を染めてください。
　머리를 염색을 해 주세요.

→ 미용실을 이용할 때

■ カットですか、パーマですか。
　커트입니까, 파마입니까?
　　◇ パーマをかける 파마를 하다

■ カットしてください。
　커트를 해 주세요.

■ 髪型を思いきって変えたいです。
　머리 모양을 마음먹고 바꾸고 싶습니다.
　　◇ 思いきって 굳게 결심하고, 단연

■ 今流行りの髪型にしてください。
지금 유행하는 머리 모양으로 해 주세요.
　◇ 流行(はやる) = 流行(りゅうこう)する 유행하다

■ このスタイルにしてください。
이 스타일로 해 주세요.

■ 少し短くしてください。
조금 짧게 해 주세요.

■ 横をもう少しカットしてください。
옆을 좀더 커트해 주세요.

■ シャギーカットにしてください。
샤기 커트로 해 주세요.

■ シャンプーとセットをお願いします。
샴푸와 세트를 부탁합니다.

■ 肩までの長さにしてください。
어깨까지의 길게 해 주세요.

■ 軽くパーマをかけてください。
가볍게 파마를 해 주세요.

■ この部分は短すぎないようにしてください。
이 부분은 너무 짧지 않도록 해 주세요.

■ ヘアカラーしてください。
헤어 컬러해 주세요.

■ メッシュを入れたいのですが。
메시를 넣고 싶은데요.

■ 手入れが楽な髪型にしてください。
손질이 간편한 머리 모양으로 해 주세요.

여행

UNIT 8 여행 트러블의 관련 표현

여행 중에 여권을 잃어버렸을 경우 곧바로 달려갈 곳은 재외공관(한국대사관이나 영사관). 여권이 없으면 출국을 할 수 없기 때문에 바로 현지에 있는 우리나라 공관으로 가서 재발급으로 받아야 합니다. 여권 재발급 신청에 필요한 것은 사진, 현지 경찰관이 발급해 준 여권 분실증명서, 여권번호와 발행 연월일 등입니다. 그러므로 사진을 예비로 준비해두거나 여권번호를 따로 메모해두면 좋습니다. 하지만 여권을 재발급 받기까지는 기간이 꽤 오래 걸리기 때문에 여행을 망치는 것이나 다름없으므로 주의를 기울여 보관하도록 합시다.

→ 언어가 통하지 않을 때

■ 韓国人の通訳をお願いします。
한국인 통역을 부탁드립니다.

■ 日本語は話せません。
일본어는 하지 못합니다.

■ 私の日本語では不十分です。
제 일본어로는 부족합니다.

■ 韓国語の話せる人を用意してください。
한국어를 할 줄 아는 사람을 준비해 주세요.
◇ 用意する 미리 준비하다

■ もう一度言ってください。
다시 한번 말해 주세요.

■ 何とおっしゃいましたか。
뭐라고 말씀하셨습니까?

■ ゆっくりと言っていただけますか。
천천히 말씀해 주시겠습니까?

■ 韓国語の話せるガイドを頼みたいんですが。
한국어를 할 줄 아는 가이드를 부탁하고 싶은데요.

■ 言葉が通じません。
　말이 통하지 않습니다.

■ 日本語でどう言うかわからないんです。
　일본어로 어떻게 말하는지 모르겠습니다.

■ これは日本語で何と言うのですか。
　이것은 일본어로 뭐라고 합니까?

→ **도난을 당했을 때**

■ 誰か来て！
　누가 와 줘요!

■ 助けて！
　도와줘요!

■ 交番まで連れて行ってください。
　파출소까지 데려다 주세요.

■ 私のバックが見当たらないんですが。
　제 가방이 보이지 않은데요.

■ カメラを盗まれました。
　카메라를 도둑맞았습니다.

■ 電車の中で財布をすられました。
　전철 안에서 지갑을 소매치기 당했습니다.

■ ホテルの前で財布を盗まれました。
　호텔 앞에서 지갑을 도둑맞았습니다.

■ 泥棒が入ったようなんです。
　도둑이 든 것 같습니다.
　◇ 泥棒が入る 도둑이 들다

여행

■ 盗難届けを出したいんですが。
　도난신고를 내고 싶은데요.

■ 何をすられましたか。
　무엇을 소매치기 당했습니까?

■ いくら持っていたのですか。
　얼마 가지고 있었습니까?

■ 警察を呼んでください。
　경찰을 불러 주세요.

■ バッグを盗まれました。
　가방을 도난당했습니다.

■ 誰に知らせたらいいですか。
　누구에게 알리면 됩니까?

→ 물건을 분실했을 때

■ 遺失物係はどこですか。
　유실물 담당은 어디입니까?

■ タクシーの中にバックを忘れてしまいました。
　택시 안에 가방을 놓고 내렸습니다.

■ どこで亡くしたのか覚えていないんです。
　어디서 잃었는지 기억을 못합니다.

■ 今朝、そちらの店で黒い財布を忘れたんですが。
　오늘 아침에 그쪽 가게에서 검정색 지갑을 잃었는데요.

■ 今すぐ、取りにうかがいます。
　지금 곧 찾으러 가겠습니다.
　✧ ~にうかがう ~하러 찾아뵙다

- 帰りの航空券を無くしました。
  돌아가는 항공권을 잃었습니다.

- ここでカメラを見ませんでしたか。
  여기서 카메라를 보지 않았습니까?

- クレジットカードを無くしてしまったんです。
  신용카드를 잃어버렸습니다.

- 番号を控えてありますか。
  번호를 적어 두었습니까?

- 再発行をお願いできますか。
  재발행을 부탁드릴 수 있습니까?

- この書類に書き込んでください。
  이 서류에 적어 주세요.

- 何が入っていましたか。
  무엇이 들어있었습니까?

- 見つかったら連絡します。
  찾으면 연락하겠습니다.

- 韓国大使館はどこですか。
  한국대사관은 어디입니까?

- パスポートをなくしました。
  여권을 잃어버렸습니다.

- 再発行してください。
  재발행해 주세요.

- カードを無効にしてください。
  카드를 무효화해 주세요.

여행

UNIT 9 - 귀국에 관한 표현

비행기 예약은 항공사에 전화로 미리 예약을 해두고 탑승일 2, 3일 전에 반드시 재확인을 해야 합니다. 그렇지 않으면 예약이 취소되는 경우가 있기 때문입니다. 탑승수속은 이륙하기 2시간 전에 하며, 공항에 도착하면 먼저 카운터에 가서 항공권과 여권을 제시한 뒤 금연석, 흡연석, 창가석 등 원하는 자리를 말하고 수화물은 탁송을 합니다.
기내에서 필요한 것이 있으면 여승무원에게 すみません(여보세요)라고 부른 뒤 필요한 것을 부탁하면 됩니다.

➡ 예약을 확인할 때

■ 予約はどこでできますか。
예약은 어디서 할 수 있습니까?

■ できるだけ早い便の方がいいですね。
가능한 한 빠른 편이 좋겠어요.

■ 予約の再確認をしたいんですが。
예약 재확인을 하고 싶은데요.

■ 何時に出発するか確かめたいんですが。
몇 시에 출발하는지 확인하고 싶은데요.

■ キャンセル待ちは何人ぐらいですか。
해약 대기는 몇 명 정도입니까?

■ 禁煙席に変更できますか。
금연석으로 변경할 수 있나요?

■ エコノミークラスをお願いします。
2등석을 부탁합니다.

■ 予約の再確認をお願いしたいんですが。
예약재확인을 하고 싶은데요.

■ 航空券をお持ちですか。
　항공권은 가지고 계십니까?

■ けっこうです。予約は確認しました。
　됐습니다. 예약은 확인되었습니다.

■ 搭乗時間に遅れないように気をつけてください。
　탑승시간에 늦지 않도록 주의하세요.
　◇ ~ないように ~지 않도록 | 気をつける 주의를 하다, 조심을 하다

출국할 때

■ 成田空港までお願いします。
　나리타 공항까지 부탁합니다.

■ 空港までどのくらい時間がかかりますか。
　공항까지 어느 정도 시간이 걸립니까?

■ 急いでください。遅れているんです。
　빨리 가 주세요. 늦었습니다.

■ 出発の三時間前に予約の再確認をしたんですが。
　출발 3시간 전에 예약 재확인을 했는데요.

■ これは機内に持ち込めますか。
　이건 기내로 가지고 들어 갈 수 있습니까?

■ この便のゲートはどちらですか。
　이 편 게이트는 어딥니까?

■ 規定重量を越えています。
　규정 중량을 초과했습니다.

■ 航空券を拝見致します。
　항공권을 보겠습니다.

공항 면세점에서

■ 免税店はどこにありますか。
면세점은 어디에 있습니까?

■ これは免税で買えますか。
이건 면세로 살 수 있나요?

■ ウイスキーは何本まで免税ですか。
위스키는 몇 병까지 면세입니까?

■ フランス製の香水を見せてください。
프랑스 제 향수를 보여 주세요.

■ この化粧品がいいでしょうね。
이 화장품이 좋겠어요.

■ 他のを見せてください。
다른 것을 보여 주세요.

■ 旅行のお土産では何がいいでしょうか。
여행 선물로는 무엇이 좋을까요?

■ タバコはどちらの銘柄にしますか。
담배는 어떤 상표로 하겠어요?

日本語ノート

✧ 思(おも)いやり

일본어에 상대의 입장이 되어 생각하거나 자기 자신의 일을 생각하기 전에 상대의 마음을 배려하거나 하는 사려 깊음을 가리키는 말이 많이 있습니다. 이것에 가장 잘 들어맞는 말의 하나가 思いやり입니다.

사전에 의하면 思いやり란 자기 자신의 일보다 상대의 일에 대해서 많이 생각하거나 동정하거나 상대의 일을 생각하고 어떻게 느끼고 있는지를 고려하여 그 사람을 위해 무언가를 하는 것을 의미 합니다.

예를 들면, 실연을 당하여 슬픔에 빠진 당신을 혼자 두는 것도 思いやり의 하나의 형태이며, 또, 술집으로 데리고 가서 슬픔을 위로하는 것도 思いやり입니다. 어느 쪽의 경우도 당신의 마음을 배려하는 마음에서 나오는 것이므로 당신에게 보여준 思いやり를 알아야 합니다. 일본인이 누군가에게 思いやり를 보이는 것을 봤을 때나 당신이 思いやり를 받았을 때는 ご親切さま(고맙게도)라든가 ありがとう(고마워요)에 덧붙여서 あなたは思いやりがありますね(당신은 배려가 있군요)라고 말한다면, 당신의 마음을 일본인에게 더욱 효과적으로 전할 수가 있을 것입니다.